Contraste insuffisant

**NF Z 43**-120-14

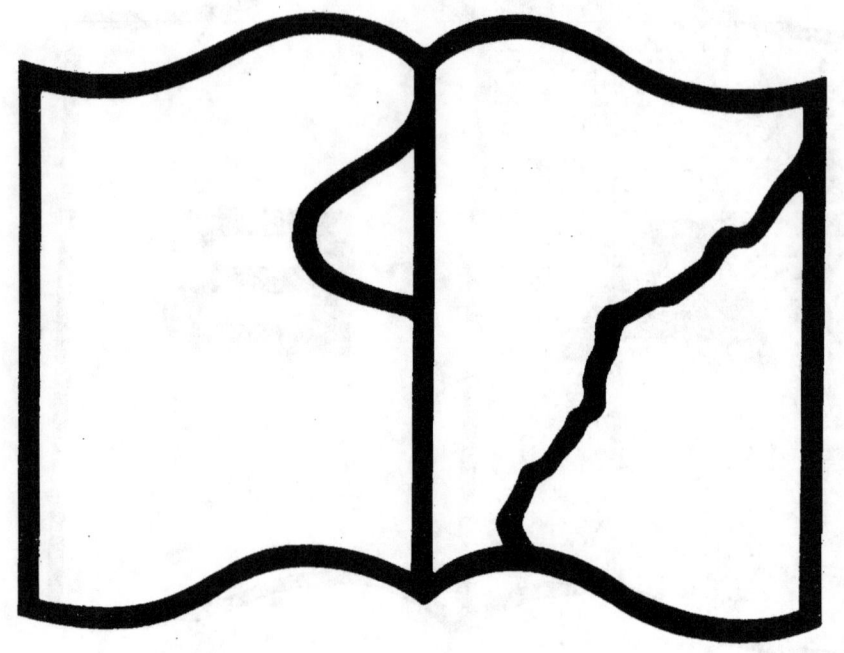

Texte détérioré — reliure défectueuse
**NF Z 43**-120-11

ŒUVRES COMPLÈTES

DE

ALFRED DE MUSSET

SCEAUX. — IMPRIMERIE CHARAIRE ET FILS

ŒUVRES COMPLÈTES

DE

ALFRED DE MUSSET

# LA CONFESSION

D'UN

# ENFANT DU SIÈCLE

ŒUVRES POSTHUMES

PARIS

G. CHARPENTIER ET E. FASQUELLE, ÉDITEURS

11, RUE DE GRENELLE, 11

1891

LA CONFESSION D'UN ENFANT DU SIÈCLE. Page 3.

# LA CONFESSION
#### d'un
# ENFANT DU SIÈCLE

## PREMIÈRE PARTIE

### CHAPITRE PREMIER

Pour écrire l'histoire de sa vie, il faut d'abord avoir vécu; aussi n'est-ce pas la mienne que j'écris.

Ayant été atteint, jeune encore, d'une maladie morale abominable, je raconte ce qui m'est arrivé pendant trois ans. Si j'étais seul malade, je n'en dirais rien; mais, comme il y en a beaucoup d'autres que moi qui souffrent du même mal, j'écris pour ceux-là, sans trop savoir s'ils y feront attention; car, dans le cas où personne n'y prendrait garde, j'aurai encore retiré ce fruit de mes paroles, de m'être mieux guéri moi-même, et, comme le renard pris au piège, j'aurai rongé mon pied captif.

## CHAPITRE II

Pendant les guerres de l'Empire, tandis que les maris et les frères étaient en Allemagne, les mères inquiètes avaient mis au monde une génération ardente, pâle, nerveuse. Conçus entre deux batailles, élevés dans les collèges au roulement des tambours, des milliers d'enfants se regardaient entre eux d'un œil sombre, en essayant leurs muscles chétifs. De temps en temps leurs pères ensanglantés apparaissaient, les soulevaient sur leurs poitrines chamarrées d'or, puis les posaient à terre et remontaient à cheval.

Un seul homme était en vie alors en Europe; le reste des êtres tâchait de se remplir les poumons de l'air qu'il avait respiré. Chaque année, la France faisait présent à cet homme de trois cent mille jeunes gens; c'était l'impôt payé à César, et, s'il n'avait ce troupeau derrière lui, il ne pouvait suivre sa fortune. C'était l'escorte qu'il lui fallait pour qu'il pût traverser le monde, et s'en aller tomber dans une petite vallée d'une île déserte, sous un saule pleureur.

Jamais il n'y eut tant de nuits sans sommeil que du temps de cet homme ; jamais on ne vit se pencher sur les remparts des villes un tel peuple de mères désolées; jamais il n'y eut un tel silence autour de ceux qui parlaient de mort. Et pourtant jamais il n'y eut tant de joie, tant de vie, tant de fanfares guerrières, dans tous les cœurs. Jamais il n'y eut de soleils si purs que ceux qui séchèrent tout ce sang. On disait que Dieu les faisait pour cet homme, et on les appelait ses soleils d'Austerlitz. Mais il les faisait bien lui-même avec ses canons toujours tonnants, et qui ne laissaient des nuages qu'aux lendemains de ses batailles.

C'était l'air de ce ciel sans tache, où brillait tant de gloire, où resplendissait tant d'acier, que les enfants respiraient alors. Ils savaient bien qu'ils étaient destinés aux hécatombes ; mais ils croyaient Murat invulnérable, et on avait vu passer l'empereur sur un pont où sifflaient tant de balles, qu'on ne savait s'il pouvait mourir. Et quand même on aurait dû mourir, qu'était-ce que cela? La mort elle-même était si belle alors, si grande, si magnifique dans sa pourpre fumante! elle ressemblait si bien à l'espérance, elle fauchait de si verts épis, qu'elle était comme devenue jeune, et qu'on ne croyait plus à la vieillesse. Tous les berceaux de France étaient des boucliers, tous les cercueils en étaient aussi ; il n'y avait vraiment plus de vieillards, il n'y avait que des cadavres ou des demi-dieux.

Cependant l'immortel empereur était un jour sur une colline à regarder sept peuples s'égorger ; comme il ne savait pas encore s'il serait le maître du monde ou seulement de la moitié, Azraël passa sur la route, il l'effleura du bout de l'aile, et le poussa dans l'Océan. Au bruit de sa chute, les puissances moribondes se redressèrent sur leurs lits de douleurs, il avançant leurs pattes crochues, toutes les royales araignées découpèrent l'Europe, et de la pourpre de César se firent un habit d'Arlequin.

De même qu'un voyageur, tant qu'il est sur le chemin, court nuit et jour par la pluie et par le soleil, sans s'apercevoir de ses veilles ni des dangers ; mais, dès qu'il est arrivé au milieu de sa famille et qu'il s'assoit devant le feu, il éprouve une lassitude sans bornes et peut à peine se traîner à son lit : ainsi la France, veuve de César, sentit tout à coup sa blessure. Elle tomba en défaillance, et s'endormi d'un si profond sommeil, que ses vieux rois, la croyant morte, l'enveloppèrent d'un linceul blanc. La vieille armée en cheveux gris rentra épuisée de fatigue, et les foyers des châteaux déserts se rallumèrent tristement.

Alors ces hommes de l'Empire, qui avaient tant couru et tant égorgé, embrassèrent leurs femmes amaigries et parlèrent de leurs premières amours; ils se regardèrent dans les fontaines de leurs prairies natales, et ils s'y virent si vieux, si mutilés, qu'ils se souvinrent de leurs fils, afin qu'on leur fermât les yeux. Ils demandèrent où ils étaient ; les enfants sortirent des collèges, et, ne voyant plus ni sabres, ni cuirasses, ni fantassins, ni cavaliers, ils demandèrent à leur tour où étaient leurs pères. Mais on leur répondit que la guerre était finie, que César était mort, et que les portraits de Wellington et de Blücher étaient suspendus dans les antichambres des consulats et des ambassades, avec ces deux mots au bas : *Salvatoribus mundi.*

Alors s'assit sur un monde en ruines une jeunesse soucieuse. Tous ces enfants étaient des gouttes d'un sang brûlant qui avait inondé la terre ; ils étaient nés au sein de la guerre, pour la guerre. Ils avaient rêvé pendant quinze ans des neiges de Moscou et du soleil des Pyramides. Ils n'étaient pas sortis de leurs villes ; mais on leur avait dit que, par chaque barrière de ces villes, on allait à une capitale d'Europe. Ils avaient dans la tête tout un monde ; ils regardaient la terre, le ciel, les rues et les chemins ; tout cela était vide, et les cloches de leurs paroisses résonnaient seules dans le lointain.

De pâles fantômes, couverts de robes noires, traversaient lentement les campagnes ; d'autres frappaient aux portes des maisons, et, dès qu'on leur avait ouvert, ils tiraient de leurs poches de grands parchemins tout usés, avec lesquels ils chassaient les habitants. De tous côtés arrivaient des hommes encore tout tremblants de la peur qui leur avait pris à leur départ, vingt ans auparavant. Tous réclamaient, disputaient et criaient ; on s'étonnait qu'une seule mort pût appeler tant de corbeaux.

Le roi de France était sur son trône, regardant çà et là s'il ne voyait pas une abeille dans ses tapisseries. Les uns lui tendaient leur chapeau, et il leur donnait de l'argent ; les autres lui montraient un crucifix, et il le baisait ; d'autres se contentaient de lui crier aux oreilles de grands noms retentissants, et il répondait à ceux-là d'aller dans sa grand'salle, que les échos en étaient sonores ; d'autres encore lui montraient leurs vieux manteaux, comme ils en avaient bien effacé les abeilles, et à ceux-là il donnait un habit neuf.

Les enfants regardaient tout cela, pensant toujours que l'ombre de César allait débarquer à Cannes et souffler sur ces larves ; mais le silence continuait toujours, et l'on ne voyait flotter dans le ciel que la pâleur des lis. Quand les enfants parlaient de gloire, on leur disait : « Faites-vous prêtres ; » quand ils parlaient d'ambition : « Faites-vous prêtres ; » d'espérance, d'amour, de force, de vie : « Faites-vous prêtres ! »

Cependant il monta à la tribune aux harangues un homme qui tenait à la main un contrat entre le roi et le peuple; il commença à dire que la gloire était une belle chose, et l'ambition de la guerre aussi; mais qu'il y en avait une plus belle, qui s'appelait la liberté.

Les enfants relevèrent la tête et se souvinrent de leurs grands-pères, qui en avaient aussi parlé. Ils se souvinrent d'avoir rencontré, dans les coins obscurs de la maison paternelle, des bustes mystérieux avec de longs cheveux de marbre et une inscription romaine; ils se souvinrent d'avoir vu le soir, à la veillée, leurs aïeules branler la tête et parler d'un fleuve de sang bien plus terrible encore que celui de l'empereur. Il y avait pour eux, dans ce mot de liberté, quelque chose qui leur faisait battre le cœur, à la fois comme un lointain et terrible souvenir et comme une chère espérance, plus lointaine encore.

Ils tressaillirent en l'entendant; mais en rentrant au logis ils virent trois paniers qu'on portait à Clamart: c'étaient trois jeunes gens qui avaient prononcé trop haut ce mot de liberté.

Un étrange sourire leur passa sur les lèvres à cette triste vue; mais d'autres harangueurs, montant à la tribune, commencèrent à calculer publiquement ce que coûtait l'ambition, et que la gloire était bien chère; ils firent voir l'horreur de la guerre, et appelèrent boucheries les hécatombes. Et ils parlèrent tant et si longtemps, que toutes les illusions humaines, comme des arbres en automne, tombaient feuille à feuille autour d'eux, et que ceux qui les écoutaient passaient leur main sur leur front, comme des fiévreux qui s'éveillent.

Les uns disaient : « Ce qui a causé la chute de l'empereur, c'est que le peuple n'en voulait plus; » les autres : « Le peuple voulait le roi; non, la liberté; non, la raison; non, la religion; non, la constitution anglaise; non, l'absolutisme; » un dernier ajouta : « Non, rien de tout cela, mais le repos. »

Trois éléments partageait donc la vie qui s'offrait alors aux jeunes gens : derrière eux un passé à jamais détruit, s'agitant encore sur ses ruines, avec tous les fossiles des siècles de l'absolutisme; devant eux l'aurore d'un immense horizon, les premières clartés de l'avenir, et entre ces deux mondes... quelque chose de semblable à l'Océan qui sépare le vieux continent de la jeune Amérique, je ne sais quoi de vague et de flottant, une mer houleuse et pleine de naufrages, traversée de temps en temps par quelque blanche voile lointaine ou par quelque navire soufflant une lourde vapeur ; le siècle présent, en un mot, qui sépare le passé de l'avenir, qui n'est ni l'un ni l'autre et qui ressemble à tous deux à la fois, et où l'on ne sait, à chaque pas qu'on fait, si l'on marche sur une semence ou sur un débris.

Voilà dans quel chaos il fallut choisir alors ; voilà ce qui se présentait à des enfants pleins de force et d'audace, fils de l'Empire et petits-fils de la Révolution.

Or, du passé ils n'en voulaient plus, car la foi en rien ne se donne ; l'avenir, ils l'aimaient, mais quoi ! comme Pygmalion Galatée : c'était pour eux comme une amante de marbre, et ils attendaient qu'elle s'animât, que le sang colorât ses veines.

Il leur restait donc le présent, l'esprit du siècle, ange du crépuscule qui n'est ni la nuit ni le jour ; il le trouvèrent assis sur un sac de chaux plein d'ossements, serré dans le manteau des égoïstes, et grelottant d'un froid terrible. L'angoisse de la mort leur entra dans l'âme à la vue de ce spectre moitié momie et moitié fœtus ; ils s'en approchèrent comme le voyageur à qui l'on montre à Strasbourg la fille d'un vieux comte de Sarvenden, embaumée dans sa parure de fiancée : ce squelette enfantin fait frémir, car ses mains fluettes et livides portent l'anneau des épousées, et sa tête tombe en poussière au milieu des fleurs d'oranger.

Comme, à l'approche d'une tempête, il passe dans les forêts un vent terrible qui fait frissonner tous les arbres, à quoi succède un profond silence ; ainsi Napoléon avait tout ébranlé en passant sur le monde ; les rois avaient senti vaciller leur couronne, et, portant leur main à leur tête, ils n'y avaient trouvé que leurs cheveux hérissés de terreur. Le pape avait fait trois cents lieues pour le bénir au nom de Dieu et lui poser son diadème ; mais Napoléon le lui avait pris des mains. Ainsi tout avait tremblé dans cette forêt lugubre de la vieille Europe ; puis le silence avait succédé.

On dit que, lorsqu'on rencontre un chien furieux, si on a le courage de marcher gravement, sans se retourner, et d'une manière régulière, le chien se contente de vous suivre pendant un certain temps en grommelant entre ses dents ; tandis que, si on laisse échapper un geste de terreur, si on fait un pas trop vite, il se jette sur vous et vous dévore ; car, une fois la première morsure faite, il n'y a plus moyen de lui échapper.

Or, dans l'histoire européenne, il était arrivé souvent qu'un souverain eût fait ce geste de terreur et que son peuple l'eût dévoré ; mais, si un l'avait fait, tous ne l'avaient pas fait en même temps, c'est-à-dire qu'un roi avait disparu, mais non la majesté royale. Devant Napoléon, la majesté royale l'avait fait, ce geste qui perd tout, et non seulement la majesté, mais la religion, mais la noblesse, mais toute puissance divine et humaine.

Napoléon mort, les puissances divines et humaines étaient bien rétablies de fait, mais la croyance en elles n'existait plus. Il y a un danger terrible à savoir ce qui est possible, car l'esprit va toujours plus loin. Autre chose est de se dire : « Ceci pourrait être, » ou de se dire : « Ceci a été ; » c'est la première morsure du chien.

Napoléon despote fut la dernière lueur de la lampe du despotisme ; il détruisit et parodia les rois, comme Voltaire les livres saints. Et après lui on entendit un grand bruit : c'était la pierre de Sainte-Hélène qui venait de tomber sur l'ancien monde. Aussitôt parut dans le ciel l'astre glacial de la raison, et ses rayons, pareils à ceux de la froide déesse des nuits, versant de la lumière sans chaleur, enveloppèrent le monde d'un suaire livide.

On avait bien vu jusqu'alors des gens qui haïssaient les nobles, qui déclamaient contre les prêtres, qui conspiraient contre les rois ; on avait bien crié contre les abus et les préjugés ; mais ce fut une grande nouveauté que de voir le peuple en sourire. S'il passait un noble, ou un prêtre, ou un souverain, les paysans qui avaient fait la guerre commençaient à hocher la tête et à dire : « Ah ! celui-là, nous l'avons vu en temps et lieu ; il avait un autre visage. » Et, quand on parlait du trône et de l'autel, ils répondaient : « Ce sont quatre ais de bois ; nous les avons cloués et décloués. » Et quand on leur disait : « Peuple, tu es revenu des erreurs qui t'avaient égaré ; tu as appelé tes rois et tes prêtres, » ils répondaient : « Ce n'est pas nous, ce sont ces bavards-là. » Et quand on leur disait : « Peuple, oublie le passé, laboure et obéis, » ils se redressaient sur leurs sièges, et on entendait un sourd retentissement. C'était un sabre rouillé et ébréché qui avait remué dans un coin de la chaumière. Alors on ajoutait aussitôt :

LA CONFESSION D'UN ENFANT DU SIÈCLE.

Bibl. Charpentier.

« Reste en repos du moins ; si on ne te nuit pas, ne cherche pas à nuire. » Hélas! ils se contentaient de cela.

Mais la jeunesse ne s'en contentait pas. Il est certain qu'il y a dans l'homme deux puissances occultes qui combattent jusqu'à la mort : l'une, clairvoyante et froide, s'attache à la réalité, la calcule, la pèse, et juge le passé; l'autre a soif de l'avenir et s'élance vers l'inconnu. Quand la passion emporte l'homme, la raison le suit en pleurant et en l'avertissant du danger; mais dès que l'homme s'est arrêté à la voix de la raison, dès qu'il s'est dit : « C'est vrai, je suis un fou; où allais-je? » La passion lui crie : « Et moi, je vais donc mourir? »

Un sentiment de malaise inexprimable commença donc à fermenter dans tous les jeunes cœurs. Condamnés au repos par les souverains du monde, livrés aux cuistres de toute espèce, à l'oisiveté et à l'ennui, les jeunes gens voyaient se retirer d'eux les vagues écumantes contre lesquelles ils avaient préparé leurs bras. Tous ces gladiateurs frottés d'huile se sentaient au fond de l'âme une misère insupportable. Les plus riches se firent libertins; ceux d'une fortune médiocre prirent un état, et se résignèrent soit à la robe, soit à l'épée; les plus pauvres se jetèrent dans l'enthousiasme à froid, dans les grands mots, dans l'affreuse mer de l'action sans but. Comme la faiblesse humaine cherche l'association et que les hommes sont troupeaux de nature, la politique s'en mêla. On s'allait battre avec les gardes du corps sur les marches de la chambre législative, on courait à une pièce de théâtre où Talma portait une perruque qui le faisait ressembler à César, on se ruait à l'enterrement d'un député libéral. Mais des membres des deux partis opposés, il n'en était pas un qui, en rentrant chez lui, ne sentît amèrement le vide de son existence et la pauvreté de ses mains.

En même temps que la vie au dehors était si pâle et si mesquine, la vie intérieure de la société prenait un aspect sombre et silencieux; l'hypocrisie la plus sévère régnait dans les mœurs; les idées anglaises se joignant à la dévotion, la gaieté même avait disparu. Peut-être était-ce la Providence qui préparait déjà ses voies nouvelles, peut-être était-ce l'ange avant-coureur des sociétés futures qui semait déjà dans le cœur des femmes les germes de l'indépendance humaine, que quelque jour elles réclameront. Mais il est certain que tout d'un coup, chose inouïe, dans tous les salons de Paris, les hommes passèrent d'un côté et les femmes de l'autre; et ainsi, les unes vêtues de blanc comme des fiancées, les autres vêtus de noir comme des orphelins, ils commencèrent à se mesurer des yeux.

Qu'on ne s'y trompe pas : ce vêtement noir que portent les hommes de notre temps est un symbole terrible; pour en venir là, il a fallu que les armures tombassent pièce à pièce et les broderies fleur à fleur. C'est la raison humaine qui a renversé toutes les illusions; mais elle porte en elle-même le deuil, afin qu'on la console.

Les mœurs des étudiants et des artistes, ces mœurs si libres, si belles, si pleines de jeunesse, se ressentirent du changement universel. Les hommes, en se séparant des femmes, avaient chuchoté un mot qui blesse à mort : le mépris. Ils s'étaient jetés dans le vin et dans les courtisanes. Les étudiants et les artistes s'y jetèrent aussi : l'amour était traité comme la gloire et la religion; c'était une illusion ancienne. On allait donc aux mauvais lieux; la *grisette*, cette classe si rêveuse, si romanesque, et d'un amour si tendre et si doux, se vit abandonnée aux comptoirs des boutiques. Elle était pauvre, et on ne l'aimait plus; elle voulait avoir des robes et des chapeaux, elle se vendit. O misère! le jeune homme qui aurait dû l'aimer, qu'elle aurait aimé elle-même; celui qui la conduisait autrefois aux bois de Verrières et de Romainville, aux danses sur le gazon, aux soupers sous l'ombrage; celui qui venait causer le soir sous la lampe, au fond de la boutique, durant les longues veillées d'hiver; celui qui partageait avec elle son morceau de pain trempé de la sueur de son front, et son amour sublime et pauvre; celui-là, ce même homme, après l'avoir délaissée, la retrouvait quelque soir d'orgie au fond du lupanar, pâle et plombée, à jamais perdue, avec la faim sur les lèvres et la prostitution dans le cœur!

Or, vers ce temps-là, deux poètes, les deux plus beaux génies du siècle après Napoléon, venaient de consacrer leur vie à rassembler tous les éléments d'angoisse et de douleur épars dans l'univers. Gœthe, le patriarche d'une littérature nouvelle, après avoir peint dans Werther la passion qui mène au suicide, avait tracé dans son Faust la plus sombre figure humaine qui eût jamais représenté le mal et le malheur. Ses écrits commencèrent alors à pénétrer d'Allemagne en France. Du fond de son cabinet d'étude, entouré de tableaux et de statues, riche, heureux et tranquille, il regardait venir à nous son œuvre de ténèbres avec un sourire paternel. Byron lui répondit par un cri de douleur qui fit tressaillir la Grèce, et suspendit Manfred sur les abîmes, comme si le néant eût été le mot de l'énigme hideuse dont il s'enveloppait.

Pardonnez-moi, ô grands poètes, qui êtes maintenant un peu de cendre et qui reposez sous la terre! pardonnez-moi! vous êtes des demi-dieux, et je ne suis qu'un enfant qui souffre. Mais, en écrivant tout ceci, je ne puis m'empêcher de vous maudire. Que ne chantiez-vous le parfum des fleurs, les voix de la nature, l'espérance et l'amour, la vigne et le soleil, l'azur et la beauté? Sans doute vous connaissiez la vie, et sans doute vous aviez souffert, et le monde croulait autour de vous, et vous pleuriez sur ses ruines, et vous désespériez; et vos maîtresses vous avaient trahis, et vos amis, calomniés, et vos compatriotes, méconnus; et vous aviez le vide dans le cœur, la mort dans les yeux, et vous étiez des colosses de douleur. Mais dites-moi, vous, noble Gœthe, n'y avait-il plus de voix consolatrice dans le murmure religieux de vos vieilles forêts d'Allemagne? Vous pour qui la belle poésie était la sœur de la science, ne pouvaient-elles à elles deux trouver dans l'immortelle nature une plante salutaire pour le cœur de leur favori? Vous qui étiez un panthéiste, un poète antique de la Grèce, un amant de formes sacrées, ne pouviez-vous mettre un peu de miel dans ces beaux vases que vous saviez faire, vous qui n'aviez qu'à sourire et à laisser les abeilles vous venir sur les lèvres? Et toi, et toi, Byron, n'avais-tu pas près de Ravenne, sous les orangers d'Italie, sous ton beau ciel vénitien, près de ta chère Adriatique, n'avais-tu pas ta bien-aimée! O Dieu, moi qui te parle, et qui ne suis qu'un faible enfant, j'ai connu peut-être des maux que tu n'as pas soufferts, et cependant je crois à l'espérance, et cependant je bénis Dieu.

Quand les idées anglaises et allemandes passèrent ainsi sur nos têtes, ce fut comme un dégoût morne et silencieux, suivi d'une convulsion terrible. Car formuler des idées générales, c'est changer le salpêtre en poudre, et la cervelle homérique du grand Gœthe avait sucé, comme un alambic, toute la liqueur du fruit défendu. Ceux qui ne le lurent pas alors crurent n'en rien savoir. Pauvres créatures! l'explosion les emporta comme des grains de poussière dans l'abîme du doute universel.

Ce fut comme une dénégation de toutes choses du ciel et de la terre, qu'on peut nommer désenchantement, ou si l'on veut, *désespérance;* comme si l'humanité en léthargie avait été crue morte par ceux qui lui tâtaient le pouls. De même que ce soldat à qui l'on demanda jadis : « A quoi crois-tu ? » et qui le premier répondit : « A moi ; » ainsi la jeunesse de France, entendant cette question, répondit la première : « A rien. »

Dès lors il se forma comme deux camps : d'une part, les esprits exaltés, souffrants, toutes les âmes expansives qui ont besoin de l'infini, plièrent la tête en pleurant; ils s'enveloppèrent de rêves maladifs, et l'on ne vit plus que de frêles roseaux sur un océan d'amertume. D'une autre part, les hommes de chair restèrent debout, inflexibles, au milieu des jouissances positives, et il ne leur prit d'autre souci que de compter l'argent qu'ils avaient. Ce ne fut qu'un sanglot et un éclat de rire, l'un venant de l'âme, l'autre du corps.

Voici donc ce que disait l'âme :

« Hélas! hélas! la religion s'en va; les nuages du ciel tombent en pluie; nous n'avons plus ni espoir, ni attente, pas deux petits morceaux de bois noir en croix devant lesquels tendre les mains. L'astre de l'avenir se lève à peine; il ne peut sortir de l'horizon; il reste enveloppé de nuages, et, comme le soleil en hiver, son disque y apparaît d'un rouge de sang, qu'il a gardé de 93. Il n'y a plus d'amour, il n'y a plus de gloire. Quelle épaisse nuit sur la terre! Et nous serons morts quand il fera jour. »

Voici donc ce que disait le corps :

« L'homme est ici-bas pour se servir de ses sens; il a plus ou moins de morceaux d'un métal jaune ou blanc, avec quoi il a droit à plus ou moins d'estime. Manger, boire et dormir, c'est vivre. Quant aux liens qui existent entre les hommes, l'amitié consiste à prêter de l'argent; mais il est rare d'avoir un ami qu'on puisse aimer assez pour cela. La parenté sert aux héritages; l'amour est un exercice du corps; la seule jouissance intellectuelle est la vanité. »

Pareille à la peste asiatique exhalée des vapeurs du Gange, l'affreuse *désespérance* marchait à grands pas sur la terre. Déjà Chateaubriand, prince de la poésie, enveloppant l'horrible idole de son manteau de pèlerin, l'avait placée sur autel de marbre, au milieu des parfums des encensoirs sacrés.

Déjà, pleins d'une force désormais inutile, les enfants du siècle roidissaient leurs mains oisives et buvaient dans leur coupe stérile le breuvage empoisonné. Déjà tout s'abîmait, quand les chacals sortirent de terre. Une littérature cadavéreuse et infecte, qui n'avait que la forme, mais une forme hideuse, commença d'arroser d'un sang fétide tous les monstres de la nature.

Qui osera jamais raconter ce qui se passait alors dans les collèges? Les hommes doutaient de tout : les jeunes gens nièrent tout. Les poètes chantaient le désespoir : les jeunes gens sortirent des écoles avec le front serein, le visage frais et vermeil, et le blasphème à la bouche. D'ailleurs, le caractère français, qui de sa nature est gai et ouvert, prédominant toujours, les cerveaux se remplirent aisément des idées anglaises et allemandes; mais les cœurs, trop légers pour lutter et pour souffrir, se flétrirent comme des fleurs brisées. Ainsi le principe de mort descendit froidement et sans secousse de la tête aux entrailles. Au lieu d'avoir l'enthousiasme du mal, nous n'eûmes que l'abnégation du bien ; au lieu du désespoir, l'insensibilité. Des enfants de quinze ans, assis nonchalamment sous des arbrisseaux en fleur, tenaient par passe-temps des propos qui auraient fait frémir d'horreur les bosquets immobiles de Versailles. La communion du Christ, l'hostie, ce symbole éternel de l'amour céleste, servait à cacheter des lettres, les enfants crachaient le pain de Dieu.

Heureux ceux qui échappèrent à ces temps! Heureux ceux qui passèrent sur les abîmes en regardant le ciel ! Il y en eut sans doute, et ceux-là nous plaindront.

Il est malheureusement vrai qu'il y a dans le blasphème une grande déperdition de force qui soulage le cœur trop plein. Lorsqu'un athée, tirant sa montre, donnait un quart d'heure à Dieu pour le foudroyer, il est certain que c'était un quart d'heure de colère et de jouissance atroce qu'il se procurait. C'était le paroxysme du désespoir, un appel sans nom à toutes les puissances célestes; c'était une pauvre et misérable créature se tordant sous le pied qui l'écrase ; c'était un grand cri de douleur. Et qui sait? aux yeux de celui qui voit tout, c'était peut-être une prière.

Ainsi les jeunes gens trouvaient un emploi de la force inactive dans l'affectation du désespoir. Se railler de la gloire, de la religion, de l'amour, de tout au monde, est une grande consolation pour ceux qui ne savent que faire ; ils se moquent par là d'eux-mêmes et se donnent raison tout en se faisant la leçon. Et puis il est doux de se croire malheureux, lorsqu'on n'est que vide et ennuyé. La débauche, en outre, première conclusion des principes de mort, est une terrible meule de pressoir lorsqu'il s'agit de s'énerver.

En sorte que les riches se disaient : « Il n'y a de vrai que la richesse, tout le reste est un rêve ; jouissons et mourons. » Ceux d'une fortune médiocre se disaient : « Il n'y a de vrai que l'oubli, tout le reste est un rêve ; oublions et mourons. » Et les pauvres disaient : « Il n'y a de vrai que le malheur, tout le reste est un rêve ; blasphémons et mourons. »

Ceci est-il trop noir ? est-ce exagéré ? Qu'en pensez-vous ? Suis-je un misanthrope ? Qu'on me permette une réflexion.

En lisant l'histoire de la chute de l'empire romain, il est impossible de ne pas s'apercevoir du mal que les chrétiens, si admirables dans le désert, firent à l'État dès qu'ils eurent la puissance. « Quand je pense, dit Montesquieu, à l'ignorance profonde dans laquelle le clergé grec plongea les laïques, je ne puis m'empêcher de le comparer à ces Scythes dont parle Hérodote, qui crevaient les yeux à leurs esclaves, afin que rien ne pût les distraire de battre leur lait. — Aucune affaire d'État, aucune paix, aucune guerre, aucune trêve, aucune négociation, aucun mariage, ne se traitèrent que par le ministère des moines. On ne saurait croire quel mal il en résulta. »

Montesquieu aurait pu ajouter : Le christianisme perdit les empereurs mais il sauva les peuples. Il ouvrit aux barbares les palais de Constantinople, mais il ouvrit les portes des chaumières aux anges consolateurs du Christ. Il s'agissait bien des grands de la terre ! et voilà qui est intéressant que les derniers râlements d'un empire corrompu jusqu'à la moelle des os, que le sombre galvanisme au moyen duquel s'agitait encore le squelette de la tyrannie sur la tombe d'Héliogabale et de Caracalla ! La belle chose à conserver que la momie de Rome embaumée des parfums de Néron, emmaillottée du linceul de Tibère ! Il s'agissait, messieurs les politiques, d'aller trouver les pauvres et de leur dire d'être en paix ; il s'agissait de laisser les vers et les taupes ronger les monuments de honte, mais de tirer des flancs de la momie une vierge aussi belle que la mère du Rédempteur, l'espérance, amie des opprimés.

Voilà ce que fit le christianisme ; et maintenant, depuis tant d'années, qu'ont fait ceux qui l'ont détruit? Ils ont vu que le pauvre se laissait opprimer par le riche, le faible par le fort, par cette raison qu'ils se disaient : « Le riche et le fort m'opprimeront sur la terre ; mais quand ils voudront entrer au paradis, je serai à la porte et je les accuserai au tribunal de Dieu. » Ainsi, hélas ! ils prenaient patience.

Les antagonistes du Christ ont donc dit au pauvre : « Tu prends patience jusqu'au jour de justice : il n'y a point de justice ; tu attends la vie éternelle pour y réclamer ta vengeance : il n'y a point de vie éternelle ; tu amasses les larmes et celles de ta famille, les cris de tes enfants et les sanglots de ta femme, pour les porter aux pieds de Dieu à l'heure de ta mort : il n'y point de Dieu. »

Alors il est certain que le pauvre a séché ses larmes, qu'il a dit à sa femme de se taire, à ses enfants de venir avec lui, et qu'il s'est redressé sur la glèbe avec la force d'un taureau. Il a dit au riche : « Toi qui m'opprimes, tu n'es qu'un homme ; » et au prêtre : « Toi qui m'as consolé, tu en as menti. » C'étaient justement là ce que voulaient les antagonistes du Christ. Peut-être croyaient-ils faire ainsi le bonheur des hommes, en envoyant le pauvre à la conquête de la liberté.

Mais, si le pauvre, ayant bien compris une fois que les prêtres le trompent, que les riches le dérobent, que tous les hommes ont les mêmes droits, que tous les biens sont de ce monde, et que sa misère est impie ; si le pauvre, croyant à lui et à ses deux bras pour toute croyance, s'est dit un beau jour : « Guerre au riche ! à moi aussi la jouissance ici-bas, puisqu'il n'y en a pas d'autre ! à moi la terre, puisque le ciel est vide ! à moi et à tous, puisque tous sont égaux ! » ô raisonneurs sublimes qui l'avez mené là, que lui direz-vous s'il est vaincu?

Sans doute vous êtes des philanthropes, sans doute vous avez raison pour l'avenir, et le jour viendra où vous serez bénis ; mais pas encore, en vérité, nous ne pouvons pas vous bénir. Lorsque, autrefois, l'oppresseur disait : « A moi la terre ! — A moi le ciel ! » répondait l'opprimé. A présent que répondra-t-il?

LA CONFESSION D'UN ENFANT DU SIÈCLE. — Page 19.

Toute la maladie du siècle présent vient de deux causes : le peuple qui a passé par 93 et par 1814 porte au cœur deux blessures. Tout ce qui était n'est plus; tout ce qui sera n'est pas encore. Ne cherchez pas ailleurs le secret de nos maux.

Voilà un homme dont la maison tombe en ruine ; il l'a démolie pour en bâtir une autre. Les décombres gisent sur son champ, et il attend des pierres nouvelles pour son édifice nouveau. Au moment où le voilà prêt à tailler ses moellons et à faire son ciment, la pioche en main, les bras retroussés, on vient lui dire que les pierres manquent, et lui conseiller de reblanchir les vieilles pour en tirer parti. Que voulez-vous qu'il fasse, lui qui ne veut point de ruines pour faire un nid à sa couvée? La carrière est pourtant profonde, les instruments trop faibles pour en tirer les pierres. « Attendez, lui dit-on, on les tirera peu à peu ; espérez, travaillez, avancez, reculez. » Que ne lui dit-on pas? Et pendant ce temps-là cet homme, n'ayant plus sa vieille maison et pas encore sa maison nouvelle, ne sait comment se défendre de la pluie, ni comment préparer son repas du soir, ni où travailler, ni où reposer, ni où mourir; et ses enfants sont nouveau-nés.

Ou je me trompe étrangement, ou nous ressemblons à cet homme. O peuples des siècles futurs! lorsque, par une chaude journée d'été, vous serez courbés sur vos charrues dans les vertes campagnes de la patrie; lorsque vous verrez, sous un soleil pur et sans tache, la terre, votre mère féconde, sourire dans sa robe matinale au travailleur, son enfant bien-aimé; lorsque, essuyant sur vos fronts tranquilles le saint baptême de la sueur, vous promènerez vos regards sur votre horizon immense, où il n'y aura pas un épi plus haut que l'autre dans la moisson humaine, mais seulement des bluets et des marguerites au milieu des blés jaunissants ; ô hommes libres! quand alors vous remercierez Dieu d'être nés pour cette récolte, pensez à nous qui n'y serons plus, dites-vous que nous avons acheté bien cher le repos dont vous jouirez; plaignez-nous plus que tous vos pères; car nous avons beaucoup des maux qui les rendaient dignes de plainte, et nous avons perdu ce qui les consolait.

## CHAPITRE III

J'ai à raconter à quelle occasion je fus pris d'abord de la maladie du siècle.

J'étais à table, à un grand souper, après une mascarade. Autour de moi, mes amis, richement costumés, de tous côtés des jeunes gens et des femmes, tous étincelants de beauté et de joie; à droite et à gauche, des mets exquis, des flacons, des lustres, des fleurs; au-dessus de ma tête un orchestre bruyant, et en face de moi ma maîtresse, créature superbe que j'idolâtrais.

J'avais alors dix-neuf ans; je n'avais éprouvé aucun malheur, ni aucune maladie; j'étais d'un caractère à la fois hautain et ouvert, avec toutes les espérances et un cœur débordant. Les vapeurs du vin fermentaient dans mes veines : c'était un de ces moments d'ivresse où tout ce qu'on voit, tout ce qu'on entend vous parle de la bien-aimée. La nature entière paraît alors comme une pierre précieuse à mille facettes, sur laquelle est gravé le nom mystérieux. On embrasserait volontiers tous ceux qu'on voit sourire, et on se sent le frère de tout ce qui existe. Ma maîtresse m'avait donné rendez-vous pour la nuit, et je portais lentement mon verre à mes lèvres en la regardant.

Comme je me retournais pour prendre une assiette, ma fourchette tomba. Je me baissai pour la ramasser, et, ne la trouvant pas, je soulevai la nappe pour voir où elle avait roulé. J'aperçus alors sous la table le pied de ma maîtresse qui était posé sur celui d'un jeune homme assis à côté d'elle; leurs jambes étaient croisées et entrelacées, et ils les resserraient doucement de temps en temps

Je me relevai parfaitement calme, demandai une autre fourchette et continuai à souper. Ma maîtresse et son voisin étaient, de leur côté, très tranquilles aussi, se parlant à peine et ne se regardant pas. Le jeune homme avait les coudes sur la table, et plaisantait avec une autre femme qui lui montrait son collier et ses bracelets. Ma maîtresse était immobile, les yeux fixes et noyés de langueur. Je les observai tous deux tant que dura le repas; et je ne vis ni dans leurs gestes ni sur leurs visages rien qui pût les trahir. A la fin, lorsqu'on fut au dessert, je fis glisser ma serviette à terre, et, m'étant baissé de nouveau, je les retrouvai dans la même position, étroitement liés l'un à l'autre.

J'avais promis à ma maîtresse de la ramener ce soir-là chez elle. Elle était veuve, et par conséquent fort libre, au moyen d'un vieux parent qui l'accompagnait et lui servait de chaperon. Comme je traversais le péristyle, elle m'appela : « Allons, Octave, me dit-elle, partons, me voilà. » Je me mis à rire et sortis sans répondre. Au bout de quelques pas, je m'assis sur une borne. Je ne sais à quoi je pensais ; j'étais comme abruti et devenu idiot par l'infidélité de cette femme dont je n'avais jamais été jaloux, et sur laquelle je n'avais jamais conçu un soupçon. Ce que je venais de voir ne me laissant aucun doute, je demeurai comme étourdi d'un coup de massue, et ne me rappelle rien de ce qui s'opéra en moi durant le temps que je restai sur cette borne, sinon que, regardant machinalement le ciel et voyant une étoile filer, je saluai cette lueur fugitive, où les poètes voient un monde détruit, et lui ôtai gravement mon chapeau.

Je rentrai chez moi fort tranquillement, n'éprouvant rien, ne sentant rien, et comme privé de réflexion. Je commençais à me déshabiller et me mis au lit; mais à peine eus-je posé la tête sur le chevet, que les esprits de la vengeance me saisirent avec une telle force, que je me redressai tout à coup contre la muraille, comme si tous les muscles de mon corps fussent devenus de bois. Je descendis de mon lit en criant, les bras étendus, ne pouvant marcher que sur les talons, tant les nerfs de mes orteils étaient crispés. Je passai ainsi près d'une heure, complètement fou et raide comme un squelette. Ce fut le premier accès de colère que j'éprouvai.

L'homme que j'avais surpris auprès de ma maîtresse, était un de mes amis les plus intimes. J'allai chez lui le lendemain, accompagné d'un jeune avocat nommé Dégenais ; nous prîmes des pistolets, un autre témoin et fûmes au bois de Vincennes. Pendant toute la route j'évitai de parler à mon adversaire et même de l'approcher ; je résistai ainsi à l'envie que j'avais de le frapper ou de l'insulter, ces sortes de violence étant toujours hideuses et inutiles du moment que la loi tolère le combat en règle. Mais je ne pus me défendre d'avoir les yeux fixés sur lui. C'était un de mes camarades d'enfance, et il y avait eu entre nous un échange perpétuel de services depuis nombre d'années. Il connaissait parfaitement mon amour pour ma maîtresse, et m'avait même plusieurs fois fait entendre clairement que ces sortes de liens étaient sacrés pour un ami, et qu'il serait incapable de chercher à me supplanter, quand même il aimerait la même femme que moi. Enfin j'avais toute sorte de confiance en lui, et je n'avais peut-être jamais serré la main d'une créature humaine plus cordialement que la sienne.

Je regardais curieusement, avidement, cet homme que j'avais entendu parler de l'amitié comme un héros de l'antiquité, et que je venais de voir caressant ma maîtresse. C'était la première fois de ma vie que je voyais un monstre ; je le toisais d'un œil hagard pour observer comment il était fait. Lui que j'avais connu à l'âge de dix ans, avec qui j'avais vécu jour par jour dans la plus parfaite et la plus étroite amitié, il me semblait que je ne l'avais jamais vu. Je me servirai ici d'une comparaison.

Il y a une pièce espagnole, connue de tout le monde, dans laquelle une statue de pierre vient souper chez un débauché, envoyée par la justice céleste. Le débauché fait bonne contenance et s'efforce de paraître indifférent ; mais la statue lui demande la main, et, dès qu'il lui a donnée, l'homme se sent pris d'un froid mortel et tombe en convulsion.

Or, toutes les fois que, durant ma vie, il m'est arrivé d'avoir cru pendant longtemps avec confiance, soit à un ami, soit à une maîtresse, et de découvrir tout d'un coup que j'étais trompé, je ne puis rendre l'effet que cette découverte a produit sur moi qu'en le comparant à la poignée de main de la statue. C'est véritablement l'impression du marbre, comme si la réalité dans toute sa mortelle froideur, me glaçait d'un baiser ; c'est le toucher de l'homme de pierre. Hélas ! l'affreux convive a frappé plus d'une fois à ma porte ; plus d'une fois nous avons soupé ensemble.

Cependant, les arrangements faits, nous nous mîmes en ligne mon adversaire et moi, avançant lentement l'un sur l'autre. Il tira le premier et me blessa au bras droit. Je pris aussitôt mon pistolet de l'autre main; mais je ne pus le soulever, la force me manquant, et je tombai sur un genou.

Alors je vis mon ennemi s'avancer précipitamment, d'un air inquiet et le visage très pâle. Mes témoins accoururent en même temps, voyant que j'étais blessé; mais il les écarta et me prit la main de mon bras malade. Il avait les dents serrées et ne pouvait parler; je vis son angoisse. Il souffrait du plus affreux mal que l'homme puisse éprouver. « Va-t'en ! lui criai-je, va-t'en t'essuyer aux draps de*** ! » Il suffoquait, et moi aussi.

On me mit dans un fiacre, où je trouvai un médecin. La blessure ne se trouva pas dangereuse, la balle n'ayant point touché les os; mais j'étais dans un tel état d'excitation, qu'il fut impossible de me panser sur-le-champ. Au moment où le fiacre partait, je vis à la portière une main tremblante; c'était mon adversaire qui revenait encore. Je secouai la tête pour toute réponse; j'étais dans une telle rage, que j'aurais vainement fait un effort pour lui pardonner, tout en sentant bien que son repentir était sincère.

Arrivé chez moi, le sang qui coulait abondamment de mon bras me soulagea beaucoup; car la faiblesse me délivra de ma colère, qui me faisait plus de mal que ma blessure. Je me couchai avec délices, et je crois que je n'ai jamais rien bu de plus agréable que le premier verre d'eau qu'on me donna.

M'étant mis au lit, la fièvre me prit. Ce fut alors que je commençai à verser des larmes. Ce que je ne pouvais concevoir, ce n'était pas que ma maîtresse eût cessé de m'aimer, mais c'était qu'elle m'eût trompé. Je ne comprenais pas par quelle raison une femme qui n'est forcée ni par le devoir ni par l'intérêt, peut mentir à un homme lorsqu'elle en aime un autre. Je demandais vingt fois par jour à Desgenais comment cela était possible. « Si j'étais son mari, disais-je, ou si je la payais, je concevrais qu'elle me trompât; mais pourquoi, si elle ne m'aimait plus, ne pas me le dire? pourquoi me tromper? » Je ne concevais pas qu'on pût mentir en amour; j'étais un enfant alors, et j'avoue qu'à présent je ne le comprends pas encore. Toutes les fois que je suis devenu amoureux d'une femme, je le lui ai dit, et toutes les fois que j'ai cessé d'aimer une femme, je le lui ai dit de même, avec la même sincérité, ayant toujours pensé que, sur ces sortes de choses, nous ne pouvons rien par notre volonté et qu'il n'y a de crime qu'au mensonge.

Desgenais, à tout ce que je disais, me répondait : « C'est une misérable ; promettez-moi de ne plus la voir. » Je le lui jurai solennellement. Il me conseilla, en outre, de ne lui point écrire, même pour lui faire des reproches, et si elle m'écrivait de ne pas répondre. Je lui promis tout cela, presque étonné qu'il me le demandât, et indigné de ce qu'il pouvait supposer le contraire.

Cependant la première chose que je fis, dès que je pus me lever et sortir de la chambre, fut de courir chez ma maîtresse. Je la trouvai seule, assise sur une chaise, dans un coin de sa chambre, le visage abattu et dans le plus grand désordre. Je l'accablai des plus violents reproches ; j'étais ivre de désespoir. Je criais à faire retentir toute la maison, et en même temps les larmes me coupaient parfois la parole si violemment, que je tombais sur le lit pour leur donner un libre cours. « Ah ! infidèle ! ah ! malheureuse ! lui disais-je en pleurant, tu sais que j'en mourrai, cela te fait-il plaisir ? que t'ai-je fait ? »

Elle se jeta à mon cou, me dit qu'elle avait été séduite, entraînée ; que mon rival l'avait enivrée dans ce fatal souper, mais qu'elle n'avait jamais été à lui ; qu'elle s'était abandonnée à un moment d'oubli ; qu'elle avait commis une faute, mais non pas un crime ; enfin, qu'elle voyait bien tout le mal qu'elle m'avait fait, mais que si je ne lui pardonnais, elle en mourrait aussi. Tout ce que le repentir sincère a de larmes, tout ce que la douleur a d'éloquence, elle l'épuisa pour me consoler ; pâle et égarée, sa robe entr'ouverte, ses cheveux épars sur ses épaules, à genoux au milieu de la chambre, jamais je ne l'avais vue si belle, et je frémissais d'horreur pendant que tous mes sens se soulevaient à ce spectacle.

Je sortis brisé, n'y voyant plus et pouvant à peine me soutenir. Je ne voulais jamais la revoir ; mais, au bout d'un quart d'heure, j'y retournai. Je ne sais quelle force désespérée m'y poussait ; j'avais comme une sourde envie de la posséder encore une fois, de boire sur son corps magnifique toutes ces larmes amères, et de nous tuer après tous les deux. Enfin, je l'abhorrais et je l'idolâtrais ; je sentais que son amour était ma perte, mais que vivre sans elle était impossible. Je montai chez elle comme un éclair ; je ne parlai à aucun domestique, j'entrai tout droit, connaissant la maison, et je poussai la porte de sa chambre.

Je la trouvai assise devant sa toilette, immobile et couverte de pierreries. Sa femme de chambre la coiffait ; elle tenait à la main un morceau de crêpe rouge qu'elle passait légèrement sur ses joues. Je crus faire un rêve ; il me paraissait impossible que ce fut là cette femme que je venais de voir, il y avait un quart d'heure, noyée de douleur et étendue sur le carreau ; je restai comme une statue. Elle, entendant sa porte s'ouvrir, tourna la tête en souriant. « Est-ce vous? » dit-elle. Elle allait au bal, et attendait mon rival, qui devait l'y conduire. Elle me reconnut, serra les lèvres et fronça le sourcil.

Je fis un pas pour sortir. Je regardais sa nuque, lisse et parfumée, où ses cheveux étaient noués, et sur laquelle étincelait un peigne de diamant ; cette nuque, siège de la force vitale, était plus noire que l'enfer ; deux tresses luisantes y étaient tordues, et de légers épis d'argent se balançaient au-dessus. Ses épaules et son cou, plus blancs que le lait, en faisaient ressortir le duvet rude et abondant. Il y avait dans cette crinière retroussée je ne sais quoi d'impudemment beau qui semblait me railler du désordre où je l'avais vue un instant auparavant. J'avançai tout d'un coup et frappai cette nuque du revers de mon poing fermé. Ma maîtresse ne poussa pas un cri ; elle tomba sur ses mains, après quoi je sortis précipitamment.

Rentré chez moi, la fièvre me reprit avec une telle violence, que je fus obligé de me remettre au lit. Ma blessure s'était rouverte et j'en souffrais beaucoup. Desgenais vint me voir ; je lui racontai tout ce qui s'était passé. Il m'écouta dans un grand silence, puis se promena quelque temps par la chambre comme un homme irrésolu. Enfin il s'arrêta devant moi et partit d'un éclat de rire. « Est-ce que c'est votre première maîtresse ? me dit-il. — Non ! lui dis-je, c'est la dernière. »

Vers le milieu de la nuit, comme je dormais d'un sommeil agité, il me sembla dans un rêve entendre un profond soupir. J'ouvris les yeux et vis ma maîtresse debout près de mon lit, les bras croisés, pareille à un spectre. Je ne pus retenir un cri d'épouvante, croyant à une apparition sortie de mon cerveau malade. Je me lançai hors du lit et m'enfuis à l'autre bout de

LA CONFESSION D'UN ENFANT DU SIÈCLE. Page 29.

la chambre; mais elle vint à moi. « C'est moi, » dit-elle; et, me prenant à bras-le-corps, elle m'entraîna. « Que me veux-tu? criai-je; lâche-moi! je suis capable de te tuer tout à l'heure!

— Eh bien, tue-moi! dit-elle. Je t'ai trahi, je t'ai menti, je suis infâme et misérable; mais je t'aime, et ne puis me passer de toi. »

Je la regardai; qu'elle était belle! Tout son corps frémissait; ses yeux, perdus d'amour, répandaient des torrents de volupté; sa gorge était nue, ses lèvres brûlaient. Je la soulevai dans mes bras. « Soit, lui dis-je, mais devant Dieu qui nous voit, par l'âme de mon père, je te jure que je te tue tout à l'heure et moi aussi. » Je pris un couteau de table qui était sur ma cheminée et le posai sous l'oreiller.

« Allons, Octave, me dit-elle en souriant et en m'embrassant, ne fais pas de folie. Viens, mon enfant; toutes ces horreurs te font mal; tu as la fièvre. Donne-moi ce couteau. »

Je vis qu'elle voulait le prendre. « Écoutez-moi, lui dis-je alors; je ne sais qui vous êtes et quelle comédie vous jouez; mais, quant à moi, je ne la joue pas. Je vous ai aimée autant qu'un homme peut aimer sur la terre, et, pour mon malheur et ma mort, sachez que je vous aime encore éperdument. Vous venez me dire que vous m'aimez aussi, je le veux bien; mais, par tout ce qu'il y a de sacré au monde, si je suis votre amant ce soir, un autre ne le sera pas demain. Devant Dieu, devant Dieu, répétai-je, je ne vous reprendrai pas pour maîtresse, car je vous hais autant que je vous aime. Devant Dieu, si vous voulez de moi, je vous tue demain matin. » En parlant ainsi, je me renversai dans un complet délire. Elle jeta son manteau sur ses épaules et sortit en courant.

Lorsque Desgenais sut cette histoire, il me dit : « Pourquoi n'avez-vous pas voulu d'elle? vous êtes bien dégoûté; c'est une jolie femme.

— Plaisantez-vous? lui dis-je. Croyez-vous qu'une pareille femme puisse être ma maîtresse? croyez-vous que je consente jamais à partager avec un autre? songez-vous qu'elle-même avoue qu'un autre la possède, et voulez-vous que j'oublie que je l'aime, afin de la posséder aussi? Si ce sont là vos amours, vous me faites pitié. »

Desgenais me répondit qu'il n'aimait que les filles, et qu'il n'y regardait pas de si près. « Mon cher Octave, ajouta-t-il, vous êtes bien jeune; vous voudriez avoir bien des choses, et de belles choses, mais qui n'existent pas. Vous croyez à une singulière sorte d'amour ; peut-être en êtes-vous capable ; je le crois, mais ne le souhaite pas pour vous. Vous aurez d'autres maîtresses, mon ami, et vous regretterez un jour à venir ce qui vous est arrivé cette nuit. Quand cette femme est venue vous trouver, il est certain qu'elle vous aimait ; elle ne vous aime peut-être pas à l'heure qu'il est, elle est peut-être dans les bras d'un autre ; mais elle vous aimait cette nuit-là, dans cette chambre ; et que vous importe le reste ? Vous aviez là une belle nuit, et vous la regretterez, soyez-en sûr, car elle ne reviendra plus. Une femme pardonne tout, excepté qu'on ne veuille pas d'elle. Il fallait que son amour pour vous fût terrible, pour qu'elle vînt vous trouver, se sachant et s'avouant coupable, se doutant peut-être qu'elle serait refusée. Croyez-moi, vous regretterez une nuit pareille, car c'est moi qui vous dit que vous n'en aurez guère. »

Il y avait dans tout ce que disait Desgenais un air de conviction si simple et si profond, une si désespérante tranquillité d'expérience, que je frissonnais en l'écoutant. Pendant qu'il parlait, j'éprouvai une tentation violente d'aller encore chez ma maîtresse, ou de lui écrire pour la faire venir. J'étais incapable de me lever ; cela me sauva de la honte de m'exposer de nouveau à la trouver ou attendant mon rival, ou enfermée avec lui. Mais j'avais toujours la facilité de lui écrire ; je me demandais malgré moi, dans le cas où je lui écrirais, si elle viendrait.

Lorsque Desgenais fut parti, je sentis une agitation si affreuse, que je résolus d'y mettre un terme, de quelque manière que ce fût. Après une lutte terrible, l'horreur surmonta enfin l'amour. J'écrivis à ma maîtresse que je ne la reverrais jamais, et que je la priais de ne plus revenir, si elle ne voulait s'exposer à être refusée à ma porte. Je sonnai violemment, j'ordonnai qu'on portât ma lettre le plus vite possible. A peine mon domestique eut-il fermé la porte que je le rappelai. Il ne m'entendit pas ; je n'osai le rappeler une seconde fois ; et, mettant mes deux mains sur mon visage, je demeurai enseveli dans le plus profond désespoir.

## CHAPITRE IV

Le lendemain, au lever du soleil, la première pensée qui me vint fut de me demander : « Que ferai-je à présent ? »

Je n'avais point d'état, aucune occupation. J'avais étudié la médecine et le droit, sans pouvoir me décider à prendre l'une ou l'autre de ces deux carrières ; j'avais travaillé six mois chez un banquier avec une telle inexactitude, que j'avais été obligé de donner ma démission à temps pour n'être pas renvoyé. J'avais fait de bonnes études, mais superficielles, ayant une mémoire qui veut de l'exercice, et qui oublie aussi facilement qu'elle apprend.

Mon seul trésor, après l'amour, était l'indépendance. Dès ma puberté, je lui avais voué un culte farouche, et je l'avais pour ainsi dire consacrée dans mon cœur. C'était un certain jour que mon père, pensant déjà à mon avenir, m'avait parlé de plusieurs carrières, entre lesquelles il me laissait le choix. J'étais accoudé à ma fenêtre, et je regardais un peuplier maigre et solitaire qui se balançait dans le jardin. Je réfléchissais à tous ces états divers, et délibérais d'en prendre un. Je les remuai tous dans ma tête l'un après l'autre jusqu'au dernier ; après quoi, ne me sentant du goût pour aucun, je laissai flotter mes pensées. Il me sembla tout à coup que je sentais la terre se mouvoir, et que la force sourde et invisible qui l'entraîne dans l'espace se rendait saisissable à mes sens : je la voyais monter dans le ciel ; il me semblait que j'étais comme sur un navire ; le peuplier que j'avais devant les yeux me paraissait comme un mât de vaisseau ; je me levai en étendant les bras et m'écriai : « C'est bien assez peu de chose d'être un passager d'un jour sur ce navire flottant dans l'éther; c'est bien assez peu d'être un homme, un point noir sur ce navire ; je serai un homme, mais non une espèce d'homme particulière! »

Tel était le premier vœu qu'à l'âge de quatorze ans j'avais prononcé en face de la nature, et depuis ce temps je n'avais rien essayé que par obéissance pour mon père, mais sans pouvoir jamais vaincre ma répugnance.

J'étais donc libre, non par paresse, mais par volonté ; aimant d'ailleurs tout ce qu'a fait Dieu, et bien peu de ce qu'a fait l'homme. Je n'avais connu de la vie que l'amour, du monde que ma maîtresse, et n'en voulais savoir autre chose. Aussi, étant devenu amoureux en sortant du collège, j'avais cru sincèrement que c'était pour ma vie entière, et toute autre pensée avait disparu.

Mon existence était sédentaire. Je passais la journée chez ma maîtresse; mon grand plaisir était de l'emmener à la campagne durant les beaux jours de l'été, et de me coucher près d'elle dans les bois, sur l'herbe ou sur la mousse, le spectacle de la nature dans sa splendeur ayant toujours été pour moi le plus puissant des aphrodisiaques. En hiver, comme elle aimait le monde, nous courions les bals et les masques, en sorte que cette vie oisive ne cessait jamais; et, par la raison que je n'avais pensé qu'à elle tant qu'elle m'avait été fidèle, je me trouvai sans une pensée lorsqu'elle m'eut trahi.

Pour donner une idée de l'état où se trouvait alors mon esprit, je ne puis mieux le comparer qu'à un de ces appartements comme on en voit aujourd'hui, où se trouvent rassemblés et confondus des meubles de tous les temps et de tous les pays. Notre siècle n'a point de formes. Nous n'avons imprimé le cachet de notre temps ni à nos maisons, ni à nos jardins, ni à quoi que ce soit. On rencontre dans les rues des gens qui ont la barbe taillée comme du temps de Henri III, d'autres qui sont rasés, d'autres qui ont les cheveux arrangés comme ceux du portrait de Raphaël, d'autres comme du temps de Jésus-Christ. Aussi les appartements des riches sont des cabinets de curiosités : l'antique, le gothique, le goût de la Renaissance, celui de Louis XIII, tout est pêle-mêle. Enfin nous avons de tous les siècles, hors du nôtre, chose qui n'a jamais été vue à une autre époque : l'éclectisme est notre goût; nous prenons tout ce que nous trouvons, ceci pour sa beauté, cela pour sa commodité, telle autre chose pour son antiquité, telle autre pour sa laideur même ; en sorte que nous ne vivons que de débris, comme si la fin du monde était proche.

Tel était mon esprit ; j'avais beaucoup lu ; en outre, j'avais appris à peindre. Je savais par cœur une grande quantité de choses, mais rien par ordre, de façon que j'avais la tête à la fois vide et gonflée, comme une éponge. Je devenais amoureux de tous les poètes l'un après l'autre ; mais, étant d'une nature très impressionnable, le dernier venu avait toujours le don de me dégoûter du reste. Je m'étais fait un grand magasin de ruines, jusqu'à ce qu'enfin, n'ayant plus soif à force de boire la nouveauté et l'inconnu, je m'étais trouvé une ruine moi-même.

Cependant sur cette ruine il y avait quelque chose de bien jeune encore : c'était l'espérance de mon cœur, qui n'était qu'un enfant.

Cette espérance, que rien n'avait flétrie ni corrompue, et que l'amour avait exaltée jusqu'à l'excès, venait tout à coup de recevoir une blessure mortelle. La perfidie de ma maîtresse l'avait frappée au plus haut de son vol, et, lorsque j'y pensais, je me sentais dans l'âme quelque chose qui défaillait convulsivement, comme un oiseau blessé qui agonise.

La société, qui fait tant de mal, ressemble à ce serpent des Indes dont la demeure est la feuille d'une plante qui guérit sa morsure ; elle présente presque toujours le remède à côté de la souffrance qu'elle a causée. Par exemple, un homme qui a son existence réglée, les affaires au lever, les visites à telle heure, le travail à telle autre, l'amour à telle autre, peut perdre sans danger sa maîtresse. Ses occupations et ses pensées sont comme ces soldats impassibles rangés en bataille sur une même ligne ; un coup de feu en emporte un, les voisins se resserrent, et il n'y paraît pas.

Je n'avais pas cette ressource depuis que j'étais seul : la nature, ma mère chérie, me semblait au contraire plus vaste et plus vide que jamais. Si j'avais pu oublier entièrement ma maîtresse, j'aurais été sauvé. Que de gens à qui il n'en faut pas tant pour les guérir ! Ceux-là sont incapables d'aimer une femme infidèle, et leur conduite en pareil cas, est admirable de fermeté. Mais est-ce ainsi qu'on aime à dix-neuf ans, alors que, ne connaissant rien au monde, désirant tout, le jeune homme sent à la fois le germe de toutes les passions ? De quoi doute cet âge ? A droite, à gauche, là-bas, à l'horizon, partout quelque voix qui l'appelle. Tout est désir, tout est rêverie. Il n'y a réalité qui tienne lorsque le cœur est jeune; il n'y a chêne si noueux et si dur dont il ne sorte une dryade; et, si on avait cent bras, on ne craindrait pas de les ouvrir dans le vide; on n'a qu'à y serrer sa maîtresse, et le vide est rempli.

Quant à moi, je ne concevais pas qu'on fît autre chose que d'aimer; et, lorsqu'on me parlait d'une autre occupation, je ne répondais pas. Ma passion pour ma maîtresse avait été comme sauvage, et toute ma vie en ressentait je ne sais quoi de monacal et de farouche. Je n'en veux citer qu'un exemple. Elle m'avait donné son portrait en miniature dans un médaillon; je le portais sur le cœur, chose que font bien des hommes; mais, ayant trouvé un jour chez un marchand de curiosités une discipline de fer, au bout de laquelle était une plaque hérissée de pointes, j'avais fait attacher le médaillon sur la plaque et le portais ainsi. Ces clous, qui m'entraient dans la poitrine à chaque mouvement, me causaient une volupté si étrange, que j'appuyais quelquefois ma main pour les sentir plus profondément. Je sais bien que c'est de la folie; l'amour en fait bien d'autres.

Depuis que cette femme m'avait trahi, j'avais ôté le cruel médaillon. Je ne puis dire avec quelle tristesse j'en détachai la ceinture de fer, et quel soupir poussa mon cœur lorsqu'il s'en trouva délivré! « Ah! pauvres cicatrices, me dis-je, vous allez donc vous effacer? Ah! ma blessure, ma chère blessure, quel baume vais-je poser sur toi? »

J'avais beau haïr cette femme; elle était, pour ainsi dire, dans le sang de mes veines; je la maudissais, mais j'en rêvais. Que faire à cela? que faire à un rêve? quelle raison donner à des souvenirs de chair et de sang? Macbeth, ayant tué Duncan, dit que l'Océan ne laverait pas ses mains; il n'aurait pas lavé mes cicatrices. Je le dis à Desgenais : « Que voulez-vous? dès que je m'endors, sa tête est là sur l'oreiller. »

Je n'avais vécu que par cette femme; douter d'elle, c'était douter de tout; la maudire, tout renier; la perdre, tout détruire. Je ne sortais plus, le monde m'apparaissait comme peuplé de monstres, de bêtes fauves et de crocodiles. A tout ce qu'on me disait pour me distraire je répondais : « Oui, c'est bien dit, et soyez certain que je n'en ferai rien. »

Je me mettais à la fenêtre et je me disais : « Elle va venir, j'en suis sûr, elle vient, elle tourne la rue; je la sens qui approche. Elle ne peut vivre sans moi, pas plus que moi sans elle. Que lui dirai-je? quel visage ferai-je? » Là-dessus ses perfidies me revenaient. « Ah! qu'elle ne vienne pas! m'écriais-je; qu'elle n'approche pas! je suis capable de la tuer! »

Depuis ma dernière lettre, je n'en entendais plus parler. « Enfin, que fait-elle? me disais-je. Elle en aime un autre? aimons-en donc une autre aussi. Qui aimer? » Et, tout en cherchant, j'entendais comme une voix lointaine qui me criait : « Toi, une autre que moi! Deux êtres qui s'aiment, qui s'embrassent, et qui ne sont pas toi et moi! Est-ce que c'est possible? Est-ce que tu es fou? »

« Lâche! me disait Desgenais, quand oublierez-vous cette femme? Est-ce donc une si grande perte? Le beau plaisir d'être aimé d'elle! Prenez la première venue.

— Non, lui répondais-je, ce n'est pas une si grande perte. N'ai-je pas fait ce que je devais? ne l'ai-je pas chassée d'ici? Qu'avez-vous donc à dire? Le reste me regarde; les taureaux blessés dans le cirque sont libres d'aller se coucher dans un coin avec l'épée du matador dans l'épaule, et de finir en paix. Qu'est-ce que j'irai faire, dites-moi, là ou là? Qu'est-ce que c'est que vos premières venues? Vous me montrerez un ciel pur, des arbres et des maisons, des hommes qui parlent, boivent, chantent, des femmes qui dansent et des chevaux qui galopent. Tout cela n'est pas la vie, c'est le bruit de la vie. Allez, allez, laissez-moi le repos. »

LA CONFESSION D'UN ENFANT DU SIÈCLE.

## CHAPITRE V

Quand Desgenais vit que mon désespoir était sans remède, que je ne voulais écouter personne ni sortir de ma chambre, il prit la chose au sérieux. Je le vis arriver un soir avec un air de gravité; il me parla de ma maîtresse, et continua sur un ton de persiflage, disant des femmes tout le mal qu'il pensait. Tandis qu'il parlait, je m'étais appuyé sur mon coude, et, me soulevant sur mon lit, je l'écoutais attentivement.

C'était par une de ces sombres soirées où le vent qui siffle ressemble aux plaintes d'un mourant; une pluie aiguë fouettait les vitres, laissant par intervalle un silence de mort. Toute la nature souffre par ces temps; les arbres s'agitent avec douleur ou courbent tristement la tête; les oiseaux des champs se serrent dans les buissons; les rues des cités sont vides. Ma blessure me faisait souffrir. La veille encore j'avais une maîtresse et un ami; ma maîtresse m'avait trahi, mon ami m'avait étendu dans un lit de douleur. Je ne démêlais pas encore clairement ce qui se passait dans ma tête; il me semblait tantôt que j'avais fait un rêve plein d'horreur, et que je n'avais qu'à fermer les yeux pour me réveiller heureux le lendemain; tantôt c'était ma vie entière qui me paraissait un songe ridicule et puéril, dont la fausseté venait de se dévoiler. Desgenais était assis devant moi, près de la lampe; il était ferme et sérieux, avec un sourire perpétuel. C'était un homme plein de cœur, mais sec comme la pierre ponce. Une précoce expérience l'avait rendu chauve avant l'âge; il connaissait la vie et avait pleuré dans son temps ; mais sa douleur portait cuirasse ; il était matérialiste, et attendait la mort.

« Octave, me dit-il, d'après ce qui se passe en vous, je vois que vous croyez à l'amour tel que les romanciers et les poètes le représentent ; vous croyez, en un mot, à ce qui se dit ici-bas et non à ce qui s'y fait. Cela vient de ce que vous ne raisonnez pas sainement et peut vous mener à de très grands malheurs.

« Les poètes représentent l'amour comme les sculpteurs nous peignent la beauté, comme les musiciens créent la mélodie ; c'est-à-dire que doués d'une organisation nerveuse et exquise, ils rassemblent avec discernement et avec ardeur les éléments les plus purs de la vie, les lignes les plus belles de la matière, et les voix les plus harmonieuses de la nature. Il y avait, dit-on, à Athènes, une grande quantité de belles filles ; Praxitèle les dessina toutes l'une après l'autre ; après quoi, de toutes ces beautés diverses, qui chacune avaient leur défaut, il fit une beauté unique, sans défaut, et créa la Vénus. Le premier homme qui fit un instrument de musique, et qui donna à cet art ses règles et ses lois, avait écouté, longtemps auparavant, murmurer les roseaux et chanter les fauvettes. Ainsi les poètes, qui connaissaient la vie, après avoir vu beaucoup d'amours plus ou moins passagers, après avoir senti profondément jusqu'à quel degré d'exaltation sublime la passion peut s'élever par moments, retranchant de la nature humaine tous les éléments qui la dégradent, créèrent ces noms mystérieux qui passèrent d'âge en âge sur les lèvres des hommes : Daphnis et Chloé, Héro et Léandre, Pyrame et Thisbé.

« Vouloir chercher dans la vie réelle des amours pareils à ceux-là, éternels et absolus, c'est la même chose que de chercher sur la place publique des femmes aussi belles que la Vénus, ou de vouloir que les rossignols chantent les symphonies de Beethoven.

« La perfection n'existe pas ; la comprendre est le triomphe de l'intelligence humaine ; la désirer pour la posséder est la plus dangereuse des folies. Ouvrez votre fenêtre, Octave ; ne voyez-vous pas l'infini ? ne sentez-vous pas que le ciel est sans bornes ? votre raison ne vous le dit-elle pas ? Cependant concevez-vous l'infini ? vous faites vous quelque idée d'une chose sans fin, vous qui êtes né d'hier et qui mourrez demain ? Ce spectacle de l'immensité a, dans tous les pays du monde, produit les plus grandes démences. Les religions viennent de là ; c'est pour posséder l'infini que Caton s'est coupé la gorge, que les chrétiens se livraient aux lions, les huguenots aux catholiques ; tous les peuples de la terre ont étendu les bras vers cet espace immense, et ont voulu s'y précipiter. L'insensé veut posséder le ciel ; le sage l'admire, s'agenouille et ne désire pas.

« La perfection, ami, n'est pas plus faite pour nous que l'immensité. Il faut ne la chercher en rien, ne la demander à rien, ni à l'amour, ni à la beauté, ni au bonheur, ni à la vertu ; mais il faut l'aimer pour être vertueux, beau et heureux autant que l'homme peut l'être.

« Supposons que vous avez dans votre cabinet d'étude un tableau de Raphaël que vous regardiez comme parfait ; supposons qu'hier soir, en le considérant de près, vous avez découvert dans un des personnages de ce tableau une faute grossière de dessin, un membre cassé ou un muscle hors nature, comme il s'en trouve un, dit-on, dans l'un des bras du gladiateur antique ; vous éprouverez certainement un grand déplaisir, mais vous ne jetterez cependant pas au feu votre tableau ; vous direz seulement qu'il n'est pas parfait, mais qu'il y a des morceaux qui sont dignes d'admiration.

« Il y a des femmes que leur bon naturel et la sincérité de leur cœur empêchent d'avoir deux amants à la fois. Vous avez cru que votre maîtresse était ainsi ; cela vaudrait mieux, en effet. Vous avez découvert qu'elle vous trompait ; cela vous oblige-t-il à la mépriser, à la maltraiter, à croire enfin qu'elle est digne de votre haine ?

« Quand bien même votre maîtresse ne vous aurait jamais trompé, et quand elle n'aimerait que vous à présent, songez, Octave, combien son amour serait encore loin de la |perfection, combien il serait humain, petit, restreint aux lois de l'hypocrisie du monde ; songez qu'un autre homme l'a possédée avant vous, et même plus d'un autre homme, que d'autres encore la posséderont après vous.

« Faites cette réflexion : ce qui vous pousse en ce moment au désespoir, c'est cette idée de perfection que vous vous étiez fait sur votre maîtresse, et dont vous voyez qu'elle est déchue. Mais, dès que vous comprendrez bien que cette idée première elle-même était humaine, petite et restreinte, vous verrez que c'est bien peu de chose qu'un degré de plus ou de moins sur cette grande échelle pourrie de l'imperfection humaine.

« Vous conviendrez volontiers, n'est-ce pas ? que votre maîtresse a eu d'autres hommes et qu'elle en aura d'autres ; vous me direz sans doute que peu vous importe de le savoir, pourvu qu'elle vous aime, et qu'elle n'ait que vous tant qu'elle vous aimera. Mais moi je vous dis : Puisqu'elle a eu d'autres hommes que vous, qu'importe donc que ce soit hier ou il y a deux ans ? Puisqu'elle aura d'autres hommes, qu'importe que ce soit demain ou dans deux autres années ? Puisqu'elle ne doit vous aimer qu'un temps, et puisqu'elle vous aime, qu'importe donc que ce soit pendant deux ans ou pendant une nuit ? Êtes-vous homme, Octave ? Voyez-vous les feuilles tomber des arbres, le soleil se lever et se coucher ? Entendez-vous vibrer l'horloge de la vie à chaque battement de votre cœur ? Y a-t-il donc une si grande différence pour nous entre un amour d'un an et un amour d'une heure, insensé qui, par cette fenêtre grande comme la main, pouvez voir l'infini ?

« Vous appelez honnête la femme qui vous aime deux ans fidèlement ; vous avez apparemment un almanach fait exprès pour savoir combien de temps les baisers des hommes mettent à sécher sur les lèvres des femmes. Vous faites une grande différence entre la femme qui se donne pour de l'argent et celle qui se donne pour du plaisir, entre celle qui se donne pour de l'orgueil et celle qui se donne pour du dévouement. Parmi les femmes que vous achetez, vous payez les unes plus cher que les autres ; parmi celles que vous recherchez pour le plaisir des sens, vous vous abandonnez aux unes avec plus de confiance qu'aux autres ; parmi celles que vous avez par vanité, vous vous montrez plus glorieux de celle-ci que de celle-là ; et de celles à qui vous vous dévouez, il y en a à qui vous donnerez le tiers de votre cœur, à une autre le quart, à une autre la moitié, selon son éducation, ses mœurs, son nom, sa naissance, sa beauté, son tempérament, selon l'occasion, selon ce qu'on en dit, selon l'heure qu'il est, selon ce que vous avez bu à dîner.

« Vous avez des femmes, Octave, par la raison que vous êtes jeune, ardent, que votre visage est ovale et régulier, que vos cheveux sont peignés avec soin ; mais, par cette raison même, mon ami, vous ne savez pas ce que c'est qu'une femme.

« La nature, avant tout, veut la reproduction des êtres; partout, depuis le sommet des montagnes jusqu'au fond de l'Océan, la vie a peur de mourir. Dieu, pour conserver son ouvrage, a donc établi cette loi, que la plus grande jouissance de tous les êtres vivants fût l'acte de la génération. Le palmier, envoyant à sa femelle sa poussière féconde, frémit d'amour dans les vents embrasés; le cerf en rut éventre sa biche qui lui résiste; la colombe palpite sous les ailes du mâle comme une sensitive amoureuse; et l'homme, tenant dans ses bras sa compagne, au sein de la toute-puissante nature, sent bondir dans son cœur l'étincelle divine qui l'a créé.

« O mon ami! lorsque vous serrez dans vos bras nus une belle et robuste femme, si la volupté vous arrache des larmes, si vous sentez sangloter sur vos lèvres des serments d'amour éternel, si l'infini vous descend dans le cœur, ne craignez pas de vous livrer; fussiez-vous avec une courtisane.

« Mais ne confondez pas le vin avec l'ivresse; ne croyez pas la coupe divine où vous buvez le breuvage divin; ne vous étonnez pas le soir de la trouver vide et brisée. C'est une femme, c'est un vase fragile, fait de terre par un potier.

« Remerciez Dieu de vous montrer le ciel, et parce que vous battez de l'aile ne vous croyez pas un oiseau. Les oiseaux eux-mêmes ne peuvent franchir les nuages; il y a une sphère où ils manquent d'air; et l'alouette, qui s'élève en chantant dans les brouillards du matin, retombe quelquefois morte sur le sillon.

« Prenez de l'amour ce qu'un homme sobre prend de vin; ne devenez pas un ivrogne. Si votre maîtresse est sincère et fidèle, aimez-la pour cela: mais, si elle ne l'est pas, et qu'elle soit jeune et belle, aimez-la parce qu'elle est jeune et belle; et, si elle est agréable et spirituelle, aimez-la encore; et si elle n'est rien de tout cela, mais qu'elle vous aime seulement, aimez-la encore. On n'est pas aimé tous les soirs.

« Ne vous arrachez pas les cheveux et ne parlez pas de vous poignarder parce que vous avez un rival. Vous dites que votre maîtresse vous trompe pour un autre; c'est votre orgueil qui en souffre: mais changez seulement les mots; dites-vous que c'est lui qu'elle trompe pour vous, et vous voilà glorieux.

« Ne vous faites pas de règle de conduite, et ne dites pas que vous voulez être aimé exclusivement à tout autre ; car, en disant cela, comme vous êtes homme et inconstant vous-même, vous êtes forcé d'ajouter tacitement : « Autant que cela est possible. »

« Prenez le temps comme il vient, le vent comme il souffle, la femme comme elle est. Les Espagnoles, les premières des femmes, aiment fidèlement ; leur cœur est sincère et violent, mais elles portent un stylet sur le cœur. Les Italiennes sont lascives, mais elles cherchent de larges épaules et prennent mesure de leur amant avec des aunes de tailleurs. Les Anglaises sont exaltées et mélancoliques, mais elles sont froides et guindées. Les Allemandes sont tendres et douces, mais fades et monotones. Les Françaises sont spirituelles, élégantes et voluptueuses, mais elles mentent comme des démons.

« Avant tout, n'accusez pas les femmes d'être ce qu'elles sont ; c'est nous qui les avons faites ainsi, défaisant l'ouvrage de la nature en toute occasion.

« La nature, qui pense à tout, a fait la vierge pour être amante ; mais à son premier enfant ses cheveux tombent, son sein se déforme, son corps porte une cicatrice ; la femme est faite pour être mère. L'homme s'en éloignerait peut-être alors, dégoûté par la beauté perdue ; mais son enfant s'attache à lui en pleurant. Voilà la famille, la loi humaine ; tout ce qui s'en écarte est monstrueux. Ce qui fait la vertu des campagnards, c'est que leurs femmes sont des machines à enfantement et à allaitement, comme ils sont eux, des machines à labourage. Ils n'ont ni faux cheveux ni lait virginal ; mais leurs amours n'ont pas la lèpre ; ils ne s'aperçoivent pas, dans leurs accouplements naïfs, qu'on a découvert l'Amérique. A défaut de sensualité, leurs femmes sont saines ; elles ont les mains calleuses, aussi leur cœur ne l'est-il pas.

« La civilisation fait le contraire de la nature. Dans nos villes et selon nos mœurs, la vierge, faite pour courir au soleil, pour admirer les lutteurs nus, comme à Lacédémone, pour choisir, pour aimer, on l'enferme, on la verrouille ; cependant elle cache un roman sous son crucifix ; pâle et oisive, elle se corrompt devant son miroir, elle flétrit dans le silence des nuits cette beauté qui l'étouffe et qui a besoin du grand air. Puis tout d'un coup on la tire de là, ne sachant rien, n'aimant rien, désirant tout ; une vieille l'endoctrine, on lui chuchote un mot obscène à l'oreille, et on la jette dans le lit d'un inconnu qui la viole. Voilà le mariage, c'est-à-dire la famille civilisée. Et maintenant voilà cette pauvre fille qui fait un enfant; voilà ses cheveux, son beau sein, son corps qui se flétrissent; voilà qu'elle a perdu la beauté des amantes, et elle n'a point aimé! Voilà qu'elle a conçu, voilà qu'elle a enfanté, et elle se demande pourquoi. On lui apporte un enfant, et on lui dit: « Vous êtes mère. » Elle répond : « Je ne suis pas mère; qu'on donne cet enfant à une femme qui ait du lait, il n'y en a pas dans mes mamelles; » ce n'est par ainsi que le lait vient aux femmes. Son mari lui répond qu'elle a raison, que son enfant le dégoûterait d'elle. On vient, on la pare, on met une dentelle de Malines sur son lit ensanglanté; on la soigne, on la guérit du mal de la maternité. Un mois après, la voilà aux Tuileries, au bal, à l'Opéra: son enfant est à Chaillot, à Auxerre; son mari au mauvais lieu. Dix jeunes gens lui parlent d'amour, de dévouement, de sympathie, d'éternel embrassement, de tout ce qu'elle a dans le cœur. Elle en prend un, l'attire sur sa poitrine; il la déshonore, se retourne, et s'en va à la Bourse. Maintenant la voilà lancée, elle pleure une nuit, et trouve que les larmes lui rougissent les yeux. Elle prend un consolateur, de la perte duquel un autre la console; ainsi jusqu'à trente ans et plus. C'est alors que, blasée et gangrenée, n'ayant plus rien d'humain, pas même le dégoût, elle rencontre un soir un bel adolescent aux cheveux noirs, à l'œil ardent, au cœur palpitant d'espérance ; elle reconnaît sa jeunesse, elle se souvient de ce qu'elle a souffert, et, lui rendant les leçons de sa vie, elle lui apprend à ne jamais aimer.

« Voilà la femme telle que nous l'avons faite; voilà nos maîtresses. Mais quoi! ce sont des femmes, et il y a avec elles de bons moments!

« Si vous êtes d'une trempe ferme, sûr de vous-même et vraiment homme, voici donc ce que je vous conseille : lancez-vous sans crainte dans le torrent du monde; ayez des courtisanes, des danseuses, des bourgeoises et des marquises. Soyez constant et fidèle, triste et joyeux, trompé ou respecté; mais sachez si vous êtes aimé, car, du moment que vous le serez, que vous importe le reste ?

« Si vous êtes un homme médiocre et ordinaire, je suis d'avis que vous cherchiez quelque temps avant de vous décider, mais que vous ne comptiez sur rien de ce que vous aurez cru trouver dans votre maîtresse.

LA CONFESSION D'UN ENFANT DU SIÈCLE. — Page 46

« Si vous êtes un homme faible, enclin à vous laisser dominer et à prendre racine où vous voyez un peu de terre, faites-vous une cuirasse qui résiste à tout ; car, si vous cédez à votre nature débile, où vous aurez pris racine, vous ne pousserez pas ; vous sécherez comme une plante oisive, et vous n'aurez ni fleurs ni fruits. La sève de votre vie passera dans une écorce étrangère ; toutes vos actions seront pâles comme la feuille du saule ; vous n'aurez, pour vous arroser, que vos propres larmes, et pour vous nourrir que votre propre cœur.

« Mais, si vous êtes d'une nature exaltée, croyant à des rêves et voulant les réaliser, je vous réponds alors tout net : « L'amour n'existe pas. »

« Car j'abonde dans votre sens, et je vous dis : Aimer, c'est se donner corps et âme, ou, pour mieux dire, c'est faire un seul être de deux ; c'est se promener au soleil, en plein vent, au milieu des blés et des prairies, avec un corps à quatre bras, à deux têtes et à deux cœurs. L'amour, c'est la foi, c'est la religion du bonheur terrestre ; c'est un triangle lumineux placé à la voûte de ce temple qu'on appelle le monde. Aimer, c'est marcher librement dans ce temple, et avoir à son côté un être capable de comprendre pourquoi une pensée, un mot, une fleur, font que vous vous arrêtez et que vous relevez la tête vers le triangle céleste. Exercer les nobles facultés de l'homme est un grand bien, voilà pourquoi le génie est une belle chose ; mais doubler ses facultés, presser un cœur et une intelligence sur son intelligence et sur son cœur, c'est le bonheur suprême. Dieu n'en a pas fait plus pour l'homme : voilà pourquoi l'amour vaut mieux que le génie. Or, dites-moi, est-ce là l'amour de nos femmes ? Non, non, il faut en convenir. Aimer, pour elles, c'est autre chose ; c'est sortir voilées, écrire avec mystère, marcher en tremblant sur la pointe du pied, comploter et railler, faire des yeux languissants, pousser de chastes soupirs dans une robe empesée et guindée, puis tirer les verrous pour la jeter par-dessus sa tête, humilier une rivale, tromper un mari, désoler ses amants ; aimer, pour nos femmes, c'est jouer à mentir comme les enfants jouent à se cacher : hideuse débauche au cœur, pire que toute la lubricité romaine aux saturnales de Priape ; parodie bâtarde du vice lui-même aussi bien que de la vertu ; comédie sourde et basse où tout se chuchote et se travaille avec des regards obliques, où tout est petit, élégant et difforme, comme dans ces monstres de porcelaine qu'on apporte de Chine; dérision lamentable de ce qu'il y a de beau et de laid, de divin et d'infernal au monde; ombre sans corps, squelette de tout ce que Dieu a fait. »

Ainsi parlait Desgenais d'une voix mordante, au milieu du silence de la nuit.

## CHAPITRE VI

Je fus le lendemain au bois de Boulogne, avant dîner; le temps était sombre. Arrivé à la porte Maillot, je laissai mon cheval aller où bon lui sembla, et, m'abandonnant à une rêverie profonde, je repassai peu à peu dans ma tête tout ce que m'avait dit Desgenais.

Comme je traversais une allée, je m'entendis appeler par mon nom. Je me retournai, et vis dans une voiture découverte une des amies intimes de ma maîtresse. Elle cria d'arrêter, et me tendant la main d'un air amical, me demanda, si je n'avais rien à faire, de venir dîner avec elle.

Cette femme, qui s'appelait M$^{me}$ Levasseur, était petite, grasse et très blonde; elle m'avait toujours déplu, je ne sais pourquoi, nos relations n'ayant jamais rien eu que d'agréable. Cependant je ne pus résister à l'envie d'accepter son invitation; je serrai sa main en la remerciant; je sentais que nous allions parler de ma maîtresse.

Elle me donna quelqu'un pour ramener mon cheval; je montai dans sa voiture, elle y était seule, et nous reprîmes aussitôt le chemin de Paris. La pluie commençait à tomber, on ferma la voiture; ainsi enfermés en tête-à-tête, nous demeurâmes d'abord silencieux. Je la regardais avec une tristesse inexprimable, non seulement elle était l'amie de mon infidèle, mais elle était sa confidente. Souvent, durant les jours heureux, elle avait été en tiers dans nos soirées. Avec quelle impatience je l'avais supportée alors! combien de fois j'avais compté les instants qu'elle passait avec nous! De là sans doute mon aversion pour elle. J'avais beau savoir qu'elle approuvait nos amours, qu'elle me défendait même parfois auprès de ma maîtresse dans les jours de brouille, je ne pouvais, en faveur de toute son amitié, lui pardonner ses importunités. Malgré sa bonté et les services qu'elle nous rendait, elle me semblait laide, fatigante. Hélas! maintenant que je la trouvais belle! Je regardais ses mains, ses vêtements; chacun de ses gestes m'allait au cœur; tout le passé y était écrit. Elle me voyait, elle sentait ce que j'éprouvais auprès d'elle et que de souvenirs m'oppressaient. Le chemin s'écoula ainsi, moi, la regardant, elle me souriant. Enfin, quand nous entrâmes à Paris, elle me prit la main : « Eh bien? dit-elle. — Eh bien, répondis-je en sanglotant, dites-le-lui, madame, si vous le voulez. » Et je versai un torrent de larmes.

Mais lorsque après dîner nous fûmes au coin du feu : « Mais enfin, dit-elle, toute cette affaire est-elle irrévocable? n'y a-t-il plus aucun moyen?

— Hélas! madame, lui répondis-je, il n'y a rien d'irrévocable que la douleur qui me tuera. Mon histoire n'est pas longue à dire : je ne puis ni l'aimer, ni en aimer une autre, ni me passer d'aimer. »

Elle se renversa sur sa chaise à ces paroles, et je vis sur son visage les marques de sa compassion. Longtemps elle parut réfléchir et se reporter sur elle-même, comme sentant dans son cœur un écho. Ses yeux se voilèrent, et elle restait enfermée comme dans un souvenir. Elle me tendit la main, je m'approchai d'elle. « Et moi, murmura-t-elle, et moi aussi! voilà ce que j'ai connu en temps et lieu. » Une vive émotion l'arrêta.

De toutes les sœurs de l'amour, l'une des plus belles est la pitié. Je tenais la main de M<sup>me</sup> Levasseur; elle était presque dans mes bras; elle commença à me dire tout ce qu'elle put imaginer en faveur de ma maîtresse, pour me plaindre autant que pour l'excuser. Ma tristesse s'en accrut; que répondre? Elle en vint à parler d'elle-même.

Il n'y avait pas longtemps, me dit-elle, qu'un homme qui l'aimait l'avait quittée. Elle avait fait de grands sacrifices; sa fortune était compromise, aussi bien que l'honneur de son nom. De la part de son mari, qu'elle connaissait pour vindicatif, il y avait eu des menaces. Ce fut un récit mêlé de larmes, et qui m'intéressa au point que j'oubliai mes douleurs en écoutant les siennes. On l'avait mariée à contre-cœur, elle avait lutté pendant longtemps, mais elle ne regrettait rien, sinon de n'être plus aimée. Je crus même qu'elle s'accusait en quelque sorte, comme n'ayant pas su conserver le cœur de son amant, et ayant agi avec légèreté à son égard.

Lorsque après avoir soulagé son cœur elle demeura peu à peu comme muette et incertaine : « Non, madame, lui dis-je, ce n'est point le hasard qui m'a conduit aujourd'hui au bois de Boulogne. Laissez-moi croire que les douleurs humaines sont des sœurs égarées, mais qu'un bon ange est quelque part, qui unit parfois à dessein ces faibles mains tremblantes tendues vers Dieu. Puisque je vous ai revue, et que vous m'avez appelé, ne vous repentez donc point d'avoir parlé ; et, qui que ce soit qui vous écoute, ne vous repentez jamais des larmes. Le secret que vous me confiez n'est qu'une larme tombée de vos yeux, mais elle est restée sur mon cœur. Permettez-moi de revenir, et souffrons quelquefois ensemble.

Une sympathie si vive s'empara de moi en parlant ainsi, que, sans y réfléchir, je l'embrassai ; il ne me vint pas à l'esprit qu'elle s'en pût trouver offensée, et elle ne parut même pas s'en apercevoir.

Un silence profond régnait dans l'hôtel qu'habitait M<sup>me</sup> Levasseur. Quelque locataire y étant malade, on avait répandu de la paille dans la rue, en sorte que les voitures n'y faisaient aucun bruit. J'étais près d'elle, la tenant dans mes bras, et m'abandonnant à l'une des plus douces émotions du cœur, le sentiment d'une douleur partagée.

Notre entretien continua sur le ton de la plus expansive amitié. Elle me disait ses souffrances, je lui contais les miennes ; et entre ces deux douleurs qui se touchaient je sentais s'élever je ne sais quelle douceur, je ne sais quelle voix consolante, comme un accord pur et céleste né du concert de deux voix gémissantes. Cependant, durant toutes ces larmes, comme je m'étais penché sur M<sup>me</sup> Levasseur, je ne voyais que son visage. Dans un moment de silence, m'étant relevé et éloigné quelque peu, je m'aperçus que, pendant que nous parlions, elle avait appuyé son pied assez haut sur le chambranle de la cheminée, en sorte que, sa robe ayant glissé, sa jambe se trouvait entièrement découverte. Il me parut singulier que, voyant ma confusion, elle ne se dérangeât point, et je fis quelques pas en détournant la tête pour lui donner le temps de s'ajuster ; elle n'en fit rien. Revenant à la cheminée, j'y restai appuyé en silence, regardant ce désordre, dont l'apparence était trop révoltante pour se supporter. Enfin, rencontrant ses yeux, et voyant clairement qu'elle s'apercevait fort bien elle-même de ce qui en était, je me sentis frappé de la foudre ; car je compris net que j'étais le jouet d'une effronterie tellement monstrueuse, que la douleur elle-même n'était pour elle qu'une séduction des sens. Je pris mon chapeau sans dire un mot : elle rabaissa lentement sa robe, et je sortis de la salle en lui faisant un grand salut.

## CHAPITRE VII

En rentrant chez moi, je trouvai au milieu de ma chambre une grande caisse de bois. Une de mes tantes était morte, et j'avais une part dans son héritage, qui n'était pas considérable. Cette caisse renfermait, entre autres objets indifférents, une quantité de vieux livres poudreux. Ne sachant que faire et rongé d'ennui, je pris le parti d'en lire quelques-uns. C'étaient pour la plupart des romans du siècle de Louis XV ; ma tante, fort dévote, en avait probablement hérité elle-même, et les avait conservés sans les lire ; car c'étaient pour ainsi dire autant de catéchismes de libertinage.

J'ai dans l'esprit une singulière propension à réfléchir à tout ce qui m'arrive, même aux moindres incidents, et à leur donner une sorte de raison conséquente et morale ; j'en fais en quelque sorte comme des grains de chapelet, et je tâche, malgré moi, de les rattacher à un même fil.

Dussé-je paraître puéril en ceci, l'arrivée de ces livres me frappa, dans la circonstance où je me trouvais. Je les dévorai avec une amertume et une tristesse sans bornes, le cœur brisé et le sourire sur les lèvres. « Oui, vous avez raison, leur disais-je, vous seuls savez les secrets de la vie ; vous seuls osez dire que rien n'est vrai que la débauche, l'hypocrisie et la corruption. Soyez mes amis, jetez sur la plaie de mon âme vos poisons corrosifs ; apprenez-moi à croire en vous. »

Pendant que je m'enfonçais ainsi dans les ténèbres, mes poëtes favoris et mes livres d'étude restaient épars dans la poussière. Je les foulais aux pieds dans mes accès de colère : « Et vous, leur disais je, rêveurs insensés

La Confession d'un enfant du siècle.

qui n'apprenez qu'à souffrir, misérables arrangeurs de paroles, charlatans si vous saviez la vérité, niais si vous étiez de bonne foi, menteurs dans les deux cas, qui faites des contes de fées avec le cœur humain, je vous brûlerai tous jusqu'au dernier ! »

Au milieu de tout cela les larmes venaient à mon aide, et je m'apercevais qu'il n'y avait de vrai que ma douleur. « Eh bien, criai-je alors dans mon délire, dites-moi, bons et mauvais génies, conseillers du bien et du mal, dites-moi donc ce qu'il faut faire! Choisissez-donc un arbitre entre vous. »

Je saisis une vieille Bible qui était sur ma table, et l'ouvris au hasard. « Réponds-moi, toi, livre de Dieu, lui dis-je ; sachons un peu quel est ton avis. » Je tombai sur ces paroles de l'Ecclésiaste, chapitre IX :

« J'ai agité toutes ces choses dans mon cœur, et je me suis mis en peine d'en trouver l'intelligence. Il y a des justes et des sages, et leurs œuvres sont dans la main de Dieu ; néanmoins, l'homme ne sait s'il est digne d'amour ou de haine.

« Mais tout est réservé pour l'avenir et demeure incertain, parce que tout arrive également au juste et à l'injuste, au bon et au méchant, au pur et à l'impur, à celui qui immole des victimes et à celui qui méprise les sacrifices. L'innocent est traité comme le pécheur, et le parjure comme celui qui jure la vérité.

« C'est là ce qu'il y a de plus fâcheux dans tout ce qui se passe sous le soleil, que tout arrive de même à tous. De là vient que les cœurs des enfants des hommes sont remplis de malice et de mépris pendant leur vie, et, après cela, ils seront mis entre les morts. »

Je demeurai stupéfait après avoir lu ces paroles ; je ne croyais pas qu'un sentiment pareil existât dans la Bible. « Ainsi donc, lui dis-je, et toi aussi tu doutes, livre de l'espérance ! »

Que pensent donc les astronomes, lorsqu'ils prédisent à point nommé, à l'heure dite, le passage d'une comète, le plus irrégulier des promeneurs célestes? Que pensent donc les naturalistes, lorsqu'ils vous montrent à travers un microscope des animaux dans une goutte d'eau? Croient-ils donc qu'ils inventent ce qu'ils aperçoivent, et que leur microscope et leurs lunettes fassent la loi à la nature? Que pensa donc le premier législateur des hommes, lorsque, cherchant quelle devait être la première pierre de l'édifice social, irrité sans doute par quelque parleur importun, il frappa sur ses tables d'airain, et sentit crier dans ses entrailles la loi du talion? avait-il donc inventé la justice? Et celui qui le premier arracha de la terre le fruit planté par son voisin, et qui le mit sous son manteau, et qui s'enfuit en regardant çà et là, avait-il inventé la honte? Et celui qui, ayant trouvé ce même voleur qui l'avait dépouillé du produit de son travail, lui pardonna le premier sa faute, et, au lieu de lever la main sur lui, lui dit : « Assieds-toi là et prends encore ceci »; lorsque, après avoir rendu le bien pour le mal, il releva la tête vers le ciel, et sentit son cœur tressaillir, et ses yeux se mouiller de larmes, et ses genoux fléchir jusqu'à terre, avait-il donc inventé la vertu? O Dieu! ô Dieu! voilà une femme qui parle d'amour et qui me trompe, voilà un homme qui parle d'amitié et qui me conseille de me distraire dans la débauche; voilà une autre femme qui pleure, et qui veut me consoler avec les muscles de son jarret; voilà une Bible qui parle de Dieu et qui répond : « Peut-être; tout cela est indifférent. »

Je me précipitai vers ma fenêtre ouverte : « Est-ce donc vrai que tu es vide? criai-je en regardant un grand ciel pâle qui se déployait sur ma tête. Réponds, réponds! Avant que je meure, me mettras-tu autre chose qu'un rêve entre ces deux bras que voici? »

Un profond silence régnait sur la place que dominaient mes croisées. Comme je restais les bras étendus et les yeux perdus dans l'espace, une hirondelle poussa un cri plaintif; je la suivis du regard malgré moi; tandis qu'elle disparaissait comme une flèche à perte de vue, une fillette passa en chantant.

## CHAPITRE VIII

Je ne voulais pourtant pas céder. Avant d'en venir à prendre réellement la vie par son côté plaisant, qui m'en paraissait le côté sinistre, j'avais résolu de tout essayer. Je restai ainsi fort longtemps en proie à des chagrins sans nombre et tourmenté de rêves terribles.

La grande raison qui m'empêchait de guérir, c'était ma jeunesse. Dans quelque lieu que je fusse, quelque occupation que je m'imposasse, je ne pouvais penser qu'aux femmes; la vue d'une femme me faisait trembler. Que de fois je me suis relevé, la nuit, baigné de sueurs, pour coller ma bouche sur mes murailles, me sentant prêt à suffoquer!

Il m'était arrivé un des plus grands bonheurs et peut-être des plus rares, celui de donner à l'amour ma virginité. Mais il en résultait que toute idée de plaisir des sens s'unissait en moi à une idée d'amour; c'était là ce qui me perdait. Car, ne pouvant m'empêcher de penser continuellement aux femmes, je ne pouvais faire autre chose en même temps que repasser jour et nuit dans ma tête toutes ces idées de débauche, de fausses amours et de trahisons féminines, dont j'étais plein. Posséder une femme, pour moi, c'était aimer; or je ne songeais qu'aux femmes, et je ne croyais plus à la possibilité d'un véritable amour.

Toutes ces souffrances m'inspiraient comme une sorte de rage; tantôt j'avais envie de faire comme les moines, et de me meurtrir pour vaincre mes sens; tantôt j'avais envie d'aller dans la rue, dans la campagne, je ne sais où, de me jeter aux pieds de la première femme que je rencontrerais et de lui jurer un amour éternel.

Dieu m'est témoin que je fis alors tout au monde pour me distraire et pour me guérir. D'abord, toujours préoccupé de cette idée involontaire que la société des hommes était un repaire de vices et d'hypocrisie, où tout ressemblait à ma maîtresse, je résolus de m'en séparer et de m'isoler tout à fait. Je repris d'anciennes études ; je me jetai dans l'histoire, dans mes poètes antiques, dans l'anatomie. Il y avait dans la maison, au quatrième étage, un vieil Allemand fort instruit, qui vivait seul et retiré. Je le déterminai, non sans peine à m'apprendre sa langue ; une fois à la besogne, ce pauvre homme la prit à cœur. Mes distractions perpétuelles le désolaient. Que de fois assis en tête-à-tête avec moi, sous sa lampe enfumée, il resta avec un étonnement patient, me regardant les mains croisées sur son livre, tandis que, perdu dans mes rêves, je ne m'apercevais ni de sa présence ni de sa pitié ! « Mon bon monsieur, lui dis-je enfin, voilà qui est inutile, mais vous êtes le meilleur des hommes. Quelle tâche vous entreprenez ! Il faut me laisser à ma destinée ; nous n'y pouvons rien ni vous ni moi. » Je ne sais s'il comprit ce langage ; il me serra les mains sans mot dire, et il ne fut plus question de l'allemand.

Je sentis aussitôt que la solitude, loin de me guérir, me perdait, et changeai complètement de système. J'allai à la campagne et me lançai au galop, dans les bois, à la chasse ; je faisais des armes jusqu'à perdre haleine ; je me brisais de fatigue, et lorsque après une journée de sueur et de course, j'arrivais le soir à mon lit, sentant l'écurie et la poudre, j'enfonçais ma tête dans l'oreiller, je me roulais dans mes couvertures, et je criais : « Fantôme, fantôme ! es-tu las aussi ? me quitteras-tu quelque nuit ? »

Mais à quoi bon ces vains efforts ? la solitude me renvoyait à la nature, et la nature à l'amour. Lorsqu'à la rue de l'Observance je me voyais entouré de cadavres, essuyant mes mains sur mon tablier sanglant, pâle au milieu des morts, suffoqué par l'odeur de la putréfaction, je me détournais malgré moi, je voyais flotter devant mes yeux des moissons verdoyantes, des prairies embaumées, et la pensive harmonie du soir. « Non, me disais-je, ce n'est pas la science qui me consolera ; j'aurai beau me plonger dans cette nature morte, j'y mourrai moi-même comme un noyé livide dans la peau d'un agneau écorché. Je ne me guérirai pas de ma jeunesse ; allons vivre où est la vie, ou mourons du moins au soleil. » Je partais, je prenais un cheval, je m'enfonçais dans les promenades de Sèvres et de Chaville ; j'allais m'étendre sur un pré en fleur, dans quelque vallée écartée. Hélas ! et toutes ces forêts, toutes ces prairies me criaient :

« Que viens-tu chercher ? Nous sommes vertes, pauvre enfant, nous portons la couleur de l'espérance. »

Alors je rentrais dans la ville ; je me perdais dans les rues obscures ; je regardais les lumières de toutes ces croisées, tous ces nids mystérieux des familles, les voitures passant, les hommes se heurtant. Oh ! quelle solitude ! quelle triste fumée sur ces toits ! quelle douleur dans ces rues tortueuses où tout piétine, travaille et sue, où des milliers d'inconnus vont se touchant le coude ; cloaque où les corps seuls sont en société, laissant les âmes solitaires, et où il n'y a que les prostituées qui vous tendent la main au passage ! « Corromps-toi, corromps-toi ! tu ne souffriras plus ! » Voilà ce que les villes crient à l'homme, ce qui est écrit sur les murs avec du charbon, sur les pavés avec de la boue, sur les visages avec du sang extravasé.

Et parfois, lorsque, assis à l'écart dans un salon, j'assistais à une fête brillante, voyant sauter toutes ces femmes roses, bleues, blanches, avec leurs bras nus et leurs grappes de cheveux, comme des chérubins ivres de lumière dans leurs sphères d'harmonie et de beauté : « Ah ! quel jardin ! me disais-je, quelles fleurs à cueillir, à respirer ! Ah ! marguerites, marguerites ! que dira votre dernier pétale à celui qui vous effeuillera ! « Un peu, un peu, et pas du tout. » Voilà la morale du monde, voilà la fin de vos sourires. C'est sur ce triste abîme que vous promenez légèrement toutes ces gazes parsemées de fleurs ; c'est sur cette vérité hideuse que vous courez comme des biches sur la pointe de vos petits pieds ! »

« Eh ! mon Dieu, disait Desgenais, pourquoi tout prendre au sérieux ? C'est ce qui ne s'est jamais vu. Vous plaignez-vous que les bouteilles se vident ? Il y a des tonneaux dans les caves, et des caves sur les coteaux. Faites-moi un bon hameçon doré de douces paroles, avec une mouche à miel pour appât ; et alerte ! pêchez-moi dans le fleuve d'oubli une jolie consolatrice, fraîche et glissante comme une anguille ; il nous en restera encore, quand elle vous aura passé entre les doigts. Aimez, aimez, vous en mourez d'envie. Il faut que jeunesse se passe ; et, si j'étais de vous, j'enlèverais plutôt la reine de Portugal que de faire de l'anatomie. »

Tels étaient les conseils qu'il me fallait entendre à tout propos ; et, quand l'heure arrivait, je prenais le chemin du logis, le cœur gonflé, le manteau sur le visage; je m'agenouillais sur le bord de mon lit, et le pauvre cœur se soulageait. Quelles larmes! quels vœux! quelles prières! Galilée frappait la terre en s'écriant : « Elle se meut, pourtant! » Ainsi je me frappais le cœur.

## CHAPITRE IX

Tout à coup, au milieu du plus noir chagrin, le désespoir, la jeunesse et le hasard me firent commettre une action qui décida de mon sort.

J'avais écrit à ma maîtresse que je ne voulais plus la revoir; je tenais en effet ma parole, mais je passais les nuits sous ses croisées, assis sur un banc à sa porte; je voyais ses fenêtres éclairées, j'entendais le bruit de son piano; parfois je l'apercevais comme une ombre derrière ses rideaux entr'ouverts.

Une certaine nuit que j'étais sur ce banc, plongé dans une affreuse tristesse, je vis passer un ouvrier attardé qui chancelait. Il balbutiait des mots sans suite, mêlés d'exclamations de joie; puis il s'interrompait pour chanter. Il était pris de vin, et ses jambes affaiblies le conduisaient tantôt d'un côté du ruisseau, tantôt de l'autre. Il vint tomber sur le banc d'une maison en face de moi. Là il se berça quelque temps sur ses coudes, puis s'endormit profondément.

La rue était déserte; un vent sec balayait la poussière; la lune, au milieu d'un ciel sans nuages, éclairait la place où dormait l'homme. Je me trouvais donc tête-à-tête avec ce rustre, qui ne se doutait pas de ma présence, et qui reposait sur cette pierre plus délicieusement peut-être que dans son lit.

Malgré moi cet homme fit diversion à ma douleur; je me levai pour lui céder la place, puis je revins et me rassis. Je ne pouvais quitter cette porte, où je n'aurais pas frappé pour un empire; enfin, après m'être promené dans tous les sens, je m'arrêtai machinalement devant le dormeur.

« Quel sommeil! me disais-je. Assurément cet homme ne fait aucun

LA CONFESSION D'UN ENFANT DU SIÈCLE.  Page 59

rêve; sa femme, à l'heure qu'il est, ouvre peut-être à son voisin la porte du grenier où il couche. Ses habits sont en haillons, ses joues sont creuses, ses mains ridées; c'est quelque malheureux qui n'a pas de pain tous les jours. Mille soucis dévorants, mille angoisses mortelles, l'attendent à son réveil; cependant il avait ce soir un écu dans sa poche, il est entré dans un cabaret où on lui a vendu l'oubli de ses maux; il a gagné dans la semaine de quoi avoir une nuit de sommeil, il l'a prise peut-être sur le souper de ses enfants. Maintenant sa maîtresse peut le trahir, son ami peut se glisser comme un voleur dans son taudis; moi-même je peux lui frapper sur l'épaule, et lui crier qu'on l'assassine, que sa maison est en feu; il se retournera sur l'autre flanc, et se rendormira.

« Et moi, moi! continuais-je en traversant à grands pas la rue, je ne dors pas, moi qui ai dans ma poche ce soir de quoi le faire dormir un an; je suis si fier et si insensé, que je n'ose entrer dans un cabaret, et je ne m'aperçois pas que, si tous les malheureux y entrent, c'est parce qu'il en sort des heureux. O Dieu! une grappe de raisin écrasée sous la plante des pieds suffit pour dissiper les soucis les plus noirs, et pour briser tous les fils invisibles que les génies du mal tendent sur notre chemin. Nous pleurons comme des femmes, nous souffrons comme des martyrs; il nous semble, dans notre désespoir, qu'un monde s'est écroulé sur notre tête, et nous nous asseyons dans nos larmes comme Adam aux portes d'Éden. Et, pour guérir une blessure plus large que le monde, il suffit de faire un petit mouvement de la main et d'humecter notre poitrine. Quelles misères sont donc nos chagrins, puisqu'on les console ainsi? Nous nous étonnons que la Providence, qui les voit, n'envoie pas ses anges nous exaucer dans nos prières; elle n'a pas besoin de se tant mettre en peine; elle a vu toutes nos souffrances, tous nos désirs, tout notre orgueil d'esprits déchus, et l'océan de maux qui nous environne, et elle s'est contentée de suspendre un petit fruit noir au bord de nos routes. Puisque cet homme dort si bien sur ce banc, pourquoi ne dormirais-je pas de même sur le mien? Mon rival passe peut-être la nuit chez ma maîtresse; il en sortira au point du jour; elle l'accompagnera demi-nue jusqu'à la porte, et ils me verront endormi. Leurs baisers ne m'éveilleront pas, et ils me frapperont sur l'épaule; je me retournerai sur l'autre flanc, et me rendormirai. »

Ainsi, plein d'une joie farouche, je me mis en quête d'un cabaret. Comme il était minuit passé, presque tous se trouvaient fermés ; cela me mettait en fureur. « Eh quoi ! pensais-je, cette consolation même me sera refusée ! » Je courais de tous côtés, frappant aux boutiques et criant : « Du vin ! du vin ! »

Enfin je trouvai un cabaret ouvert : je demandai une bouteille, et, sans regarder si elle était bonne ou mauvaise, je l'avalai coup sur coup ; une seconde suivit, puis une troisième. Je me traitais comme un malade, et je buvais par force, comme s'il se fût agi d'un remède ordonné par un médecin, sous peine de la vie.

Bientôt les vapeurs de la liqueur épaisse, qui sans doute était frelatée, m'environnèrent d'un nuage. Comme j'avais bu précipitamment, l'ivresse me prit tout à coup ; je sentis mes idées se troubler, puis se calmer, puis se troubler encore. Enfin, la réflexion m'abandonnant, je levai les yeux au ciel, comme pour me dire adieu à moi-même, et m'étendis les coudes sur la table.

Alors seulement je m'aperçus que je n'étais pas seul dans la salle. A l'autre extrémité du cabaret était un groupe d'hommes hideux, avec des figures hâves et des voix rauques. Leur costume annonçait qu'ils n'étaient pas du peuple, sans être des bourgeois ; en un mot, ils appartenaient à cette classe ambiguë, la plus vile de toutes, qui n'a ni état, ni fortune, ni même une industrie, sinon une industrie ignoble, qui n'est ni le pauvre, ni le riche, et qui a les vices de l'un et la misère de l'autre.

Ils disputaient sourdement sur des cartes dégoûtantes ; au milieu d'eux était une fille très jeune et très jolie, proprement mise, et qui ne paraissait leur ressembler en rien, si ce n'est par la voix, qu'elle avait aussi enrouée et aussi cassée, avec un visage de rose, que si elle avait été crieuse publique pendant soixante ans. Elle me regardait attentivement, étonnée sans doute de me voir dans un cabaret ; car j'étais élégamment vêtu, et presque recherché dans ma toilette. Peu à peu, elle s'approcha ; en passant devant ma table, elle souleva les bouteilles qui s'y trouvaient, et, les voyant toutes trois vides, elle sourit. Je vis qu'elle avait des dents superbes, et d'une blancheur éclatante ; je lui pris la main, et la priai de s'asseoir près de moi ; elle le fit de bonne grâce, et demanda, pour son compte, qu'on lui apportât à souper.

Je la regardais sans dire un mot, et j'avais les yeux pleins de larmes ; elle s'en aperçut et me demanda pourquoi. Mais je ne pouvais lui répondre ; je secouais la tête, comme pour faire couler mes pleurs plus abondamment, car je les sentais ruisseler sur mes joues. Elle comprit que j'avais quelque chagrin secret, et ne chercha pas à en deviner la cause ; elle tira son mouchoir, et, tout en soupant fort gaiement, elle m'essuyait de temps en temps le visage.

Il y avait dans cette fille je ne sais quoi de si horrible et de si doux, et une impudence si singulièrement mêlée de pitié, que je ne savais qu'en penser. Si elle m'eût pris la main dans la rue, elle m'eût fait horreur ; mais il me paraissait si bizarre qu'une créature que je n'avais jamais vue, quelle qu'elle fût, vînt, sans me dire un mot, souper en face de moi et m'essuyer mes larmes avec son mouchoir, que je restais interdit, à la fois révolté et charmé. J'entendis que le cabaretier lui demandait si elle me connaissait ; elle répondit que oui, et qu'on me laissât tranquille. Bientôt les joueurs s'en allèrent, et, le cabaretier ayant passé dans son arrière-boutique après avoir fermé sa porte et ses volets au dehors, je restai seul avec cette fille.

« Tout ce que je venais de faire était venu si vite, et j'avais obéi à un mouvement de désespoir si étrange, que je croyais rêver, et que mes pensées se débattaient dans un labyrinthe. Il me semblait ou que j'étais fou, ou que j'avais obéi à une puissance surnaturelle.

« Qui es-tu ? m'écriai-je tout d'un coup ; que me veux-tu ? d'où me connais-tu ? qui t'a dit d'essuyer mes larmes ? Est-ce ton métier que tu fais, et crois-tu que je veuille de toi ? Je ne te toucherais pas seulement du bout du doigt. Que fais-tu là ? réponds. Est-ce de l'argent qu'il te faut ? Combien vends-tu cette pitié que tu as ? »

Je me levai et voulus sortir ; mais je sentis que je chancelais. En même temps mes yeux se troublèrent, une faiblesse mortelle s'empara de moi, et je tombai sur un escabeau.

« Vous souffrez, me dit cette fille en me prenant le bras ; vous avez bu comme un enfant que vous êtes, sans savoir ce que vous faisiez. Restez sur cette chaise, et attendez qu'il passe un fiacre dans la rue ; vous me direz où demeure votre mère, et il vous mènera chez vous, puisque vraiment, ajouta-t-elle en riant, puisque vraiment vous me trouvez laide. »

Comme elle parlait, je levai les yeux. Peut-être fut-ce l'ivresse qui me trompa; je ne sais si j'avais mal vu jusqu'alors, ou si je vis mal en ce moment; mais je m'aperçus tout à coup que cette malheureuse portait sur son visage la ressemblance fatale de ma maîtresse. Je me sentis glacé à cette vue. Il y a un certain frisson qui prend l'homme aux cheveux; les gens du peuple disent que c'est la mort qui vous passe sur la tête, mais ce n'était pas la mort qui passait sur la mienne.

C'était la maladie du siècle, ou plutôt cette fille l'était elle-même; et ce fut elle qui, sous ces traits pâles et moqueurs, avec cette voix enrouée, vint s'asseoir devant moi au fond du cabaret.

## CHAPITRE X

Au moment où je m'étais aperçu que cette femme ressemblait à ma maîtresse, une idée affreuse, irrésistible, s'était emparée de mon cerveau malade, et je l'exécutai tout à coup.

Durant les premiers temps de nos amours, ma maîtresse était venue quelquefois me visiter à la dérobée. C'étaient alors des jours de fête pour ma petite chambre : les fleurs y arrivaient, le feu s'allumait gaiement, je préparais un bon souper ; le lit avait aussi sa parure de noces pour recevoir la bien-aimée. Souvent, assise sur mon canapé, sous la glace, je l'avais contemplée durant les heures silencieuses où nos cœurs se parlaient. Je la regardais, pareille à la fée Mab, changer en paradis ce petit espace solitaire où tant de fois j'avais pleuré. Elle était là au milieu de tous ces livres, de tous ces vêtements épars, de tous ces meubles délabrés, entre ces quatre murs si tristes : qu'elle brillait doucement dans toute cette pauvreté !

Ces souvenirs, depuis que je l'avais perdue, me poursuivaient sans relâche ; ils m'ôtaient le sommeil. Mes livres, mes murs, me parlaient d'elle : je ne pouvais les supporter. Mon lit me chassait dans la rue ; j'en avais horreur quand je n'y pleurais pas.

J'amenai donc là cette fille ; je lui dis de s'asseoir en me tournant le dos ; je la fis mettre demi-nue. Puis j'arrangeai ma chambre autour d'elle comme autrefois pour ma maîtresse. Je plaçai les fauteuils là où ils étaient un certain soir que je me rappelais. En général, dans toutes nos idées de bonheur il y a un certain souvenir qui domine ; un jour, une heure qui a surpassé toutes les autres, ou, sinon, qui en a été comme le type et le modèle ineffaçable ; un moment est venu, au milieu de tout cela, où l'homme s'est écrié comme Théodore, dans la comédie de Lope de Vega : « Fortune ! mets un clou d'or à ta roue. »

Ayant ainsi tout disposé, j'allumai un grand feu, et, m'asseyant sur mes talons, je commençai à m'enivrer d'un désespoir sans bornes. Je descendais jusqu'au fond de mon cœur, pour le sentir se tordre et se serrer. Cependant je murmurais dans ma tête une tyrolienne que ma maîtresse chantait sans cesse :

> Altra volta giori biele,
> Blanch' e rossa com' un' flore ;
> Ma ora nò. Non son più biele,
> Consumatis d'al amore [1].

J'écoutais l'écho de cette pauvre romance résonner dans le désert de mon cœur. Je disais : « Voilà le bonheur de l'homme ; voilà mon petit paradis ; voilà ma fée Mab, c'est une fille des rues. Ma maîtresse ne vaut pas mieux. Voilà ce qu'on trouve au fond du verre où on a bu le nectar des dieux ; voilà le cadavre de l'amour. »

La malheureuse, m'entendant chanter, se mit à chanter aussi. J'en devins pâle comme la mort ; car cette voix rauque et ignoble, sortant de cet être qui ressemblait à ma maîtresse, me paraissait comme un symbole de ce que j'éprouvais.

C'était la débauche en personne qui lui grasseyait dans la gorge, au milieu d'une jeunesse en fleur. Il me semblait que ma maîtresse, depuis ses perfidies, devait avoir cette voix-là. Je me souvins de Faust, qui, dansant au Broken avec une jeune sorcière nue, lui voit sortir une souris rouge de la bouche.

« Tais-toi ! » lui criai-je. Je me levai et m'approchai d'elle ; elle s'assit en souriant sur mon lit, et je m'y étendis à ses côtés comme ma propre statue sur mon tombeau.

Je vous le demande, à vous, hommes du siècle, qui, à l'heure qu'il est, courez à vos plaisirs, au bal ou à l'Opéra, et qui ce soir, en vous couchant, lirez pour vous endormir quelque blasphème usé du vieux Voltaire, quelque

---

[1] Autrefois j'étais belle, blanche et rose comme une fleur ; mais aujourd'hui non. Je ne suis plus belle, consumée par l'amour.

badinage raisonnable de Paul-Louis Courier, quelque discours économique d'une commission de nos Chambres, qui respirez, en un mot, par quelqu'un de vos pores les froides substances de ce nénufar monstrueux que la Raison plante au cœur de nos villes ; je vous le demande, si par hasard ce livre obscur vient à tomber entre vos mains, ne souriez pas d'un noble dédain, ne haussez pas trop les épaules ; ne vous dites pas avec trop de sécurité que je me plains d'un mal imaginaire ; qu'après tout la raison humaine est la plus belle de nos facultés, et qu'il n'y a de vrai ici-bas que les agiotages de la Bourse, les brelans au jeu, le vin de Bordeaux à table, une bonne santé au corps, l'indifférence pour autrui, et le soir, au lit, des muscles lascifs recouverts d'une peau parfumée.

Car, quelque jour, au milieu de votre vie stagnante et immobile, il peut passer un coup de vent. Ces beaux arbres que vous arrosez des eaux tranquilles de vos fleuves d'oubli, la Providence peut souffler dessus ; vous pouvez être au désespoir, messieurs les impassibles ; il y a des larmes dans vos yeux. Je ne vous dirai pas que vos maîtresses peuvent vous trahir : ce n'est pas pour vous peine si grande que lorsqu'il vous meurt un cheval ; mais je vous dirai qu'on perd à la Bourse ; que, quand on joue avec un brelan, on peut en rencontrer un autre ; et, si vous ne jouez pas, pensez que vos écus, votre tranquillité monnayée, votre bonheur d'or et d'argent, sont chez un banquier qui peut faillir ou dans des fonds publics qui peuvent ne pas payer ; je vous dirai qu'enfin, tout glacés que vous êtes, vous pouvez aimer quelque chose ; il peut se détendre une fibre au fond de vos entrailles, et vous pouvez pousser un cri qui ressemble à de la douleur. Quelque jour, errant dans les rues boueuses, quand les forces matérielles ne seront plus là pour user votre force oisive, quand le réel et le quotidien vous manqueront, vous pouvez d'aventure en venir à regarder autour de vous avec des joues creuses, et à vous asseoir sur un banc désert à minuit.

O hommes de marbre, sublimes égoïstes, inimitables raisonneurs, qui n'avez jamais fait ni un acte de désespoir ni une faute d'arithmétique, si jamais cela vous arrive, à l'heure de votre ruine ressouvenez-vous d'Abeilard quand il eut perdu Héloïse. Car il l'aimait plus que vous vos chevaux, vos écus d'or et vos maîtresses ; car il avait perdu, en se séparant d'elle, plus que vous ne perdrez jamais, plus que votre prince Satan ne perdrait lui-

LA CONFESSION D'UN ENFANT DU SIÈCLE. Page 68

même en retombant une seconde fois des cieux; car il l'aimait d'un certain amour dont les gazettes ne parlent pas, et dont vos femmes et vos filles n'aperçoivent pas l'ombre sur nos théâtres et dans nos livres; car il avait passé la moitié de sa vie à la baiser sur son front candide, en lui apprenant à chanter les psaumes de David et les cantiques de Saül; car il n'avait qu'elle sur la terre; et cependant Dieu l'a consolé.

Croyez-moi, lorsque, dans vos détresses, vous penserez à Abeilard, vous ne verrez pas du même œil les doux blasphèmes du vieux Voltaire et les badinages de Courier; vous sentirez que la raison humaine peut guérir les illusions, mais non pas guérir les souffrances; que Dieu l'a faite bonne ménagère, mais non pas sœur de charité. Vous trouverez que le cœur de l'homme, quand il a dit : « Je ne crois à rien, car je ne vois rien, » n'avait pas dit son dernier mot. Vous chercherez autour de vous quelque chose comme une espérance; vous irez secouer les portes des églises pour voir si elles branlent encore, mais vous les trouverez murées; vous penserez à vous faire trappistes, et la destinée qui vous raille vous répondra par une bouteille de vin du peuple et une courtisane.

Et, si vous buvez la bouteille, si vous prenez la courtisane et l'emmenez dans votre lit, sachez comme il en peut advenir.

# DEUXIEME PARTIE

### CHAPITRE PREMIER

Je sentis en m'éveillant le lendemain un si profond dégoût de moi-même, je me trouvai si avili, si dégradé à mes propres yeux, qu'une tentation horrible s'empara de moi au premier mouvement. Je m'élançai hors du lit, j'ordonnai à la créature de s'habiller et de partir le plus vite possible ; puis je m'assis, et, comme je promenais des regards désolés sur les murs de la chambre, je les arrêtai machinalement vers l'angle où étaient suspendus mes pistolets.

Lors même que la pensée souffrante s'avance pour ainsi dire les bras tendus vers l'anéantissement, lorsque notre âme prend un parti violent, il semble que, dans l'action physique de décrocher une arme, de l'apprêter, dans le froid même du fer, il semble qu'il y ait une horreur matérielle, indépendante de la volonté ; les doigts se préparent avec angoisse, le bras se roidit. Quiconque marche à la mort, la nature entière recule en lui. Ainsi je ne puis exprimer ce que j'éprouvai tandis que cette fille s'habillait, si ce n'est que ce fut comme si mon pistolet m'eût dit : « Pense à ce que tu vas faire. »

Depuis, en effet, j'ai souvent pensé à ce qui me serait arrivé si, comme je le voulais, la créature se fût habillée à la hâte et retirée aussitôt. Sans doute le premier effet de la honte se serait calmé ; la tristesse n'est pas le désespoir, et Dieu les a unis comme des frères, afin que l'un ne nous laissât jamais seul avec l'autre. Une fois l'air de ma chambre vide de cette femme, mon cœur eût été soulagé. Il ne serait resté auprès de moi que le repentir, à qui l'ange du pardon céleste a défendu de tuer personne. Mais sans doute, du moins, j'étais guéri pour la vie; la débauche était pour toujours chassée du seuil de ma porte, et je ne serais jamais revenu sur le sentiment d'horreur que sa première visite m'avait inspiré.

Mais il en arriva tout autrement. La lutte qui se faisait en moi, les réflexions poignantes qui m'accablaient, le dégoût, la crainte, la colère même (car je ressentais mille choses à la fois), toutes ces puissances fatales me clouaient sur mon fauteuil; et, tandis que j'étais ainsi en proie au plus dangereux délire, la créature, penchée devant le miroir, ne pensait qu'à ajuster de son mieux sa robe, et se coiffait en souriant le plus tranquillement du monde. Tout ce manège de coquetterie dura plus d'un quart d'heure, durant lequel j'avais presque fini par l'oublier. Enfin, à quelque bruit qu'elle fit, m'étant retourné avec impatience, je la priai de me laisser seul avec un accent de colère si marqué, qu'elle fut prête en un moment, et tourna le bouton de la porte en m'envoyant un baiser.

Au même instant on sonna à la porte extérieure. Je me levai précipitamment, et n'eus que le temps d'ouvrir à la créature un cabinet où elle se jeta. Desgenais entra presque aussitôt avec deux jeunes gens du voisinage.

Ces grands courants d'eau que l'on rencontre au milieu des mers ressemblent à certains événements de la vie. Fatalité, hasard, Providence, qu'importe le nom? Ceux qui croient nier l'un en lui opposant l'autre ne font qu'abuser de la parole. Il n'en est pourtant pas un de ceux-là mêmes qui, en parlant de César ou de Napoléon, ne dise naturellement : « C'était l'homme de la Providence. » Ils croient apparemment que les héros méritent seuls que le ciel s'en occupe, et que la couleur de la pourpre attire les dieux comme les taureaux.

Ce que décident ici-bas les plus petites choses, ce que les objets et les circonstances en apparence les moins importants amènent de changements dans notre fortune, il n'y a pas, à mon sens, de plus profond abîme pour la pensée. Il en est de nos actions ordinaires comme de petites flèches émoussées que nous nous habituons à envoyer au but, ou à peu près, en sorte que nous en venons à faire de tous ces petits résultats un être abstrait et régulier que nous appelons notre prudence ou notre volonté. Puis passe un coup de vent, et voilà la moindre de ces flèches, la plus légère, la plus futile, qui s'enlève à perte de vue, par delà l'horizon dans le sein immense de Dieu.

Avec quelle violence nous sommes saisis alors ! Que deviennent ces fantômes de l'orgueil tranquille, la volonté et la prudence ? La force elle-même, cette maîtresse du monde, cette épée de l'homme dans le combat de la vie, c'est en vain que nous la brandissons avec colère, que nous tentons de nous en couvrir pour échapper au coup qui nous menace ; une main invisible en écarte la pointe, et tout l'élan de notre effort, détourné dans le vide, ne sert qu'à nous faire tomber plus loin.

Ainsi, au moment où je n'aspirais qu'à me laver de la faute que j'avais commise, peut-être même à m'en punir, à l'instant même où une horreur profonde s'emparait de moi, j'appris que j'avais à soutenir une dangereuse épreuve à laquelle je succombai.

Desgenais était radieux ; il commença, en s'étendant sur le sofa, par quelques railleries sur mon visage, qui, disait-il, n'avait pas bien dormi. Comme j'étais peu disposé à soutenir ses plaisanteries, je le priai sèchement de me les épargner.

Il n'eut pas l'air d'y prendre garde ; mais, sur le même ton, il aborda le sujet qui l'amenait. Il venait m'apprendre que ma maîtresse avait eu non seulement deux amants à la fois, mais trois, c'est-à-dire qu'elle avait traité mon rival aussi mal que moi ; ce que le pauvre garçon ayant appris, il en avait fait un bruit effroyable, et tout Paris le savait. Je compris d'abord assez mal ce qu'il me disait, n'écoutant pas attentivement ; mais lorsque, après le lui avoir fait répéter jusqu'à trois fois dans le plus grand détail, je me fus mis exactement au fait de cette terrible histoire, je demeurai décontenancé et si stupéfait, que je ne pouvais répondre. Mon premier mouvement fut d'en rire, car je voyais clairement que je n'avais aimé que la dernière des femmes ; mais il n'en était pas moins vrai que je l'avais aimée, et, pour mieux dire, que je l'aimais encore. « Est-ce possible? » voilà tout ce que je pus trouver.

Les amis de Desgenais confirmèrent alors tout ce qu'il avait dit. C'était dans sa propre maison que ma maîtresse, surprise entre ses deux amants, avait essuyé de leur part une scène que tout le monde savait par cœur. Elle était déshonorée, obligée de quitter Paris, si elle ne voulait s'exposer au plus cruel scandale.

Il m'était aisé de voir que, dans toutes ces plaisanteries, il y avait une bonne part de ridicule répandu sur mon duel au sujet de cette même femme, sur mon invincible passion pour elle, enfin sur toute ma conduite à son égard. Dire qu'elle méritait les noms les plus odieux, que ce n'était, après tout, qu'une misérable qui en avait fait peut-être cent fois pis que ce qu'on en savait, c'était me faire sentir amèrement que je n'étais qu'une dupe comme tant d'autres.

Tout cela ne me plaisait pas; les jeunes gens, qui s'en aperçurent, y mirent de la discrétion; mais Desgenais avait ses projets; il avait pris à tâche de me guérir de mon amour, et il le traitait impitoyablement comme une maladie. Une longue amitié, fondée sur des services mutuels, lui donnait des droits; et, comme son motif lui paraissait louable, il n'hésitait pas à les faire valoir.

Non seulement donc il ne m'épargnait pas, mais, du moment qu'il vit mon trouble et ma honte, il fit tout au monde pour me pousser sur cette route aussi loin qu'il le put. Mon impatience devint bientôt trop visible pour lui permettre de continuer; il s'arrêta alors, et prit le parti du silence, qui m'irrita encore plus.

A mon tour je fis des questions; j'allais et venais par la chambre. Il m'avait été insupportable d'entendre raconter cette histoire; j'aurais voulu qu'on me la recommençât. Je m'efforçais de prendre tantôt un air riant, tantôt un visage tranquille; mais ce fut en vain. Desgenais était devenu tout à coup muet, après s'être montré le plus détestable bavard. Tandis que je marchais à grands pas, il me regardait avec indifférence, et me laissait me démener dans la chambre comme un renard dans une ménagerie.

Je ne puis dire ce que j'éprouvais. Une femme qui pendant si longtemps avait été l'idole de mon cœur, et qui, depuis que je l'avais perdue, me causait de si vives souffrances, la seule que j'eusse aimée, celle que je voulais pleurer jusqu'à la mort, devenue tout à coup une éhontée sans vergogne, le sujet des quolibets des jeunes gens, d'un blâme et d'un scandale universels! Il me semblait que je sentais sur mon épaule l'impression d'un fer rouge, et que j'étais marqué d'un stigmate brûlant.

Plus je réfléchissais, plus je sentais la nuit s'épaissir autour de moi. De temps en temps je détournais la tête, et j'entrevoyais un sourire glacial ou un regard curieux qui m'observait. Desgenais ne me quittait pas; il comprenait bien ce qu'il faisait : nous nous connaissions de longue main; il savait bien que j'étais capable de toutes les folies, et que l'exaltation de mon caractère pouvait m'entraîner au delà de toutes les bornes, sur quelque route que ce fût, excepté sur une seule. Voilà pourquoi il déshonorait ma souffrance, et en appelait de ma tête à mon cœur.

Lorsqu'il me vit enfin au point où il désirait m'amener, il ne tarda pas davantage à me porter le dernier coup. « Est-ce que l'histoire vous déplaît? me dit-il. Voilà le meilleur, qui en est la fin. C'est, mon cher Octave, que la scène chez *** s'est passée une certaine nuit qu'il faisait un beau clair de lune; or, pendant que les deux amants se querellaient de leur mieux chez la dame et parlaient de se couper la gorge à côté d'un bon feu, il paraît qu'on a vu dans la rue une ombre qui se promenait fort tranquillement, laquelle vous ressemblait si fort, qu'on en a conclu que c'était vous.

— Qui a dit cela? répondis-je, qui m'a vu dans la rue?

— Votre maîtresse elle-même; elle le raconte à qui veut l'entendre, tout aussi gaiement que nous vous racontons sa propre histoire. Elle soutient que vous l'aimez encore, que vous montez la garde à sa porte, enfin... tout ce que vous pensez; qu'il vous suffise de savoir qu'elle en parle publiquement. »

Je n'ai jamais pu mentir, et, toutes les fois qu'il m'est arrivé de vouloir déguiser la vérité, mon visage m'a toujours trahi. L'amour-propre, la honte d'avouer ma faiblesse devant témoins, me firent cependant faire un effort. « Il est bien certain, me disais-je d'ailleurs, que j'étais dans la rue. Mais, si j'avais su que ma maîtresse était pire encore que je ne la croyais, je n'y eusse sans doute pas été. » Enfin je me persuadais qu'on ne pouvait m'avoir vu distinctement; je tentai de nier. Le rouge me monta à la figure avec une telle force, que je sentis moi-même l'inutilité de ma feinte. Desgenais en sourit. « Prenez garde, lui dis-je, prenez garde! n'allons pas trop loin! »

Je continuais à marcher comme un fou, je ne savais à qui m'en prendre; il aurait fallu rire, et c'était encore plus impossible. En même temps des signes évidents m'apprenaient ma faute ; j'étais convaincu. « Est-ce que je le savais? m'écriai-je, est-ce que je savais que cette misérable... »

Desgenais pinça les lèvres comme pour signifier : « Vous en saviez assez. »

Je demeurais court, balbutiant à tout moment une phrase ridicule. Mon sang, excité depuis un quart d'heure, commençait à battre dans mes tempes avec une force dont je ne répondais plus.

« Moi dans la rue, baigné de larmes, au désespoir ! et pendant ce temps-là cette rencontre chez elle ! Quoi ! cette nuit même, raillé par elle ! elle railler ! Vraiment, Desgenais ! vous ne rêvez pas ? Est-ce vrai ? est-ce possible ? Qu'en savez-vous ? »

Ainsi parlant au hasard, je perdais la tête ; et pendant ce temps-là une colère insurmontable me dominait de plus en plus. Enfin je m'assis épuisé, les mains tremblantes.

« Mon ami, me dit Desgenais, ne prenez pas la chose au sérieux. Cette vie solitaire que vous menez depuis deux mois vous a fait beaucoup de mal : je le vois, vous avez besoin de distractions. Venez ce soir souper avec nous, et demain déjeuner à la campagne. »

Le ton dont il prononça ces paroles me fit plus de mal que tout le reste. Je sentis que je lui faisais pitié, et qu'il me traitait comme un enfant.

Immobile, assis à l'écart, je faisais de vains efforts pour prendre quelque empire sur moi-même. « Eh quoi, pensais-je, trahi par cette femme, empoisonné de conseils horribles, n'ayant trouvé nulle part de refuge, ni dans le travail ni dans la fatigue ; quand j'ai pour unique sauvegarde, à vingt ans, contre le désespoir et la corruption, une sainte et affreuse douleur, ô Dieu ! c'est cette douleur même, cette relique sacrée de ma souffrance, qu'on vient me briser dans les mains ! Ce n'est plus à mon amour, c'est à mon désespoir qu'on insulte ! Railler ! elle railler quand je pleure ! » Cela me paraissait incroyable. Tous les souvenirs du passé me refluaient au cœur quand j'y pensais. Il me semblait voir se lever l'un après l'autre les spectres de nos nuits d'amour ; ils se penchaient sur un abîme sans fond, éternel, noir comme le néant ; et sur les profondeurs de l'abîme voltigeait un éclat de rire doux et moqueur : « Voilà ta récompense ! »

Si on m'avait appris seulement que le monde se moquait de moi, j'aurais

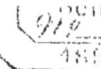

LA CONFESSION D'UN ENFANT DU SIÈCLE.     Page 75

Bibl. Charpentier.     LIV. 279.

répondu : « Tant pis pour lui, » et ne m'en serais pas autrement fâché ; mais on m'apprenait en même temps que ma maîtresse n'était qu'une infâme. Ainsi, d'une part, le ridicule était public, avéré, constaté par deux témoins qui, avant de raconter qu'ils m'avaient vu, ne pouvaient manquer de dire en quelle occasion : le monde avait raison contre moi ; et, d'une autre part, que pouvais-je lui répondre ? a quoi me rattacher ? en quoi me renfermer ? que faire, lorsque le centre de ma vie, mon cœur lui-même, était ruiné, tué, anéanti ? Que dis-je ? lorsque cette femme, pour laquelle j'aurais tout bravé, le ridicule comme le blâme, pour laquelle j'aurais laissé une montagne de misère s'amonceler sur moi ; lorsque cette femme, que j'aimais, et qui en aimait un autre, et à qui je ne demandais pas de m'aimer, de qui je ne voulais rien que la permission de pleurer à sa porte, rien que de me laisser vouer loin d'elle ma jeunesse à son souvenir, et écrire son nom seul sur le tombeau de mes espérances!... Ah! lorsque j'y songeais, je me sentais mourir ; c'était cette femme qui me raillait ; c'était elle qui, la première, me montrait au doigt, me signalait à cette foule oisive, à ce peuple vide et ennuyé, qui s'en va ricanant autour de tout ce qui le méprise et l'oublie ; c'était elle, c'étaient ses lèvres tant de fois collées sur les miennes, c'était ce corps, cette âme de ma vie, ma chair et mon sang, c'était de là que sortait l'injure ; oui la dernière de toutes, la plus lâche et la plus amère, le rire sans pitié qui crache au visage de la douleur.

Plus je m'enfonçais dans mes pensées, et plus ma colère augmentait. Est-ce de la colère qu'il faut dire ? car je ne sais quel nom porte le sentiment qui m'agitait. Ce qu'il y a de certain, c'est qu'un besoin désordonné de vengeance finit par prendre le dessus. Et comment me venger d'une femme ? J'aurais payé ce qu'on aurait voulu pour avoir à ma disposition une arme qui pût l'atteindre ; mais quelle arme ? Je n'en avais aucune, pas même celle qu'elle avait employée ; je ne pouvais lui répondre en sa langue.

Tout à coup j'aperçus une ombre derrière le rideau de la porte vitrée ; c'était la créature qui attendait dans le cabinet.

Je l'avais oubliée. « Écoutez! m'écriai-je en me levant dans un transport ; j'ai aimé, j'ai aimé comme un fou, comme un sot. J'ai mérité tout le ridicule que vous voudrez. Mais, par le ciel! il faut que je vous montre quelque chose qui vous prouvera que je ne suis pas encore si sot que vous croyez. »

En disant cela, je frappai du pied la porte vitrée qui céda, je leur montrai cette fille qui s'était blottie dans un coin.

« Entrez donc là dedans, dis-je à Desgenais ; vous qui me trouvez fou d'aimer une femme et qui n'aimez que les filles, ne voyez-vous pas votre suprême sagesse qui traîne par là sur ce fauteuil ? Demandez-lui si ma nuit tout entière s'est passée sous les fenêtres de \*\*\* ; elle vous en dira quelque chose. Mais ce n'est pas tout, ajoutai-je, ce n'est pas tout ce que j'ai à vous dire. Vous avez ce soir un souper, demain une partie de campagne ; j'y vais, et croyez-moi, car je ne vous quitte pas d'ici là. Nous ne nous séparerons pas, nous allons passer la journée ensemble ; vous aurez des fleurets, des cartes, des dés, du punch, ce que vous voudrez, mais vous ne vous en irez pas. Êtes-vous à moi ? moi à vous ; tope ! J'ai voulu faire de mon cœur le mausolée de mon amour ; mais je jetterai mon amour dans une autre tombe, ô Dieu de justice ! quand je devrais la creuser dans mon cœur. »

A ces mots je me rassis, tandis qu'ils entraient dans le cabinet, et je sentis combien l'indignation qui se soulage peut nous donner de joie. Quand à celui qui s'étonnera qu'à partir de ce jour j'ai changé complètement ma vie, il ne connaît pas le cœur de l'homme, et il ne sait pas qu'on peut hésiter vingt ans à faire un pas, mais non reculer quand on l'a fait.

## CHAPITRE II

L'apprentissage de la débauche ressemble à un vertige : on y ressent d'abord je ne sais quelle terreur mêlée de volupté, comme sur une tour élevée. Tandis que le libertinage honteux et secret avilit l'homme le plus noble, dans le désordre franc et hardi, dans ce qu'on peut nommer la débauche en plein air, il y a quelque grandeur, même pour le plus dépravé. Celui qui, à la nuit tombée, s'en va, le manteau sur le nez, salir incognito sa vie et secouer clandestinement l'hypocrisie de la journée, ressemble à un Italien qui frappe son ennemi par derrière, n'osant le provoquer en duel. Il y a de l'assassinat dans le coin des bornes et dans l'attente de la nuit ; au lieu que, dans le coureur des orgies bruyantes, on croirait presque à un guerrier ; c'est quelque chose qui sent le combat, une apparence de lutte superbe. « Tout le monde le fait, et s'en cache ; fais-le, et ne t'en cache pas. » Ainsi parle l'orgueil, et, une fois cette cuirasse endossée, voilà le soleil qui y reluit.

On raconte que Damoclès voyait une épée sur sa tête ; c'est ainsi que les libertins semblent avoir au-dessus d'eux je ne sais quoi qui leur crie sans cesse : « Va, va toujours ; je tiens à un fil. » Ces voitures de masques qu'on voit au temps du carnaval sont la fidèle image de leur vie. Un carrosse délabré ouvert à tout vent, des torches flamboyantes éclairant des têtes plâtrées ; ceux-là rient, ceux-ci chantent ; au milieu s'agitent comme des femmes : ce sont en effet des restes de femmes, avec des semblants presque humains. On les caresse, on les insulte ; on ne sait ni leur nom ni qui elles sont. Tout cela flotte et se balance sous la résine brûlante, dans une ivresse qui ne pense à rien, et sur laquelle, dit-on, veille un dieu. On a l'air par moments de se pencher et de s'embrasser ; il y en a un de tombé dans un cahot; qu'importe? on vient de là, on va là, et les chevaux galopent.

Mais, si le premier mouvement est l'étonnement, le second est l'horreur, et le troisième la pitié. Il y a là en effet tant de force, ou plutôt un si étrange abus de la force, qu'il arrive souvent que les caractères les plus nobles et les organisations les plus belles s'y laissent prendre. Cela leur paraît hardi et dangereux ; ils se font ainsi prodigues d'eux-mêmes ; ils s'attachent sur la débauche comme Mazeppa sur sa bête sauvage ; ils s'y garrottent, ils se font Centaures ; et ils ne voient ni la route de sang que les lambeaux de leur chair tracent sur les arbres, ni les yeux des loups qui se teignent de pourpre à leur suite, ni le désert, ni les corbeaux.

Lancé dans cette vie par les circonstances que j'ai dites, j'ai à dire maintenant ce que j'y ai vu.

La première fois que j'ai vu de près ces assemblées fameuses qu'on appelle les bals masqués des théâtres, j'avais entendu parler des débauches de la Régence, et d'une reine de France déguisée en marchande de violettes. Je trouvai là des marchandes de violettes déguisées en vivandières. Je m'attendais à du libertinage, mais en vérité il n'y en a point là. Ce n'est pas du libertinage que de la suie, des coups et des filles ivres mortes sur des bouteilles cassées.

La première fois que j'ai vu des débauches de table, j'avais entendu parler des soupers d'Héliogabale, et d'un philosophe de la Grèce qui avait fait des plaisirs des sens une espèce de religion de la nature. Je m'attendais à quelque chose comme de l'oubli, sinon comme de la joie ; je trouvai là ce qu'il y a de pire au monde, l'ennui tâchant de vivre, et des Anglais qui se disaient : « Je fais ceci ou cela, donc, je m'amuse. J'ai payé tant de pièces d'or, donc je ressens tant de plaisir. » Et ils usent leur vie sur cette meule.

La première fois que j'ai vu des courtisanes, j'avais entendu parler d'Aspasie, qui s'asseyait sur les genoux d'Alcibiade en discutant avec Socrate. Je m'attendais à quelque chose de dégourdi, d'insolent, mais de gai, de brave et de vivace, à quelque chose comme le pétillement du vin de Champagne ; je trouvai une bouche béante, un œil fixe et des mains crochues.

La première fois que j'ai vu des courtisanes titrées, j'avais lu Boccace et Bandello ; avant tout j'avais lu Shakspeare. J'avais rêvé à ces belles fringantes, à ces chérubins de l'enfer, à ces viveuses pleines de désinvolture, à qui les cavaliers du Décaméron présentent l'eau bénite au sortir de la messe. J'avais crayonné mille fois de ces têtes si poétiquement folles, si inventrices dans leur audace, de ces maîtresses têtes fêlées qui vous décrochent tout un roman dans une œillade, et qui ne marchent dans la vie que par flots et par secousses, comme des sirènes ondoyantes. Je me souvenais de ces fées des Nouvelles nouvelles, qui sont toujours grises d'amour, si elles n'en sont pas ivres. Je trouvai des écriveuses de lettres, des arrangeuses d'heures précises, qui ne savent que mentir à des inconnus, et enfouir leurs bassesses dans leur hypocrisie, et qui ne voient dans tout cela qu'à se donner et à oublier.

La première fois que je suis entré au jeu, j'avais entendu parler de flots d'or, de fortunes faites en un quart d'heure, et d'un seigneur de la cour de Henri IV qui gagna sur une carte cent mille écus que lui coûtait son habit. Je trouvai un vestiaire où les ouvriers qui n'ont qu'une chemise louent un habit à vingt sous la soirée, des gendarmes assis à la porte, et des affamés jouant un morceau de pain contre un coup de pistolet.

La première fois que j'ai vu une assemblée quelconque, publique ou non, ouverte à quelqu'une des trente mille femmes qui ont, à Paris, permission de se vendre, j'avais entendu parler des saturnales de tout temps, de toutes les orgies possibles, depuis Babylone jusqu'à Rome, depuis le temple de Priape jusqu'au Parc-aux-Cerfs, et j'avais toujours vu écrit au seuil de la porte un seul mot : « Plaisir. » Je n'ai trouvé non plus de ce temps-ci qu'un seul mot : « Prostitution ; » mais je l'y ai toujours vu ineffaçable, non pas gravé dans ce fier métal qui porte la couleur du soleil, mais dans le plus pâle de tous, celui que la froide lumière de la nuit semble avoir teint de ses rayons blafards, l'argent.

La première fois que j'ai vu le peuple... c'était par une affreuse matinée, le mercredi des Cendres, à la descente de la Courtille. Il tombait depuis la veille au soir une pluie fine et glaciale ; les rues étaient des mares de boue. Les voitures de masques défilaient pêle-mêle, en se heurtant, en se froissant, entre deux longues haies d'hommes et de femmes hideux, debout sur les trottoirs. Cette muraille de spectateurs sinistres avait, dans ses yeux rouges de vin, une haine de tigre. Sur une lieue de long tout cela grommelait, tandis que les roues des carrosses leur effleuraient la poitrine sans qu'ils fissent un pas en arrière. J'étais debout sur la banquette, la voiture découverte; de temps en temps un homme en haillons sortait de la haie, nous vomissait un torrent d'injures au visage, puis nous jetait un nuage de farine. Bientôt nous reçûmes de la boue; cependant nous montions toujours, gagnant l'Ile-d'Amour et le joli bois de Romainville, où tant de doux baisers sur l'herbe se donnaient, autrefois. Un de nos amis, assis sur le siège, tomba, au risque de se tuer, sur le pavé. Le peuple se précipita sur lui pour l'assommer : il fallut y courir et l'entourer. Un des sonneurs de trompe qui nous précédaient à cheval reçut un pavé sur l'épaule : la farine manquait. Je n'avais jamais entendu parler de rien de semblable à cela.

Je commençai à comprendre le siècle, et à savoir en quel temps nous vivons.

## CHAPITRE III

Desgenais avait organisé à sa maison de campagne une réunion de jeunes gens. Les meilleurs vins, une table splendide, le jeu, la danse, les courses à cheval, rien n'y manquait. Desgenais était riche et d'une grande magnificence. Il avait une hospitalité antique avec des mœurs de ce temps-ci. D'ailleurs on trouvait chez lui les meilleurs livres ; sa conversation était celle d'un homme instruit et élevé. C'était un problème que cet homme.

J'avais apporté chez lui une humeur taciturne que rien ne pouvait surmonter ; il la respecta scrupuleusement. Je ne répondais pas à ses questions, il ne m'en fit plus ; l'important pour lui était que j'eusse oublié ma maîtresse. Cependant j'allais à la chasse, je me montrais à table aussi bon convive que les autres ; il ne m'en demandait pas davantage.

Il ne manque pas dans le monde de gens pareils, qui prennent à cœur de vous rendre un service, et qui vous jetteraient sans remords le plus lourd pavé pour écraser la mouche qui vous pique. Ils ne s'inquiètent que de vous empêcher de mal faire ; c'est-à-dire qu'ils n'ont point de repos qu'ils ne vous aient rendu semblable à eux. Arrivés à ce but, n'importe par quel moyen, ils se frottent les mains, et l'idée ne leur viendrait pas que vous puissiez être tombé de mal en pis ; tout cela de bonne amitié.

C'est un des grands malheurs de la jeunesse sans expérience que de se figurer le monde d'après les premiers objets qui la frappent ; mais il y a aussi, il faut l'avouer, une race d'hommes bien malheureux : ce sont ceux qui, en pareil cas, sont toujours là pour dire à la jeunesse « Tu as raison

LA CONFESSION D'UN ENFANT DU SIÈCLE.    Page 83

de croire au mal, et nous savons ce qui en est. » J'ai entendu parler, par exemple, de quelque chose de singulier : c'était comme un milieu entre le bien et le mal, un certain arrangement entre les femmes sans cœur et les hommes dignes d'elles ; ils appelaient cela le sentiment passager. Ils en parlaient comme d'une machine à vapeur inventée par un carrossier ou un entrepreneur de bâtiments. Ils me disaient : « On convient de ceci ou de cela, on prononce telles phrases qui en font répondre telles autres, on écrit des lettres de telle façon, on se met à genoux de telle autre. » Tout cela était réglé comme une parade ; ces braves gens avaient des cheveux gris.

Cela me fit rire. Malheureusement pour moi, je ne puis dire à une femme que je méprise que j'ai de l'amour pour elle, même en sachant que c'est une convention et qu'elle ne s'y trompera pas. Je n'ai jamais mis le genou en terre sans y mettre le cœur. Ainsi, cette classe de femmes qu'on appelle faciles m'est inconnue, ou, si je m'y suis laissé prendre, c'est sans le savoir et par simplicité.

Je comprends qu'on mette son âme de côté, mais non qu'on y touche. Qu'il y ait de l'orgueil à le dire, cela est possible ; je n'entends ni me vanter ni me rabaisser. Je hais par-dessus tout les femmes qui rient de l'amour, et leur permet de me le rendre ; il n'y aura jamais de dispute entre nous.

Ces femmes-là sont bien au-dessous des courtisanes : les courtisanes peuvent mentir, et ces femmes-là aussi ; mais les courtisanes peuvent aimer, et ces femmes-là ne le peuvent pas. Je me souviens d'une femme qui m'aimait, et qui disait à un homme trois fois plus riche que moi, avec lequel elle vivait : « Vous m'ennuyez, je vais trouver mon amant. » Cette fille-là valait mieux que bien d'autres qu'on ne paye pas.

Je passai la saison entière chez Desgenais, où j'appris que ma maîtresse était partie, et qu'elle était sortie de France ; cette nouvelle me laissa dans le cœur une langueur qui ne me quitta plus.

A l'aspect de ce monde si nouveau pour moi qui m'entourait à cette campagne, je me sentis pris d'abord d'une curiosité bizarre, triste et profonde, qui me faisait regarder de travers comme un cheval ombrageux. Voici la première chose qui y donna lieu.

Desgenais avait alors une très belle maîtresse, qui l'aimait beaucoup : un soir que je me promenais avec lui, je lui dis que je la trouvais telle qu'elle était, c'est-à-dire admirable, tant par sa beauté que par son attachement pour lui. Bref, je fis son éloge avec chaleur, et lui donnai à entendre qu'il devait s'en trouver heureux.

Il ne me répondit rien. C'était sa manière, et je le connaissais pour le plus sec des hommes. La nuit venue et chacun retiré, il y avait un quart d'heure que j'étais couché lorsque j'entendis frapper à ma porte. Je criai qu'on entrât, croyant à quelque visiteur pris d'insomnie.

Je vis entrer une femme plus pâle que la mort, demi-nue, et un bouquet à la main. Elle vint à moi, et me présenta son bouquet; un morceau de papier y était attaché, sur lequel je trouvai ce peu de mots : « A Octave, son ami Desgenais, à charge de revanche. «

Je n'eus pas plus tôt lu, qu'un éclair me frappa l'esprit. Je compris tout ce qu'il y avait dans cette action de Desgenais, m'envoyant ainsi sa maîtresse et m'en faisant une sorte de cadeau à la turque, sur quelques paroles que je lui avais dites. Du caractère que je lui savais, il n'y avait là ni ostentation de générosité ni trait de rouerie; il n'y avait qu'une leçon. Cette femme l'aimait; je lui en avais fait l'éloge, et il voulait m'apprendre à ne pas l'aimer, soit que je la prisse, soit que je refusasse.

Cela me donna à penser; cette pauvre fille pleurait, et n'osait essuyer ses larmes, de peur de m'en faire apercevoir. De quoi l'avait-il menacée pour la déterminer à venir? Je l'ignorais. « Mademoiselle, lui dis-je, il ne faut pas vous chagriner. Allez chez vous, et ne craignez rien. » Elle me répondit que si elle sortait de ma chambre avant le lendemain matin, Desgenais la renverrait à Paris; que sa mère était pauvre, et qu'elle ne pouvait s'y résoudre. « Très bien, lui dis-je, votre mère est pauvre, vous aussi probablement, en sorte que vous obéiriez à Desgenais si je voulais. Vous êtes belle et cela pourrait me tenter. Mais vous pleurez, et, vos larmes n'étant pas pour moi, je n'ai que faire du reste. Allez-vous-en, et je me charge d'empêcher qu'on ne vous renvoie à Paris. »

C'est une chose qui m'est particulière que la méditation, qui, chez le plus grand nombre, est une qualité ferme et constante de l'esprit, n'est en moi qu'un instinct indépendant de ma volonté, et qui me saisit par accès comme une passion violente. Elle me vient par intervalles, à son heure, malgré moi, et n'importe où. Mais là où elle vient, je ne puis rien contre elle. Elle m'entraîne où bon lui semble et par le chemin qu'elle veut.

Cette femme partie, je me mis sur mon séant. « Mon ami, me dis-je, voilà ce que Dieu t'envoie. Si Desgenais ne t'avait pas voulu donner sa maîtresse, il ne se trompait peut-être pas en croyant que tu en serais devenu amoureux.

« L'as-tu bien regardée ? Un sublime et divin mystère s'est accompli dans les entrailles qui l'ont conçue. Un pareil être coûte à la nature ses plus vigilants regards maternels ; cependant l'homme qui veut te guérir n'a rien trouvé de mieux que de te pousser sur ses lèvres pour y désapprendre à aimer.

« Comment cela se fait-il ? D'autres que toi l'ont admirée sans doute, mais ils ne couraient aucun risque ; elle pouvait essayer sur eux toutes les séductions qu'elle voulait ; toi seul étais en danger.

« Il faut pourtant, quelle que soit sa vie, que ce Desgenais ait un cœur, puisqu'il vit. En quoi diffère-t-il de toi ? C'est un homme qui ne croit à rien, ne craint rien, qui n'a ni un souci ni un ennui peut-être, et il est clair qu'une légère piqûre au talon le remplirait de terreur ; car, si son corps l'abandonnait, que deviendrait-il ? Il n'y a en lui de vivant que le corps. Quelle est donc cette créature qui traite son âme comme les flagellants leur chair ? Est-ce qu'on peut vivre sans tête ?

« Pense à cela. Voilà un homme qui tient dans ses bras la plus belle femme du monde ; il est jeune et ardent ; il la trouve belle, il le lui dit ; elle lui répond qu'elle l'aime. Là-dessus quelqu'un lui frappe sur l'épaule, et lui dit : « C'est une fille. » Rien de plus ; il est sûr de lui. Si on lui avait dit : « C'est une empoisonneuse, » il l'eût peut-être aimée, il ne lui en donnera pas un baiser de moins ; mais c'est une fille, il ne sera pas plus question d'amour que de l'étoile de Saturne.

« Qu'est-ce que c'est donc que ce mot-là ? un mot juste, mérité, positif, flétrissant, d'accord. Mais enfin quoi ? un mot, pourtant. Tue-t-on un corps avec un mot ?

« Et si tu l'aimes, toi, ce corps ? On te verse un verre de vin, et on te dit : « N'aime pas cela, on en a quatre pour six francs. » Et si tu te grises ?

« Mais ce Desgenais aime sa maîtresse, puisqu'il la paye ; il a donc une façon d'aimer particulière? Non, il n'en a pas; sa façon d'aimer n'est pas de l'amour, et il n'en ressent pas plus pour la femme qui le mérite que pour celle qui en est indigne. Il n'aime personne, tout simplement.

« Qui l'a donc amené là? est-il né ainsi, où l'est-il devenu? Aimer est aussi naturel que de boire et de manger. Ce n'est pas un homme. Est-ce un avorton ou un géant? Quoi! toujours sûr de ce corps impassible? Vraiment, jusqu'à se jeter sans danger dans les bras d'une femme qui l'aime? Quoi! sans pâlir? Jamais d'autre échange que de l'or contre de la chair? Quel festin est-ce donc que sa vie, et quels breuvages y boit-on dans ses coupes? Le voilà, à trente ans, comme le vieux Mithridate; les poisons des vipères lui sont amis et familiers.

« Il y a là un grand secret, mon enfant, une clef à saisir. De quelques raisonnements qu'on puisse étayer la débauche, on prouvera qu'elle est naturelle un jour, une heure, ce soir, mais non demain, ni tous les jours. Il n'y a pas un peuple sur la terre qui n'ait considéré la femme ou comme la compagne ou la consolation de l'homme, ou comme l'instrument sacré de sa vie, et, sous ces deux formes, qui ne l'ait honorée. Cependant voilà un guerrier armé qui saute dans l'abîme que Dieu a creusé de ses mains entre l'homme et l'animal; autant vaudrait renier la parole. Quel Titan muet est-ce donc, pour oser refouler sous les baisers du corps l'amour de la pensée, et pour se planter sur les lèvres le stigmate qui fait la brute, le sceau du silence éternel?

« Il y a là un mot à savoir. Il souffle là-dessous le vent de ces forêts lugubres qu'on appelle corporations secrètes, un de ces mystères que les anges de destruction se chuchotent à l'oreille lorsque la nuit descend sur la terre. Cet homme est pire ou meilleur que Dieu ne l'a fait. Ses entrailles sont comme celles des femmes stériles, ou la nature ne les a qu'ébauchées, ou il s'y est distillé dans l'ombre quelque herbe vénéneuse.

« Eh bien, ni le travail ni l'étude n'ont pu te guérir, mon ami. Oublier et apprendre, voilà ta devise. Tu feuilletais des livres morts; tu es trop jeune pour les ruines. Regarde autour de toi, le pâle troupeau des hommes t'environne. Les yeux des sphinx étincellent au milieu des hiéroglyphes divins; déchiffre le livre de vie! Courage, écolier, lance-toi dans le Styx, le fleuve invulnérable, et que ses flots en deuil te mènent à la mort ou à Dieu. »

## CHAPITRE IV

« Tout ce qu'il y avait de bien en cela, supposé qu'il pût y en avoir quelqu'un, c'est que ces faux plaisirs étaient des semences de douleurs et d'amertumes qui me fatiguaient à n'en pouvoir plus. » Telles sont les simples paroles que dit, à propos de sa jeunesse, l'homme le plus homme qui ait jamais été, saint Augustin. De ceux qui ont fait comme lui, peu diraient ces paroles, tous les ont dans le cœur; je n'en trouve pas d'autres dans le mien.

Revenu à Paris, au mois de décembre, après la saison, je passai l'hiver en parties de plaisir, en mascarades, en soupers, quittant rarement Desgenais, qui était enchanté de moi; je ne l'étais guère. Plus j'allais, plus je me sentais de souci. Il me sembla, au bout de bien peu de temps, que ce monde si étrange, qui au premier aspect m'avait paru un abîme, se resserrait, pour ainsi dire, à chaque pas; là où j'avais cru voir un spectre, à mesure que j'avançais je ne voyais qu'une ombre.

Desgenais me demandait ce que j'avais. « Et vous, lui disais-je, qu'avez-vous? Vous souvient-il de quelque parent mort? n'auriez-vous pas quelque blessure que l'humidité fait rouvrir? »

Alors il me semblait parfois qu'il m'entendait sans me répondre. Nous nous jetions sur une table, buvant à en perdre la tête; au milieu de la nuit nous prenions des chevaux de poste, et nous allions déjeuner à dix ou douze lieues dans la campagne; en revenant, au bain, de là à table, de là au jeu, de là au lit; et quand j'étais au bord du mien... alors je poussais le verrou de la porte, je tombais à genoux et je pleurais. C'était ma prière du soir.

Chose étrange! je mettais de l'orgueil à passer pour ce qu'au fond je n'étais pas du tout; je me vantais de faire pis que je ne faisais, et je trouvais à cette forfanterie un plaisir bizarre, mêlé de tristesse. Lorsque j'avais réellement fait ce que je racontais, je ne sentais que de l'ennui ; mais, lorsque j'inventais quelque folie, comme une histoire de débauche ou le récit d'une orgie à laquelle je n'avais pas assisté, il me semblait que j'avais le cœur plus satisfait, je ne sais pourquoi.

Ce qui me faisait le plus de mal, c'était lorsque, dans une partie de plaisir, nous allions dans quelque lieu aux environs de Paris où j'avais été autrefois avec ma maîtresse. Je devenais stupide; je m'en allais seul, à l'écart, regardant les buissons et les troncs d'arbre avec une amertume sans bornes, jusqu'à les frapper du pied comme pour les mettre en poussière. Puis je revenais, répétant cent fois de suite entre mes dents : « Dieu ne m'aime guère, Dieu ne m'aime guère! » Je demeurais alors des heures sans parler.

Cette idée funeste, que la vérité c'est la nudité, me revenait à propos de tout. « Le monde, me disais-je, appelle son fard vertu, son chapelet religion, son manteau traînant convenance. L'honneur et la morale sont ses femmes de chambre; il boit dans son vin les larmes des pauvres d'esprit qui croient en lui; il se promène les yeux baissés tant que le soleil est au ciel; il va à l'église, au bal, aux assemblées, et le soir arrive, il dénoue sa robe, et on aperçoit une bacchante nue avec deux pieds de bouc. »

Mais en parlant ainsi, je me faisais horreur à moi-même ; car je sentais que, si le corps était sous l'habit, le squelette était sous le corps. « Est-ce possible que ce soit là tout? » me demandais-je malgré moi. Puis je rentrais à la ville, je rencontrais sur mon chemin une jolie fillette donnant le bras à sa mère, je la suivais des yeux en soupirant, et je redevenais comme un enfant.

Quoique j'eusse pris avec mes amis des habitudes de tous les jours, et que nous eussions réglé notre désordre, je ne laissais pas d'aller dans le monde. La vue des femmes m'y causait un trouble insupportable ; je ne leur touchais la main qu'en tremblant. Mon parti était pris de n'aimer plus jamais.

Cependant je revins un certain soir d'un bal avec le cœur si malade, que je sentis que c'était de l'amour. Je m'étais trouvé à souper auprès d'une femme, la plus charmante et la plus distinguée dont le souvenir me soit resté. Lorsque je fermai les yeux pour m'endormir, je la vis devant moi. Je me crus pendu ; je résolus aussitôt de ne plus la rencontrer, d'éviter tous les lieux où je savais qu'elle allait. Cette sorte de fièvre dura quinze jours, pendant lesquels je restai presque constamment étendu sur mon canapé, et me rappelant sans fin, malgré moi, jusqu'aux moindres mots que j'avais échangés avec elle.

Comme il n'y a pas d'endroits sous le ciel où l'on s'occupe de son voisin autant qu'à Paris, il ne se passa pas longtemps avant que les gens de ma connaissance, qui me rencontraient avec Desgenais, n'eussent déclaré que j'étais le plus grand libertin. J'admirai en cela l'esprit du monde : autant j'avais passé pour niais et pour novice lors de ma rupture avec ma maîtresse, autant je passais maintenant pour insensible et endurci. On en venait à me dire qu'il était bien clair que je n'avais jamais aimé cette femme, que je me faisais sans doute un jeu de l'amour, ce qui était un grand éloge que l'on croyait m'adresser ; et le pire de l'affaire, c'est que j'étais gonflé d'une vanité si misérable, que cela me charmait.

Ma prétention était de passer pour blasé, en même temps que j'étais plein de désirs et que mon imagination exaltée m'emportait hors de toutes limites. Je commençai à dire que je ne pouvais faire aucun cas des femmes ; ma tête s'épuisait en chimères que je disais préférer à la réalité. Enfin mon unique plaisir était de me dénaturer. Il suffisait qu'une pensée fût extraordinaire, qu'elle choquât le sens commun, pour que je m'en fisse aussitôt le champion, au risque d'avancer les sentiments les plus blâmables.

Mon plus grand défaut était l'imitation de tout ce qui me frappait, non pas par sa beauté, mais par son étrangeté, et, ne voulant pas m'avouer imitateur, je me perdais dans l'exagération, afin de paraître original. A mon gré, rien n'était bon ni même passable ; rien ne valait la peine de tourner la tête ; cependant, dès que je m'échauffais dans une discussion, il semblait qu'il n'y eût pas dans la langue française d'expression assez ampoulée pour louer ce que je soutenais ; mais il suffisait de se ranger à mon avis pour faire tomber toute ma chaleur.

LA CONFESSION D'UN ENFANT DU SIÈCLE. Page 94

C'était une suite naturelle de ma conduite. Dégoûté de la vie que je menais, je ne voulais pourtant pas en changer :

> Simigliante a quella 'nferma
> Che non può trovar posa in su le piume,
> Ma con dar volta suo dolore scherma.
>
> DANTE.

Ainsi je tourmentais mon esprit pour lui donner le change, et je tombais dans tous les travers pour sortir de moi-même.

Mais, tandis que ma vanité s'occupait ainsi, mon cœur souffrait, en sorte qu'il y avait presque constamment en moi un homme qui riait et un autre qui pleurait. C'était comme un contre-coup perpétuel de ma tête à mon cœur. Mes propres railleries me faisaient quelquefois une peine extrême, et mes chagrins les plus profonds me donnaient envie d'éclater de rire.

Un homme se vantait un jour d'être inaccessible aux craintes superstitieuses et de n'avoir peur de rien ; ses amis mirent dans son lit un squelette humain, puis se postèrent dans une chambre voisine pour le guetter lorsqu'il rentrerait. Ils n'entendirent aucun bruit ; mais, le lendemain matin, lorsqu'ils entrèrent dans sa chambre, ils le trouvèrent dressé sur son séant et jouant avec les ossements : il avait perdu la raison.

Il y avait en moi quelque chose de semblable à cet homme, si ce n'est que mes osselets favoris étaient ceux d'un squelette bien-aimé ; c'étaient les débris de mon amour, tout ce qui restait du passé.

Il ne faut pourtant pas dire que dans tout ce désordre il n'y eût pas de bons moments. Les compagnons de Desgenais étaient des jeunes gens de distinction, bon nombre étaient artistes. Nous passions quelquefois ensemble des soirées délicieuses, sous prétexte de faire les libertins. L'un d'eux était alors épris d'une belle cantatrice qui nous charmait par sa voix fraîche et mélancolique. Que de fois nous sommes restés, assis en cercle, à l'écouter, tandis que la table était dressée ! Que de fois l'un de nous, au moment où les flacons se débouchaient, tenait à la main un volume de Lamartine et lisait d'une voix émue ! Il fallait voir alors comme toute autre pensée disparaissait ! Les heures s'envolaient pendant ce temps-là ; et, quand nous nous mettions à table, les singuliers libertins que nous faisions ! nous ne disions mot, et nous avions des larmes dans les yeux.

Desgenais surtout, habituellement le plus froid et le plus sec des hommes, était incroyable ces jours-là. Il se livrait à des sentiments si extraordinaires, qu'on eût dit un poète en délire. Mais, après ces expansions, il arrivait qu'il se sentait pris d'une joie furieuse. Il brisait tout dès que le vin l'avait échauffé; le génie de la destruction lui sortait tout armé de la tête; et je l'ai vu quelquefois, au milieu de ses folies, lancer une chaise dans une fenêtre fermée avec un vacarme à faire sauver.

Je ne pouvais m'empêcher de faire de cet homme bizarre un sujet d'étude. Il me paraissait comme le type marqué d'une classe de gens qui devaient exister quelque part, mais qui m'étaient inconnus. On ne savait, lorsqu'il agissait, si c'était le désespoir d'un malade ou la lubie d'un enfant gâté.

Il se montrait particulièrement les jours de fête dans un état d'excitation nerveuse qui le poussait à se conduire comme un véritable écolier. Son sang-froid était alors à mourir de rire. Il me persuada un jour de sortir à pied tous deux, seuls à la brune, affublés de costumes grotesques, avec des masques et des instruments de musique. Nous nous promenâmes ainsi toute la nuit, gravement, au milieu du plus affreux charivari. Nous trouvâmes un cocher d'une voiture de place endormi sur son siège; nous dételâmes les chevaux; après quoi, feignant de sortir d'un bal, nous l'appelâmes à grands cris. Le cocher s'éveilla, et, au premier coup de fouet qu'il donna, ses chevaux partirent au trot, le laissant ainsi perché sur son siège. Nous fûmes le même soir aux Champs-Élysées; Desgenais, voyant passer une autre voiture, l'arrêta, ni plus ni moins qu'un voleur; il intimida le cocher par ses menaces, et le força de descendre et de se mettre à plat ventre. C'était un jeu à se faire tuer. Cependant il ouvrit la voiture, et nous trouvâmes dedans un jeune homme et une dame immobiles de frayeur. Il me dit alors de l'imiter, et, ayant ouvert les deux portières, nous commençâmes à entrer par l'une et sortir par l'autre, en sorte que dans l'obscurité les pauvres gens du carrosse croyaient à une procession de bandits.

Je me figure que les hommes qui disent que le monde donne de l'expérience doivent être bien étonnés qu'on les croie. Le monde n'est que tourbillons, et il n'y a aucun rapport entre ces tourbillons; tout s'en va par bandes comme des volées d'oiseaux. Les différents quartiers d'une ville ne se ressemblent même pas entre eux, et il y a autant à apprendre, pour quelqu'un de la Chaussée-d'Antin, au Marais qu'à Lisbonne. Il est seulement vrai que ces tourbillons divers sont traversés, depuis que le monde existe, par sept personnages toujours les mêmes : le premier s'appelle l'espérance ; le second, la conscience; le troisième, l'opinion; le quatrième, l'envie; le cinquième, la tristesse ; le sixième, l'orgueil; et le septième s'appelle l'homme.

Nous étions donc, mes compagnons et moi, une volée d'oiseaux, et nous restâmes ensemble jusqu'au printemps, tantôt jouant, tantôt courant...

« Mais, dira le lecteur, au milieu de tout cela, quelles femmes aviez-vous ? Je ne vois pas là la débauche en personne ».

O créatures qui portiez le nom de femmes, et qui avez passé comme des rêves dans une vie qui n'était elle-même qu'un rêve, que dirai-je de vous? Où il n'y eut jamais l'ombre d'une espérance, est-ce qu'il y aurait quelque souvenir? Où vous trouverai-je pour cela? Qu'y a-t-il de plus muet dans la mémoire humaine? qu'y a-t-il de plus oublié que vous?

S'il faut parler des femmes, j'en citerai deux ; en voici une :

Je vous le demande, que voulez-vous que fasse une pauvre lingère, jeune et jolie, ayant dix-huit ans, et par conséquent des désirs ; ayant un roman sur son comptoir, où il n'est question que d'amour ; ne sachant rien, n'ayant aucune idée de morale ; cousant éternellement à une fenêtre devant laquelle les processions ne passent plus, par ordre de police, mais devant laquelle rôdent tous les soirs une douzaine de filles patentées, reconnues par la même police; que voulez-vous qu'elle fasse lorsque, après avoir fatigué ses mains et ses yeux pendant toute une journée sur une robe ou sur un chapeau, elle s'accoude un moment à cette fenêtre à la nuit tombante ? Cette robe qu'elle a cousue, ce chapeau qu'elle a coupé de ses pauvres et honnêtes mains, pour rapporter de quoi souper à la maison, elle les voit passer sur la tête et sur le corps d'une fille publique. Trente fois par jour, il s'arrête une voiture de louage à sa porte, et il en descend une prostituée numérotée comme le fiacre qui la roule, laquelle vient d'un air dédaigneux minauder devant une glace, essayer, ôter et remettre dix fois ce triste et patient ouvrage de ses veilles. Elle voit cette fille tirer de sa poche six pièces d'or, elle qui en a une par semaine ; elle la regarde des pieds à la tête, elle examine sa parure, elle la suit jusqu'à son carrosse ; et puis, que voulez-vous ? quand la nuit est bien noire, un soir que l'ouvrage manque, que sa mère est malade, elle entr'ouvre sa porte, étend la main, et arrête un passant.

Telle était l'histoire d'une fille que j'ai connue. Elle savait un peu toucher du piano, un peu compter, un peu dessiner, même un peu d'histoire et de grammaire, et ainsi de tout un peu. Que de fois j'ai regardé avec une compassion poignante cette triste ébauche de la nature, mutilée encore par la société ! Que de fois j'ai suivi dans cette nuit profonde les pâles et vacillantes lueurs d'une étincelle souffrante et avortée ! Que de fois j'ai tenté de rallumer quelques charbons éteints sous cette pauvre cendre ! Hélas ! ses longs cheveux avaient réellement la couleur de la cendre, et nous l'appelions Cendrillon.

Je n'étais pas assez riche pour lui donner des maîtres ; Desgenais, d'après mon conseil, s'intéressa à cette créature ; il lui fit apprendre de nouveau tout ce dont elle avait les éléments. Mais elle ne put jamais faire en rien un progrès sensible : dès que son maître était parti, elle se croisait es bras et restait ainsi des heures entières, regardant à travers les carreaux. Quelles journées ! quelle misère ! Je la menaçai un jour, si elle ne travaillait pas, de la laisser sans argent ; elle se mit silencieusement à l'ouvrage, et j'appris peu de temps après qu'elle sortait à la dérobée. Où allait-elle ? Dieu le sait. Je la priai, avant qu'elle partît, de me broder une bourse ; j'ai conservé longtemps cette triste relique ; elle était accrochée dans ma chambre comme un des monuments les plus sombres de tout ce qui est ruine ici-bas.

Maintenant en voici une autre :

Il était environ dix heures du soir, lorsque, après une journée entière de bruit et de fatigues, nous nous rendîmes chez Desgenais, qui nous avait devancés de quelques heures pour faire ses préparatifs. L'orchestre était déjà en train, et le salon rempli à notre arrivée.

La plupart des danseuses étaient des filles de théâtre ; on m'expliqua pourquoi celles-là valent mieux que les autres : c'est que tout le monde se les arrache.

A peine entré, je me lançai dans le tourbillon de la valse. Cet exercice vraiment délicieux m'a toujours été cher; je n'en connais pas de plus noble, ni qui soit plus digne en tout d'une belle femme et d'un jeune garçon; toutes les danses, au prix de celle-là, ne sont que des conventions insipides ou des prétextes pour les entretiens les plus insignifiants. C'est véritablement posséder en quelque sorte une femme que de la tenir une demi-heure dans ses bras, et de l'entraîner ainsi, palpitante malgré elle, et non sans quelque risque, de telle sorte qu'on ne pourrait dire si on la protège ou si on la force. Quelques-unes se livrent alors avec une si voluptueuse pudeur, avec un si doux et si pur abandon, qu'on ne sait si ce qu'on ressent près d'elles est du désir ou de la crainte, et si, en les serrant sur son cœur, on se pâmerait ou on les briserait comme des roseaux. L'Allemagne, où l'on a inventé cette danse, est à coup sûr un pays où l'on aime.

Je tenais dans mes bras une superbe danseuse d'un théâtre d'Italie, venue à Paris pour le carnaval; elle était en costume de bacchante, avec une robe de peau de panthère. Jamais je n'ai rien vu de si languissant que cette créature. Elle était grande et mince, et, tout en valsant avec une rapidité extrême, elle avait l'air de se traîner; à la voir, on eût dit qu'elle devait fatiguer son valseur; mais on ne la sentait pas, elle courait comme par enchantement.

Sur son sein était un bouquet énorme, dont les parfums m'enivraient malgré moi. Au moindre mouvement de mon bras, je la sentais plier comme une liane des Indes, pleine d'une mollesse si douce et si sympathique, qu'elle m'entourait comme d'un voile de soie embaumé. A chaque tour, on entendait à peine un léger froissement de son collier sur sa ceinture de métal; elle se mouvait si divinement, que je croyais voir un bel astre, et tout cela avec un sourire, comme une fée qui va s'envoler. La musique de la valse, tendre et voluptueuse, avait l'air de lui sortir des lèvres, tandis que sa tête, chargée d'une forêt de cheveux noirs tressés en nattes, penchait en arrière, comme si son cou eût été trop faible pour la porter.

Lorsque la valse fut finie, je me jetai sur une chaise au fond d'un boudoir; mon cœur battait, j'étais hors de moi. « O Dieu, m'écriai-je, comment cela est-il possible? O monstre superbe! ô beau reptile! comme tu enlaces, comme tu ondoies, douce couleuvre, avec ta peau souple et tachetée

Comme ton cousin le serpent t'a appris à te rouler autour de l'arbre de la vie, avec la pomme dans les lèvres! O Mélusine! ô Mélusine! les cœurs des hommes sont à toi. Tu le sais bien, enchanteresse, avec ta moelleuse langueur qui n'a pas l'air de s'en douter! Tu sais bien que tu perds, tu sais bien que tu noies, tu sais qu'on va souffrir lorsqu'on t'aura touchée; tu sais qu'on meurt de tes sourires, du parfum de tes fleurs, du contact de tes voluptés : voilà pourquoi tu te livres avec tant de mollesse; voilà pourquoi ton sourire est si doux, tes fleurs si fraîches; voilà pourquoi tu poses si doucement ton bras sur nos épaules. O Dieu! ô Dieu! que veux-tu donc de nous? »

Le professeur Hallé a dit un mot terrible : « La femme est la partie nerveuse de l'humanité, et l'homme la partie musculaire. » Humboldt lui-même, ce savant sérieux, a dit qu'autour des nerfs humains était une atmosphère invisible. Je ne parle pas des rêveurs qui suivent le vol tournoyant des chauves-souris de Spallanzani, et qui pensent avoir trouvé un sixième sens à la nature. Telle qu'elle est, ses mystères sont bien assez redoutables, ses puissances bien assez profondes, à cette nature qui nous crée, nous raille et nous tue, sans qu'il faille encore épaissir les ténèbres qui nous entourent! Mais quel est l'homme qui croit avoir vécu, s'il nie la puissance des femmes? s'il n'a jamais quitté une belle danseuse avec des mains tremblantes? s'il n'a jamais senti ce je ne sais quoi indéfinissable, ce magnétisme énervant qui, au milieu d'un bal, au bruit des instruments, à la chaleur qui fait pâlir les lustres, sort peu à peu d'une jeune femme, l'électrise elle-même, et voltige autour d'elle comme le parfum des aloès sur l'encensoir qui se balance au vent?

J'étais frappé d'une stupeur profonde. Qu'une semblable ivresse existât quand on aime, cela ne m'était pas nouveau : je savais ce que c'était que cette auréole dont rayonne la bien-aimée. Mais exciter de tels battements de cœur, évoquer de pareils fantômes, rien qu'avec sa beauté, des fleurs et la peau bigarrée d'une bête féroce, avec de certains mouvements, une certaine façon de tourner en cercle, qu'elle a apprise de quelque baladin, avec les contours d'un beau bras; et cela sans une parole, sans une pensée, sans qu'elle daigne paraître le savoir! Qu'était donc le chaos, si c'est là l'œuvre des sept jours?

Ce n'était pourtant pas de l'amour que je ressentais, et je ne puis dire autre chose, sinon que c'était de la soif. Pour la première fois de ma vie, je sentais vibrer dans mon être une corde étrangère à mon cœur. La vue de ce bel animal en avait fait rugir un autre dans mes entrailles. Je sentais bien que je n'aurais pas dit à cette femme que je l'aimais, ni qu'elle me plaisait, ni même qu'elle était belle; il n'y avait rien sur mes lèvres que l'envie de baiser les siennes, de lui dire : « Ces bras nonchalants, fais-m'en une ceinture; cette tête penchée, appuie-la sur moi; ce doux sourire, colle-le sur ma bouche. » Mon corps aimait le sien; j'étais pris de beauté comme on est pris de vin.

Desgenais passa, qui me demanda ce que je faisais là. « Quelle est cette femme? » lui dis-je. Il me répondit : « Quelle femme? de qui voulez-vous parler? »

Je le pris par le bras et le menai dans la salle. L'Italienne nous vit venir. Elle sourit; je fis un pas en arrière. « Ah! ah! dit Desgenais, vous avez valsé avec Marco?

— Qu'est-ce que c'est que Marco? lui dis-je.

— Eh! c'est cette fainéante qui rit là-bas; est-ce qu'elle vous plaît?

— Non, répliquai-je, j'ai valsé avec elle, et je voulais savoir son nom; elle ne me plaît pas autrement. »

C'était la honte qui me faisait parler ainsi; mais, dès que Desgenais m'eut quitté, je courus après lui.

« Vous êtes bien prompt! dit-il en riant. Marco n'est pas une fille ordinaire; elle est entretenue et presque mariée à M. de ***, ambassadeur à Milan. C'est un de ses amis qui me l'a amenée. Cependant, ajouta-t-il, comptez que je vais lui parler; nous ne vous laisserons mourir qu'autant qu'il n'y aura pas d'autre ressource. Il se peut qu'on obtienne de la laisser ici à souper. »

Il s'éloigna là-dessus. Je ne saurais dire quelle inquiétude je ressentis en le voyant s'approcher d'elle; mais je ne pus les suivre, ils se dérobèrent dans la foule.

« Est-ce donc vrai? me disais-je, en viendrais-je là? Eh quoi! en un instant! O Dieu! serait-ce là ce que je vais aimer? Mais, après tout, pensais-je, ce sont mes sens qui agissent; mon cœur n'est pour rien là dedans. »

LA CONFESSION D'UN ENFANT DU SIÈCLE.  Page 101

Je cherchais ainsi à me tranquilliser. Cependant, quelques instants après, Desgenais me frappa sur l'épaule. « Nous souperons tout à l'heure, me dit-il ; vous donnerez le bras à Marco ; elle sait qu'elle vous a plu, et cela est convenu.

— Écoutez, lui dis-je ; je ne sais ce que j'éprouve. Il me semble que je vois Vulcain au pied boiteux couvrant Vénus de ses baisers, avec sa barbe enfumée, dans sa forge. Il fixe ses yeux effarés sur la chair épaisse de sa proie. Il se concentre dans la vue de cette femme, son bien unique ; il s'efforce de rire de joie, il fait comme s'il frémissait de bonheur ; et, pendant ce temps-là, il se souvient de son père Jupiter, qui est assis au haut des cieux. »

Desgenais me regarda sans répondre ; il me prit le bras et m'entraîna. « Je suis fatigué, me dit-il, je suis triste ; ce bruit me tue. Allons souper, cela nous remontera. »

Le souper fut splendide ; mais je ne fis qu'y assister. Je ne pouvais toucher à rien : les lèvres me défaillaient. « Qu'avez-vous donc ? » me dit Marco. Mais je restais comme une statue, et je la regardais de la tête aux pieds dans un muet étonnement.

Elle se mit à rire, Desgenais aussi, qui nous observait de loin. Devant elle était un grand verre de cristal taillé en forme de coupe, qui reflétait sur mille facettes étincelantes la lumière des lustres, et qui brillait comme le prisme des sept couleurs de l'arc-en-ciel. Elle étendit son bras nonchalant, et l'emplit jusqu'au bord d'un flot doré de vin de Chypre, de ce vin sucré d'Orient que j'ai trouvé si amer plus tard sur la grève déserte du Lido. « Tenez, dit-elle en me le présentant, *per voi, bambino mio*.

— Pour toi et moi, » lui dis-je en lui présentant le verre à mon tour. Elle y trempa ses lèvres, et je le vidai avec une tristesse qu'elle sembla lire dans mes yeux.

« Est-ce qu'il est mauvais ? dit-elle. — Non, répondis-je. — Ou si vous avez mal à la tête ? — Non. — Ou si vous êtes las ? — Non. — Ah donc ! c'est un ennui d'amour ? » En parlant ainsi dans son jargon, ses yeux devenaient sérieux. Je savais qu'elle était de Naples, et, malgré elle, en parlant d'amour, son Italie lui battait dans le cœur.

Une autre folie vint là-dessus. Déjà les têtes s'échauffaient, les verres se choquaient; déjà montait sur les joues les plus pâles cette pourpre légère dont le vin colore les visages, comme pour défendre à la pudeur d'y paraître; un murmure confus, semblable à celui de la marée montante, grondait par secousses; les regards s'enflammaient çà et là, puis tout à coup se fixaient et restaient vides; je ne sais quel vent faisait flotter l'une vers l'autre toutes ces ivresses incertaines. Une femme se leva, comme dans une mer encore tranquille la première vague qui sent la tempête, et qui se dresse pour l'annoncer; elle fit signe de la main pour demander le silence, vida son verre d'un coup, et, du mouvement qu'elle fit, elle se décoiffa; une nappe de cheveux dorés lui roula sur les épaules; elle ouvrit les lèvres et voulut entonner une chanson de table; son œil était à demi fermé. Elle respirait avec effort; deux fois un son rauque sortit de sa poitrine oppressée; une pâleur mortelle la couvrit tout à coup, et elle retomba sur sa chaise.

Alors commença un vacarme qui, pendant plus d'une heure que dura encore le souper, ne cessa pas jusqu'à la fin. Il était impossible d'y rien distinguer, ni les rires, ni les chansons, pas même les cris.

« Qu'en pensez-vous? me dit Desgenais. — Rien, répondis-je; je me bouche les oreilles et je regarde. »

Au milieu de ce bacchanal la belle Marco restait muette, ne buvant pas, appuyée tranquillement sur son bras nu et laissant rêver sa paresse. Elle ne semblait ni étonnée ni émue. » N'en voulez-vous pas faire autant qu'eux? lui demandai-je; vous qui m'avez offert du vin de Chypre tout à l'heure, ne voulez-vous pas y goûter aussi? » Je lui versai, en disant cela, un grand verre plein jusqu'au bord; elle le souleva lentement, le but d'un trait, puis le reposa sur la table et reprit son attitude distraite.

Plus j'observais cette Marco, plus elle me paraissait singulière; elle ne prenait plaisir à rien, mais ne s'ennuyait non plus de rien. Il paraissait aussi difficile de la fâcher que de lui plaire; elle faisait ce qu'on lui demandait, mais rien de son propre mouvement. Je pensai au génie du repos éternel, et je me disais que, si cette pâle statue devenait somnambule, elle ressemblerait à Marco.

« Es-tu bonne ou méchante? lui disais-je, triste ou gaie? As-tu aimé? veux-tu qu'on t'aime? aimes-tu l'argent, le plaisir, quoi? les chevaux, la campagne, le bal? Qui te plaît? à quoi rêves-tu? » Et à toutes ces demandes le même sourire de sa part, un sourire sans joie et sans peine, qui voulait dire : « Qu'importe? » et rien de plus.

J'approchai mes lèvres des siennes; elle me donna un baiser distrait et nonchalant comme elle, puis elle porta son mouchoir à sa bouche. « Marco, lui dis-je, malheur à qui t'aimerait! »

Elle abaissa sur moi son œil noir, puis le leva au ciel, et, mettant un doigt en l'air, avec ce geste italien qui ne s'imite pas, elle prononça doucement le grand mot féminin de son pays : *Forse!*

Cependant on servit le dessert; plusieurs des convives s'étaient levés; les uns fumaient, d'autres s'étaient mis à jouer, un petit nombre restait à table; des femmes dansaient, d'autres s'endormaient. L'orchestre revint; les bougies pâlissaient, on en remit d'autres. Je me souvins du souper de Pétrone, où les lampes s'éteignent autour des maîtres assoupis, tandis que des esclaves entrent sur la pointe du pied et volent l'argenterie. Au milieu de tout cela les chansons allaient toujours, et trois Anglais, trois de ces figures mornes dont le continent est l'hôpital, continuèrent en dépit de tout la plus sinistre ballade qui soit sortie de leurs marais.

« Viens, dis-je à Marco, partons! » Elle se leva et prit mon bras. « A demain! » me cria Desgenais; nous sortîmes de la salle.

En approchant du logis de Marco, mon cœur battait avec violence; je ne pouvais parler. Je n'avais aucune idée d'une femme pareille; elle n'éprouvait ni désir ni dégoût, et je ne savais que penser de voir trembler ma main auprès de cet être immobile.

Sa chambre était, comme elle, sombre et voluptueuse; une lampe d'albâtre l'éclairait à demi. Les fauteuils, le sofa, étaient moelleux comme des lits, et je crois que tout y était fait de duvet et de soie. En entrant, je fus frappé d'une forte odeur de pastilles turques, non pas de celles qu'on vend ici dans les rues, mais de celles de Constantinople, qui sont les plus nerveux et les plus dangereux des parfums. Elle sonna, une fille de chambre entra. Elle passa avec elle dans son alcôve sans me dire un mot, et, quelques instants après, je la vis couchée, appuyée sur son coude, toujours dans la posture nonchalante qui lui était habituelle.

J'étais debout et je la regardais. Chose étrange! plus je l'admirais, plus je la trouvais belle, plus je sentais s'évanouir les désirs qu'elle m'inspirait.

Je ne sais si ce fut un effet magnétique ; son silence et son immobilité me gagnaient. Je fis comme elle, je m'étendis sur le sofa en face de l'alcôve, et le froid de la mort me descendit dans l'âme.

Les battements du sang dans les artères sont une étrange horloge qu'on ne sent vibrer que la nuit. L'homme, abandonné alors par les objets extérieurs, retombe sur lui-même ; il s'entend vivre. Malgré la fatigue et la tristesse, je ne pouvais fermer les yeux ; ceux de Marco étaient fixés sur moi ; nous nous regardions en silence, et lentement, si l'on peut ainsi parler.

« Que faites-vous là ? dit-elle enfin ; ne venez-vous pas près de moi ?

— Si fait, lui répondis-je ; vous êtes bien belle ! »

Un faible soupir se fit entendre, semblable à une plainte : une des cordes de la harpe de Marco venait de se détendre. Je tournai la tête à ce bruit, et je vis que la pâle teinte des premiers rayons de l'aurore colorait les croisées.

Je me levai et j'ouvris les rideaux ; une vive lumière pénétra dans la chambre. Je m'approchai d'une fenêtre et m'y arrêtai quelques instants ; le ciel était pur, le soleil sans nuages.

« Viendrez-vous donc ? » répéta Marco.

Je lui fis signe d'attendre encore. Quelques raisons de prudence lui avaient fait choisir un quartier éloigné du centre de la ville ; peut-être avait-elle ailleurs un autre appartement, car elle recevait quelquefois. Les amis de son amant venaient chez elle, et la chambre où nous étions n'était sans doute qu'une sorte de *petite maison ;* elle donnait sur le Luxembourg, dont le jardin s'étendait au loin devant mes yeux.

Comme un liège qui, plongé dans l'eau, semble inquiet sous la main qui le renferme, et glisse entre les doigts pour remonter à la surface, ainsi s'agitait en moi quelque chose que je ne pouvais ni vaincre ni écarter. L'aspect des allées du Luxembourg me fit bondir le cœur et toute autre pensée s'évanouit. Que de fois, sur ces petits tertres, faisant l'école buissonnière, je m'étais étendu sous l'ombrage, avec quelque bon livre, tout plein de folle poésie ! car, hélas ! c'étaient là les débauches de mon enfance. Je retrouvais tous ces souvenirs lointains sur les arbres dépouillés, sur les herbes flétries des parterres. Là, quand j'avais dix ans, je m'étais promené avec mon frère et mon précepteur, jetant du pain à quelques pauvres oiseaux transis; là, assis dans un coin, j'avais regardé durant des heures danser en rond les petites filles ; j'écoutais battre mon cœur naïf aux refrains de leurs chansons enfantines; là, rentrant du collège, j'avais traversé mille fois la même allée perdu dans un vers de Virgile, et chassant du pied un caillou. « O mon enfance ! vous voilà ! m'écriai-je; ô mon Dieu ! vous voilà ici ! »

Je me retournai. Marco s'était endormie, la lampe s'était éteinte, la lumière du jour avait changé tout l'aspect de la chambre: les tentures, qui m'avaient semblé d'un bleu d'azur, étaient d'une teinte verdâtre et fanée, et Marco, la belle statue, étendue dans l'alcôve, était livide comme une morte.

Je frissonnai malgré moi ; je regardai l'alcôve, puis le jardin: ma tête épuisée s'alourdissait. Je fis quelques pas, et j'allai m'asseoir devant un secrétaire ouvert, près d'une autre croisée. Je m'y étais appuyé, et regardais machinalement une lettre dépliée qui avait été laissée dessus : elle ne contenait que quelques mots. Je les lus plusieurs fois de suite sans y prendre garde, jusqu'à ce que le sens en devînt intelligible à ma pensée à force d'y revenir; j'en fus frappé tout à coup, quoi qu'il ne me fût pas possible de tout saisir. Je pris le papier, et lus ce qui suit, écrit avec une mauvaise orthographe.

« Elle est morte hier. A onze heures du soir, elle se sentait défaillir; elle m'a appelée, et elle m'a dit : « Louison, je vais rejoindre mon camarade, « tu vas aller à l'armoire, et tu vas décrocher le drap qui est au clou ; c'est « le pareil de l'autre. » Je me suis jetée à genoux en pleurant; mais elle étendait la main en criant : « Ne pleure pas ! ne pleure pas ! » Et elle a poussé un tel soupir... »

Le reste était déchiré. Je ne puis rendre l'effet que cette lecture sinistre produisit sur moi; je retournai le papier et vis l'adresse de Marco, la date de la veille. « Elle est morte ? et qui donc morte? m'écriai-je involontairement en allant à l'alcôve. Morte! qui donc? qui donc ? »

Marco ouvrit les yeux ; elle me vit assis sur son lit, la lettre à la main. « C'est ma mère, dit-elle, qui est morte. Vous ne venez donc pas près de moi ! »

Et, disant cela, elle étendit la main. « Silence! lui dis-je; dors, et laisse-moi là. » Elle se retourna et se rendormit. Je la regardai quelque temps, jusqu'à ce que, m'étant assuré qu'elle ne pouvait plus m'entendre, je m'éloignai et sortis doucement.

## CHAPITRE V

J'étais assis un soir au coin du feu avec Desgenais. La fenêtre était ouverte; c'était un de ces premiers jours de mars, qui sont les messagers du printemps; il avait plu, une douce odeur venait du jardin.

« Que ferons-nous, mon ami, lui dis-je, lorsque le printemps sera venu? Je me sens l'envie de voyager.

— Je ferai, me dit Desgenais, ce que j'ai fait l'an passé; j'irai à la campagne quand ce sera le temps d'y aller.

— Quoi! répondis-je, faites-vous tous les ans la même chose? Vous allez donc recommencer votre vie de cette année?

— Que voulez-vous que je fasse? répliqua-t-il.

— C'est juste! m'écriai-je en me levant en sursaut; oui, que voulez-vous que je fasse? vous avez bien dit. Ah! Desgenais, que tout cela me fatigue! Est-ce que vous n'êtes jamais las de cette vie que vous menez?

— Non, » me dit-il.

J'étais debout devant une gravure représentant la Madeleine au désert; je joignis les mains involontairement. « Que faites-vous donc? demanda Desgenais.

— Si j'étais peintre, lui dis-je, et si je voulais peindre la mélancolie, je ne peindrais pas une jeune fille rêveuse, un livre entre les mains.

— A qui en avez-vous, ce soir? dit-il en riant.

— Non, en vérité, continuai-je; cette Madeleine dans les larmes a le sein gonflé d'espérance; cette main pâle et maladive, sur laquelle elle sou-

LA CONFESSION D'UN ENFANT DU SIÈCLE.           Page 112

Bibl. Charpentier.                              LIV. 283.

tient sa tête, est encore embaumée des parfums qu'elle a versés sur les pieds du Christ. Ne voyez-vous pas que dans ce désert il y a un peuple de pensées qui prient? Ce n'est pas là la mélancolie.

— C'est une femme qui lit, répondit-il d'une voix sèche.

— Et une heureuse femme, lui dis-je, et un heureux livre. »

Desgenais comprit ce que je voulais dire ; il vit qu'une profonde tristesse s'emparait de moi. Il me demanda si j'avais quelque cause de chagrin. J'hésitais à lui répondre, et je sentais mon cœur se briser.

« Enfin, me dit-il, mon cher Octave, si vous avez un sujet de peine, n'hésitez pas à me le confier ; parlez ouvertement, et vous trouverez en moi un ami.

— Je le sais, répondis-je, j'ai un ami ; mais ma peine n'a pas d'ami. »

Il me pressa de m'expliquer. « Eh bien, lui dis-je, si je m'explique, de quoi cela vous servira-t-il, puisque vous n'y pouvez rien, ni moi non plus ? Est-ce le fond de mon cœur que vous me demandez, ou est-ce seulement la première parole venue, et une excuse?

— Soyez franc, me dit-il.

— Eh bien, répliquai-je, eh bien, Desgenais, vous m'avez donné des conseils en temps et lieu, et je vous prie de m'écouter comme je vous ai écouté alors. Vous me demandez ce que j'ai dans le cœur, je vais vous le dire.

« Prenez le premier homme venu, et dites-lui : « Voilà des gens qui
« passent leur vie à boire, à monter à cheval, à rire, à jouer, à user de
« tous les plaisirs; aucune entrave ne les retient, ils ont pour loi ce qui
« leur plaît, des femmes tant qu'ils en veulent; ils sont riches. D'autre souci,
« pas un; tous les jours sont fêtes pour eux. » Qu'en pensez-vous ? A moins que cet homme ne soit un dévot sévère, il vous répondra que c'est de la faiblesse humaine, s'il ne vous répond pas simplement que c'est le plus grand bonheur qui puisse s'imaginer.

« Conduisez donc cet homme à l'action ; mettez-le à table, une femme à ses côtés, un verre à la main, une poignée d'or tous les matins, et puis dites-lui : « Voilà ta vie. Pendant que tu t'endormiras près de ta maîtresse,
« tes chevaux piafferont dans l'écurie; pendant que tu feras caracoler ton
« cheval sur le sable des promenades, le vin mûrira dans tes caves, pen-

« dant que tu passeras la nuit à boire, les banquiers augmenteront ta
« richesse. Tu n'as qu'à souhaiter, et tes désirs sont des réalités. Tu es le
« plus heureux des hommes; mais prends garde que tu boiras un soir outre
« mesure et que tu ne retrouveras plus ton corps prêt à jouir. Ce sera un
« grand malheur, car toutes les douleurs se consolent, hormis celle-là. Tu
« galoperas une belle nuit dans la forêt avec de joyeux compagnons; ton
« cheval fera un faux pas, tu tomberas dans un fossé plein de bourbe, et tu
« risqueras que tes compagnons pris de vin, au milieu de leurs fanfares
« joyeuses, n'entendent pas tes cris d'angoisse; prends garde qu'ils ne
« passent sans t'apercevoir, et que le bruit de leur joie ne s'enfonce dans la
« forêt, tandis que tu te traîneras dans les ténèbres sur tes membres rom-
« pus. Tu perdras au jeu quelque soir; la fortune a ses mauvais jours.
« Quand tu rentreras chez toi et que tu t'assiéras au coin de ton feu, prends
« garde de te frapper le front, de laisser le chagrin mouiller tes paupières,
« et de jeter les yeux çà et là avec amertume, comme quand on cherche
« un ami; prends garde surtout de penser tout à coup, dans ta solitude, à
« ceux qui ont par là, sous quelque toit de chaume, un ménage tranquille,
« et qui s'endorment en se tenant la main; car en face de toi, sur ton lit
« splendide, sera assise pour toute confidente, la pâle créature qui est l'a-
« mante de tes écus. Tu te pencheras sur elle pour soulager ta poitrine
« oppressée, et elle fera cette réflexion que tu es bien triste, et que la perte
« doit être considérable; les larmes de tes yeux lui causeront un grand
« souci, car elles sont capables de laisser vieillir la robe qu'elle porte et de
« faire tomber les bagues de ses doigts. Ne lui nomme pas celui qui t'a
« gagné ce soir; il se pourrait qu'elle le rencontrât demain, et qu'elle fît les
« yeux doux à ta ruine. Voilà ce que c'est que la faiblesse humaine : es-tu
« de force à avoir celle-là? Es-tu un homme? prends garde au dégoût; c'est
« encore un mal incurable : un mort vaut mieux qu'un vivant dégoûté de
« vivre. As-tu un cœur? prends garde à l'amour; c'est pis qu'un mal pour
« un débauché, c'est un ridicule : les débauchés payent leurs maîtresses, et
« la femme qui se vend n'a droit de mépris que sur un seul homme au
« monde : celui qui l'aime. As-tu des passions? prends garde à ton visage;
« c'est une honte pour un soldat de jeter son armure, et pour un débauché
« de paraître tenir à quoi que ce soit; sa gloire consiste à ne toucher à

« rien qu'avec des mains de marbre frottées d'huile, sur lesquelles tout doit
« glisser. As-tu une tête chaude? si tu veux vivre, apprends à tuer : le vin
« est parfois querelleur. As-tu une conscience? prends garde à ton som-
« meil; un débauché qui se repent trop tard est comme un vaisseau qui
« prend l'eau : il ne peut ni revenir à terre ni continuer sa route; les vents
« ont beau le pousser, l'Océan l'attire, il tourne sur lui-même et disparaît.
« Si tu as un corps, prends garde à la souffrance; si tu as une âme, prends
« garde au désespoir. O malheureux ! prends garde aux hommes; tant que
« tu marcheras sur la route où tu es, il te semblera voir une plaine im-
« mense où se déploie en guirlandes fleuries une farandole de danseurs qui
« se tiennent comme les anneaux d'une chaîne; mais ce n'est là qu'un mi-
« rage léger; ceux qui regardent à leurs pieds savent qu'ils voltigent sur
« un fil de soie tendu sur un abîme, et que l'abîme engloutit bien des chutes
« silencieuses sans une ride à sa surface. Que le pied ne te manque pas! La
« nature elle-même sent reculer autour de toi ses entrailles divines; les
« arbres et les roseaux ne te reconnaissent plus; tu as faussé les lois de ta
« mère, tu n'es plus le frère des nourrissons, et les oiseaux des champs se
« taisent en te voyant. Tu es seul! Prends garde à Dieu! tu es seul en face
« de lui, debout, comme une froide statue, sur le piédestal de ta volonté. La
« pluie du ciel ne te rafraîchit plus, elle te mine, elle te travaille. Le vent
« qui passe ne te donne plus le baiser de vie, communion sacrée de tout ce
« qui respire; il t'ébranle, il te fait chanceler. Chaque femme que tu em-
« brasses prend une étincelle de ta force sans t'en rendre une de la sienne;
« tu t'épuises sur des fantômes; où tombe une goutte de ta sueur pousse une
« des plantes sinistres qui croissent aux cimetières. Meurs! tu es l'ennemi
« de tout ce qui aime; affaisse-toi sur ta solitude, n'attends pas la vieillesse; ne
« laisse pas d'enfant sur la terre, ne féconde pas un sang corrompu; efface-toi
« comme la fumée, ne prive pas le grain de blé qui pousse d'un rayon de soleil! »

En achevant ces mots, je tombai sur un fauteuil, et un ruisseau de larmes coula de mes yeux. « Ah! Desgenais, m'écriai-je en sanglotant, ce n'est pas là ce que vous m'avez dit. Ne le saviez-vous donc pas ? et, si vous le saviez, que ne le disiez-vous? »

Mais Desgenais avait lui même les mains jointes; il était pâle comme un linceul, et une longue larme lui coulait sur la joue.

Il y eut entre nous un moment de silence. L'horloge sonna; je pensai tout à coup qu'il y avait juste un an qu'à pareil jour, à pareille heure, j'avais découvert que ma maîtresse me trompait.

« Entendez-vous cette horloge? m'écriai-je, l'entendez-vous? Je ne sais ce qu'elle sonne à présent; mais c'est une heure terrible et qui comptera dans ma vie. »

Je parlais ainsi dans un transport et sans pouvoir démêler ce qui se passait en moi. Mais presque au même instant un domestique entra précipitamment dans la chambre; il me prit la main, m'emmena à l'écart, et me dit tout bas : « Monsieur, je viens vous avertir que votre père se meurt; il vient d'être pris d'une attaque d'apoplexie, et les médecins désespèrent de lui. »

# TROISIÈME PARTIE

## CHAPITRE PREMIER

Mon père demeurait à la campagne, à quelque distance de Paris. Lorsque j'arrivai, je trouvai le médecin sur la porte, qui me dit : « Vous venez trop tard ; votre père aurait voulu vous voir une dernière fois. »

J'entrai et vis mon père mort. « Monsieur, dis-je au médecin, faites, je vous prie, que tout le monde se retire et qu'on me laisse seul ici ; mon père avait quelque chose à me dire, et il me le dira. » Sur mon ordre, les domestiques s'en allèrent ; je m'approchai alors du lit, et soulevai doucement le linceul qui couvrait déjà le visage. Mais, dès que j'y eus jeté les yeux, je me précipitai pour l'embrasser et perdis connaissance.

Quand je revins à moi, j'entendis qu'on disait : « S'il le demande, refusez-le, sur quelque prétexte que ce soit. » Je compris qu'on voulait m'éloigner du lit de mort, et feignis de n'avoir rien entendu. Comme on me vit tranquille, on me laissa. J'attendis que tout le monde fût couché dans la maison, et, prenant un flambeau, je me rendis dans la chambre de mon père. J'y trouvai un jeune ecclésiastique, seul, assis près du lit. « Monsieur, lui dis-je, disputer à un orphelin la dernière veillée à côté de son père, c'est une entreprise hardie ; j'ignore ce qu'on a pu vous en dire. Restez dans la chambre voisine ; s'il y a quelque mal, je le prends sur moi. »

Il se retira. Un seul flambeau posé sur une table éclairait le lit ; je m'assis à la place de l'ecclésiastique, et découvris encore une fois ces traits que je ne devais jamais revoir « Que vouliez-vous me dire, mon père? lui demandai-je; quelle a été votre dernière pensée en cherchant des yeux votre enfant? »

Mon père écrivait un journal où il avait l'habitude de consigner tout ce qu'il faisait jour par jour. Ce journal était sur la table, et je vis qu'il était ouvert; je m'en approchai et m'agenouillai; sur la page ouverte étaient ces deux seuls mots : « Adieu, mon fils, je t'aime et je meurs. »

Je ne versai pas une larme, pas un sanglot ne sortit de mes lèvres; ma gorge se serra, et ma bouche était comme scellée; je regardai mon père sans bouger.

Il connaissait ma vie, et mes désordres lui avaient donné plus d'une fois des motifs de plainte ou de réprimande. Je ne le voyais guère qu'il ne me parlât de mon avenir, de ma jeunesse et de mes folies. Ses conseils m'avaient souvent arraché à ma mauvaise destinée, et ils étaient d'une grande force, car sa vie avait été, d'un bout à l'autre, un modèle de vertu, de calme et de bonté. Je m'attendais qu'avant de mourir il avait souhaité de me voir pour tenter une fois encore de me détourner de la voie où j'étais engagé; mais la mort était venue trop vite; il avait tout à coup senti qu'il n'avait plus qu'un mot à dire, et il avait dit qu'il m'aimait.

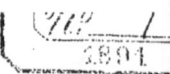

LA CONFESSION D'UN ENFANT DU SIÈCLE.       Page 114

Bibl. Charpentier.                          LIV. 284.

## CHAPITRE II

Une petite grille de bois entourait la tombe de mon père. Selon sa volonté expresse, manifestée depuis longtemps, il avait été enterré dans le cimetière du village. Tous les jours j'y allais, et je passais une partie de la journée sur un petit banc placé dans l'intérieur du tombeau. Le reste du temps je vivais seul, dans la maison même où il était mort, et je n'avais avec moi qu'un seul domestique.

Quelque douleur que puissent causer les passions, il ne faut pas comparer les chagrins de la vie avec ceux de la mort. La première chose que j'avais sentie en m'asseyant auprès du lit de mon père, c'est que j'étais un enfant sans raison, qui ne savait rien et ne connaissait rien; je puis dire même que mon cœur ressentit de sa mort une douleur physique, et je me courbais quelquefois en tordant mes mains comme un apprenti qui s'éveille.

Pendant les premiers mois que je demeurai à cette campagne, il ne me vint à l'esprit de songer ni au passé ni à l'avenir. Il ne me semblait pas que ce fût moi qui eusse vécu jusqu'alors; ce que j'éprouvais n'était pas du désespoir et ne ressemblait en rien à ces douleurs furieuses que j'avais ressenties; ce n'était que de la langueur dans toutes mes actions, comme une fatigue et une indifférence de tout, mais avec une amertume poignante qui me rongeait intérieurement. Je tenais toute la journée un livre à la main, mais je ne lisais guère, ou pour mieux dire, pas du tout, et je ne sais à quoi je rêvais. Je n'avais point de pensées; tout en moi était silence; j'avais reçu un coup si violent et en même temps si prolongé, que j'en étais resté comme un être purement passif, et rien en moi ne réagissait!

Mon domestique, qui se nommait Larive, avait été très attaché à mon père; c'était peut-être, après mon père lui-même, le meilleur homme que j'aie jamais connu. Il était de la même taille et portait ses habits, que mon père lui donnait, n'ayant point de livrée. Il avait à peu près le même âge, c'est-à-dire que ses cheveux grisonnaient, et, depuis vingt ans qu'il n'avait pas quitté mon père, il en avait pris quelque chose de ses manières. Tandis que je me promenais dans la chambre après dîner, allant et venant de long en large, je l'entendais qui en faisait autant que moi dans l'antichambre; quoique la porte fût ouverte, il n'entrait jamais, et nous ne nous disions pas un mot; mais de temps en temps nous nous regardions pleurer. Les soirées se passaient ainsi, et le soleil était couché depuis longtemps lorsque je pensais à demander de la lumière, ou lui à m'en apporter.

Tout était resté dans la maison dans le même ordre qu'auparavant, et nous n'y avions pas dérangé un morceau de papier. Le grand fauteuil de cuir dans lequel s'asseyait mon père était auprès de la cheminée; sa table, ses livres, placés de même; je respectais jusqu'à la poussière de ses meubles, qu'il n'aimait pas qu'on lui dérangeât pour les nettoyer. Cette maison solitaire, habituée au silence et à la vie la plus tranquille, ne s'était aperçue de rien; il me semblait seulement que les murailles me regardaient quelquefois avec pitié, quand je m'enveloppais de la robe de chambre de mon père et que je m'asseyais dans son fauteuil. Une voix faible semblait s'élever et dire : « Où est allé le père? nous voyons bien que c'est l'orphelin. »

Je reçus de Paris plusieurs lettres, et je fis à toutes la réponse que je voulais passer l'été seul à la campagne, comme mon père avait coutume de faire. Je commençais à sentir cette vérité que dans tous les maux il y a toujours quelque bien, et qu'une grande douleur, quoi qu'on en dise, est un grand repos. Quelle que soit la nouvelle qu'ils apportent, lorsque les envoyés de Dieu nous frappent sur l'épaule, ils font toujours cette bonne œuvre de nous réveiller de la vie, et où ils parlent tout se tait. Les douleurs passagères blasphèment et accusent le ciel; les grandes douleurs n'accusent ni ne blasphèment, elles écoutent.

Le matin je passais des heures entières en contemplation devant la nature. Mes croisées donnaient sur une vallée profonde, et au milieu s'élevait le clocher du village; tout était pauvre et tranquille. L'aspect du printemps, des fleurs et des feuilles naissantes, ne produisait pas sur moi cet effet sinistre dont parlent les poètes, qui trouvent dans les contrastes de la vie une raillerie de la mort. Je crois que cette idée frivole, si elle n'est pas une simple antithèse faite à plaisir, n'appartient encore en réalité qu'aux cœurs qui sentent à demi. Le joueur qui sort au point du jour, les yeux ardents et les mains vides, peut se sentir en guerre avec la nature, comme le flambeau d'une veillée hideuse ; mais que peuvent dire les feuilles qui poussent à l'enfant qui pleure son père? Les larmes de ses yeux sont sœurs de la rosée ; les feuilles des saules sont elles-mêmes des larmes. C'est en regardant le ciel, les bois et les prairies, que je compris ce que sont les hommes qui s'imaginent de se consoler.

Larive n'avait pas plus d'envie de me consoler que de se consoler lui-même. Au moment de la mort de mon père, il avait eu peur que je ne vendisse la maison et que je ne l'emmenasse à Paris. Je ne sais s'il était instruit de ma vie passée ; mais il m'avait témoigné d'abord de l'inquiétude, et, quand il me vit m'installer, son premier regard m'alla jusqu'au cœur. C'était un jour que j'avais fait apporter de Paris un grand portrait de mon père ; je l'avais fait mettre dans la salle à manger. Lorsque Larive entra pour servir, il le vit; il demeura irrésolu, regardant tantôt le portrait, tantôt moi; il y avait dans ses yeux une joie si triste que je ne pus y résister. Il semblait me dire : « Quel bonheur! nous allons donc souffrir tranquilles ! » Je lui tendis la main, qu'il couvrit de baisers en sanglotant.

Il soignait, pour ainsi dire, ma douleur, comme la maîtresse de la sienne. Quand j'allais le matin au tombeau de mon père, je l'y trouvais arrosant les fleurs ; dès qu'il me voyait, il s'éloignait et rentrait au logis. Il me suivait dans mes promenades; comme j'étais à cheval et lui à pied, je ne voulais jamais de lui ; mais, dès que j'avais fait cent pas dans la vallée, je l'apercevais derrière moi, son bâton à la main et s'essuyant le front. Je lui achetai un petit cheval qui appartenait à un paysan des environs, et nous nous mîmes ainsi à parcourir les bois.

Il y avait dans le village quelques personnes de connaissance qui venaient souvent à la maison. Ma porte leur était fermée, quoique j'en eusse du regret ; mais je ne pouvais voir personne sans impatience. Renfermé dans ma solitude, je pensai, au bout de quelque temps, à visiter les papiers de mon père. Larive me les apporta avec un pieux respect; et, détachant les liasses d'une main tremblante, il les étala devant moi.

Aux premières pages que je lus, je sentis au cœur cette fraîcheur qui vivifie l'air autour d'un lac tranquille ; la douce sérénité de l'âme de mon père s'exhalait comme un parfum des feuilles poudreuses à mesure que je les déployais. Le journal de sa vie reparut devant moi; je pouvais compter, jour par jour, les battements de ce noble cœur. Je commençai à m'ensevelir dans un rêve doux et profond, et, malgré le caractère sérieux et ferme qui dominait partout, je découvrais une grâce ineffable, la fleur paisible de sa bonté. Pendant que je lisais, le souvenir de sa mort se mêlait sans cesse au récit de sa vie; je ne puis dire avec quelle tristesse je suivais ce ruisseau limpide que j'avais vu tomber dans l'Océan.

« O homme juste! m'écriai-je, homme sans peur et sans reproche! quelle candeur dans ton expérience! Ton dévouement pour tes amis, ta tendresse divine pour ma mère, ton admiration pour la nature, ton amour sublime pour Dieu, voilà ta vie; il n'y a pas eu de place dans ton cœur pour autre chose. La neige intacte au sommet des montagnes n'est pas plus pure que ta sainte vieillesse ; tes cheveux blancs lui ressemblaient. O père! ô père! donne-les-moi; ils sont plus jeunes que ma tête blonde. Laisse-moi vivre et mourir comme toi; je veux planter sur la terre où tu dors le rameau vert de ma vie nouvelle; je l'arroserai de mes larmes, et le Dieu des orphelins laissera pousser cette herbe pieuse sur la douleur d'un enfant et le souvenir d'un vieillard. »

Après avoir lu ces papiers chéris, je les classai en ordre. Je pris alors la résolution d'écrire aussi mon journal; j'en fis relier un tout semblable à celui de mon père, et, recherchant soigneusement sur le sien les moindres occupations de sa vie, je pris à tâche de m'y conformer. Ainsi, à chaque instant de la journée, l'horloge qui sonnait me faisait venir les larmes aux yeux: « Voilà, me disais-je, ce que faisait mon père à cette heure ; » et que ce fût une lecture, une promenade ou un repas, je n'y manquais jamais. Je m'habituai de cette manière à une vie calme et régulière; il y avait dans cette exactitude ponctuelle un charme infini pour mon cœur. Je me couchais avec un bien-être que ma tristesse me rendait plus agréable. Mon père s'occupait beaucoup du jardinage; le reste du jour, l'étude, la promenade, une juste répartition entre les exercices du corps et ceux de l'esprit. En même temps j'héritais de ses habitudes de bienfaisance, et continuais à faire pour les malheureux ce qu'il faisait lui-même. Je commençai à rechercher dans mes courses les gens qui avaient besoin de moi; il n'en manquait pas dans la vallée. Bientôt je fus connu des pauvres; le dirai-je? oui, je le dirai hardiment: où le cœur est bon, la douleur est saine. Pour la première fois de ma vie j'étais heureux; Dieu bénissait mes larmes, et la douleur m'apprenait la vertu.

## CHAPITRE III

Comme je me promenais un soir dans une allée de tilleuls, à l'entrée du village, je vis sortir une jeune femme d'une maison écartée. Elle était mise très simplement et voilée, en sorte que je ne pouvais voir son visage ; cependant sa taille et sa démarche me parurent si charmantes, que je la suivis des yeux quelque temps. Comme elle traversait une prairie voisine, un chevreau blanc, qui paissait en liberté dans un champ, accourut à elle ; elle lui fit quelques caresses, et regarda de côté et d'autre, comme pour chercher une herbe favorite à lui donner. Je vis près de moi un mûrier sauvage ; j'en cueillis une branche et m'avançai en la tenant à la main. Le chevreau vint à moi à pas comptés, d'un air craintif ; puis il s'arrêta, n'osant pas prendre la branche dans ma main. Sa maîtresse lui fit signe comme pour l'enhardir, mais il la regardait d'un air inquiet ; elle fit quelques pas jusqu'à moi, posa la main sur la branche, que le chevreau prit aussitôt. Je la saluai, et elle continua sa route.

Rentré chez moi, je demandai à Larive s'il ne savait pas qui demeurait dans le village à l'endroit que je lui indiquai ; c'était une petite maison de modeste apparence, avec un jardin. Il la connaissait ; les deux seules habitantes étaient une femme âgée, passant pour très dévote, et une jeune, qui se nommait madame Pierson. C'était elle que j'avais vue. Je lui demandai qui elle était et si elle venait chez mon père. Il me répondit qu'elle était veuve, menait une vie retirée, et qu'il l'avait vue quelquefois, mais rarement, chez mon père. Il n'en fut pas dit plus long, et, sortant de nouveau là-dessus, je m'en retournai à mes tilleuls, où je m'assis sur un banc.

Je ne sais quelle tristesse me gagna tout à coup en voyant le chevreau revenir à moi. Je me levai, et, comme par distraction, regardant le sentier que madame Pierson avait pris pour s'en aller, je le suivis tout en rêvant, si bien que je m'enfonçai fort avant dans la montagne.

Il était près de onze heures du soir lorsque je pensai à revenir; comme j'avais beaucoup marché, je me dirigeai du côté d'une ferme que j'aperçus, pour demander une tasse de lait et un morceau de pain. En même temps de grosses gouttes de pluie qui commençaient à tomber annonçaient un orage que je voulais laisser passer. Quoiqu'il y eût de la lumière et que j'entendisse aller et venir, on ne me répondit pas quand je frappai, en sorte que je m'approchai d'une fenêtre pour regarder s'il n'y avait là personne.

Je vis un grand feu allumé dans la salle basse; le fermier, que je connaissais, était assis près de son lit; je frappai aux carreaux en l'appelant. Au même instant la porte s'ouvrit, et je fus surpris de voir madame Pierson, que je reconnus aussitôt, et qui me demanda qui était dehors.

Je m'attendais si peu à la trouver là qu'elle s'aperçut de mon étonnement. J'entrai dans la chambre en lui demandant la permission de me mettre à l'abri. Je n'imaginais pas ce qu'elle pouvait faire à une pareille heure dans une ferme presque perdue au milieu de la campagne, lorsqu'une voix plaintive qui sortait du lit me fit tourner la tête, et je vis que la femme du fermier était couchée avec la mort sur le visage.

Madame Pierson, qui m'avait suivi, s'était rassise en face du pauvre homme, qui paraissait accablé de douleur; elle me fit signe de ne pas faire de bruit : la malade dormait. Je pris une chaise et m'assis dans un coin jusqu'à ce que l'orage fût passé.

Pendant que je restais là, je la vis se lever de temps en temps, aller au lit, parler bas au fermier. Un des enfants, que j'attirai sur mes genoux, m'apprit qu'elle venait tous les soirs depuis que sa mère était malade, et qu'elle passait quelquefois la nuit. Elle faisait l'office d'une sœur de charité; il n'y en avait point d'autre qu'elle dans le pays, et un seul médecin fort ignorant. « C'est Brigitte la Rose, me dit-il à voix basse ; est-ce que vous ne la connaissez pas?

LA CONFESSION D'UN ENFANT DU SIÈCLE. Page 122

— Non, lui dis-je de même; pourquoi l'appelle-t-on ainsi? » Il me répondit qu'il n'en savait rien, sinon que c'était peut-être qu'elle avait été rosière, et que le nom lui en était resté.

Cependant madame Pierson n'avait plus son voile; je pouvais voir ses traits à découvert; au moment où l'enfant me quitta, je levai la tête. Elle était près du lit, tenant à la main une tasse et la présentant à la fermière, qui s'était éveillée. Elle me parut pâle et un peu maigre; ses cheveux étaient d'un blond cendré. Elle n'était pas régulièrement belle; qu'en dirai-je? Ses grands yeux noirs étaient fixés sur ceux de la malade, et ce pauvre être, près de mourir la regardait aussi. Il y avait dans ce simple échange de charité et de reconnaissance une beauté qui ne se dit pas.

La pluie redoublait; une profonde obscurité pesait sur les champs déserts, que de violents coups de tonnerre éclairaient par instants. Le bruit de l'orage, le vent qui mugissait, la colère des éléments déchainée sur le toit de chaume, donnaient, par leur constraste avec le silence religieux de la cabane, plus de sainteté encore et comme une grandeur étrange à la scène dont j'étais témoin. Je regardais ce grabat, ces vitres inondées, les bouffées de fumée épaisse renvoyées par la tempête, l'abattement stupide du fermier, la terreur superstitieuse des enfants, toute cette furie au dehors assiégeant une moribonde; et lorsqu'au milieu de tout cela je voyais cette femme douce et pâle allant et venant sur la pointe du pied, ne quittant pas d'une minute son bienfait patient, ne paraissant s'apercevoir de rien, ni de la tempête, ni de notre présence ni de son courage, sinon qu'on avait besoin d'elle, il me semblait qu'il y avait dans cette œuvre tranquille je ne sais quoi de plus serein que le plus beau ciel sans nuages, et que c'était une créature surhumaine que celle qui, environnée de tant d'horreur, ne doutait pas un seul instant de son Dieu.

« Qu'est-ce donc que cette femme? me demandais-je. D'où vient-elle? depuis quand est-elle ici? Depuis longtemps, puisque l'on se souvient de l'avoir vue rosière. Comment n'ai-je point entendu parler d'elle? Elle vient seule dans cette chaumière, à cette heure? Où le danger ne l'appellera plus, elle ira en chercher un autre? Oui, à travers tous ces orages, toutes ces forêts, toutes ces montagnes, elle va et vient, simple et voilée, portant la vie où elle manque, tenant cette petite tasse fragile, caressant sa chèvre en passant. C'est de ce pas silencieux et calme qu'elle marche elle-même à la mort. Voilà ce qu'elle faisait dans cette vallée pendant que je courais les tripots ; elle y est sans doute née, et on l'y ensevelira dans un coin du cimetière, à côté de mon père bien-aimé. Ainsi mourra cette femme obscure, dont personne ne parle et dont les enfants vous demandent : « Est-ce que « vous ne la connaissez pas ? »

Je ne puis rendre ce que j'éprouvais ; j'étais immobile dans un coin, je ne respirais qu'en tremblant, et il me semblait que si j'avais essayé de l'aider, si j'avais étendu la main pour lui épargner un pas, j'aurais commis un sacrilège et touché aux vases sacrés.

L'orage dura près de deux heures. Lorsqu'il fut apaisé, la malade, s'étant mise sur son séant, commença à dire qu'elle se sentait mieux et que ce qu'elle avait pris lui faisait du bien. Les enfants accoururent aussitôt à son lit, regardant leur mère avec de grands yeux moitié inquiets, moitié réjouis, et s'accrochant à la robe de madame Pierson.

« Je le crois bien, dit le mari, qui ne bougea pas de sa place, nous avons fait dire une messe, et il nous en a coûté gros ! »

A cette parole grossière et stupide, je regardai madame Pierson ; ses yeux battus, sa pâleur, l'attitude de son corps, montraient clairement sa fatigue, et que les veilles l'épuisaient. « Ah ! mon pauvre homme, dit la « malade, que Dieu te le rende ! »

Je ne pouvais plus y tenir ; je me levai comme transporté de la sottise de ces brutes, qui rendaient grâce de la charité d'un ange à l'avarice de leur curé ; j'étais prêt à leur reprocher leur plate ingratitude et à les traiter comme ils le méritaient. Madame Pierson souleva dans ses bras un des enfants de la fermière, et lui dit avec un sourire : « Embrasse ta mère, elle est sauvée. » Je m'arrêtai en entendant ces mots ; jamais le naïf contentement d'une âme heureuse et bienveillante ne s'est peint avec tant de franchise sur un si doux visage. Je n'y retrouvai plus tout d'un coup ni sa fatigue ni sa pâleur ; elle rayonnait de toute la pureté de sa joie ; et elle aussi rendait grâce à Dieu. La malade venait de parler, et qu'importait ce qu'elle avait dit ?

Cependant, quelques instants après, madame Pierson dit aux enfants de réveiller le garçon de ferme, afin qu'il la reconduisît. Je m'avançai pour lui offrir mon escorte; je lui dis qu'il était inutile de réveiller le garçon, puisque je revenais par le même chemin, qu'elle me ferait honneur en acceptant. Elle me demanda si je n'étais pas Octave de T***. Je lui répondis que oui, et qu'elle se souvenait peut-être de mon père. Il me parut singulier que cette demande la fît sourire; elle prit mon bras gaiement, et nous partîmes.

## CHAPITRE IV

Nous marchions en silence ; le vent s'apaisait ; les arbres frémissaient doucement en secouant la pluie sur leurs rameaux. Quelques éclairs lointains brillaient encore ; un parfum de verdure humide s'élevait dans l'air attiédi. Le ciel redevint bientôt pur, et la lune éclaira la montagne.

Je ne pouvais m'empêcher de penser à la bizarrerie du hasard, qui, en si peu d'heures, me faisait ainsi me trouver seul, la nuit, dans une campagne déserte, le compagnon de voyage d'une femme dont je ne connaissais pas l'existence au lever du soleil. Elle avait accepté ma conduite sur le nom que je portais, et marchait avec assurance, s'appuyant sur mon bras d'un air distrait. Il me semblait que cette confiance était bien hardie ou bien simple ; et elle devait en effet être l'un et l'autre, car, à chaque pas que nous faisions, je sentais mon cœur devenir fier et innocent.

Nous commençâmes à nous entretenir de la malade qu'elle quittait, de ce que nous voyions sur la route ; il ne nous vint pas à la pensée de nous faire des questions comme de nouvelles connaissances. Elle me parla de mon père, et toujours sur le même ton qu'elle avait pris lorsque je lui en avais d'abord rappelé le souvenir, c'est-à-dire presque gaiement. A mesure que je l'écoutais, je crus comprendre pourquoi, et que non seulement elle parlait ainsi de la mort, mais de la vie, de la souffrance et de tout au monde. C'était que les douleurs humaines ne lui enseignaient rien qui pût accuser Dieu, et je sentis la piété de son sourire.

Je lui contai la vie solitaire que je menais. Sa tante, me dit-elle, voyait mon père plus souvent qu'elle-même, ils jouaient ensemble aux cartes l'après-dînée. Elle m'engagea à aller chez elle, où je serais le bienvenu.

Vers le milieu de la route elle se sentit fatiguée, et s'assit quelques moments sur un banc que des arbres épais avaient protégé contre la pluie. Je restai debout devant elle, et je regardais sur son front les pâles rayons de la lune. Après un instant de silence, elle se leva, et, me voyant distrait :
« A quoi songez-vous ? me dit-elle ; il est temps de nous remettre en marche.

— Je songeais, répondis-je, pourquoi Dieu vous a créée, et je me disais qu'en effet c'était pour guérir ceux qui souffrent.

— Voilà une parole, dit-elle, qui ne peut guère être dans votre bouche autre chose qu'un compliment.

— Pourquoi ?

— Parce que vous me paraissez bien jeune.

— Il arrive quelquefois, lui dis-je, qu'on soit plus vieux que son visage.

— Oui, répondit-elle en riant, et il arrive aussi qu'on soit plus jeune que ses paroles.

— Ne croyez-vous pas à l'expérience ?

— Je sais que c'est le nom que la plupart des hommes donnent à leurs folies et à leurs chagrins ; que peut-on savoir à votre âge ?

— Madame, un homme de vingt ans peut avoir plus vécu qu'une femme de trente. La liberté dont les hommes jouissent les mène bien plus vite au fond de toutes choses ; ils courent sans entraves vers tout ce qui les attire ; ils essayent de tout. Dès qu'ils espèrent, ils se mettent en marche, ils vont, ils s'empressent. Arrivés au but, ils se retournent ; l'espérance est restée en route, et le bonheur a manqué de parole. »

Comme je parlais ainsi, nous étions au sommet d'une petite colline qui descendait dans la vallée ; madame Pierson, comme invitée par la pente rapide, se mit à sauter légèrement. Sans savoir pourquoi, j'en fis autant qu'elle ; nous nous mîmes à courir sans nous quitter le bras ; l'herbe glissante nous entraînait. Enfin, comme deux oiseaux étourdis, en sautant et en riant, nous nous trouvâmes au bas de la montagne.

« Voyez ! dit madame Pierson, j'étais fatiguée tout à l'heure ; maintenant je ne le suis plus. Et voulez-vous m'en croire ? ajouta-t-elle d'un ton charmant, traitez un peu votre expérience comme je traite ma fatigue. Nous avons fait une bonne course, et nous en souperons de meilleur appétit. »

## CHAPITRE V

J'allai la voir le lendemain. Je la trouvai à son piano, la vieille tante brodant à la fenêtre, sa petite chambre remplie de fleurs, le plus beau soleil du monde dans ses jalousies, et une grande volière d'oiseaux à côté d'elle.

Je m'attendais à voir en elle presque une religieuse, du moins une de ces femmes de province qui ne savent rien de ce qui passe à deux lieues à la ronde, et qui vivent dans un certain cercle dont elles ne s'écartent jamais. J'avoue que ces existences à part, qui sont comme enfouies çà et là dans les villes, sous des milliers de toits ignorés, m'ont toujours effrayé comme des citernes dormantes ; l'air ne m'y semble pas viable : dans tout ce qui est oubli sur la terre, il y a un peu de la mort.

Madame Pierson avait sur sa table les feuilles et les livres nouveaux ; il est bien vrai qu'elle n'y touchait guère. Malgré la simplicité de ce qui l'entourait, de ses meubles, de ses habits, on y reconnaissait la mode, c'est-à-dire la nouveauté, la vie ; elle n'y tenait ni ne s'en mêlait, mais tout cela allait sans dire. Ce qui me frappa dans ses goûts, c'est que rien n'y était bizarre, mais seulement jeune et agréable. Sa conversation montrait une éducation achevée ; il n'était rien dont elle ne parlât bien et aisément. En même temps qu'on la voyait naïve, on la sentait profonde et riche ; une intelligence vaste et libre y planait doucement sur un cœur simple et sur les habitudes d'une vie retirée. L'hirondelle de mer, qui tournoie dans l'azur des cieux, plane ainsi du haut de la nue sur le brin d'herbe où elle a fait son nid.

Nous parlâmes littérature, musique, et presque politique. Elle était allée l'hiver à Paris ; de temps en temps elle effleurait le monde ; ce qu'elle en voyait servait de thème, et le reste était deviné.

Mais ce qui la distinguait par-dessus tout, c'était une gaieté qui, sans aller jusqu'à la joie, était inaltérable ; on eût dit qu'elle était née fleur, et que son parfum était la gaieté.

Avec sa pâleur et ses grands yeux noirs, je ne puis dire combien cela frappait, sans compter que, de temps en temps, à certains mots, à certains regards, il était clair de voir qu'elle avait souffert et que la vie avait passé par là. Je ne sais quoi vous disait en elle que la douce sérénité de son front n'était pas venue de ce monde, mais qu'elle l'avait reçue de Dieu et qu'elle la lui rapporterait fidèlement, malgré les hommes, sans en rien perdre ; et il y avait des moments où l'on se rappelait la ménagère qui, lorsque le vent souffle, met la main devant son flambeau.

Dès que j'eus passé une demi-heure dans sa chambre, je ne pus m'empêcher de lui dire tout ce que j'avais dans le cœur. Je pensais à ma vie passée, à mes chagrins, à mes ennuis ; j'allais et venais, me penchant sur les fleurs, respirant l'air, regardant le soleil. Je la priai de chanter, elle le fit de bonne grâce. Pendant ce temps-là, j'étais appuyé à la fenêtre et je regardais sautiller ses oiseaux. Il me vint en tête un mot de Montaigne : « Je n'aime ni n'estime la tristesse, quoique le monde ait entrepris, comme à prix fait, de l'honorer de faveur particulière. Ils en habillent la sagesse, la vertu, la science. Sot et vilain ornement. »

« Quel bonheur ! m'écriai-je malgré moi, quel repos ! quelle joie ! quel oubli ! »

La bonne tante leva la tête et me regarda d'un air étonné ; madame Pierson s'arrêta court. Je devins rouge comme le feu, sentant ma folie, et j'allai m'asseoir sans rien dire.

Nous descendîmes au jardin. Le chevreau blanc que j'avais vu la veille y était couché sur l'herbe ; il vint à elle dès qu'il l'aperçut, et nous suivit familièrement.

Au premier tour d'allée, un grand jeune homme à figure pâle, enveloppé d'une espèce de soutane noire, parut tout à coup à la grille. Il entra sans sonner, et vint saluer madame Pierson ; il me sembla que sa physionomie, que

LA CONFESSION D'UN ENFANT DU SIÈCLE. Page 135

je trouvai déjà de mauvais augure, s'assombrit quelque peu en me voyant. C'était un prêtre que j'avais vu dans le village, et qui se nommait Mercanson ; il sortait de Saint-Sulpice, et le curé de l'endroit était son parent.

Il était à la fois gros et blême, chose qui m'a toujours déplu, et qui en effet est déplaisante : c'est un contre-sens qu'une santé maladive. En outre, il avait une manière de parler lente et saccadée qui annonçait un pédant. Sa démarche même, qui n'était ni jeune ni franche, me choquait ; quant au regard, on pouvait dire qu'il n'en avait pas. Je ne sais que penser d'un homme dont les yeux ne me disent rien. Voilà les signes sur lesquels j'avais jugé Mercanson, et qui malheureusement ne me trompèrent pas.

Il s'assit sur un banc et commença à parler de Paris, qu'il appelait la Babylone moderne. Il en venait, connaissait tout le monde ; il allait chez madame de B***, qui était un ange ; il faisait des sermons dans son salon, on les écoutait à genoux. (Le pire de la chose est que c'était vrai.) Un de ses amis, qu'il y avait mené, venait d'être chassé du collège pour avoir séduit une fille, ce qui était bien affreux, bien triste. Il fit mille compliments à madame Pierson sur les habitudes charitables qu'elle avait contractées dans le pays ; il avait appris ses bienfaits, les soins qu'elle prenait des malades, jusqu'à veiller sur eux en personne. C'était bien beau, bien pur ; il ne manquerait pas d'en parler à Saint-Sulpice. Ne semblait-il pas dire qu'il ne manquerait pas d'en parler à Dieu ?

Fatigué de cette harangue, pour n'en pas hausser les épaules, je m'étais couché sur le gazon, et je jouais avec le chevreau. Mercanson abaissa sur moi son œil terne et sans vie : « Le célèbre Vergniaud, dit-il, avait cette manie de s'asseoir à terre et de jouer avec les animaux.

— C'est une manie, répondis-je, bien innocente, monsieur l'abbé. Si l'on n'en avait que de pareilles, le monde pourrait aller tout seul, sans tant de gens qui veulent s'en mêler. »

Ma réponse ne lui plut pas ; il fronça le sourcil et parla d'autre chose. Il était chargé d'une commission : son parent, le curé du village, lui avait parlé d'un pauvre diable qui n'avait pas de quoi gagner son pain. Il demeurait à tel endroit ; il y avait été lui-même, il s'y était intéressé ; il espérait que madame Pierson...

Je la regardais pendant ce temps-là, et j'attendais qu'elle répondît, comme si le son de sa voix eût dû me guérir de celle de ce prêtre. Elle ne fit qu'un profond salut, et il se retira.

Quand il fut parti, notre gaieté revint. Il s'agissait d'aller à une serre qui était au fond du jardin.

Madame Pierson traitait ses fleurs comme ses oiseaux et ses paysans ; il fallait que tout se portât bien autour d'elle, que chacun eût sa goutte d'eau et son rayon de soleil, pour qu'elle pût être elle-même gaie et heureuse comme un bon ange ; aussi rien n'était mieux tenu ni plus charmant que sa petite serre. Lorsque nous en eûmes fait le tour : « Monsieur de T***, me dit-elle, voilà mon petit monde ; vous avez vu tout ce que je possède, et mon domaine finit là.

— Madame, lui dis-je, que le nom de mon père, qui m'a valu la faveur d'entrer ici, me permette d'y revenir, et je croirai que le bonheur ne m'a pas tout à fait oublié. »

Elle me tendit la main, et je la touchai avec respect, n'osant pas la porter à mes lèvres.

Le soir venu, je rentrai chez moi, fermai ma porte et me mis au lit. J'avais devant les yeux une petite maison blanche ; je me voyais sortant après dîner, traversant le village et la promenade, et allant frapper à la grille. « O mon pauvre cœur ! m'écriai-je, Dieu soit loué ! tu es jeune encore, tu peux vivre, tu peux aimer ! »

## CHAPITRE VI

J'étais un soir chez madame Pierson. Plus de trois mois s'étaient passés, durant lesquels je l'avais vue presque tous les jours; et de ce temps que vous en dirai-je, sinon que je la voyais? « Être avec les gens qu'on aime, dit la Bruyère, cela suffit; rêver, leur parler, ne leur parler point, penser à eux, penser à des choses plus indifférentes, mais auprès d'eux, tout est égal. »

J'aimais. Depuis trois mois nous avions fait ensemble de longues promenades; j'étais initié dans les mystères de sa charité modeste; nous traversions les sombres allées, elle sur un petit cheval, moi à pied, une baguette à la main; ainsi, moitié contant, moitié rêvant, nous allions frapper aux chaumières. Il y avait un petit banc à l'entrée du bois où j'allais l'attendre après dîner; nous nous trouvions de cette sorte comme par hasard et régulièrement. Le matin, la musique, la lecture; le soir, avec la tante, la partie de cartes au coin du feu, comme autrefois mon père; et toujours, en tout lieu, elle près de là, elle souriant, et sa présence remplissant mon cœur. Par quel chemin, ô Providence! m'avez-vous conduit au malheur? quelle destinée irrévocable étais-je donc chargé d'accomplir? Quoi! une vie si libre, une intimité si charmante, tant de repos, l'espérance naissante!... O Dieu! de quoi se plaignent les hommes? qu'y a-t-il de plus doux que d'aimer?

Vivre, oui, sentir fortement, profondément, qu'on existe, qu'on est homme, créé par Dieu, voilà le premier, le plus grand bienfait de l'amour. Il n'en faut pas douter, l'amour est un mystère inexplicable. De quelques chaînes, de quelques misères, et je dirai même de quelques dégoûts que le monde l'ait entouré, tout enseveli qu'il y est sous une montagne de préjugés qui le dénaturent et le dépravent, à travers toutes les ordures dans lesquelles on le traîne, l'amour, le vivace et fatal amour, n'est pas moins une loi céleste aussi puissante et aussi incompréhensible que celle qui suspend le soleil dans les cieux. Qu'est-ce que c'est, je vous le demande, qu'un lien plus dur, plus solide que le fer, et qu'on ne peut ni voir ni toucher? Qu'est-ce que c'est que de rencontrer une femme, de la regarder, de lui dire un mot et de ne plus jamais l'oublier? Pourquoi celle-là plutôt qu'une autre? Invoquez la raison, l'habitude, les sens, la tête, le cœur, et expliquez, si vous pouvez. Vous ne trouverez que deux corps, un là, l'autre ici, et entre eux quoi? l'air, l'espace, l'immensité. O insensés qui vous croyez des hommes et qui osez raisonner de l'amour! l'avez-vous pour en parler? Non, vous l'avez senti. Vous avez échangé un regard avec un être inconnu qui passait, et tout à coup il s'est envolé de vous je ne sais quoi qui n'a pas de nom. Vous avez pris racine en terre, comme le grain caché dans l'herbe qui sent que la vie le soulève, et qu'il va devenir une moisson.

Nous étions seuls, la croisée ouverte, il y avait au fond du jardin une petite fontaine dont le bruit arrivait jusqu'à nous. O Dieu! je voudrais compter goutte par goutte toute l'eau qui en est tombée tandis que nous étions assis, qu'elle parlait et que je lui répondais. C'est là que je m'enivrai d'elle jusqu'à en perdre la raison.

On dit qu'il n'y a rien de si rapide qu'un sentiment d'antipathie; mais je crois qu'on devine plus vite encore qu'on se comprend et qu'on va s'aimer. De quel prix sont alors les moindres mots! Qu'importe de quoi parlent les lèvres, lorsqu'on écoute les cœurs se répondre? Quelle douceur infinie dans les premiers regards près d'une femme qui vous attire! D'abord il semble que tout ce qu'on dit en présence l'un de l'autre soit comme des essais timides, comme de légères épreuves; bientôt naît une joie étrange : on sent qu'on a frappé un écho; on s'anime d'une double vie. Quel toucher! quelle approche! Et, quand on est sûr de s'aimer, quand on a reconnu dans l'être chéri la fraternité qu'on y cherchait, quelle sérénité dans l'âme! La parole expire d'elle-même; on sait d'avance ce qu'on va se dire; les âmes s'étendent, les lèvres se taisent. Oh! quel silence! quel oubli de tout!

Quoique mon amour, qui avait commencé dès le premier jour, eût augmenté jusqu'à l'excès, le respect que j'avais pour madame Pierson m'avait pourtant fermé la bouche. Si elle m'eût admis moins facilement dans son intimité, j'eusse peut-être été plus hardi, car elle avait produit sur moi une impression si violente, que je ne la quittais jamais sans des transports d'amour. Mais il y avait, dans sa franchise même et dans la confiance qu'elle me témoignait, quelque chose qui m'arrêtait; en outre, c'était sur le nom de mon père qu'elle m'avait traité en ami. Cette considération me rendait encore plus respectueux auprès d'elle ; je tenais à me montrer digne de ce nom.

« Parler d'amour, dit-on, c'est faire l'amour. » Nous en parlions rarement. Toutes les fois qu'il m'arrivait de toucher ce sujet en passant, madame Pierson répondait à peine et parlait d'autre chose. Je ne démêlais pas par quel motif, car ce n'était pas pruderie; mais il me semblait quelquefois que son visage prenait dans ces occasions une légère teinte de sévérité et même de souffrance. Comme je ne lui avais jamais fait de question sur sa vie passée, et que je ne voulais point lui en faire, je ne lui en demandais pas plus long.

Le dimanche, on dansait au village; elle y allait presque toujours. Ces jours-là, sa toilette, quoique toujours simple, était plus élégante; c'était une fleur dans les cheveux, un ruban plus gai, la moindre bagatelle; mais il y avait dans toute sa personne un air plus jeune, plus dégagé. La danse, qu'elle aimait beaucoup par elle-même, et franchement, comme un exercice amusant, lui inspirait une gaieté folâtre; elle avait sa place sous le petit orchestre de l'endroit; elle y arrivait en sautant, riant avec les filles de campagne, qui la connaissaient presque toutes. Une fois lancée, elle ne s'arrêtait plus. Alors il me semblait qu'elle me parlait avec plus de liberté qu'à l'ordinaire; il y avait en outre une familiarité inusitée. Je ne dansais pas, étant encore en deuil ; mais je restais derrière elle, et, la voyant si bien disposée, j'avais éprouvé plus d'une fois la tentation de lui avouer que je l'aimais.

Mais je ne sais pourquoi, dès que j'y pensais, je me sentais une peur invincible; cette seule idée d'un aveu me rendait tout à coup sérieux au milieu des entretiens les plus gais. J'avais pensé quelquefois à lui écrire, mais je brûlais mes lettres dès qu'elles étaient à moitié.

Ce soir-là j'avais dîné chez elle, je regardais toute cette tranquillité de son intérieur ; je pensais à la vie calme que je menais, à mon bonheur depuis que je la connaissais, et je me disais : « Pourquoi davantage ? cela ne te suffit-il pas ? Qui sait ? Dieu n'en a peut-être pas fait plus pour toi. Si je lui disais que je l'aime, qu'en arriverait-il ? elle me défendrait peut-être de la voir. La rendrai-je, en le lui disant, plus heureuse qu'elle ne l'est aujourd'hui ? en serai-je plus heureux moi-même ? »

J'étais appuyé sur le piano, et, comme je faisais ces réflexions, la tristesse s'empara de moi. Le jour baissait, elle alluma une bougie ; en revenant s'asseoir, elle vit qu'une larme s'était échappée de mes yeux. « Qu'avez-vous ? » dit-elle. Je détournai la tête.

Je cherchais une excuse et n'en trouvais point ; je craignais de rencontrer ses regards. Je me levai et fus à la croisée. L'air était doux, la lune se levait derrière l'allée de tilleuls, celle où je l'avais vue pour la première fois. Je tombai dans une rêverie profonde, j'oubliai sa présence même, et, étendant les bras vers le ciel, un sanglot sortit de mon cœur.

Elle s'était levée, et elle était derrière moi. « Qu'est-ce donc ? » demanda-t-elle encore. Je lui répondis que la mort de mon père s'était représentée à ma pensée à la vue de cette vaste vallée solitaire ; je pris congé d'elle et sortis.

Pourquoi j'étais déterminé à taire mon amour, je ne pouvais m'en rendre compte. Cependant, au lieu de rentrer chez moi, je commençai à errer comme un fou dans le village et dans le bois. Je m'asseyais où je trouvais un banc, puis je me levais précipitamment. Vers minuit je m'approchai de la maison de madame Pierson ; elle était à la fenêtre. En la voyant, je me sentis trembler ; je voulus retourner sur mes pas ; j'étais comme fasciné ; je vins lentement et tristement m'asseoir au-dessous d'elle.

Je ne sais si elle me reconnut ; il y avait quelques instants que j'étais là, lorsque je l'entendis, de sa voix douce et fraîche, chanter le refrain d'une romance, et presque aussitôt une fleur me tomba sur l'épaule. C'était une rose que, le soir même, j'avais vue sur son sein ; je la ramassai et la portai à mes lèvres.

« Qui est là, dit-elle, à cette heure ? est-ce vous ? » Elle m'appela par mon nom.

La grille du jardin était entr'ouverte ; je me levai sans répondre et j'y entrai. Je m'arrêtai au milieu de la pelouse ; je marchais comme un somnambule et sans savoir ce que je faisais.

Tout à coup je la vis paraître à la porte de l'escalier ; elle paraissait incertaine et regardait attentivement aux rayons de la lune. Elle fit quelques pas vers moi, je m'avançai. Je ne pouvais parler ; je tombai à genoux devant elle et saisis sa main.

« Écoutez-moi, dit-elle, je le sais : mais, si c'est à ce point, Octave, il faut partir. Vous venez ici tous les jours, n'êtes-vous pas le bienvenu ? n'est-ce pas assez ? Que puis-je pour vous ? mon amitié vous est acquise ; j'aurais voulu que vous eussiez eu la force de me garder la vôtre plus longtemps. »

La Confession d'un enfant du siècle.

Page 140

## CHAPITRE VII

Madame Pierson, après avoir parlé ainsi, garda le silence, comme attendant une réponse. Comme je restais accablé de tristesse, elle retira doucement sa main, recula quelques pas, s'arrêta encore, puis rentra lentement chez elle.

Je demeurai sur le gazon. Je m'attendais à ce qu'elle m'avait dit; ma résolution fut prise aussitôt, et je me décidai à partir. Je me relevai le cœur navré, mais ferme, et je fis le tour du jardin. Je regardai la maison, la fenêtre de sa chambre ; je tirai la grille en sortant, et, après l'avoir fermée, je posai mes lèvres sur la serrure.

Rentré chez moi, je dis à Larive de préparer ce qu'il fallait, et que je comptais partir dès qu'il ferait jour. Le pauvre garçon en fut étonné, mais je lui fis signe d'obéir et de ne pas questionner. Il apporta une grande malle, et nous commençâmes à tout disposer.

Il était cinq heures du matin, et le jour commençait à paraître, lorsque je me demandai où j'irais. A cette pensée si simple, qui ne m'était pas encore venue, je me sentis un découragement irrésistible. Je jetai les yeux sur la campagne, regardant çà et là l'horizon. Une grande faiblesse s'empara de moi; j'étais épuisé de fatigue. Je m'assis dans un fauteuil ; peu à peu mes idées se troublèrent; je portai la main à mon front, il était baigné de sueur. Une fièvre violente faisait trembler tous mes membres ; je n'eus que la force de me traîner à mon lit avec l'aide de Larive. Toutes mes pensées étaient si confuses, que j'avais à peine le souvenir de ce qui s'était passé.

La journée s'écoula ; vers le soir j'entendis un bruit d'instruments. C'était le bal du dimanche, et je dis à Larive d'y aller et de voir si madame Pierson y était. Il ne l'y trouva point ; je l'envoyai chez elle. Les fenêtres étaient fermées ; la servante lui dit que sa maîtresse était partie avec sa tante, et qu'elles devaient passer quelques jours chez un parent qui demeurait à N***, petite ville assez éloignée. En même temps il m'apporta une lettre qu'on lui avait remise. Elle était conçue en ces termes :

« Il y a trois mois que je vous vois, et un mois que je me suis aperçue que vous preniez pour moi ce qu'à votre âge on appelle de l'amour. J'avais cru remarquer en vous la résolution de me le cacher et de vous vaincre. J'avais de l'estime pour vous, cela m'en a donné davantage. Je n'ai aucun reproche à vous faire sur ce qui s'est passé, ni de ce que la volonté vous a manqué.

« Ce que vous croyez de l'amour n'est que du désir. Je sais bien que des femmes cherchent à l'inspirer ; il pourrait y avoir un orgueil mieux placé en elles, de faire en sorte qu'elles n'en aient pas besoin pour plaire à ceux qui les approchent ; mais cette vanité même est dangereuse, puisque j'ai eu tort de l'avoir avec vous.

« Je suis plus vieille que vous de quelques années, et je vous demande de ne plus me revoir. Ce serait en vain que vous tenteriez d'oublier un moment de faiblesse ; ce qui s'est passé entre nous ne peut ni être une seconde fois ni s'oublier tout à fait.

« Je ne vous quitte pas sans tristesse ; je fais une absence de quelques jours ; si, en revenant, je ne vous trouve plus au pays, je serai sensible à cette dernière marque de l'amitié et de l'estime que vous m'avez témoignées.

« Brigitte Pierson. »

## CHAPITRE VIII

La fièvre me retint une semaine au lit. Dès que je fus en état d'écrire, je répondis à madame Pierson qu'elle serait obéie et que j'allais partir. Je 'écrivis de bonne foi et sans aucun dessein de la tromper ; mais je fus bien loin de tenir ma promesse. A peine avais-je fait deux lieues que je criai d'arrêter et descendis de voiture. Je me mis à me promener sur le chemin. Je ne pouvais détacher mes regards du village que j'apercevais dans l'éloignement. Enfin, après une irrésolution affreuse, je sentis qu'il m'était impossible de continuer ma route, et, plutôt que de remonter en voiture, j'aurais consenti à mourir sur place. Je dis au postillon de tourner, et, au lieu d'aller à Paris, comme je l'avais annoncé, je m'en fus droit à N***, où était madame Pierson.

J'y arrivai à dix heures du soir. A peine descendu à l'auberge, je me fis indiquer par un garçon la maison de son parent, et, sans réfléchir à ce que je faisais, je m'y rendis sur-le-champ. Une servante vint m'ouvrir ; je lui demandai, si madame Pierson y était, d'aller la prévenir qu'on voulait lui parler de la part de M. Desprez. C'était le nom du curé de notre village.

Tandis que la servante faisait ma commission, j'étais resté dans une petite cour assez sombre ; comme il pleuvait, j'avançai jusqu'à un péristyle au bas de l'escalier, qui n'était pas éclairé. Madame Pierson arriva bientôt, précédant la servante ; elle descendit vite, et ne me vit pas dans l'obscurité ; je fis un pas vers elle et lui touchai le bras. Elle se rejeta en arrière avec terreur et s'écria : « Que me voulez-vous ? »

Le son de sa voix était si tremblant, et, lorsque la servante parut avec sa lumière, je la vis si pâle, que je ne sus que penser. Était-il possible que ma présence inattendue l'eût troublée à ce point? Cette réflexion me traversa l'esprit, mais je me dis que ce n'était sans doute qu'un mouvement de frayeur naturel à une femme qui se sent tout à coup saisie.

Cependant, d'une voix plus calme, elle répéta sa question. « Il faut, lui dis-je, que vous m'accordiez de vous voir encore une fois. Je partirai, je quitte le pays; vous serez obéie, je vous le jure, et au delà de vos souhaits; car je vendrai la maison de mon père, aussi bien que le reste, et passerai à l'étranger. Mais ce n'est qu'à cette condition que je vous reverrai encore une fois; sinon je reste; ne craignez rien de moi, mais j'y suis résolu. »

Elle fronça le sourcil et jeta de côté et d'autre un regard étrange; puis elle me répondit d'un air presque gracieux : « Venez demain dans la journée, je vous recevrai. » Elle partit là-dessus.

Le lendemain j'y allai à midi. On m'introduisit dans une chambre à vieilles tapisseries et à meubles antiques. Je la trouvai seule, assise sur un sofa. Je m'assis en face d'elle.

« Madame, lui dis-je, je ne viens ni vous parler de ce que je souffre ni renier l'amour que j'ai pour vous. Vous m'avez écrit que ce qui s'était passé entre nous ne pouvait s'oublier, et c'est vrai. Mais vous me dites qu'à cause de cela nous ne pouvons plus nous revoir sur le même pied qu'auparavant, et vous vous trompez. Je vous aime, mais je ne vous ai point offensée; rien n'est changé pour ce qui vous regarde, puisque vous ne m'aimez pas. Si je vous revois, c'est donc uniquement de moi qu'il faut qu'on vous réponde, et ce qui vous en répond, c'est précisément mon amour. »

Elle voulut m'interrompre.

« Permettez-moi, de grâce, d'achever. Personne mieux que moi ne sait que, malgré tout le respect que je vous porte et en dépit de toutes les protestations par lesquelles je pourrais me lier, l'amour est le plus fort. Je vous répète que je ne viens pas renier ce que j'ai dans le cœur. Mais ce n'est pas d'aujourd'hui, d'après ce que vous me dites vous-même, que vous savez que je vous aime. Quelle raison m'a donc empêché jusqu'à présent de vous le déclarer? La crainte de vous perdre; j'avais peur de ne plus être reçu chez vous, et c'est ce qui arrive. Mettez-moi pour condition qu'à la première parole que j'en dirai, à la première occasion où il m'échappera un geste ou une pensée qui s'écarte du respect le plus profond, votre porte me sera fermée ; comme je me suis tu déjà, je me tairai à l'avenir. Vous croyez que c'est depuis un mois que je vous aime, et c'est depuis le premier jour. Quand vous vous en êtes aperçue, vous n'avez pas cessé de me voir pour cela. Si vous aviez alors pour moi assez d'estime pour me croire incapable de vous offenser, pourquoi aurais-je perdu cette estime? C'est elle que je viens vous redemander. Que vous ai-je fait? J'ai fléchi le genou ; je n'ai pas même dit un mot. Que vous ai-je appris? vous le saviez déjà. J'ai été faible parce que je souffrais. Eh bien, madame, j'ai vingt ans, et ce que j'ai vu de la vie m'en a tellement dégoûté (je pourrais dire un mot plus fort), qu'il n'y a aujourd'hui sur terre, ni dans la société des hommes, ni dans la solitude même, une place si petite et si insignifiante que je veuille l'occuper. L'espace renfermé entre les quatre murs de votre jardin est le seul lieu au monde où je vive ; vous êtes le seul être humain qui me fasse aimer Dieu. J'avais renoncé à tout avant même de vous connaître ; pourquoi m'ôter le seul rayon de soleil que la Providence m'ait laissé? Si c'est par crainte, en quoi ai-je pu vous en inspirer? Si c'est par pitié, de quoi me suis-je rendu coupable? Si c'est par pitié et parce que je souffre, vous vous trompez de croire que je puisse guérir ; je le pouvais peut-être, il y a deux mois ; j'ai mieux aimé vous voir et souffrir, et je ne m'en repens pas, quoi qu'il arrive. Le seul malheur qui puisse m'atteindre, c'est de vous perdre. Mettez-moi à l'épreuve. Si jamais j'en viens à sentir qu'il y a pour moi trop de souffrances dans notre marché, je partirai ; et vous en êtes bien sûre, puisque vous me renvoyez aujourd'hui et que je suis prêt à partir. Quel risque courez-vous en me donnant encore un mois ou deux du seul bonheur que j'aurai jamais? »

J'attendais sa réponse. Elle se leva brusquement, puis se rassit. Elle garda un moment le silence. « Soyez-en persuadé, dit-elle, cela n'est pas ainsi. » Je crus m'apercevoir qu'elle cherchait des expressions qui ne parussent pas trop sévères, et qu'elle voulait me répondre avec douceur.

« Un mot, lui dis-je en me levant, un mot, et rien de plus. Je sais qui vous êtes, et, s'il y a pour moi quelque compassion dans votre cœur, je vous remercie ; dites un mot! ce moment décide de ma vie. »

Elle secouait la tête ; je la vis hésiter. « Vous croyez que j'en guérirai?

m'écriai-je; que Dieu vous laisse cette pensée, si vous me chassez d'ici... »

En disant ces mots, je regardais l'horizon, et je sentais jusqu'au fond de l'âme une si horrible solitude à l'idée que j'allais partir, que mon sang se glaçait. Elle me vit debout, les yeux sur elle, attendant qu'elle parlât; toutes les forces de ma vie étaient suspendues à ses lèvres.

« Eh bien, dit-elle, écoutez-moi. Ce voyage que vous avez fait est une imprudence; il ne faut pas que ce soit pour moi que vous soyez venu ici; chargez-vous d'une commission que je vous donnerai pour un ami de ma famille. Si vous trouvez que c'est un peu loin, que ce soit pour vous l'occasion d'une absence qui durera ce que vous voudrez, mais qui ne sera pas trop courte. Quoi que vous en disiez, ajouta-t-elle en souriant, un petit voyage vous calmera. Vous vous arrêterez dans les Vosges, et vous irez jusqu'à Strasbourg. Que dans un mois, dans deux mois, pour mieux dire, vous reveniez me rendre compte de ce dont on vous chargera; je vous reverrai et vous répondrai mieux. »

## CHAPITRE IX

Je reçus le soir même, de la part de madame Pierson, une lettre à l'adresse de M. R. D., à Strasbourg. Trois semaines après, ma commission était faite et j'étais revenu.

Je n'avais pensé qu'à elle pendant mon voyage, et je perdais toute espérance de l'oublier jamais. Cependant mon parti était pris pour me taire devant elle; le danger que j'avais couru de la perdre par l'imprudence que j'avais commise m'avait fait souffrir trop cruellement pour que j'eusse l'idée de m'y exposer de nouveau. L'estime que j'avais pour elle ne me permettait pas de croire qu'elle ne fût pas de bonne foi, et je ne voyais, dans la démarche qu'elle avait faite de quitter le pays, rien qui ressemblât à de l'hypocrisie. En un mot, j'avais la ferme persuasion qu'à la première parole d'amour que je lui dirais sa porte me serait fermée.

Je la retrouvai maigrie et changée. Son sourire habituel paraissait languissant sur ses lèvres décolorées. Elle me dit qu'elle avait été souffrante.

Il ne fut point question de ce qui s'était passé. Elle avait l'air de ne pas vouloir s'en souvenir, et je ne voulais pas en parler. Nous reprîmes bientôt nos premières habitudes de voisinage; cependant il y avait entre nous une certaine gêne, et comme une familiarité composée. Il semblait que nous disions parfois : « Il en était ainsi auparavant, qu'il en soit donc encore de même. » Elle m'accordait sa confiance comme une réhabilitation qui n'était pas sans charmes pour moi. Mais nos entretiens étaient plus froids, par

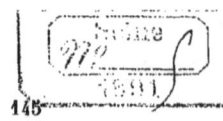

LA CONFESSION D'UN ENFANT DU SIÈCLE. Page 152

cette raison même que nos regards avaient, pendant que nous parlions, une conversation tacite. Dans tout ce que nous pouvions dire, il n'y avait plus à deviner. Nous ne cherchions plus, comme auparavant, à pénétrer dans l'esprit l'un de l'autre; il n'y avait plus cet intérêt de chaque mot, de chaque sentiment, cette estimation curieuse d'autrefois; elle me traitait avec bonté, mais je me défiais de sa bonté même; je me promenais avec elle au jardin, mais je ne l'accompagnais plus hors de la maison; nous ne traversions plus ensemble les bois et les vallées; elle ouvrait le piano quand nous étions seuls; le son de sa voix n'éveillait plus dans mon cœur ces élans de jeunesse, ces transports de joie qui sont comme des sanglots pleins d'espérance. Quand je sortais, elle me tendait toujours sa main, mais je la sentais inanimée; il y avait beaucoup d'efforts dans notre aisance, beaucoup de réflexions dans nos moindres propos, beaucoup de tristesse au fond de tout cela.

Nous sentions bien qu'il y avait un tiers entre nous : c'était l'amour que j'avais pour elle. Rien ne le trahissait dans mes actions, mais il parut bientôt sur mon visage : je perdais ma gaieté, ma force, et l'apparence de santé que j'avais sur les joues. Un mois ne s'était pas écoulé, que je ne ressemblais plus à moi-même.

Cependant, dans nos entretiens, j'insistais toujours sur mon dégoût du monde, sur l'aversion que j'éprouvais d'y rentrer jamais. Je prenais à tâche de faire sentir à madame Pierson qu'elle ne devait pas se reprocher de m'avoir reçu de nouveau. Tantôt je lui peignais ma vie passée sous les couleurs les plus sombres, et lui donnais à entendre que, s'il fallait me séparer d'elle, je resterais livré à une solitude pire que la mort; je lui disais que j'avais la société en horreur, et le récit fidèle de ma vie, que je lui avais fait, lui prouvait que j'étais sincère. Tantôt j'affectais une gaieté qui était bien loin de mon cœur, pour lui dire qu'en me permettant de la voir elle m'avait sauvé du plus affreux malheur; je la remerciais presque à chaque fois que j'allais chez elle, afin d'y pouvoir retourner le soir ou le lendemain. « Tous mes rêves de bonheur, lui disais-je, toutes mes espérances, toute mon ambition, sont renfermés dans ce petit coin de terre que vous habitez; hors de l'air que vous respirez, il n'y a point de vie pour moi. »

Elle voyait ce que je souffrais, et ne pouvait s'empêcher de me plaindre.

Mon courage lui faisait pitié; et il répandait sur toutes ses paroles, sur ses gestes même et sur son attitude, quand j'étais là, une sorte d'attendrissement. Elle sentait la lutte qui se faisait en moi : mon obéissance flattait son orgueil, mais ma pâleur réveillait en elle son instinct de sœur de charité. Je la voyais parfois irritée, presque coquette; elle me disait d'un air presque mutin : « Je n'y serai pas demain, ne venez pas tel jour. » Puis, comme je me retirais triste et résigné, elle s'adoucissait tout à coup; elle ajoutait : « Je n'en sais rien, venez toujours; » ou bien son adieu était plus familier, elle me suivait jusqu'à la grille d'un regard plus triste et plus doux.

« N'en doutez pas, lui disais-je, c'est la Providence qui m'a mené à vous. Si je ne vous avais pas connue, peut-être, à l'heure qu'il est, serais-je retombé dans mes désordres. Dieu vous a envoyée comme un ange de lumière, pour me retirer de l'abîme. C'est une mission sainte qui vous est confiée; qui sait, si je vous perdais, où pourraient me conduire le chagrin qui me dévorerait, l'expérience funeste que j'ai à mon âge, et le combat terrible de ma jeunesse avec mon ennui? »

Cette pensée, bien sincère en moi, était de la plus grande force sur une femme d'une dévotion exaltée et d'une âme aussi pieuse qu'ardente. Ce fut peut-être pour cette seule cause que madame Pierson me permit de la voir.

Je me disposais un jour à aller chez elle, lorsqu'on frappa à ma porte, et je vis entrer Mercanson, ce même prêtre que j'avais rencontré dans son jardin à ma première visite. Il commença par des excuses, aussi ennuyeuses que lui, sur ce qu'il se présentait ainsi chez moi sans me connaître; je lui dis que je le connaissais très bien pour le neveu de notre curé, et lui demandai ce dont il s'agissait.

Il tournait de côté et d'autre d'un air emprunté, cherchant ses phrases et touchant du bout du doigt tout ce qui se trouvait sur ma table, comme un homme qui ne sait quoi dire. Enfin il m'annonça que madame Pierson était malade, et qu'elle l'avait chargé de m'avertir qu'elle ne pourrait me revoir de la journée.

« Elle est malade? Mais je l'ai quittée hier assez tard, et elle se portait bien! »

Il fit un salut. « Mais, monsieur l'abbé, pourquoi, si elle est malade, me l'envoyer dire par un tiers? Elle ne demeure pas si loin, et il importait peu de me laisser faire une course inutile. »

Même réponse de Mercanson. Je ne pouvais comprendre pourquoi cette démarche de sa part, encore moins cette commission dont on l'avait chargé. « C'est bien, lui dis-je, je la verrai demain, et elle m'expliquera tout cela. »

Ses hésitations recommencèrent : « Madame Pierson lui avait dit en outre... il devait me dire... il s'était chargé...

— Eh! de quoi donc? m'écriai-je impatienté.

— Monsieur, vous êtes violent. Je pense que madame Pierson est assez gravement malade; elle ne pourra vous voir de toute la semaine. »

Nouveau salut; et il sortit.

Il était clair que cette visite cachait quelque mystère : ou madame Pierson ne voulait plus me voir, et je ne savais à quoi l'attribuer; ou Mercanson s'entremettait de son propre mouvement.

Je laissai passer la journée; le lendemain, de bonne heure, je m'en fus à la porte, où je rencontrai la servante; mais elle me dit qu'en effet sa maîtresse était fort malade, et, quoi que je pusse faire, elle ne voulut ni prendre l'argent que je lui offris ni écouter mes questions.

Comme je rentrais au village, je vis précisément Mercanson sur la promenade; il était entouré des enfants de l'école à qui son oncle faisait la leçon. Je l'abordai au milieu de sa harangue et le priai de me dire deux mots.

Il me suivit jusqu'à la place; mais c'était à mon tour d'hésiter, car je ne savais comment m'y prendre pour tirer de lui son secret. « Monsieur, lui dis-je, je vous supplie de me dire si ce que vous m'avez appris hier est la vérité, ou s'il y a quelque autre motif. Outre qu'il n'y a point dans le pays de médecin qui puisse être appelé, j'ai des raisons d'une grande importance pour vous demander ce qui en est. »

Il se défendit de toutes les façons, prétendant que madame Pierson était malade, et qu'il ne savait autre chose, sinon qu'elle l'avait envoyé chercher et chargé d'aller m'avertir, comme il s'en était acquitté. Cependant, tout en parlant, nous étions arrivés en haut de la grand'rue, dans un endroit désert. Voyant que ni la ruse ni la prière ne me servaient de rien, je me retournai tout à coup et lui pris les deux bras:

« Qu'est-ce-à-dire, monsieur ? Voulez-vous user de violence ?

— Non, mais je veux que vous me parliez.

— Monsieur, je n'ai peur de personne, et je vous ai dit ce que je devais.

— Vous avez dit ce que vous deviez et non ce que vous savez. Madame Pierson n'est point malade ; je le sais, j'en suis sûr.

— Qu'en savez-vous ?

— La servante me l'a dit. Pourquoi me ferme-t-elle sa porte, et pourquoi est-ce vous qu'elle en charge ? »

Mercanson vit passer un paysan. « Pierre ! lui cria-t-il par son nom, attendez moi, j'ai à vous parler. »

Le paysan s'approcha de nous ; c'était tout ce qu'il demandait, pensant bien que devant un tiers je n'oserais le maltraiter. Je le lâchai en effet, mais si rudement, qu'il en recula, et que son dos frappa contre un arbre. Il serra le poing et partit sans mot dire.

Je passai toute la semaine dans une agitation extrême, allant trois fois le jour chez madame Pierson, et constamment refusé à sa porte. Je reçus d'elle une lettre ; elle me disait que mon assiduité faisait jaser dans le pays, et me priait que mes visites fussent plus rares dorénavant. Pas un mot, du reste, de Mercanson ni de sa maladie.

Cette précaution lui était si peu naturelle et contrastait d'une manière si étrange avec la fierté indifférente qu'elle témoignait pour toute espèce de propos de ce genre, que j'eus d'abord peine à y croire. Ne sachant cependant quelle autre interprétation trouver, je lui répondis que je n'avais rien tant à cœur que de lui obéir. Mais, malgré moi, les expressions dont je me servis se ressentaient de quelque amertume.

Je retardai même volontairement le jour où il m'était permis de l'aller voir, et n'envoyai point demander de ses nouvelles, afin de la convaincre que je ne croyais point à sa maladie. Je ne savais par quelle raison elle m'éloignait ainsi ; mais j'étais, en vérité, si malheureux, que je pensais parfois sérieusement à en finir avec cette vie insupportable. Je demeurais des journées entières dans les bois, le hasard l'y fit me rencontrer un jour, dans un état à faire pitié.

Ce fut à peine si j'eus le courage de lui demander quelques explications elle n'y répondit pas franchement, et je ne revins plus sur ce sujet. J'en étais réduit à compter les jours que je passais loin d'elle et à vivre des semaines sur l'espoir d'une visite. A tout moment je me sentais l'envie de me jeter à ses genoux et de lui peindre mon désespoir. Je me disais qu'elle ne pourrait y être insensible, qu'elle me payerait du moins de quelques paroles de pitié; mais, là-dessus, son brusque départ et sa sévérité me revenaient; je tremblais de la perdre, et j'aimais mieux mourir que de m'y exposer.

Ainsi, n'ayant même pas la permission d'avouer ma peine, ma santé achevait de se détruire. Mes pieds ne me portaient chez elle qu'à regret : je sentais que j'allais y puiser des sources de larmes, et chaque visite m'en coûtait de nouvelles; c'était un déchirement comme si je n'eusse plus dû la revoir chaque fois que je la quittais.

De son côté, elle n'avait plus avec moi ni le même ton ni la même aisance qu'auparavant; elle parlait de projets de voyage; elle affectait de me confier légèrement des envies qui lui prenaient, disait-elle, de quitter le pays, et me rendaient plus mort que vif quand je les entendais. Si elle se livrait un instant à un mouvement naturel, elle se rejetait aussitôt dans une froideur désespérante. Je ne pus m'empêcher un jour de pleurer de douleur devant elle de la manière dont elle me traitait. Je l'en vis pâlir malgré elle. Comme je sortais, elle me dit à la porte : « Je vais demain à Sainte-Luce (c'était un village des environs), et c'est trop loin pour aller à pied. Soyez ici à cheval de bon matin, si vous n'avez rien à faire : vous m'accompagnerez. »

Je fus exact au rendez-vous, comme on peut le penser. Je m'étais couché sur cette parole avec des transports de joie; mais, en sortant de chez moi, j'éprouvai, au contraire, une tristesse invincible. En me rendant le privilège que j'avais perdu de l'accompagner dans ses courses solitaires, elle avait cédé clairement à une fantaisie qui me parut cruelle, si elle ne m'aimait pas. Elle savait que je souffrais; pourquoi abuser de mon courage si elle n'avait pas changé d'avis?

Cette réflexion, que je fis malgré moi, me rendit tout autre qu'à l'ordinaire. Lorsqu'elle monta à cheval, le cœur me battit quand je lui pris le pied; je ne sais si c'était de désir ou de colère. « Si elle est touchée, me dis-je à moi-même, pourquoi tant de réserve? si elle n'est que coquette, pourquoi tant de liberté? »

Tels sont les hommes. A mon premier mot, elle s'aperçut que je regardais de travers et que mon visage était changé. Je ne lui parlai pas et je pris l'autre côté de la route. Tant que nous fûmes dans la plaine, elle parut tranquille et tournait seulement la tête de temps en temps pour voir si je la suivais; mais, lorsque nous entrâmes dans la forêt et que le pas de nos chevaux commença à retentir sous les sombres allées, parmi les roches solitaires, je la vis trembler tout à coup. Elle s'arrêtait comme pour m'attendre, car je me tenais un peu derrière elle; dès que je la rejoignais, elle prenait le galop. Bientôt nous arrivâmes sur le penchant de la montagne, et il fallut aller au pas. Je vins alors me mettre à côté d'elle; mais nous baissions tous deux la tête; il était temps, je lui pris la main.

« Brigitte, lui dis-je, vous ai-je fatiguée des mes plaintes? Depuis que je suis revenu, que je vous vois tous les jours et que tous les soirs, en rentrant, je me demande quand il faudra mourir, vous ai-je importunée? Depuis deux mois que je perds le repos, la force et l'espérance, vous ai-je dit un mot de ce fatal amour qui me dévore et qui me tue, ne le savez-vous pas? Levez la tête; faut-il vous le dire? Ne voyez-vous pas que je souffre et que mes nuits se passent à pleurer? n'avez-vous pas rencontré quelque part dans ces forêts sinistres un malheureux assis les deux mains sur son front? n'avez-vous jamais trouvé de larmes sur ces bruyères? Regardez-moi, regardez ces montagnes; vous souvenez-vous que je vous aime? Ils le savent, eux, ces témoins; ces rochers, ces déserts, le savent. Pourquoi m'amener devant eux? ne suis-je pas assez misérable? ai-je manqué maintenant de courage? êtes-vous assez obéie? A quelle épreuve, à quelle torture suis-je soumis, et pour quel crime? Si vous ne m'aimez pas, que faites-vous ici?

— Partons, dit-elle, ramenez-moi, retournons sur nos pas. » Je saisis la bride de son cheval.

« Non, répondis-je, car j'ai parlé. Si nous retournons, je vous perds, je le sais; en rentrant chez vous, je sais d'avance ce que vous me direz. Vous avez voulu voir jusqu'où allait ma patience, vous avez mis ma douleur au défi, peut-être pour avoir le droit de me chasser; vous étiez lasse de ce triste amant qui souffrait sans se plaindre et qui buvait avec résignation le calice amer de vos dédains! vous saviez que, seul avec vous, à l'aspect de ces bois, en face de ces solitudes où mon amour a commencé, je ne pourrais garder le silence! vous avez voulu être offensée: eh bien, madame, que je vous perde! j'ai assez pleuré, j'ai assez souffert, j'ai assez refoulé dans mon cœur l'amour insensé qui me ronge; vous avez eu assez de cruauté! »

Comme elle fit un mouvement pour sauter à bas de cheval, je la pris dans mes bras et collai mes lèvres sur les siennes. Mais, au même instant, je la vis pâlir, ses yeux se fermèrent, elle lâcha la bride qu'elle tenait et glissa à terre.

« Dieu de bonté! m'écriai-je, elle m'aime ! » elle m'avait rendu mon baiser.

Je mis pied à terre et courus à elle. Elle était étendue sur l'herbe. Je la soulevai, elle ouvrit les yeux; une terreur subite la fit frissonner tout entière ; elle repoussa ma main avec force, fondit en larmes et m'échappa.

J'étais resté au bord du chemin; je la regardais, belle comme le jour, appuyée contre un arbre, ses longs cheveux tombant sur ses épaules, ses mains irritées et tremblantes, ses joues couvertes de rougeur, toutes brillantes de pourpre et de perles. « Ne m'approchez pas ! criait-elle, ne faites pas un pas vers moi !

— O mon amour! lui dis-je, ne craignez rien, si je vous ai offensée tout à l'heure, vous pouvez m'en punir; j'ai eu un moment de rage et de douleur; traitez-moi comme vous voudrez, vous pouvez partir maintenant, m'envoyer où il vous plaira! je sais que vous m'aimez, Brigitte, vous êtes plus en sûreté ici que tous les rois dans leurs palais. »

Madame Pierson, à ces paroles, fixa sur moi ses yeux humides; j'y vis le bonheur de ma vie venir à moi dans un éclair. Je traversai la route et allai me mettre à genoux devant elle. Qu'il aime peu, celui qui peut dire de quelles paroles s'est servie sa maîtresse pour lui avouer qu'elle l'aimait!

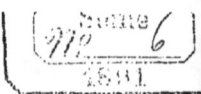

LA CONFESSION D'UN ENFANT DU SIÈCLE.   Page 153

Bibl. Charpentier.   LIV. 289.

## CHAPITRE X

Si j'étais joaillier et si je prenais dans mon trésor un collier de perles pour en faire un présent à un ami, il me semble que j'aurais une grande joie à le lui poser moi-même autour du cou; mais, si j'étais l'ami, je mourrais plutôt que d'arracher le collier des mains du joaillier.

J'ai vu que la plupart des hommes pressent de se donner la femme qui les aime; et j'ai toujours fait le contraire, non par calcul, mais par un sentiment naturel. La femme qui aime un peu et qui résiste n'aime pas assez, et celle qui aime assez et qui résiste sait qu'elle est moins aimée.

Madame Pierson me témoigna plus de confiance, après m'avoir avoué qu'elle m'aimait, qu'elle ne m'en avait jamais montré. Le respect que j'avais pour elle lui inspira une si douce joie, que son beau visage en devint comme une fleur épanouie; je la voyais quelquefois s'abandonner à une gaieté folle, puis tout à coup s'arrêter pensive, affectant, à certains moments, de me traiter presque en enfant, puis me regardant les yeux pleins de larmes; imaginant mille plaisanteries pour se donner le prétexte d'un mot plus familier ou d'une caresse innocente, puis me quittant pour s'asseoir à l'écart et s'abandonner à des rêveries qui la saisissaient. Y a-t-il au monde un plus doux spectacle? Quand elle revenait à moi, elle me trouvait sur son passage, dans quelque allée d'où je l'avais observée de loin. « O mon amie! lui disais-je, Dieu lui-même se réjouit de voir combien vous êtes aimée. »

Je ne pouvais pourtant lui cacher ni la violence de mes désirs ni ce que je souffrais en luttant contre eux. Un soir que j'étais chez elle, je lui dis que j'avais appris le matin la perte d'un procès important pour moi et qui apportait dans mes affaires un changement considérable. « Comment se fait-il, me demanda-t-elle, que vous me l'annonciez en riant?

— Il y a, lui dis-je, une maxime d'un poète persan : « Celui qui est aimé d'une belle femme est à l'abri des coups du sort. »

Madame Pierson ne me répondit pas ; elle se montra toute la soirée plus gaie encore que de coutume. Comme je jouais aux cartes avec sa tante et que je perdais, il n'y eut sorte de malice qu'elle n'employât pour me piquer, disant que je n'y entendais rien et pariant toujours contre moi, si bien qu'elle me gagna tout ce que j'avais dans ma bourse. Quand la vieille dame se fut retirée, elle s'en alla sur le balcon, et je l'y suivis en silence.

Il faisait la plus belle nuit du monde : la lune se couchait, et les étoiles brillaient d'une clarté plus vive sur un ciel d'un azur foncé. Pas un souffle de vent n'agitait les arbres ; l'air était tiède et embaumé.

Elle était appuyée sur son coude, les yeux au ciel ; je m'étais penché à côté d'elle, et je la regardais rêver. Bientôt je levai les yeux moi-même ; une volupté mélancolique nous enivrait tous deux. Nous respirions ensemble les tièdes bouffées qui sortaient des charmilles ; nous suivions au loin dans l'espace les dernières lueurs d'une blancheur pâle que la lune entraînait avec elle en descendant derrière les masses noires des marronniers. Je me souvins d'un certain jour que j'avais regardé avec désespoir le vide immense de ce beau ciel ; ce souvenir me fit tressaillir ; tout était si plein maintenant ! Je sentis qu'un hymne de grâce s'élevait dans mon cœur et que notre amour montait à Dieu. J'entourai de mon bras la taille de ma chère maîtresse ; elle tourna doucement la tête : ses yeux étaient noyés de larmes. Son corps plia comme un roseau, ses lèvres entr'ouvertes tombèrent sur les miennes, et l'univers fut oublié.

## CHAPITRE XI

Ange éternel des nuits heureuses, qui racontera ton silence? O baiser! mystérieux breuvage que les lèvres se versent comme des coupes altérées! ivresse des sens, ô volupté! oui, comme Dieu, tu es immortelle! Sublime élan de la créature, communion universelle des êtres, volupté trois fois sainte, qu'ont dit de toi ceux qui t'ont vantée? ils t'ont appelée passagère, ô créatrice! et ils ont dit que ta courte apparence illuminait leur vie fugitive. Parole plus courte elle-même que le souffle d'un moribond! vraie parole de brute sensuelle, qui s'étonne de vivre une heure, et qui prend les clartés de la lampe éternelle pour une étincelle qui sort d'un caillou! Amour, ô principe du monde! flamme précieuse que la nature entière, comme une vestale inquiète, surveille incessamment dans le temple de Dieu! foyer de tout, par qui tout existe! les esprits de destruction mourraient eux-mêmes en soufflant sur toi. Je ne m'étonne pas qu'on blasphème ton nom; car ils ne savent qui tu es, ceux qui croient t'avoir vu en face parce qu'ils ont ouvert les yeux; et, quand tu trouves tes vrais apôtres, unis sur terre dans un baiser, tu ordonnes à leurs paupières de se fermer comme des voiles afin qu'on ne voie pas le bonheur.

Mais vous, délices, sourires languissants, premières caresses, tutoiement timide, premiers bégayements de l'amante, vous qu'on peut voir, vous qui êtes à nous! êtes-vous donc moins à Dieu que le reste, beaux chérubins qui planez dans l'alcôve et qui ramenez à ce monde l'homme éveillé du songe divin! Ah! chers enfants de la volupté, comme votre mère vous aime! C'est vous, causeries curieuses, qui soulevez les premiers mystères, touchers tremblants et chastes encore, regards déjà insatiables, qui commencez à tracer dans le cœur, comme une ébauche craintive, l'ineffaçable image de la beauté chérie! O royaume! ô conquête! c'est vous qui faites les amants. Et toi, vrai diadème, toi, sérénité du bonheur! premier regard reporté sur la vie, premier retour des heureux à tant d'objets indifférents, qu'ils ne voient plus qu'à travers leur joie, premiers pas faits dans la nature à côté de la bien-aimée! qui vous peindra? quelle parole humaine exprimera jamais la plus faible caresse?

Celui qui, par une fraîche matinée, dans la force de la jeunesse, est sorti un jour à pas lents, tandis qu'une main adorée fermait sur lui la porte secrète; qui a marché sans savoir où, regardant les bois et les plaines; qui a traversé une place sans entendre qu'on lui parlait; qui s'est assis dans un lieu solitaire, riant et pleurant sans raison; qui a posé ses mains sur son visage pour y respirer un reste de parfum; qui a oublié tout à coup ce qu'il avait fait sur la terre jusqu'alors; qui a parlé aux arbres de la route et aux oiseaux qu'il voyait passer; qui, enfin, au milieu des hommes, s'est montré un joyeux insensé, puis qui est tombé à genoux et qui en a remercié Dieu: celui-là mourra sans se plaindre : il a possédé la femme qu'il aimait.

# QUATRIÈME PARTIE

### CHAPITRE PREMIER

J'ai à raconter maintenant ce qui advint de mon amour et le changement qui se fit en moi. Quelle raison puis-je en donner? Aucune, sinon que je raconte et que je puis dire : « C'est la vérité. »

Il y avait deux jours, ni plus ni moins, que j'étais l'amant de madame Pierson. Je sortais du bain à onze heures du soir, et par une nuit magnifique je traversais la promenade pour me rendre chez elle. Je me sentais un tel bien-être dans le corps et tant de contentement dans l'âme, que je sautais de joie en marchant et que je tendais les bras au ciel. Je la trouvai en haut de son escalier, accoudée sur la rampe, une bougie par terre à côté d'elle. Elle m'attendait, et, dès qu'elle m'aperçut, courut à ma rencontre. Nous fûmes bientôt dans sa chambre, et les verrous tirés sur nous.

Elle me montrait comme elle avait changé sa coiffure, qui me déplaisait, et comme elle avait passé la journée à faire prendre à ses cheveux le tour que je voulais ; comme elle avait ôté de l'alcôve un grand vilain cadre noir qui me semblait sinistre ; comme elle avait renouvelé ses fleurs, et il y en avait de tous côtés ; elle me contait tout ce qu'elle avait fait depuis que nous nous connaissions, ce qu'elle m'avait vu souffrir, ce qu'elle avait souffert elle-même ; comme elle avait voulu mille fois quitter le pays et fuir son amour ; comme elle avait imaginé tant de précautions contre moi ; qu'elle avait pris conseil de sa tante, de Mercanson et du curé ; qu'elle s'était juré à elle-même de mourir plutôt que de céder, et comme tout cela s'était envolé sur un certain mot que je lui avais dit, sur tel regard, sur telle circonstance; et, à chaque confidence, un baiser. Ce que je trouvais de mon goût dans sa chambre, ce qui avait attiré mon attention parmi les bagatelles dont ses tables étaient couvertes, elle voulait me le donner, que je l'emportasse le soir même et que je le misse sur ma cheminée; ce qu'elle ferait dorénavant, le matin, le soir, à toute heure, que je le réglasse à mon plaisir, et qu'elle ne se souciait de rien; que les propos du monde ne la touchaient pas; que, si elle avait fait semblant d'y croire, c'était pour m'éloigner; mais qu'elle voulait être heureuse et se boucher les deux oreilles; qu'elle venait d'avoir trente ans, qu'elle n'avait pas longtemps à être aimée de moi. « Et vous, m'aimerez-vous longtemps? Est-ce un peu vrai, ces belles paroles dont vous m'avez si bien étourdie? » Et là-dessus les chers reproches que je venais tard et que j'étais coquet; que je m'étais trop parfumé au bain, ou pas assez ou pas à sa guise; qu'elle était restée en pantoufles pour que je visse son pied nu, et qu'il était aussi blanc que sa main; mais que du reste elle n'était guère belle; qu'elle voudrait l'être cent fois plus; qu'elle l'avait été à quinze ans. Elle allait et elle venait, toute folle d'amour, toute vermeille de joie; et elle ne savait qu'imaginer, quoi faire, quoi dire, pour se donner et se donner encore, corps et âme, et tout ce qu'elle avait.

J'étais couché sur le sofa; je sentais tomber et se détacher de moi une mauvaise heure de ma vie passée, à chaque mot qu'elle disait. Je regardais l'astre de l'amour se lever sur mon champ, et il me semblait que j'étais comme un arbre plein de sève qui secoue au vent ses feuilles sèches pour se revêtir d'une verdure nouvelle.

Elle se mit au piano, et me dit qu'elle allait me jouer un air de Stradella. J'aime par-dessus tout la musique sacrée, et ce morceau, qu'elle m'avait déjà chanté, m'avait paru très beau. « Eh bien, dit-elle quand elle eut fini, vous vous y êtes bien trompé; l'air est de moi, et je vous en ai fait accroire.

— Il est de vous?

— Oui, et je vous ai conté qu'il était de Stradella pour voir ce que vous en diriez. Je ne joue jamais ma musique, quand il m'arrive d'en composer; mais j'ai voulu faire un essai, et vous voyez qu'il m'a réussi, puisque vous en étiez la dupe. »

Monstrueuse machine que l'homme! Qu'y avait-il de plus innocent? Un enfant un peu avisé eût imaginé cette ruse pour surprendre son précepteur. Elle en riait de bon cœur en me le disant; mais je sentis tout à coup comme un nuage qui fondait sur moi; je changeai de visage : « Qu'avez-vous? dit-elle, qui vous prend?

— Rien; jouez-moi cet air encore une fois. »

Tandis qu'elle jouait, je me promenais de long en large; je passais la main sur mon front comme pour en écarter un brouillard, je frappais du pied, je haussais les épaules de ma propre démence; enfin je m'assis à terre sur un coussin qui était tombé; elle vint à moi. Plus je voulais lutter avec l'esprit de ténèbres qui me saisissait en ce moment, plus l'épaisse nuit redoublait dans ma tête. « Vraiment, lui dis-je, vous mentez si bien? Quoi! cet air est de vous? vous savez donc mentir si aisément? »

Elle me regarda d'un air étonné. « Qu'est-ce donc? » dit-elle. Une inquiétude inexprimable se peignit sur ses traits. Assurément elle ne pouvait me croire assez fou pour lui faire un reproche véritable d'une plaisanterie aussi simple; elle ne voyait là de sérieux que la tristesse qui s'emparait de moi; mais plus la cause en était frivole, plus il y avait de quoi surprendre. Elle voulut croire un instant que je plaisantais à mon tour; mais quand elle me vit toujours plus pâle et comme prêt à défaillir, elle resta les lèvres ouvertes, le corps penché, comme une statue. « Dieu du Ciel! s'écria-t-elle, est-ce possible! »

Tu souris peut-être, lecteur, en lisant cette page; moi qui l'écris, j'en frémis encore. Les malheurs ont leurs symptômes comme les maladies, et il n'y a rien de si redoutable en mer qu'un petit point noir à l'horizon.

Cependant, quand le jour parut, ma chère Brigitte tira au milieu de la chambre une petite table en bois blanc; elle y posa de quoi souper, ou pour mieux dire de quoi déjeuner, car déjà les oiseaux chantaient et les abeilles bourdonnaient sur le parterre. Elle avait tout préparé elle-même, et je ne bus pas une goutte qu'elle n'eût porté le verre à ses lèvres. La lumière bleuâtre du jour, perçant les rideaux de toile bariolés, éclairait son charmant visage et ses grands yeux un peu battus; elle se sentait envie de dormir, et laissa tomber, tout en m'embrassant, sa tête sur mes épaules, avec mille propos languissants.

LA CONFESSION D'UN ENFANT DU SIÈCLE.  Page 162

Je ne pouvais lutter contre un si charmant abandon, et mon cœur se rouvrait à la joie; je me crus délivré tout à fait du mauvais rêve que je venais de faire, et je lui demandai pardon d'un moment de folie dont je ne pouvais me rendre compte. « Mon amie, lui dis-je du fond du cœur, je suis bien malheureux de t'avoir adressé un reproche injuste sur un badinage innocent; mais, si tu m'aimes, ne me mens jamais, fût-ce sur les moindres choses : le mensonge me semble horrible, et je ne puis le supporter. »

Elle se coucha : il était trois heures du matin, et je lui dis que je voulais rester jusqu'à ce qu'elle fût endormie. Je la vis fermer ses beaux yeux, je l'entendis dans son premier sommeil murmurer tout en souriant, tandis que, penché au chevet, je lui donnais mon baiser d'adieu. Enfin je sortis le cœur tranquille, me promettant de jouir de mon bonheur sans que désormais rien pût le troubler.

Mais, le lendemain même, Brigitte me dit comme par hasard : « J'ai un gros livre où j'écris mes pensées, tout ce qui me passe par la tête, et je veux vous donner à lire ce que j'y ai écrit de vous dans les premiers jours que je vous ai vu. »

Nous lûmes ensemble ce qui me regardait, et nous y ajoutâmes cent folies; après quoi je me mis à feuilleter le livre d'une manière indifférente. Une phrase tracée en gros caractères me sauta aux yeux au milieu des pages que je tournais rapidement; je lus distinctement quelques mots qui étaient assez insignifiants, et j'allais continuer lorsque Brigitte me dit : « Ne lisez pas cela. »

Je jetai le livre sur un meuble. « C'est vrai, lui dis-je, je ne sais ce que je fais.

— Le prenez-vous encore au sérieux? me répondit-elle en riant, voyant sans doute mon mal reparaître; reprenez ce livre; je veux que vous lisiez.

— N'en parlons plus. Que puis-je donc y trouver de si curieux? Vos secrets sont à vous, ma chère. »

Le livre restait sur le meuble, et j'avais beau faire, je ne le quittai pas des yeux. J'entendis tout à coup comme une voix qui me chuchotait à l'oreille, et je crus voir grimacer devant moi, avec son sourire glacial, la figure sèche de Desgenais. « Que vient faire Desgenais ici? » me demandai-je à moi-même, comme si je l'eusse vu réellement. Il m'avait apparu tel qu'il était un soir, le front incliné sous ma lampe, quand il me débitait de sa voix aiguë son catéchisme de libertin.

J'avais toujours les yeux sur le livre, et je sentais vaguement dans ma mémoire je ne sais quelles paroles oubliées, entendues autrefois, mais qui m'avaient serré le cœur. L'esprit du doute, suspendu sur ma tête, venait de me verser dans les veines une goutte de poison; la vapeur m'en montait au cerveau, et je chancelais à demi dans un commencement d'ivresse malfaisante. Quel secret me cachait Brigitte? Je savais bien que je n'avais qu'à me baisser et à ouvrir le livre; mais à quel endroit? comment reconnaître la feuille sur laquelle le hasard m'avait fait tomber?

Mon orgueil, d'ailleurs, ne voulait pas que je prisse le livre; était-ce donc vraiment mon orgueil? « O Dieu! me dis-je avec une tristesse affreuse, est-ce que le passé est un spectre? est-ce qu'il sort de son tombeau? Ah! misérable, est-ce que je vais ne pas pouvoir aimer? »

Toutes mes idées de mépris pour les femmes, toutes ces phrases de fatuité moqueuse que j'avais répétées comme une leçon et comme un rôle pendant le temps de mes désordres, me traversèrent l'esprit subitement; et, chose étrange! tandis qu'autrefois je n'y croyais pas en en faisant parade, il me semblait maintenant qu'elles étaient réelles, ou que du moins elles l'avaient été.

Je connaissais madame Pierson depuis quatre mois, mais je ne savais rien de sa vie passée et ne lui en avais rien demandé. Je m'étais livré à mon amour pour elle avec une confiance et un entraînement sans bornes. J'avais trouvé une sorte de jouissance à ne faire aucune question sur elle à personne ni à elle-même : d'ailleurs les soupçons et la jalousie sont si peu dans mon caractère, que j'étais plus étonné d'en ressentir que Brigitte d'en trouver en moi. Jamais, dans mes premières amours ni dans le commerce habituel de la vie, je n'avais été défiant, mais plutôt hardi, au contraire, et ne doutant pour ainsi dire de rien. Il avait fallu que je visse de mes propres yeux la trahison de ma maîtresse pour croire qu'elle pouvait me tromper. Desgenais lui-même, tout en me sermonnant à sa manière, me plaisantait continuellement sur ma facilité à me laisser duper. L'histoire de ma vie entière était une preuve que j'étais plutôt crédule que soupçonneux; aussi, quand la vue de ce livre me frappa ainsi tout à coup, il me sembla que je sentais en moi un nouvel être et une sorte d'inconnu; ma raison se révoltait contre ce que j'éprouvais, et je n'osais me demander où tout cela allait me conduire.

Mais les souffrances que j'avais endurées, le souvenir des perfidies dont j'avais été le témoin, l'affreuse guérison que je m'étais imposée, les discours de mes amis, le monde corrompu que j'avais traversé, les tristes vérités que j'y avais vues, celles que, sans les connaître, j'avais comprises et devinées par une funeste intelligence, la débauche enfin, le mépris de l'amour, l'abus de tout, voilà ce que j'avais dans le cœur sans m'en douter encore; et, au moment où je croyais renaître à l'espérance et à la vie, toutes ces furies engourdies me prenaient à la gorge et me criaient qu'elles étaient là.

Je me baissai et ouvris le livre, puis je le fermai aussitôt et le rejetai sur la table. Brigitte me regardait; il n'y avait dans ses beaux yeux ni orgueil ni colère; il n'y avait qu'une tendre inquiétude, comme si j'eusse été malade. « Est-ce que vous croyez que j'ai des secrets? demanda-t-elle en m'embrassant. — Non, lui dis-je, je ne crois rien, sinon que tu es belle et que je veux mourir en t'aimant. »

Rentré chez moi, comme j'étais en train de dîner, je demandai à Larive : « Qu'est-ce donc que cette madame Pierson? »

Il se retourna tout étonné. « Tu es, lui dis-je, dans le pays depuis nombre d'années; tu dois la connaître mieux que moi. Que dit-on d'elle ici? qu'en pense-t-on dans le village? quelle vie menait-elle avant que je la connusse? quelles gens voyait-elle?

— Ma foi, monsieur, je ne lui ai vu faire que ce qu'elle fait tous les jours, c'est-à-dire se promener dans la vallée, jouer au piquet avec sa tante, et faire la charité aux pauvres. Les paysans l'appellent Brigitte la Rose; je n'ai jamais entendu dire un mot contre elle à qui que ce soit, sinon qu'elle court les champs toute seule, à toute heure du jour et de la nuit; mais c'est dans un but si louable! Elle est la Providence du pays. Quant aux gens qu'elle voit, ce n'est guère que le curé, et M. de Dalens aux vacances.

— Qu'est-ce que c'est que M. de Dalens?

— C'est le propriétaire d'un château qui est là-bas derrière la montagne; il ne vient ici que pour la chasse.

— Est-il jeune?

— Oui, monsieur.

— Est-il parent de madame Pierson?

— Non; il était ami de son mari.

— Y a-t-il longtemps que son mari est mort?

— Cinq ans à la Toussaint; c'était un digne homme.

— Et ce M. de Dalens, dit-on qu'il lui ait fait la cour?

— A la veuve, monsieur? Dame! à vrai dire... (Il s'arrêta d'un air embarrassé.)

— Parleras-tu?

— On l'a dit, et on ne l'a pas dit... Je n'en sais rien, je n'en ai rien vu.

— Et tu me disais tout à l'heure qu'on ne parlait pas d'elle dans le pays?

— On n'a jamais rien dit du reste, et je pensais que monsieur savait cela.

— Enfin, le dit-on, oui, ou non?

— Oui, monsieur, je le crois du moins. »

Je me levai de table et descendis sur la promenade; Mercanson y était. Je m'attendais qu'il allait m'éviter; tout au contraire il m'aborda.

« Monsieur, me dit-il, vous avez l'autre jour donné des marques de colère dont un homme de mon caractère ne saurait conserver la mémoire. Je vous exprime mon regret de m'être chargé d'une commission intempestive (c'était sa manière que les longs mots), et de m'être mis en travers des roues avec tant soit peu d'importunité. »

Je lui rendis son compliment, croyant qu'il me quitterait là-dessus; mais il se mit à marcher à côté de moi.

« Dalens! Dalens! répétais-je entre mes dents, qui me parlera de Dalens? » Car Larive ne m'avait rien dit que ce que peut dire un valet. Par qui le savait-il? par quelque servante ou quelque paysan. Il me fallait un témoin qui pût avoir vu Dalens chez madame Pierson, et qui sût à quoi s'en tenir. Ce Dalens ne me sortait pas de la tête, et, ne pouvant parler d'autre chose, j'en parlai tout de suite à Mercanson.

Si Mercanson était un méchant homme, s'il était niais ou rusé, je ne l'ai jamais distingué clairement; il est certain qu'il devait me haïr, et qu'il en agit avec moi aussi méchamment que possible. Madame Pierson, qui avait la plus grande amitié pour le curé (et c'était à juste titre), avait fini, presque malgré elle, par en avoir pour le neveu. Il en était fier, par conséquent jaloux. Il n'y a pas que l'amour seul qui donne de la jalousie; une faveur, un mot bienveillant, un sourire d'une belle bouche, peuvent l'inspirer jusqu'à la rage à certaines gens.

Mercanson parut d'abord étonné, aussi bien que Larive, des questions que je lui adressais. J'en étais moi-même plus étonné encore. Mais qui se connaît ici-bas?

Aux premières réponses du prêtre, je le vis comprendre ce que je voulais savoir, et décidé à ne pas me le dire.

« Comment se fait-il, monsieur, que vous qui connaissez madame Pierson depuis si longtemps, et qui êtes reçu chez elle d'une façon assez intime (je le pense du moins), vous n'y ayez point rencontré M. de Dalens? Mais apparemment vous avez quelque raison, qu'il ne m'appartient point de connaître, pour vous enquérir de lui aujourd'hui. Ce que j'en puis dire pour ma part, c'est que c'était un honnête gentilhomme, plein de bonté et de charité; il était, comme vous, monsieur, fort intime chez madame Pierson; il a une meute considérable et fait à merveille les honneurs de chez lui. Il faisait de très bonne musique, comme vous, monsieur, chez madame Pierson. Pour ses devoirs de charité, il les remplissait ponctuellement; lorsqu'il était dans le pays, il accompagnait, comme vous, monsieur, cette dame à la promenade. Sa famille jouit à Paris d'une excellente réputation; il m'arrivait de le trouver chez cette dame presque toutes les fois que j'y allais; ses mœurs passent pour excellentes. Du reste, vous pensez, monsieur, que je n'entends parler en tout que d'une familiarité honnête, telle qu'il convient aux personnes de ce mérite. Je crois qu'il ne vient que pour la chasse: il était ami du mari; on le dit fort riche et très généreux; mais je ne le connais d'ailleurs presque pas, sinon par ouï dire... »

De combien de phrases entortillées le pesant bourreau m'assomma! Je le regardais, honteux de l'écouter, n'osant plus faire une seule question ni l'arrêter dans son bavardage. Il calomnia aussi sourdement et aussi longtemps qu'il voulut: il m'enfonça tout à loisir sa lame torse dans le cœur; quand ce fut fait, il me quitta sans que je pusse le retenir; et, à tout prendre, il ne m'avait rien dit.

Je restai seul sur la promenade; la nuit commençait à venir. Je ne sais si je ressentais plus de fureur ou plus de tristesse. Cette confiance que j'avais eue de me livrer aveuglément à mon amour pour ma chère Brigitte m'avait été si douce et si naturelle, que je ne pouvais me résoudre à croire que tant de bonheur m'eût trompé. Ce sentiment naïf et crédule qui m'avait conduit à elle sans que je voulusse le combattre ni en douter jamais m'avait semblé à lui seul comme une preuve qu'elle en était digne. Était-il donc possible que ces quatre mois si heureux ne fussent déjà qu'un rêve?

« Mais, après tout, me dis-je tout à coup, cette femme s'est donnée bien vite. N'y aurait-il point eu de mensonge dans cette intention de me fuir qu'elle m'avait d'abord marquée et qu'une parole a fait évanouir? N'aurais-je point par hasard affaire à une femme comme on en voit tant? Oui, c'est ainsi qu'elles s'y prennent toutes : elles feignent de reculer afin de se voir poursuivre. Les biches elles-mêmes en font autant: c'est un instinct de la femelle. N'est-ce pas de son propre mouvement qu'elle m'a avoué son amour, au moment même où je croyais qu'elle ne serait jamais à moi? Dès le premier jour que je l'ai vue, n'a-t-elle pas accepté mon bras, sans me connaître, avec une légèreté qui aurait dû me faire douter d'elle? Si ce Dalens a été son amant, il est probable qu'il l'est encore : ce sont de ces liaisons du monde qui ne commencent ni ne finissent; quand on se voit on se reprend, et dès qu'on se quitte on s'oublie. Si cet homme revient aux vacances, elle le reverra sans doute, et probablement sans rompre avec moi. Qu'est-ce que c'est que cette tante, que cette vie mystérieuse qui a la charité pour affiche, que cette liberté déterminée qui ne se soucie d'aucun propos? Ne seraient-ce point des aventurières que ces deux femmes avec leur petite maison, leur prud'homie et leur sagesse qui en imposent si vite aux gens et se démentent plus vite encore? Assurément, quoi qu'il en soit, je suis tombé les yeux fermés dans une affaire de galanterie que j'ai prise pour un roman; mais que faire à présent? Je ne vois personne ici que ce prêtre qui ne veut pas parler clairement, ou son oncle, qui en dira moins encore. O mon Dieu! qui me sauvera? comment savoir la vérité? »

Ainsi parlait la jalousie; ainsi, oubliant tant de larmes et tout ce que j'avais souffert, j'en venais, au bout de deux jours, à m'inquiéter de ce que Brigitte m'avait cédé. Ainsi, comme tous ceux qui doutent, je mettais déjà de côté les sentiments et les pensées pour disputer avec les faits, m'attacher à la lettre et disséquer ce que j'aimais.

Tout en m'enfonçant dans mes réflexions, je gagnais à pas lents la maison de Brigitte. Je trouvai la grille ouverte, et, comme je traversais la cour, je vis de la lumière dans la cuisine. Je pensai à questionner la servante. Je tournai donc de ce côté, et, maniant dans ma poche quelques pièces d'argent, je m'avançai sur le seuil.

Une impression d'horreur m'arrêta court. Cette servante était une vieille femme, maigre et ridée, le dos toujours courbé comme les gens attachés à la glèbe. Je la trouvai remuant sa vaisselle sur un évier malpropre. Une chandelle dégoûtante tremblotait dans sa main; autour d'elle des casseroles, des plats, des restes du dîner que visitait un chien errant, entré comme moi avec honte; une odeur chaude et nausésabonde sortait des murs humides. Lorsque la vieille m'aperçut, elle me regarda en souriant avec un air confidentiel : elle m'avait vu me glisser le matin hors de la chambre de sa maîtresse. Je frissonnai de dégoût de moi-même et de ce que je venais chercher dans un lieu si bien assorti à l'action ignoble que je méditais. Je me sauvai de cette vieille comme de ma jalousie personnifiée, et comme si l'odeur de sa vaisselle fût sortie de mon propre cœur.

Brigitte était à la fenêtre, arrosant ses fleurs bienaimées; un enfant d'une de nos voisines, assis au fond de la bergère, et enterré dans les coussins, se berçait à une de ses manches, et lui faisait, la bouche pleine de bonbons, dans un langage joyeux et incompréhensible, un de ces grands discours des marmots, qui ne savent pas encore parler. Je m'assis auprès d'elle, et baisai l'enfant sur ses grosses joues, comme pour rendre à mon cœur un peu d'innocence. Brigitte me fit un accueil craintif; elle voyait dans mes regards son image déjà troublée. De mon côté, j'évitais ses yeux; plus j'admirais sa beauté et son air de candeur, plus je me disais qu'une pareille femme, si elle n'était pas un ange, était un monstre de perfidie. Je m'efforçais de me rappeler chaque parole de Mercanson, et je confrontais pour ainsi dire les insinuations de cet homme avec les traits de ma maîtresse et les contours charmants de son visage. « Elle est bien belle, me disais-je, bien dangereuse, si elle sait tromper; mais je la rouerai et lui tiendrai tête; et elle saura qui je suis. »

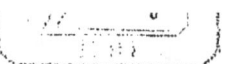

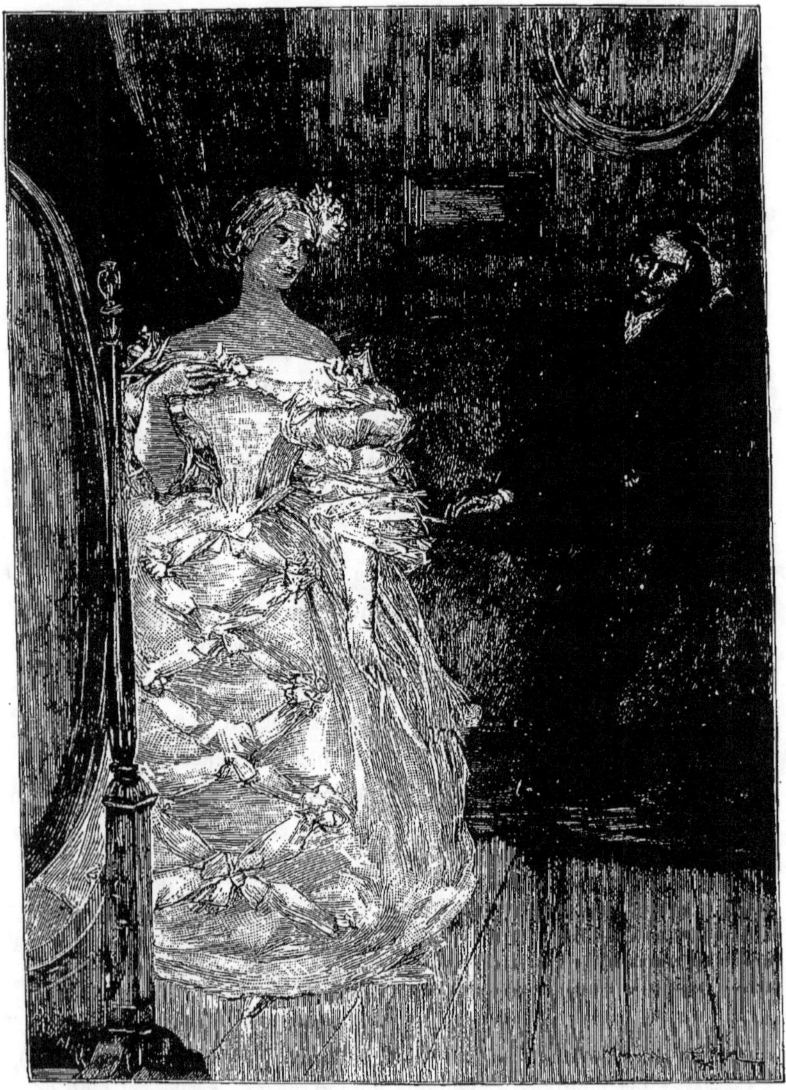

La Confession d'un enfant du siècle. Page 176

« Ma chère, lui dis-je, après un long silence, je viens de donner un conseil à un ami qui m'a consulté. C'est un jeune homme assez simple ; il m'écrit qu'il a découvert qu'une femme qui vient de se donner à lui a en même temps un autre amant. Il m'a demandé ce qu'il devait faire.

— Que lui avez-vous répondu ?

— Deux questions : Est-elle jolie ? et l'aimez-vous ? Si vous l'aimez, oubliez-la ; si elle est jolie et que vous ne l'aimiez pas, gardez-la pour votre plaisir ; il sera toujours temps de la quitter si vous n'avez à faire qu'à sa beauté, et autant vaut celle-là qu'une autre. »

En m'entendant parler ainsi, Brigitte lâcha l'enfant qu'elle tenait ; elle fut s'asseoir au fond de la chambre. Nous étions sans lumière ; la lune, qui éclairait la place que Brigitte venait de quitter, projetait une ombre profonde sur le sofa où elle était assise. Les mots que j'avais prononcés portaient un sens si dur, si cruel, que j'en étais navré moi-même et que mon cœur s'emplissait d'amertume. L'enfant, inquiet, appelait Brigitte, et s'attristait en nous regardant. Ses cris joyeux, son petit bavardage, cessèrent peu à peu ; il s'endormit sur la bergère. Ainsi tous trois nous demeurâmes en silence, et un nuage passa sur la lune.

Une servante entra, qui vint chercher l'enfant ; on apporta de la lumière. Je me levai, et Brigitte en même temps ; mais elle porta les deux mains sur son cœur et tomba à terre au pied de son lit.

Je courus à elle épouvanté ; elle n'avait pas perdu connaissance et me pria de n'appeler personne. Elle me dit qu'elle était sujette à de violentes palpitations qui la tourmentaient depuis sa jeunesse et la prenaient ainsi tout à coup, mais que du reste il n'y avait point de danger dans ces attaques, ni aucun remède à employer. J'étais à genoux auprès d'elle ; elle m'ouvrit doucement les bras ; je lui saisis la tête et la jetai sur mon épaule. « Ah ! mon ami, dit-elle, je vous plains.

— Écoute-moi, lui dis-je à l'oreille, je suis un misérable fou, mais je ne puis rien garder sur le cœur. Qu'est-ce que c'est qu'un M. de Dalens, qui demeure sur la montagne, et qui vient te voir quelquefois ? »

Elle parut étonnée de m'entendre prononcer ce nom. « Dalens, dit-elle, c'est un ami de mon mari. »

Elle me regardait comme pour ajouter : A propos de quoi cette question? Il me sembla que son visage s'était rembruni. Je me mordis les lèvres. « Si elle veut me tromper, pensai-je, j'ai eu tort de parler. »

Brigitte se leva avec peine; elle prit son éventail et marcha à grands pas dans la chambre. Elle respirait avec violence; je l'avais blessée. Elle resta quelque temps pensive, et nous échangeâmes deux ou trois regards presque froids et presque ennemis. Elle alla à son secrétaire, qu'elle ouvrit, en tira un paquet de lettres attachées avec de la soie, et le jeta devant moi sans dire un mot.

Mais je ne regardais ni elle ni ses lettres; je venais de lancer une pierre dans un abîme, et j'en écoutais retentir l'écho. Pour la première fois, sur le visage de Brigitte avait paru l'orgueil offensé. Il n'y avait plus dans ses yeux ni inquiétude ni pitié, et, comme je venais de me sentir tout autre que je n'avais jamais été, je venais aussi de voir en elle une femme qui m'était inconnue.

« Lisez cela, » dit-elle enfin. Je m'avançai et lui tendis la main. « Lisez cela! » répéta-t-elle d'un ton glacé.

Je tenais les lettres. Je me sentis en ce moment si persuadé de son innocence, et je me trouvais si injuste, que j'étais pénétré de repentir. « Vous me rappelez, me dit-elle, que je vous dois l'histoire de ma vie; asseyez-vous, et vous la saurez. Vous ouvrirez ensuite ces tiroirs, et vous lirez tout ce qu'il y a ici écrit de ma main ou de mains étrangères. »

Elle s'assit et me montra un fauteuil. Je vis l'effort qu'elle faisait pour parler. Elle était pâle comme la mort; sa voix altérée sortait avec peine, et sa gorge se contractait.

« Brigitte! Brigitte! m'écriai-je, au nom du Ciel, ne parlez pas! Dieu m'est témoin que je ne suis pas né tel que vous me croyez; je n'ai jamais été de ma vie ni soupçonneux ni défiant. On m'a perdu, on m'a faussé le cœur. Une expérience déplorable m'a conduit dans un précipice, et je n'ai vu, depuis un an, que ce qu'il y a de mal ici-bas. Dieu m'est témoin que jusqu'à ce jour je ne me croyais pas moi-même capable de ce rôle ignoble, le dernier de tous, celui d'un jaloux. Dieu m'est témoin que je vous aime, et qu'il n'y a que vous en ce monde qui puissiez me guérir du passé. Je n'ai eu affaire jusqu'ici qu'à des femmes qui m'ont trompé ou qui étaient indignes d'amour. J'ai mené la vie d'un libertin; j'ai dans le cœur des souvenirs qui ne s'effaceront jamais. Est-ce ma faute si une calomnie, si l'accusation la plus vague, la plus insoutenable, rencontre aujourd'hui dans ce cœur des fibres encore souffrantes, prêtes à accueillir tout ce qui ressemble à la douleur? On m'a parlé ce soir d'un homme que je ne connais pas, dont j'ignorais l'existence; on m'a fait entendre qu'il y avait eu, sur vous et sur lui, des propos tenus qui ne prouvent rien ; je ne veux rien vous en demander ; j'en ai souffert, je vous l'ai avoué, et c'est un tort irréparable. Mais, plutôt que d'accepter ce que vous me proposez, je vais tout jeter dans le feu. Ah! mon amie, ne me dégradez pas; n'en venez pas à vous justifier, ne me punissez pas de souffrir. Comment pourrais-je, au fond du cœur, vous soupçonner de me tromper? Non, vous êtes belle et vous êtes sincère; un seul de vos regards, Brigitte, m'en dit plus long que je n'en demande pour vous aimer. Si vous saviez quelles horreurs, quelles perfidies monstrueuses a vues l'enfant qui est devant vous? Si vous saviez comme on l'a traité, comme on s'est raillé de tout ce qu'il a de bon, comme on a pris soin de lui apprendre tout ce qui peut mener au doute, à la jalousie, au désespoir! Hélas! hélas! ma chère maîtresse, si vous saviez qui vous aimez! Ne me faites point de reproches; ayez le courage de me plaindre; j'ai besoin d'oublier qu'il existe d'autres êtres que vous. Qui sait par quelles épreuves, par quels affreux moments de douleur il ne va pas falloir que je passe! Je ne me doutais pas qu'il en pût être ainsi, je ne croyais pas avoir à combattre. Depuis que vous êtes à moi, je m'aperçois de ce que j'ai fait; j'ai senti en vous embrassant combien mes lèvres s'étaient souillées. Au nom du Ciel, aidez-moi à vivre! Dieu m'a fait meilleur que cela. »

Brigitte me tendit les bras, me fit les plus tendres caresses. Elle me pria de lui conter tout ce qui avait donné lieu à cette triste scène. Je ne lui parlai que de ce que m'avait dit Larive, et n'osai lui avouer que j'avais interrogé Mercanson. Elle voulut absolument que j'écoutasse ses explications. M. de Dalens l'avait aimée; mais c'était un homme léger, très dissipé et très inconstant; elle lui avait fait comprendre que, ne voulant pas se remarier, elle ne pouvait que le prier de changer de langage, et il s'était résigné de bonne grâce; mais ses visites, depuis ce temps, avaient toujours été plus rares, et aujourd'hui il ne venait plus. Elle tira de la liasse une lettre qu'elle me montra, et dont la date était récente; je ne pus m'empêcher de rougir en y trouvant la confirmation de ce qu'elle venait de me dire ; elle m'assura qu'elle me pardonnait, et exigea de moi, pour tout châtiment, la promesse que dorénavant je lui ferais part à l'instant même de ce qui pourrait éveiller en moi quelque soupçon sur elle. Notre traité fut scellé d'un baiser, et, lorsque je partis, au jour, nous avions oublié tous deux que M. de Dalens existât.

## CHAPITRE II

Une espèce d'inertie stagnante, colorée d'une joie amère, est ordinaire aux débauchés. C'est une suite d'une vie de caprice, où rien n'est réglé sur les besoins du corps, mais sur les fantaisies de l'esprit, et où l'un doit toujours être prêt à obéir à l'autre. La jeunesse et la volonté peuvent résister aux excès; mais la nature se venge en silence, et le jour où elle décide qu'elle va réparer sa force, la volonté meurt pour l'attendre et en abuser de nouveau.

Retrouvant alors autour de lui tous les objets qui le tentaient la veille, l'homme qui n'a plus la force de s'en saisir ne peut rendre à ce qui l'entoure que le sourire du dégoût. Ajoutez que ces objets mêmes, qui excitaient bien son désir, ne sont jamais abordés de sang-froid; tout ce qu'aime le débauché, il s'en empare avec violence; sa vie est une fièvre; ses organes, pour chercher la jouissance, sont obligés de se mettre au pair avec des liqueurs fermentées, des courtisanes et des nuits sans sommeil; dans ses jours d'ennui et de paresse, il sent donc une bien plus grande distance qu'un autre homme entre son impuissance et ses tentations, et, pour résister à celles-ci, il faut que l'orgueil vienne à son secours et lui fasse croire qu'il les dédaigne. C'est ainsi qu'il crache sans cesse sur tous les festins de sa vie, et qu'entre une soif ardente et une profonde satiété la vanité tranquille le conduit à la mort.

Quoique je ne fusse plus un débauché, il m'arriva tout à coup que mon corps se souvint de l'avoir été. Il est tout simple que jusque-là je ne m'en fusse pas aperçu. Devant la douleur que j'avais ressentie à la mort de mon père, tout d'abord avait fait silence. Un amour violent était venu ; tant que j'étais dans la solitude, l'ennui n'avait pas à lutter. Triste ou gai, comme vient le temps, qu'importe à celui qui est seul ?

Comme le zinc, ce demi-métal, tiré de la veine bleuâtre où il dort dans la calomnie, fait jaillir de lui-même un rayon du soleil en approchant du cuivre vierge, ainsi les baisers de Brigitte réveillèrent peu à peu dans mon cœur ce que j'y portais enfoui. Dès que je me trouvai vis-à-vis d'elle, je m'aperçus de ce que j'étais.

Il y avait de certains jours où je me sentais, dès le matin, une disposition d'esprit si bizarre, qu'il est impossible de la qualifier. Je me réveillais sans motif, comme un homme qui a fait la veille un excès de table qui l'a épuisé. Toutes les sensations du dehors me causaient une fatigue insupportable, tous les objets connus et habituels me rebutaient et m'ennuyaient ; si je parlais, c'était pour tourner en ridicule ce que disaient les autres ou ce que je pensais moi-même. Alors, étendu sur un canapé, et comme incapable de mouvement, je faisais manquer de propos délibéré toutes les parties de promenade que nous avions concertées la veille ; j'imaginais de rechercher dans ma mémoire ce que, durant mes bons moments, j'avais pu dire de mieux senti et de plus sincèrement tendre à ma chère maîtresse, et je n'étais satisfait que lorsque mes plaisanteries ironiques avaient gâté et empoisonné ces souvenirs des jours heureux. « Ne pourriez-vous me laisser cela ? me demandait tristement Brigitte. S'il y a en vous deux hommes si différents, ne pourriez-vous, quand le mauvais se lève, vous contenter d'oublier le bon ? »

La patience que Brigitte opposait à ces égarements ne faisait cependant qu'exciter ma gaieté sinistre. Étrange chose, que l'homme qui souffre veuille faire souffrir ce qu'il aime ! Qu'on ait si peu d'empire sur soi, n'est-ce pas la pire des maladies ? Qu'y a-t-il de plus cruel pour une femme que de voir un homme qui sort de ses bras tourner en dérision, par une bizarrerie sans excuse, ce que les nuits heureuses ont de plus sacré et de plus mystérieux ? Elle ne me fuyait pourtant pas ; elle restait auprès de moi, courbée sur sa tapisserie, tandis que, dans mon humeur féroce, j'insultais ainsi à l'amour, et laissais grommeler ma démence sur une bouche humide de ses baisers.

Ces jours-là, contre l'ordinaire, je me sentais en train de parler de Paris et de représenter ma vie débauchée comme la meilleure chose du monde. « Vous n'êtes qu'une dévote, disais-je en riant à Brigitte : vous ne savez pas ce que c'est. Il n'y a rien de tel que les gens sans souci et qui font l'amour sans y croire. » N'était-ce pas dire que je n'y croyais pas ?

« Eh bien, me répondait Brigitte, enseignez-moi à vous plaire toujours. Je suis peut-être aussi jolie que les maîtresses que vous regrettez ; si je n'ai pas l'esprit qu'elles avaient pour vous divertir à leur manière, je ne demande qu'à apprendre. Faites comme si vous ne m'aimiez pas, et laissez-moi vous aimer sans en rien dire. Si je suis dévote à l'église, je le suis aussi en amour. Que faut-il faire pour que vous le croyiez ? »

La voilà devant son miroir, s'habillant au milieu du jour comme pour un bal ou pour une fête, affectant une coquetterie qu'elle ne pouvait cependant souffrir, cherchant à prendre le même ton que moi, riant et sautant par la chambre. « Suis-je à votre goût ? disait-elle. A laquelle de vos maîtresses trouvez-vous que je ressemble ? Suis-je assez belle pour vous faire oublier qu'on peut croire encore à l'amour ? Ai-je l'air d'une sans-souci ? » Puis, au milieu de cette joie factice, je la voyais qui me tournait le dos, et un frisson involontaire faisait trembler sur ses cheveux les tristes fleurs qu'elle y posait. Je m'élançais alors à ses pieds. « Cesse, lui disais-je, tu ressembles trop bien à ce que tu veux imiter et à ce que ma bouche est assez vile pour oser rappeler devant toi. Ote ces fleurs, ôte cette robe. Lavons cette gaieté avec une larme sincère ; ne me fais pas souvenir que je ne suis que l'enfant prodigue ; je ne sais que trop le passé. »

Mais ce repentir même était cruel : il lui prouvait que les fantômes que j'avais dans le cœur étaient pleins de réalité. En cédant à un mouvement d'horreur, je ne faisais que lui dire clairement que sa résignation et son désir de me plaire ne m'offraient qu'une image impure.

Et c'était vrai. J'arrivais chez Brigitte transporté de joie, jurant d'oublier dans ses bras ma douleur et ma vie passée ; je protestais à deux genoux de mon respect pour elle jusqu'au pied de son lit ; j'y entrais comme dans un sanctuaire ; je lui tendais les bras en répandant des larmes, puis elle faisait un certain geste, elle quittait sa robe d'une certaine façon, elle disait un

La Confession d'un enfant du siècle. Page 184

certain mot en s'approchant de moi; et je me souvenais tout à coup de telle fille qui, en quittant sa robe un soir et en approchant de mon lit, avait fait ce geste, avait dit ce mot.

Pauvre âme dévouée! que souffrais-tu alors en me voyant pâlir devant toi, lorsque mes bras prêts à te recevoir, tombaient comme privés de vie sur ton épaule douce et fraîche! lorsque le baiser se fermait sur ma lèvre, et que le plein regard de l'amour, ce pur rayon de la lumière de Dieu, reculait dans mes yeux comme une flèche que le vent détourne! Ah! Brigitte, quels diamants coulaient de tes paupières? dans quels trésors de charité sublime tu puisais, d'une main patiente, ton triste amour plein de pitié!

Pendant longtemps les bons et les mauvais jours se succédèrent presque régulièrement; je me montrais alternativement doux et railleur, tendre et dévoué, sec et orgueilleux, repentant et soumis. La figure de Desgenais, qui la première m'avait apparu comme pour m'avertir de ce que j'allais faire, était sans cesse présente à ma pensée. Durant mes jours de doute et de froideur, je m'entretenais, pour ainsi dire, avec lui; souvent au moment même où je venais d'offenser Brigitte par quelque raillerie cruelle, je me disais : « S'il était à ma place, il en ferait bien d'autres que moi! »

Quelquefois aussi, en mettant mon chapeau pour aller chez Brigitte, je me regardais dans la glace et je me disais : « Quel grand mal y a-t-il? J'ai après tout, une jolie maîtresse; elle s'est donnée à un libertin, qu'elle me prenne tel que je suis. » J'arrivais le sourire sur les lèvres, je me jetais dans un fauteuil d'un air indolent et délibéré; puis je voyais approcher Brigitte avec ses grands yeux doux et inquiets : je prenais dans mes mains ses petites mains blanches, et je me perdais dans un rêve infini.

Comment donner un nom à une chose sans nom? Étais-je bon ou étais-je méchant? étais-je défiant ou étais-je fou? Il ne faut pas y réfléchir, il faut aller; cela était ainsi.

Nous avions pour voisine une jeune femme qui s'appelait madame Daniel; elle ne manquait pas de beauté, encore moins de coquetterie; elle était pauvre, et voulait passer pour riche; elle venait nous voir après dîner, et jouait toujours gros jeu contre nous, quoique ses pertes la missent mal à l'aise; elle chantait, et n'avait point de voix. Au fond de ce village ignoré, où sa mauvaise destinée la forçait de s'ensevelir, elle se sentait dévorée d'une soif inouïe de plaisir. Elle ne parlait que de Paris, où elle mettait les pieds deux ou trois jours par an; elle prétendait suivre les modes; ma chère Brigitte l'y aidait de son mieux, tout en souriant de pitié. Son mari était employé au cadastre : il la menait, les jours de fête, au chef-lieu du département, et, affublée de tous ses atours, la petite femme dansait là de tout son cœur avec la garnison, dans les salons de la préfecture. Elle en revenait les yeux brillants et le corps brisé; elle arrivait alors chez nous afin d'avoir à conter ses prouesses et les petits chagrins qu'elle avait causés. Le reste du temps, elle lisait des romans, n'ayant jamais rien vu de son ménage, qui, du reste, n'était pas ragoûtant.

Toutes les fois que je la voyais, je ne manquais pas de me moquer d'elle, ne trouvant rien de si ridicule que cette vie qu'elle croyait mener; j'interrompais ses récits de fête pour lui demander des nouvelles de son mari et de son beau-père, qu'elle détestait par-dessus tout, l'un parce qu'il était son mari, et l'autre parce qu'il n'était qu'un paysan : enfin, nous n'étions guère ensemble sans nous disputer sur quelque sujet.

Je m'avisai, dans mes mauvais jours, de faire la cour à cette femme, uniquement pour chagriner Brigitte. « Voyez, disais-je, comme madame Daniel entend parfaitement la vie ! De l'humeur enjouée dont elle est, peut-on souhaiter une plus charmante maîtresse ? » J'entreprenais alors son éloge : son babillage insignifiant devenait un laisser-aller plein de finesse, ses prétentions exagérées une envie de plaire toute naturelle; était-ce sa faute si elle était pauvre? du moins elle ne pensait qu'au plaisir et le confessait franchement; elle ne faisait pas de sermons et n'écoutait pas ceux des autres. J'allais jusqu'à dire à Brigitte qu'elle devait la prendre pour modèle, et que c'était là tout à fait le genre de femme qui me plaisait.

La pauvre madame Daniel surprit dans les yeux de Brigitte quelques signes de mélancolie. C'était une étrange créature, aussi bonne et aussi sincère, quand on la tirait de ses chiffons, qu'elle était sotte quand elle les avait en tête. Elle fit, à cette occasion, une action toute semblable à elle, c'est-à-dire à la fois bonne et sotte. Un beau jour, à la promenade, comme elles étaient toutes deux seules, elle se jeta dans les bras de Brigitte, lui dit qu'elle s'apercevait que je commençais à lui faire la cour, et que je lui adressais des propos dont l'intention n'était pas douteuse ; mais qu'elle savait que j'étais l'amant d'une autre, et que, pour elle, quoi qu'il pût arriver, elle mourrait plutôt que de détruire le bonheur d'une amie. Brigitte la remercia, et madame Daniel, ayant mis sa conscience en repos, ne se fit plus faute d'œillades pour me désoler de son mieux.

Lorsque, le soir, elle fut partie, Brigitte me dit d'un ton sévère ce qui s'était passé dans le bois ; elle me pria de lui épargner de pareils affronts à l'avenir. « Non pas, dit-elle, que j'en fasse cas, ni que je croie à ses plaisanteries ; mais, si vous avez quelque amour pour moi, il me semble qu'il est inutile d'apprendre à un tiers que vous ne l'avez pas tous les jours.

— Est-il possible, répondis-je en riant, que cela ait quelque importance ? Vous voyez bien que je me moque et que c'est pour passer le temps.

— Ah ! mon ami, mon ami, dit Brigitte, c'est un malheur qu'il faille passer le temps. »

Quelques jours après, je lui proposai d'aller nous-mêmes à la préfecture et de voir danser madame Daniel ; elle y consentit à regret. Tandis qu'elle achevait sa toilette, j'étais auprès de la cheminée, et je lui fis quelque reproche sur ce qu'elle perdait son ancienne gaîté. « Qu'avez-vous donc ? lui demandai-je (je le savais aussi bien qu'elle) ; pourquoi cet air morose qui maintenant ne vous quitte plus ? En vérité, vous nous ferez vivre dans un tête-à-tête un peu triste. Je vous ai connu autrefois un caractère plus joyeux, plus libre et plus ouvert ; il n'est guère flatteur pour moi de voir que je l'ai fait changer. Mais vous avez l'esprit claustral ; vous étiez née pour vivre au couvent. »

C'était un dimanche ; quand nous passâmes sur la promenade, Brigitte fit arrêter la voiture pour dire bonsoir à quelques bonnes amies, fraîches et braves filles de campagne qui s'en allaient danser aux Tilleuls. Après qu'elle les eut quittées, elle eut longtemps la tête à la portière ; son petit bal lui était cher ; elle porta son mouchoir à ses yeux.

Nous trouvâmes à la préfecture madame Daniel dans toute sa joie. Je commençai à la faire danser assez souvent pour qu'on le remarquât ; je lui fis mille compliments, et elle y répondit de son mieux.

Brigitte était en face de nous ; son regard ne nous quittait pas. Ce que j'éprouvais est difficile à dire : c'était du plaisir et de la peine. Je la voyais clairement jalouse; mais, au lieu d'en être touché, je fis tout ce qu'il fallait pour l'inquiéter davantage.

Je m'attendais, en revenant, à des reproches de sa part; non seulement elle ne m'en fit pas, mais elle resta sombre et muette le lendemain et le jour suivant. Quand j'arrivais chez elle, elle venait à moi et m'embrassait; après quoi nous nous asseyions l'un en face de l'autre, préoccupés tous deux et échangeant à peine quelques paroles insignifiantes. Le troisième jour, elle parla, éclata en reproches amers, me dit que ma conduite était inexplicable, qu'elle ne savait qu'en penser, sinon que je ne l'aimais plus; mais qu'elle ne pouvait supporter cette vie, qu'elle était résolue à tout plutôt que de souffrir mes bizarreries et mes froideurs. Elle avait les yeux pleins de larmes, et j'étais prêt à lui demander pardon, lorsqu'il lui échappa tout à coup quelques mots tellement amers, que mon orgueil se révolta. Je lui répliquai sur le même ton, et notre querelle prit un caractère de violence. Je lui dis qu'il était ridicule que je ne pusse inspirer à ma maîtresse assez de confiance pour qu'elle s'en rapportât à moi sur les actions les plus ordinaires; que madame Daniel n'était qu'un prétexte; qu'elle savait fort bien que je ne pensais pas sérieusement à cette femme; que sa prétendue jalousie n'était qu'un despotisme très réel; et que, du reste, si cette vie la fatiguait, il ne tenait qu'à elle de la rompre.

« Soit, me répondit-elle. Aussi bien, depuis que je suis à vous, je ne vous reconnais plus; vous avez sans doute joué une comédie pour me persuader que vous m'aimiez; elle vous lasse, et vous n'avez plus que du mal à me rendre. Vous me soupçonnez de vous tromper sur le premier mot qu'on vous dit, et je n'ai pas le droit de souffrir une insulte que vous me faites. Vous n'êtes plus l'homme que j'ai aimé.

— Je sais, lui dis-je, ce que c'est que vos souffrances. A quoi tient-il qu'elles ne se renouvellent à chaque pas que je ferai? Je n'aurai bientôt plus la permission d'adresser la parole à une autre que vous. Vous feignez d'être maltraitée afin de pouvoir insulter vous-même; vous m'accusez de tyrannie pour que je devienne un esclave. Puisque je trouble votre repos, vivez en paix; vous ne me verrez plus. »

Nous nous quittâmes avec colère, et je passai un jour sans la voir. Le lendemain soir, vers minuit, je me sentis une telle tristesse, que je ne pus y résister. Je versai un torrent de larmes; je m'accablai moi-même d'injures que je méritais bien. Je me dis que je n'étais qu'un fou, et qu'une méchante espèce de fou, de faire souffrir la plus noble, la meilleure des créatures. Je courus chez elle pour me jeter à ses pieds.

En entrant dans le jardin, je vis sa chambre éclairée, et une pensée douteuse me traversa l'esprit. « Elle ne m'attend pas à cette heure, me dis-je; qui sait ce qu'elle fait? Je l'ai laissée en larmes hier; je vais peut-être la retrouver en train de chanter, et ne se souciant pas plus de moi que si je n'existais pas. Elle est peut-être à sa toilette, comme *l'autre.* Il faut que j'entre doucement et que je sache à quoi m'en tenir. »

Je m'avançai sur la pointe des pieds, et la porte se trouvant par hasard entr'ouverte, je pus voir Brigitte sans être vu.

Elle était assise devant sa table et écrivait dans ce même livre qui avait causé mes premiers doutes sur son compte. Elle tenait dans sa main gauche une petite boîte de bois blanc qu'elle regardait de temps en temps avec une sorte de tremblement nerveux. Je ne sais ce qu'il y avait de sinistre dans l'apparence de tranquillité qui régnait dans la chambre. Son secrétaire était ouvert, et plusieurs liasses de papier y étaient rangées, comme venant d'y être mises en ordre.

Je fis quelque bruit en poussant la porte. Elle se leva, alla au secrétaire qu'elle ferma, puis vint à moi avec un sourire : « Octave, me dit-elle, nous somme deux enfants, mon ami. Notre querelle n'a pas le sens commun, et, si tu n'étais revenu ce soir, j'aurais été chez toi cette nuit. Pardonne-moi, c'est moi qui ai tort. Madame Daniel vient dîner demain; fais-moi repentir, si tu veux de ce que tu appelles mon despotisme. Pourvu que tu m'aimes, je suis heureuse; oublions ce qui s'est passé, et ne gâtons pas notre bonheur. »

## CHAPITRE III

Notre querelle avait été, pour ainsi dire, moins triste que notre réconciliation; elle fut accompagnée, de la part de Brigitte, d'un mystère qui m'effraya d'abord, puis qui me laissa dans l'âme une inquiétude continuelle.

Plus j'allais, plus se développaient en moi, malgré tous mes efforts, les deux éléments de malheur que le passé m'avait légués : tantôt une jalousie furieuse pleine de reproches et d'injures; tantôt une gaieté cruelle, une légèreté affectée qui outrageait en plaisantant ce que j'avais de plus cher. Ainsi me poursuivaient sans relâche des souvenirs inexorables; ainsi Brigitte se voyait traitée alternativement ou comme une maîtresse infidèle ou comme une fille entretenue, tombait peu à peu dans une tristesse qui dévastait notre vie entière; et le pire de tout, c'est que cette tristesse même, quoique j'en sentisse le motif et que je me sentisse coupable, ne m'en était pas moins à charge. J'étais jeune et j'aimais le plaisir; ce tête-à-tête de tous les jours avec une femme plus âgée que moi, qui souffrait et languissait, ce visage de plus en plus sérieux que j'avais toujours devant moi, tout cela révoltait ma jeunesse et m'inspirait des regrets amers pour ma liberté d'autrefois.

Lorsque, par un beau clair de lune, nous traversions lentement la forêt, nous nous sentions pris tous les deux d'une mélancolie profonde. Brigitte me regardait avec pitié. Nous allions nous asseoir sur une roche qui dominait une gorge déserte; nous y passions des heures entières; ses yeux à demi voilés plongeaient dans mon cœur à travers les miens, puis elle les reportait sur la nature, sur le ciel et sur la vallée. « Ah! mon cher enfant, disait-elle, que je te plains! tu ne m'aimes pas. »

Pour gagner cette roche, il fallait faire deux lieues dans les bois ; autant pour revenir, cela faisait quatre. Brigitte n'avait peur ni de la fatigue ni de la nuit. Nous partions à onze heures du soir pour ne rentrer quelquefois qu'au matin. Quand il s'agissait de ces grandes courses, elle prenait une blouse bleue et des habits d'homme, disant avec gaieté que son costume habituel n'était pas fait pour les broussailles. Elle marchait devant moi dans le sable, d'un pas déterminé et avec un mélange si charmant de délicatesse féminine et de témérité enfantine, que je m'arrêtais pour la regarder à chaque instant. Il semblait, une fois lancée, qu'elle eût à accomplir une tâche difficile, mais sacrée ; elle allait devant comme un soldat, les bras ballants et chantant à tue-tête ; tout d'un coup elle se retournait, venait à moi et m'embrassait. C'était pour aller ; au retour, elle s'appuyait sur mon bras : alors plus de chanson ; c'étaient des confidences, de tendres propos à voix basse, quoique nous fussions tous deux seuls à plus de deux lieues à la ronde. Je ne me souviens pas d'un seul mot échangé durant le retour qui ne fût pas d'amour ou d'amitié.

Un soir nous avions pris, pour gagner la roche, un chemin de notre invention, c'est-à-dire que nous avions été à travers les bois sans suivre de chemin. Brigitte y allait de si bon cœur et sa petite casquette de velours sur ses grands cheveux blonds lui donnait si bien l'air d'un gamin résolu, que j'oubliais qu'elle était femme, lorsqu'il y avait quelque pas difficile à franchir. Plus d'une fois elle avait été obligée de me rappeler pour l'aider à grimper aux roches, tandis que, sans songer à elle, je m'étais déjà élancé plus haut. Je ne puis dire l'effet que produisait alors, dans cette nuit claire et magnifique, au milieu des forêts, cette voix de femme à demi joyeuse et à demi plaintive, sortant de ce petit corps d'écolier accroché aux genêts et aux troncs d'arbres, et ne pouvant plus avancer. Je la prenais dans mes bras. « Allons, madame, lui disais-je en riant, vous êtes un joli petit montagnard brave et alerte ; mais vous écorchez vos mains blanches, et, malgré vos gros souliers ferrés, votre bâton et votre air martial, je vois qu'il faut vous emporter. »

Nous arrivâmes tout essoufflés ; j'avais autour du corps une courroie,

LA CONFESSION D'UN ENFANT DU SIÈCLE. — Page 192

et je portais de quoi boire dans une bouteille d'osier. Lorsque nous fûmes sur la roche, ma chère Brigitte me demanda ma bouteille; je l'avais perdue, aussi bien qu'un briquet qui nous servait à un autre usage : c'était à lire les noms des routes écrits sur les poteaux quand nous nous étions égarés, ce qui arrivait continuellement. Je grimpais alors aux poteaux, et il s'agissait d'allumer le briquet assez à propos pour saisir au passage les lettres à demi effacées; tout cela follement, comme deux enfants que nous étions. Il fallait nous voir dans un carrefour, lorsqu'il y avait à déchiffrer, non pas un poteau, mais cinq ou six, jusqu'à ce que le bon se trouvât. Mais ce soir-là tout notre bagage était resté dans l'herbe. « Eh bien, me dit Brigitte, nous passerons la nuit ici; aussi bien je suis fatiguée. Ce rocher est un lit un peu dur; nous en ferons un avec des feuilles sèches. Asseyons-nous et n'en parlons plus. »

La soirée était superbe : la lune se levait derrière nous; je la vois encore à ma gauche. Brigitte la regarda longtemps sortir doucement des dentelures noires que les collines boisées dessinaient à l'horizon. A mesure que la clarté de l'astre se dégageait des taillis épais et se répandait dans le ciel, la chanson de Brigitte devenait plus lente et plus mélancolique. Elle s'inclina bientôt, et, me jetant ses bras autour du cou : « Ne crois pas, me dit-elle, que je ne comprenne pas ton cœur, et que je te fasse des reproches de ce que tu me fais souffrir. Ce n'est pas ta faute, mon ami, si tu manques de force pour oublier ta vie passée; c'est de bonne foi que tu m'as aimée, et je ne regretterai jamais, quand je devrais mourir de ton amour, le jour où je me suis donnée. Tu as cru renaître à la vie et que tu oublierais dans mes bras le souvenir des femmes qui t'ont perdu. Hélas! Octave, j'ai souri autrefois de cette précoce expérience que tu disais avoir acquise, et dont je t'entendais te vanter comme les enfants qui ne savent rien. Je croyais que je n'avais qu'à vouloir, et que tout ce qu'il y avait de bon dans ton cœur allait te venir sur les lèvres à mon premier baiser. Tu le croyais toi-même, et nous nous sommes trompés tous deux. O enfant! tu portes au cœur une plaie qui ne veut pas guérir; cette femme qui t'a trompé, il faut que tu l'aies bien aimée! oui, plus que moi, bien plus, hélas! puisque avec tout mon pauvre amour je ne puis effacer son image; il faut aussi qu'elle t'ait cruellement trompé, puisque c'est en vain que je te suis fidèle!

Et les autres, ces misérables, qu'ont-elles donc fait pour empoisonner ta jeunesse? Les plaisirs qu'elles t'ont vendus étaient donc bien vifs et bien terribles, puisque tu me demandes de leur ressembler! Tu te souviens d'elles près de moi! Ah! mon enfant, c'est là le plus cruel. J'aime mieux te voir, injuste et furieux, me reprocher des crimes imaginaires et te venger sur moi du mal que t'a fait ta première maîtresse, que de trouver sur ton visage cette affreuse gaieté, cet air de libertin railleur qui vient tout à coup se poser comme un masque de plâtre entre tes lèvres et les miennes. Dis-moi, Octave, pourquoi cela? pourquoi ces jours où tu parles de l'amour avec mépris, et où tu railles si tristement jusqu'à nos épanchements les plus doux? Quel empire avait donc pris sur tes nerfs irritables cette vie affreuse que tu as menée, pour que de pareilles injures flottent encore malgré toi sur tes lèvres? Oui, malgré toi, car ton cœur est noble, tu rougis toi-même de ce que tu fais; tu m'aimes trop pour n'en pas souffrir, parce que tu vois que j'en souffre. Ah! je te connais maintenant. La première fois que je t'ai vu ainsi, j'ai été prise d'une terreur dont rien ne peut te donner l'idée. J'ai cru que tu n'étais qu'un roué, que tu m'avais trompée à dessein par l'apparence d'un amour que tu n'éprouvais pas, et que je te voyais tel que tu étais véritablement. O mon ami! j'ai pensé à la mort; quelle nuit j'ai passée! Tu ne connais pas ma vie; tu ne sais pas que, moi qui te parle, je n'ai pas fait du monde une expérience plus douce que la tienne. Hélas! elle est douce, la vie, mais c'est à ceux qui ne la connaissent pas.

« Vous n'êtes pas, mon cher Octave, le premier homme que j'aie aimé. Il y a au fond de mon cœur une histoire fatale que je désire que vous sachiez. Mon père m'avait destinée, jeune encore, au fils unique d'un vieil ami. Ils étaient voisins de campagne et possédaient deux petits domaines à peu près d'égale valeur. Les deux familles se voyaient tous les jours et vivaient pour ainsi dire ensemble. Mon père mourut; il y avait longtemps que nous avions perdu ma mère. Je demeurai sous la garde de ma tante, que vous connaissez. Un voyage qu'elle fut obligée de faire quelque temps après la força de me confier à son tour à mon futur beau-père. Il ne m'appelait jamais autrement que sa fille, et il était si bien connu dans le pays que je devais épouser son fils, qu'on nous laissait tous deux ensemble avec la plus grande liberté.

« Ce jeune homme, dont il est inutile de vous dire le nom, avait toujours paru m'aimer. Ce qui était depuis des années une amitié d'enfance devint de l'amour avec le temps. Il commençait, quand nous étions seuls, à me parler du bonheur qui nous attendait; il me peignait son impatience. J'étais plus jeune que lui d'un an seulement; mais il avait fait dans le voisinage la connaissance d'un homme de mauvaise vie, une espèce de chevalier d'industrie dont il avait écouté les conseils. Tandis que je me livrais à ses caresses avec la confiance d'un enfant, il résolut de tromper son père, de nous manquer à tous de parole et de m'abandonner après m'avoir perdue.

« Son père nous avait fait venir le matin dans sa chambre, et là, en présence de toute la famille, nous avait annoncé que le jour de notre mariage était fixé. Le soir même de ce jour, il me rencontra au jardin, me parla de son amour avec plus de force que jamais, me dit que, puisque l'époque était décidée, il se regardait comme mon mari, et qu'il l'était devant Dieu depuis sa naissance. Je n'eus d'autre excuse à alléguer que ma jeunesse, mon ignorance et la confiance que j'avais. Je me donnai à lui avant d'être sa femme, et huit jours après il quitta la maison de son père; il prit la fuite avec une femme que son nouvel ami lui avait fait connaître ; il nous écrivit qu'il partait pour l'Allemagne, et nous ne l'avons jamais revu.

« Voilà en un mot l'histoire de ma vie; mon mari l'a sue comme vous la savez maintenant. J'ai beaucoup d'orgueil, mon enfant, et j'avais juré dans ma solitude que jamais un homme ne me ferait souffrir une seconde fois ce que j'ai souffert alors. Je vous ai vu, et j'ai oublié mon serment, mais non pas ma douleur. Il faut me traiter doucement; si vous êtes malade, je le suis aussi; il faut avoir soin l'un de l'autre. Vous le voyez, Octave, je sais aussi ce que c'est que le souvenir du passé. Il m'inspire aussi près de vous des moments de terreur cruelle ; j'aurai plus de courage que vous, car peut-être ai-je plus souffert. Ce sera à moi de commencer; mon cœur est bien peu sûr de lui, je suis encore bien faible; ma vie, dans ce village, était si tranquille avant que tu n'y fusses venu! je m'étais tant promis de n'y rien changer! Tout cela me rend exigeante. Eh bien, n'importe, je suis à toi. Tu m'as dit, dans tes bons moments, que la Providence m'a chargée de veiller sur toi comme une mère. C'est la vérité, mon ami; je ne suis pas votre maîtresse tous les jours; il y en a beaucoup où je suis, où je veux être votre mère. Oui, lorsque vous me faites souffrir, je ne vois plus en vous mon amant; vous n'êtes plus qu'un enfant malade, défiant ou mutin, que je veux soigner ou guérir pour retrouver celui que j'aime et que je veux toujours aimer. Que Dieu me donne cette force! ajouta-t-elle en regardant le ciel. Que Dieu qui nous voit, qui m'entend, que le Dieu des mères et des amantes me laisse accomplir cette tâche! Quand je devrais y succomber, quand mon orgueil qui se révolte, mon pauvre cœur qui se brise malgré moi, quand toute ma vie... »

Elle n'acheva pas; ses larmes l'arrêtèrent. O Dieu! je l'ai vue là sur ses genoux, les mains jointes, inclinée sur la pierre; le vent la faisait vaciller devant moi comme les bruyères qui nous environnaient. Frêle et sublime créature! elle priait pour son amour. Je la soulevai dans mes bras. « O mon unique amie! m'écriai-je, ô ma maîtresse, ma mère et ma sœur! demande aussi pour moi que je puisse t'aimer comme tu le mérites. Demande que je puisse vivre; que mon cœur se lave dans tes larmes; qu'il devienne une hostie sans tache, et que nous la partagions devant Dieu! »

Nous nous renversâmes sur la pierre. Tout se taisait autour de nous; au-dessus de nos têtes se déployait le ciel resplendissant d'étoiles. « Le reconnais-tu? dis-je à Brigitte; te souviens-tu du premier jour? »

Dieu merci, depuis cette soirée, nous ne sommes jamais retournés à cette roche. C'est un autel qui est resté pur; c'est un des seuls spectres de ma vie qui soit encore vêtu de blanc lorsqu'il passe devant mes yeux.

## CHAPITRE IV

Comme je traversais la place, je vis un soir deux hommes arrêtés, dont l'un disait assez haut : « Il paraît qu'il l'a maltraitée. — C'est sa faute, répondit l'autre ; pourquoi choisir un homme pareil ? Il n'a eu affaire qu'à des filles ; elle porte la peine de sa folie. »

Je m'avançai dans l'obscurité pour reconnaître ceux qui parlaient ainsi et tâcher d'en entendre davantage ; mais ils s'éloignèrent en me voyant.

Je trouvai Brigitte inquiète ; sa tante était gravement malade ; elle n'eut que le temps de me dire quelques mots. Je ne pus la voir d'une semaine entière ; je sus qu'elle avait fait venir un médecin de Paris ; enfin un jour elle m'envoya demander.

« Ma tante est morte, me dit-elle ; je perds le seul être qui me restât sur la terre. Je suis maintenant seule au monde, et je vais quitter le pays.

— Ne suis-je donc vraiment rien pour vous ?

— Si, mon ami ; vous savez que je vous aime, et je crois souvent que vous m'aimez. Mais comment pourrais-je compter sur vous ? Je suis votre maîtresse, hélas ! sans que vous soyez mon amant. C'est pour vous que Shakspeare a dit ce triste mot : « Fais-toi faire un habit de taffetas changeant, car ton cœur est semblable à l'opale aux mille couleurs. » Et moi, Octave, ajouta-t-elle en me montrant sa robe de deuil, je suis vouée à une seule couleur, et pour longtemps, je n'en changerai plus.

— Quittez le pays si vous voulez ; ou je me tuerai, ou je vous suivrai. Ah ! Brigitte, continuai-je en me jetant à genoux devant elle, vous avez pensé que vous étiez seule en voyant mourir votre tante ! C'est la plus cruelle punition que vous puissiez m'infliger ; jamais je n'ai senti avec plus de douleur la misère de mon amour pour vous. Il faut que vous rétractiez cette pensée horrible ; je la mérite, mais elle me tue. O Dieu ! serait-il vrai que je compte pour rien dans votre vie, ou que je n'y suis quelque chose que par le mal que je vous fais !

— Je ne sais, dit-elle, qui s'occupe de nous ; il s'est répandu depuis quelque temps, dans ce village et dans les environs, des discours singuliers. Les uns disent que je me perds ; on m'accuse d'imprudence et de folie ; les autres vous représentent comme un homme cruel et dangereux. On a fouillé, je ne sais comment, jusque dans nos plus secrètes pensées ; ce que je croyais savoir seule, ces inégalités dans votre conduite et les tristes scènes auxquelles elles ont donné lieu, tout cela est connu ; ma pauvre tante m'en a parlé, et il y a longtemps qu'elle le savait sans en rien dire. Qui sait si tout cela ne l'a pas fait descendre plus vite, plus cruellement, dans le tombeau. Lorsque je rencontre à la promenade mes anciennes amies, elles m'abordent froidement ou s'éloignent à mon approche ; mes chères paysannes elles-mêmes, ces bonnes filles qui m'aimaient tant, lèvent les épaules le dimanche lorsqu'elles voient ma place vide sous l'orchestre de leur petit bal. Pourquoi, comment cela se fait-il ? je l'ignore, vous aussi sans doute ; mais il faut que je parte, je ne puis supporter cela. Et cette mort, cette maladie subite et affreuse, par-dessus tout, cette solitude ! cette chambre vide ! Le courage me manque ; mon ami, mon ami, ne m'abandonnez pas ! »

Elle pleurait ; j'aperçus dans la chambre voisine des hardes en désordre, une malle à terre, et tout ce qui annonce des préparatifs de départ. Il était clair qu'au moment de la mort de sa tante Brigitte avait voulu partir sans moi, et qu'elle n'en avait pas eu la force. Elle était en effet si abattue, qu'elle ne parlait qu'avec peine ; sa situation était horrible, et c'était moi qui l'avais faite. Non seulement elle était malheureuse, mais on l'outrageait en public, et l'homme en qui elle aurait dû trouver à la fois un soutien et un consolateur n'était pour elle qu'une source plus féconde encore d'inquiétude et de tourments.

Je sentis si vivement mes torts, que je me fis honte à moi-même. Après tant de promesses, tant d'exaltation inutile, tant de projets et tant d'espérances voilà, en somme, ce que j'avais fait, et dans l'espace de trois mois ! Je me croyais dans le cœur un trésor, et il n'en était sorti qu'un fiel amer, l'ombre d'un rêve, et le malheur d'une femme que j'adorais. Pour la première fois je me trouvais réellement en face de moi-même; Brigitte ne me reprochait rien ; elle voulait partir et ne le pouvait pas; elle était prête à souffrir encore. Je me demandai tout à coup si je ne devais pas la quitter, si ce n'était pas à moi de la fuir et de la délivrer d'un fléau.

Je me levai, et, passant dans la chambre voisine, j'allai m'asseoir sur la malle de Brigitte. Là, j'appuyai mon front dans mes mains, et demeurai comme anéanti. Je regardais autour de moi tous ces paquets à moitié faits, ces hardes étalées sur les meubles; hélas! je les connaissais toutes; il y avait un peu de mon cœur après tout ce qui l'avait touchée. Je commençai à calculer tout le mal que j'avais causé; je revis passer ma chère Brigitte sous l'allée des tilleuls, son chevreau blanc courant après elle.

« O homme! m'écriai-je, et de quel droit? Qui te rend si osé que de venir ici et de mettre la main sur cette femme? Qui a permis qu'on souffre pour toi? Tu te peignes devant ton miroir, et t'en vas, fat, en bonne fortune chez ta maîtresse désolée; tu te jettes sur les coussins où elle vient de prier pour toi et pour elle, et tu frappes doucement, d'un air dégagé, sur ces mains fluettes qui tremblent encore. Tu ne t'entends pas trop mal à exalter une pauvre tête, et tu pérores assez chaudement dans tes délires amoureux, à peu près comme les avocats qui sortent les yeux rouges d'un méchant procès qu'ils ont perdu. Tu fais le petit enfant prodigue, tu badines avec la souffrance; tu trouves du laisser-aller, à accomplir à coups d'épingle un meurtre de boudoir. Que diras-tu au Dieu vivant lorsque ton œuvre sera achevée? Où s'en va la femme qui t'aime? Où glisses-tu, où tombes-tu, pendant qu'elle s'appuie sur toi? De quel visage enseveliras-tu un jour ta pâle et misérable amante, comme elle vient d'ensevelir le dernier être qui la protégeait? Oui, oui, sans aucun doute, tu l'enseveliras, car ton amour la tue et la consume; tu l'as vouée à tes furies, et c'est elle qui les apaise. Si tu suis cette femme, elle mourra par toi. Prends garde! son bon ange hésite; il est venu frapper ce coup dans cette maison pour en chasser une passion fatale et honteuse! il a inspiré à Brigitte cette pensée de son départ; il lui donne peut-être en ce moment à l'oreille son dernier avertissement.

LA CONFESSION D'UN ENFANT DU SIÈCLE. — Page 196

O assassin! ô bourreau! prends garde! il s'agit de vie et de mort! »

Ainsi je me parlais à moi-même; puis je vis sur un coin du sofa une petite robe de guingan rayé, déjà pliée pour entrer dans la malle. Elle avait été le témoin de l'un des seuls de nos jours heureux. Je la touchai et la soulevai.

« Moi te quitter! lui dis-je; moi te perdre! O petite robe! tu veux partir sans moi?

« Non, je ne puis abandonner Brigitte; dans ce moment ce serait une lâcheté. Elle vient de perdre sa tante, la voilà seule : elle est en butte aux propos de je ne sais quel ennemi. Ce ne peut être que Mercanson; il aura sans doute raconté son entretien avec moi sur Dalens, et, me voyant jaloux un jour, il en aura conclu et deviné le reste. Assurément c'est une couleuvre qui vient baver sur ma fleur bien-aimée. Il faut d'abord que je l'en punisse, il faut ensuite que je répare le mal que j'ai fait à Brigitte. Insensé que je suis! je pense à la quitter lorsqu'il faut lui consacrer ma vie, expier mes torts, lui rendre, en bonheur, en soins et en amour, ce que j'ai fait couler de larmes de ses yeux! lorsque je suis son seul appui au monde, son seul ami, sa seule épée! lorsque je dois la suivre au bout de l'univers, lui faire un abri de mon corps, la consoler de m'avoir aimé et de s'être donnée à moi! »

« Brigitte! m'écriai-je en entrant dans la chambre où elle était restée, attendez-moi une heure, et je reviens.

— Où allez-vous? demanda-t-elle.

— Attendez-moi, lui dis-je, ne partez pas sans moi. Souvenez-vous des paroles de Ruth : « En quelque lieu que vous alliez, votre peuple sera mon « peuple, et votre Dieu sera mon Dieu; la terre où vous mourrez me verra « mourir, et je serai ensevelie où vous le serez. »

Je la quittai précipitamment et je courus chez Mercanson; on me dit qu'il était sorti, et j'entrai chez lui pour l'attendre.

Je m'étais assis dans un coin, sur la chaise de cuir du prêtre, devant sa table noire et sale. Je commençais à trouver le temps long, lorsque je vins à me rappeler mon duel au sujet de ma première maîtresse.

« J'y ai reçu, me dis-je, un bon coup de pistolet, et j'en suis resté un fou ridicule. Qu'est-ce que je viens faire ici? Ce prêtre ne se battra pas; si je vais lui chercher querelle, il me répondra que la forme de son habit le dispense de m'écouter, et il en jasera un peu davantage quand je serai parti. Quels sont d'ailleurs ces propos que l'on tient? De quoi s'inquiète Brigitte? On dit qu'elle se perd de réputation, que je la maltraite et qu'elle a tort de le souffrir. Quelle sottise! cela ne regarde personne; il n'y a rien de mieux que de laisser dire; en pareil cas, s'occuper de ces misères, c'est leur donner de l'importance. Peut-on empêcher des gens de province de s'occuper de leurs voisins? Peut-on empêcher des bégueules de médire d'une femme qui prend un amant? Quel moyen saurait-on trouver de faire cesser un bruit public? Si on dit que je la maltraite, c'est à moi à prouver le contraire par ma conduite avec elle, et non par de la violence. Il serait aussi ridicule de chercher querelle à Mercanson que de quitter un pays parce qu'on y jase. Non, il ne faut pas quitter le pays; c'est une maladresse; ce serait faire dire à tout le monde qu'on avait raison contre nous et donner gain de cause aux bavards. Il ne faut ni partir ni se soucier des propos. »

Je retournai chez Brigitte. Une demi-heure s'était à peine passée, et j'avais changé trois fois de sentiment. Je la dissuadai de son projet; je lui racontai ce que je venais de faire et pourquoi je m'étais abstenu. Elle m'écouta avec résignation; cependant elle voulait partir; cette maison où sa tante était morte lui était odieuse; il fallut bien des efforts de ma part pour la faire consentir à rester; j'y parvins enfin. Nous nous répétâmes que nous méprisions les propos du monde, qu'il ne fallait leur céder en rien ni rien changer à notre vie habituelle. Je lui jurai que mon amour la consolerait de tous ses chagrins, et elle feignit de l'espérer. Je lui dis que cette circonstance m'avait si bien éclairé sur mes torts, que ma conduite lui prouverait mon repentir, que je voulais chasser de moi comme un fantôme tout le mauvais levain qui restait dans mon cœur, qu'elle n'aurait désormais à souffrir ni de mon orgueil ni de mes caprices; et ainsi, triste et patiente, toujours suspendue à mon cou, elle obéit à un pur caprice que je prenais moi-même pour un éclair de ma raison.

## CHAPITRE V

Un jour, en rentrant au logis, je vis ouverte une petite chambre qu'elle appelait son oratoire; il n'y avait en effet pour tout meuble qu'un prie-Dieu et un petit autel, avec une croix et quelques vases de fleurs. Du reste, les murs et les rideaux, tout était blanc comme la neige. Elle s'y enfermait quelquefois, mais rarement, depuis que je vivais chez elle.

Je me penchai contre la porte, et je vis Brigitte assise à terre au milieu de fleurs qu'elle venait de jeter. Elle tenait une petite couronne qui me parut être d'herbes sèches, et elle la brisait entre ses mains.

« Que faites-vous donc? » lui demandai-je. Elle tressaillit et se leva. « Ce n'est rien, dit-elle, un jouet d'enfant; c'est une vieille couronne de roses qui s'est fanée dans cet oratoire; il a longtemps que je l'y avais mise; je suis venue pour changer mes fleurs. »

Elle parlait d'une voix tremblante et paraissait prête à défaillir. Je me souvins de ce nom de Brigitte la Rose, que je lui avais entendu donner. Je lui demandai si par hasard ce n'était pas sa couronne de rosière qu'elle venait de briser ainsi.

« Non, répondit-elle en pâlissant.

— Oui! m'écriai-je, oui; sur ma vie! donnez-m'en les morceaux! »

Je les ramassai et les posai sur l'autel, puis je restai muet, les yeux fixés sur ce débris.

« N'aurais-je pas raison, dit-elle, si c'était ma couronne, de l'avoir ôtée de ce mur où elle était depuis si longtemps? A quoi ces ruines sont-elles bonnes? Brigitte la Rose n'est plus de ce monde, pas plus que les roses qui l'ont baptisée. »

Elle sortit; j'entendis un sanglot, et la porte se ferma sur moi; je tombai à genoux sur la pierre et je pleurai amèrement.

Lorsque je remontai chez elle, je la trouvai assise à table ; le dîner était prêt, et elle m'attendait. Je pris ma place en silence, et il ne fut pas question de ce que nous avions dans le cœur.

CHAPITRE VI

C'était en effet Mercanson qui avait raconté dans le village et dans les châteaux environnants mon entretien avec lui sur Dalens et les soupçons que, malgré moi, je lui avais laissé voir clairement. On sait comment dans les provinces les propos médisants se répètent, volent de bouche en bouche et s'exagèrent; ce fut alors ce qui arriva.

Brigitte et moi nous nous trouvions l'un vis-à-vis de l'autre dans une position nouvelle. Quelque faiblesse qu'elle eût mise dans sa tentative de départ, elle ne l'en avait pas moins faite. C'était sur ma prière qu'elle était restée; il y avait là une obligation. Je m'étais engagé à ne troubler son repos ni par ma jalousie ni par ma légèreté; chaque parole dure ou railleuse qui m'échappait était une faute, chaque regard triste qu'elle m'adressait était un reproche senti et mérité.

Son bon et simple naturel lui fit trouver d'abord à sa solitude un charme de plus; elle pouvait me voir à toute heure et sans être obligée à aucune précaution. Peut-être se livra-t-elle à cette facilité pour me prouver qu'elle préférait son amour à sa réputation ; il semblait qu'elle se repentît de s'être montrée sensible aux discours des médisants. Quoi qu'il en soit, au lieu de veiller sur nous et de nous défendre de la curiosité, nous prîmes au contraire un genre de vie plus libre et plus insouciant que jamais.

J'allais chez elle à l'heure du déjeuner ; n'ayant rien à faire de la journée, je ne sortais qu'avec elle. Elle me retenait à dîner, la soirée s'ensuivait par conséquent, bientôt, lorsque l'heure de rentrer arrivait, nous imaginâmes mille prétextes, nous prîmes mille précautions illusoires, qui, au fond, n'en étaient point. Enfin je vivais, pour ainsi dire, chez elle, et nous faisions semblant de croire que personne ne s'en apercevait.

Je tins parole quelque temps, et pas un nuage ne troubla notre tête-à-tête. Ce furent d'heureux jours ; ce n'est pas de ceux-là qu'il faut parler.

On disait partout dans le pays que Brigitte vivait publiquement avec un libertin arrivé de Paris; que son amant la maltraitait, que leur temps se passait à se quitter et à se reprendre, mais que tout cela finirait mal. Autant on avait donné de louanges à Brigitte pour sa conduite passée, autant on la blâmait maintenant. Il n'était rien dans cette conduite même autrefois digne de tous les éloges, qu'on n'allât rechercher pour y trouver une mauvaise interprétation. Ses courses solitaires dans les montagnes, dont la charité était le but et qui n'avaient jamais fait naître un soupçon, devinrent tout à coup le sujet des quolibets et des railleries. On parlait d'elle comme d'une femme qui avait perdu tout respect humain et qui devait s'attirer justement d'inévitables et affreux malheurs.

J'avais dit à Brigitte que mon avis était de laisser jaser, et je ne voulais pas paraître me soucier de ces propos; mais la vérité est qu'ils me devenaient insupportables. Je sortais quelquefois exprès, et j'allais faire des visites dans les environs pour tâcher d'entendre un mot positif que j'eusse pu regarder comme une insulte, afin d'en demander raison. J'écoutais avec attention tout ce qui se disait à voix basse dans un salon où je me trouvais; mais je ne pouvais rien saisir; pour me déchirer à son aise, on attendait que je fusse parti. Je rentrais alors au logis, et je disais à Brigitte que tous ces contes n'étaient que des misères, qu'il fallait être fou pour s'en occuper; qu'on parlerait de nous tant qu'on voudrait, et que je n'en voulais rien savoir.

N'étais-je point coupable au delà de toute expression? Si Brigitte était imprudente, n'était-ce pas à moi de réfléchir et de l'avertir du danger? Tout au contraire, je pris, pour ainsi dire, le parti du monde contre elle.

J'avais commencé par me montrer insouciant; j'en vins bientôt à me montrer méchant. « Vraiment, disais-je à Brigitte, on dit du mal de vos excursions nocturnes. Êtes-vous bien sûre qu'on a tort? Ne s'est-il rien passé dans les allées et dans les grottes de cette forêt romantique? N'avez vous jamais accepté, pour rentrer à la brune, le bras d'un inconnu, comme vous avez accepté le mien? Était-ce bien la charité seule qui vous servait de divinité dans ce beau temple de verdure que vous traversiez si courageusement? »

Le premier regard de Brigitte, lorsque je commençai à prendre ce ton, ne sortira jamais de ma mémoire; j'en frissonnai moi-même. « Mais bah! pensai-je, elle ferait comme ma première maîtresse, si je prenais fait et cause pour elle; elle me montrerait au doigt comme un sot ridicule, et je payerais pour tous aux yeux du public. »

De l'homme qui doute à celui qui renie il n'y a guère de distance. Tout philosophe est cousin d'un athée. Après avoir dit à Brigitte que je doutais de sa conduite passée, j'en doutai véritablement; et, dès que j'en doutai, je n'y crus pas.

J'en venais à me figurer que Brigitte me trompait, elle que je ne quittais pas une heure par jour; je faisais quelquefois à dessein des absences assez longues, et je convenais avec moi-même que c'était pour l'éprouver; mais, au fond, ce n'était que pour me donner, comme à mon insu, sujet de douter et de railler. Alors j'étais content lorsque je lui faisais remarquer que, bien loin d'être encore jaloux, je ne me souciais plus de ces folles craintes qui me traversaient autrefois l'esprit; bien entendu que cela voulait dire que je ne l'estimais pas assez pour être jaloux.

J'avais d'abord gardé pour moi-même les remarques que je faisais; je trouvai bientôt du plaisir à les faire tout haut devant Brigitte. Sortions-nous pour une promenade : « Cette robe est jolie, lui disais-je; telle fille de mes amies en a, je crois, une pareille. » Étions-nous à table : « Allons, ma chère, mon ancienne maîtresse chantait sa chanson au dessert; il convient que vous l'imitiez. » Se mettait-elle au piano : « Ah! de grâce, jouez-moi donc la valse qui était de mode l'hiver passé; cela me rappelle le bon temps. »

Lecteur, cela dura six mois : pendant six mois entiers, Brigitte, calomniée, exposée aux insultes du monde, eut à essuyer de ma part tous les dédains et toutes les injures qu'un libertin colère et cruel peut prodiguer à la fille qu'il paye.

Au sortir de ces scènes affreuses où mon esprit s'épuisait en tortures et

La Confession d'un enfant du siècle. Page 205

déchirait mon propre cœur, tour à tour accusant et raillant, mais toujours avide de souffrir et de revenir au passé; au sortir de là, un amour étrange, une exaltation poussée jusqu'à l'excès, me faisaient traiter ma maîtresse comme une idole, comme une divinité. Un quart d'heure après l'avoir insultée, j'étais à genoux; dès que je n'accusais plus, je demandais pardon; dès que je ne raillais plus, je pleurais. Alors un délire inouï, une fièvre de bonheur, s'emparaient de moi; je me montrais navré de joie, je perdais presque la raison par la violence de mes transports; je ne savais que dire, que faire, qu'imaginer, pour réparer le mal que j'avais fait. Je prenais Brigitte dans mes bras, et je lui faisais répéter cent fois, mille fois, qu'elle m'aimait et qu'elle me pardonnait. Je parlais d'expier mes torts et de me brûler la cervelle si je recommençais à la maltraiter. Ces élans du cœur duraient des nuits entières, pendant lesquelles je ne cessais de parler, de pleurer, de me rouler aux pieds de Brigitte, de m'enivrer d'un amour sans bornes, énervant, insensé. Puis le matin venait, le jour paraissait; je tombais sans force, je m'endormais, et je me réveillais le sourire sur les lèvres, me moquant de tout et ne croyant à rien.

Durant ces nuits de volupté terrible, Brigitte ne paraissait pas se souvenir qu'il y eût en moi un autre homme que celui qu'elle avait devant les yeux. Lorsque je lui demandais pardon, elle haussait les épaules, comme pour me dire : « Ne sais-tu pas que je te pardonne? » Elle se sentait gagnée de ma fièvre. Que de fois je l'ai vue, pâle de plaisir et d'amour, me dire qu'elle me voulait ainsi, que c'était sa vie que ces orages; que les souffrances qu'elle endurait lui étaient chères ainsi payées, qu'elle ne se plaindrait jamais tant qu'il resterait dans mon cœur une étincelle de notre amour; qu'elle savait qu'elle en mourrait, mais qu'elle espérait que j'en mourrais moi-même; enfin, que tout lui était bon, lui était doux, venant de moi, les insultes comme les larmes, et que ces délices étaient son tombeau.

Cependant les jours s'écoulaient, et mon mal empirait sans cesse, mes accès de méchanceté et d'ironie prenaient un caractère sombre et intraitable. J'avais, au milieu de mes folies, de véritables accès de fièvre qui me frappaient comme des coups de foudre; je m'éveillais tremblant de tous mes membres et couvert d'une sueur froide. Un mouvement de surprise, une impression inattendue, me faisaient tressaillir jusqu'à effrayer ceux qui me voyaient; Brigitte, de son côté, quoiqu'elle ne se plaignît pas, portait sur le visage des marques d'une altération profonde. Quand je commençais à la maltraiter, elle sortait sans mot dire et s'enfermait. Dieu merci, je n'ai jamais porté la main sur elle : dans mes plus grands accès de violence, je serais mort plutôt que la toucher.

Un soir, la pluie fouettait les vitres; nous étions seuls, les rideaux fermés. « Je me sens d'humeur joyeuse, dis-je à Brigitte, et cependant ce temps horrible m'attriste malgré moi. Il ne faut pas nous laisser faire, et, si vous êtes de mon avis, nous nous divertirons en dépit de l'orage. »

Je me levai et j'allumai toutes les bougies qui se trouvaient dans les flambeaux. La chambre, assez petite, en fut tout à coup éclairée comme d'une illumination. En même temps, un feu ardent (nous étions à l'hiver) y répandait une chaleur étouffante. « Allons, dis-je, qu'allons-nous faire en attendant qu'il soit temps de souper? »

Je pensai qu'alors, à Paris, c'était le temps du carnaval. Il me sembla voir passer devant moi les voitures de masques qui se croisent aux boulevards. J'entendais la foule joyeuse se renvoyer à l'entrée des théâtres mille propos étourdissants; je voyais les danses lascives, les costumes bariolés, le vin et la folie; toute ma jeunesse me fit bondir le cœur.

« Déguisons-nous, dis-je à Brigitte. Ce sera pour nous seuls; qu'importe? Si nous n'avons pas de costume, nous avons de quoi nous en faire, et nous en passerons le temps plus agréablement. »

Nous prîmes dans une armoire des robes, des châles, des manteaux, des écharpes, des fleurs artificielles; Brigitte, comme toujours, montrait une gaieté patiente. Nous nous travestîmes tous deux; elle voulut me coiffer elle-même; nous avions mis du rouge et nous nous étions poudrés; tout ce qu'il nous fallait pour cela s'était trouvé dans une vieille cassette qui venait, je crois, de la tante. Enfin, au bout d'une heure, nous ne nous reconnaissions plus l'un l'autre. La soirée se passa à chanter, à imaginer mille folies; vers une heure du matin, il fut temps de souper.

Nous avions fouillé dans toutes les armoires; il y en avait une près de moi qui était restée entr'ouverte. En m'asseyant pour me mettre à table, j'y aperçus sur un rayon le livre dont j'ai déjà parlé, où Brigitte écrivait souvent.

« N'est-ce pas le recueil de vos pensées? demandai-je en étendant le bras et en le prenant. Si ce n'est pas une indiscrétion, laissez-moi y jeter les yeux. »

J'ouvris le livre, quoique Brigitte fît un geste pour m'en empêcher; à la première page, je tombai sur ces mots : *Ceci est mon testament!*

Tout était écrit d'une main tranquille; j'y trouvai d'abord un récit fidèle, sans amertume et sans colère, de tout ce que Brigitte avait souffert par moi depuis qu'elle était ma maîtresse. Elle annonçait une ferme détermination de tout supporter tant que je l'aimerais et de mourir quand je la quitterais. Ses dispositions étaient faites; elle rendait compte, jour par jour, du sacrifice de sa vie. Ce qu'elle avait perdu, ce qu'elle avait espéré, l'isolement affreux où elle se trouvait jusque dans mes bras, la barrière toujours croissante qui s'interposait entre nous, les cruautés dont je payais son amour et sa résignation; tout cela était raconté sans une plainte; elle prenait à tâche, au contraire, de me justifier. Enfin elle arrivait au détail de ses affaires personnelles et réglait ce qui regardait ses héritiers. C'était par le poison, disait-elle, qu'elle en finirait avec la vie. Elle mourrait de sa propre volonté et défendait expressément que sa mémoire servît jamais de prétexte à quelque démarche contre moi. « Priez pour lui ! » telle était sa dernière parole.

Je trouvai dans l'armoire, sur le même rayon, une petite boîte que j'avais déjà vue, pleine d'une poudre fine et bleuâtre, semblable à du sel.

« Qu'est-ce que c'est que cela? demandai-je à Brigitte en portant la boîte à mes lèvres. Elle poussa un cri terrible et se jeta sur moi.

« Brigitte, lui dis-je, dites-moi adieu. J'emporte cette boîte; vous m'oublierez et vous vivrez, si vous voulez m'épargner un meurtre. Je partirai cette nuit même, et ne vous demande point de pardon; vous me l'accorderiez que Dieu n'en voudrait pas. Donnez-moi un dernier baiser. »

Je me penchai sur elle et la baisai au front. « Pas encore! » s'écria-t-elle avec angoisse. Mais je la repoussai sur le sofa et m'élançai hors de la chambre.

Trois heures après, j'étais prêt à partir, et les chevaux de poste étaient arrivés. La pluie tombait toujours, et je montai à tâtons dans la voiture. Au même instant le postillon partit; je sentis deux bras qui me serraient le corps et un sanglot qui se collait sur ma bouche.

C'était Brigitte. Je fis tout au monde pour la décider à rester; je criai qu'on arrêtât; je lui dis tout ce que je pus imaginer pour lui persuader de descendre; j'allai même jusqu'à lui promettre que je reviendrais un jour à elle, lorsque le temps et les voyages auraient effacé le souvenir du mal que je lui avais fait. Je m'efforçai de lui prouver que ce qui avait été hier serait encore demain; je lui répétai que je ne pouvais que la rendre malheureuse, que s'attacher à moi, c'était faire de moi un assassin. J'employai la prière, les serments, la menace même; elle ne me répondit qu'un mot : « Tu pars, emmène-moi; quittons le pays, quittons le passé. Nous ne pouvons plus vivre ici, allons ailleurs, où tu voudras; allons mourir dans un coin de la terre. Il faut que nous soyons heureux, moi par toi, toi par moi. »

Je l'embrassai avec un tel transport, que je crus sentir mon cœur se briser. « Pars donc! » criai-je au postillon. Nous nous jetâmes dans les bras l'un de l'autre, et les chevaux partirent au galop.

# CINQUIÈME PARTIE.

### CHAPITRE PREMIER.

Décidés à un long voyage, nous étions venus à Paris; les préparatifs nécessaires et les affaires à régler demandaient du temps, et il fallut prendre pour un mois un appartement à l'hôtel garni.

La résolution de quitter la France avait tout fait changer de face : la joie, l'espoir, la confiance, tout était revenu à la fois ; plus de chagrin, plus de querelles devant la pensée du départ prochain. Il ne s'agissait plus que de rêves de bonheur, de serments d'aimer à jamais; je voulais enfin pour tout de bon faire oublier à ma chère maîtresse tous les maux qu'elle avait soufferts. Comment aurais-je pu résister à tant de preuves d'une affection si tendre et à une résignation si courageuse? Non seulement Brigitte me pardonnait, mais elle s'apprêtait à me faire le plus grand sacrifice et à tout quitter pour me suivre. Autant je me sentais indigne du dévouement qu'elle me témoignait, autant je voulais à l'avenir que mon amour la récompensât : enfin mon bon ange avait triomphé, et l'admiration et l'amour prenaient le dessus dans mon cœur.

Inclinée près de moi, Brigitte cherchait sur la carte le lieu où nous allions nous ensevelir; nous ne l'avions pas décidé encore, et nous trouvions à cette incertitude un plaisir si vif et si nouveau, que nous feignions, pour ainsi dire, de ne pouvoir nous fixer sur rien. Durant ces recherches, nos fronts se touchaient, mon bras entourait la taille de Brigitte. « Où irons-nous? que ferons-nous? où commencera la vie nouvelle? » Comment dirai-je ce que j'éprouvais lorsqu'au milieu de tant d'espérances je relevais la tête par moments? Quel repentir me pénétrait à la vue de ce beau et tranquille visage qui souriait à l'avenir, pâle encore des douleurs du passé! Lorsque je la tenais ainsi et que son doigt errait sur la carte, tandis qu'elle parlait à voix basse de ses affaires qu'elle disposait, de ses désirs, de notre retraite future, j'aurais donné mon sang pour elle. Projets de bonheur, vous êtes peut-être le seul bonheur véritable ici-bas!

Il y avait huit jours environ que notre temps se passait en courses et en emplettes, lorsqu'un jeune homme se présenta chez nous : il apportait des lettres à Brigitte. Après l'entretien qu'il eut avec elle, je la trouvai triste et abattue; mais je n'en pus savoir autre chose, sinon que les lettres étaient de N***, cette même ville où, pour la première fois, j'avais parlé de mon amour, et où demeuraient les seuls parents que Brigitte eût encore.

Cependant nos préparatifs se faisaient rapidement, et il n'y avait place dans mon cœur que pour l'impatience du départ; en même temps la joie que j'éprouvais me laissait à peine un instant de repos. Quand je me levais le matin et que le soleil éclairait nos croisées, je me sentais de tels transports, que j'en étais comme enivré; j'entrais alors sur la pointe du pied dans la chambre où dormait Brigitte. Elle me trouva plus d'une fois, en s'éveillant, à genoux au pied de son lit, la regardant dormir et ne pouvant retenir mes larmes; je ne savais par quel moyen la convaincre de la sincérité de mon repentir. Si mon amour pour ma première maîtresse m'avait fait faire autrefois des folies, j'en faisais maintenant cent fois plus : tout ce que la passion portée à l'excès peut inspirer d'étrange ou de violent, je le recherchais avec fureur. C'était un culte que j'avais pour Brigitte, et, quoique son amant depuis plus de six mois, il me semblait, quand je m'approchais d'elle, que je la voyais pour la première fois; j'osais à peine baiser le bas de la robe de cette femme que j'avais si longtemps maltraitée. Ses moindres mots me faisaient tressaillir comme si sa voix m'eût été nouvelle; tantôt je me jetais dans ses bras en sanglotant, et tantôt j'éclatais de rire sans motif; je ne parlais de ma conduite passée qu'avec horreur et avec dégoût, et j'aurais voulu qu'il eût existé quelque part un temple consacré à l'amour, pour m'y laver dans un baptême et m'y couvrir d'un vêtement distinct que rien désormais n'eût pu m'arracher.

J'ai vu le saint Thomas du Titien poser son doigt sur la plaie du Christ, et j'ai souvent pensé à lui : si j'osais comparer l'amour à la foi d'un homme en son Dieu, je pourrais dire que je lui ressemblais. Quel nom porte le sentiment qu'exprime cette tête inquiète, presque doutant encore et adorant déjà? Il touche la plaie; le blasphème étonné s'arrête sur ses lèvres ouvertes, où la prière se pose doucement. Est-ce un apôtre? est-ce un impie? se repent-il autant qu'il a offensé? Ni lui, ni le peintre, ni toi qui le regardes, vous n'en savez rien; le Sauveur sourit, et tout s'absorbe comme une goutte de rosée dans un rayon de l'immense bonté.

C'est ainsi que, devant Brigitte, j'étais muet et comme surpris sans cesse ; je tremblais qu'elle ne conservât des craintes et que tant de changements qu'elle avait vus en moi ne la rendissent défiante. Mais au bout de quinze jours elle avait lu clairement dans mon cœur; elle comprit qu'en la voyant sincère, je l'étais devenu à mon tour, et, comme mon amour venait de son courage, elle ne douta pas plus de l'un que de l'autre.

Notre chambre était pleine de hardes en désordre, d'albums, de crayons, de livres, de paquets, et sur tout cela, toujours étalée, la chère carte que nous aimions tant. Nous allions et venions; je m'arrêtais à tout moment pour me jeter aux genoux de Brigitte, qui me traitait de paresseux, disant en riant qu'il lui fallait tout faire et que je n'étais bon à rien; et, tout en préparant les malles, les projets allaient, comme on pense. C'était bien loin de gagner la Sicile ; mais l'hiver y est si agréable! c'est le climat le plus heureux. Gênes est bien belle avec ses maisons peintes, ses jardins verts en espalier, et les Apennins derrière elle! Mais que de bruit! quelle multitude! Sur trois hommes qui passent dans les rues, il y a un moine et un soldat. Florence est triste, c'est le moyen âge encore vivant au milieu de nous. Comment souffrir ces fenêtres grillées et cette affreuse couleur brune dont les maisons sont toutes salies? Qu'irions-nous faire à Rome? nous ne voyageons pas pour nous éblouir, et encore moins pour rien apprendre. Si nous allions sur les bords du Rhin? mais la saison y sera passée, et, quoiqu'on ne cherche pas le monde, il est toujours triste d'aller où il va, quand il n'y est plus. Mais l'Espagne? trop d'embarras nous y arrêteraient : il faut y mar-

La Confession d'un enfant du siècle.

cher comme en guerre et s'attendre à tout, hormis au repos. Allons en Suisse ! si tant de gens y voyagent, laissons les sots en faire fi ; c'est là qu'éclatent dans toute leur splendeur les trois couleurs les plus chères à Dieu : l'azur du ciel, la verdure des plaines, et la blancheur des neiges au sommet des glaciers. « Partons, partons, disait Brigitte, envolons-nous comme deux oiseaux. Figurons-nous, mon cher Octave, que c'est d'hier que nous nous connaissons. Vous m'avez rencontrée au bal, je vous ai plu, et je vous aime ; vous me contez qu'à quelques lieues d'ici, dans je ne sais quelle petite ville, vous avez aimé une madame Pierson ; ce qui s'est passé entre vous et elle, je ne le veux seulement pas croire. N'iriez-vous pas me faire confidence de vos amours avec une femme que vous avez quittée pour moi ? Je vous dis tout bas à mon tour qu'il n'y a pas bien longtemps encore j'ai aimé un mauvais sujet qui m'a rendue assez malheureuse ; vous me plaignez, vous m'imposez silence, et il est convenu entre nous qu'il n'en sera jamais question. »

Lorsque Brigitte parlait ainsi, ce que j'éprouvais ressemblait à de l'avarice ; je la serrais avec des bras tremblants. « O Dieu ! m'écriais-je, je ne sais si c'est de joie ou de crainte que je frissonne. Je vais t'emporter, mon trésor. Devant cet horizon immense, tu es à moi ; nous allons partir. Meure ma jeunesse, meurent les souvenirs, meurent les soucis et les regrets ! O ma bonne et brave maîtresse ! tu as fait un homme d'un enfant ! si je te perdais maintenant, jamais je ne pourrais aimer. Peut-être, avant de te connaître, une autre femme aurait pu me guérir ; mais maintenant toi seule au monde tu peux me tuer ou me sauver, car je porte au cœur la blessure de tout le mal que je t'ai fait. J'ai été ingrat, aveugle et cruel. Dieu soit béni ! tu m'aimes encore. Si jamais tu retournes au village où je t'ai vue sous les tilleuls, regarde cette maison déserte ; il doit y avoir là un fantôme, car l'homme qui en sort avec toi n'est pas celui qui y était entré.

— Est-ce bien vrai ? » disait Brigitte ; et son beau front, tout radieux d'amour, se levait alors vers le ciel ; « est-ce bien vrai que je suis à toi ? Oui, loin de ce monde odieux qui vous avait vieilli avant l'âge, oui, enfant, vous allez aimer. Je vous aurai tel que vous êtes, et, quel que soit le coin de terre où nous allons trouver la vie, vous m'y pourrez oublier sans remords le jour où vous n'aimerez plus. Ma mission sera remplie, et il me restera toujours là-haut un Dieu pour l'en remercier. »

De quel poignant et affreux souvenir me remplissent encore ces paroles !
Enfin il était décidé que nous irions d'abord à Genève, et que nous choisirions au pied des Alpes un lieu tranquille pour le printemps. Déjà Brigitte parlait du beau lac; déjà j'aspirais dans mon cœur le souffle du vent qui l'agite et la vivace odeur de la verte vallée; déjà Lausanne, Vevey, l'Oberland, et par delà les sommets du mont Rose la plaine immense de la Lombardie; déjà l'oubli, le repos, la fuite, tous les esprits des solitudes heureuses, nous conviaient et nous invitaient; déjà, quand, le soir, les mains jointes, nous nous regardions l'un l'autre en silence, nous sentions s'élever en nous ce sentiment plein d'une grandeur étrange qui s'empare du cœur à la veille des longs voyages, vertige secret et inexplicable qui tient à la fois des terreurs de l'exil et des espérances du pèlerinage. O Dieu! c'est ta voix elle-même qui appelle alors, et qui avertit l'homme qu'il va venir à toi. N'y a-t-il pas dans la pensée humaine des ailes qui frémissent et des cordes sonores qui se tendent? Que vous dirai-je? n'y a-t-il pas un monde dans ces seuls mots : « Tout était prêt, nous allions partir? »

Tout à coup Brigitte languit; elle baisse la tête, elle garde le silence. Quand je lui demande si elle souffre, elle me dit que non d'une voix éteinte; quand je lui parle du jour du départ, elle se lève, froide et résignée, et continue ses préparatifs; quand je lui jure qu'elle va être heureuse et que je veux lui consacrer ma vie, elle s'enferme pour pleurer; quand je l'embrasse, elle devient pâle et détourne les yeux en me tendant les lèvres; quand je lui dis que rien n'est encore fait, qu'elle peut renoncer à nos projets, elle fronce le sourcil d'un air dur et farouche; quand je la supplie de m'ouvrir son cœur, quand je lui répète que, dussé-je en mourir, je sacrifierai mon bonheur s'il doit jamais lui coûter un regret, elle se jette à mon cou, puis s'arrête et me repousse comme involontairement. Enfin j'entre un jour dans sa chambre, tenant à la main un billet où nos places sont marquées pour la voiture de Besançon. Je m'approche d'elle, je le pose sur ses genoux, elle étend les bras, pousse un cri et tombe sans connaissance à mes pieds.

## CHAPITRE II

Tous mes efforts pour deviner la cause d'un changement aussi inattendu étaient restés sans résultat comme les questions que j'avais pu faire. Brigitte était malade et gardait opiniâtrément le silence. Après une journée entière passée tantôt à la supplier de s'expliquer, tantôt à m'épuiser en conjectures, j'étais sorti sans savoir où j'allais. En passant près de l'Opéra, un commissionnaire m'offrit un billet, et machinalement j'y entrai, comme c'était mon habitude.

Je ne pouvais faire attention à ce qui se passait ni sur le théâtre ni dans la salle; j'étais navré d'une telle douleur et en même temps si stupéfait, que je ne vivais, pour ainsi dire, qu'en moi, et que les objets extérieurs ne semblaient plus frapper mes sens. Toutes mes forces concentrées se portaient sur une pensée, et plus je la remuais dans ma tête, moins j'y pouvais voir nettement. Quel obstacle affreux, survenu tout à coup, renversait ainsi, à la veille du départ, tant de projets et d'espérances? S'il s'agissait d'un événement ordinaire ou même d'un malheur véritable, comme d'un accident de fortune ou de la perte de quelque ami, pourquoi ce silence obstiné? Après tout ce qu'avait fait Brigitte, dans un moment où nos rêves les plus chers paraissaient près de se réaliser, de quelle nature pouvait être un secret qui détruisait notre bonheur et qu'elle refusait de me confier? Quoi! c'est de moi qu'elle se cache! Que ses chagrins, que ses affaires, la crainte même de l'avenir, je ne sais quel motif de tristesse, d'incertitude ou de colère, la retiennent ici quelque temps ou la fassent renoncer pour toujours à ce voyage si désiré, par quelle raison ne pas s'ouvrir à moi ? Dans l'état où se trouvait mon cœur, je ne pouvais cependant supposer qu'il y eût là rien de blâmable. L'apparence seule d'un soupçon me révoltait et me faisait horreur. Comment, d'autre part, croire à de l'inconstance ou à du caprice seulement dans cette femme telle que je la connaissais ? Je me perdais dans un abîme, et ne voyais pas même la plus faible lueur, le moindre point qui pût me fixer.

Il y avait en face de moi, à la galerie, un jeune homme dont les traits ne m'étaient pas inconnus. Comme il arrive souvent quand on a l'esprit préoccupé, je le regardais sans m'en rendre compte et je cherchais à mettre son nom sur son visage. Tout à coup je le reconnus ; c'était lui qui, comme je l'ai dit plus haut, avait apporté à Brigitte des lettres de N\*\*\*. Je me levai précipitamment pour aller lui parler, sans songer à ce que je faisais. Il occupait une place à laquelle je ne pouvais arriver sans déranger un grand nombre de spectateurs, et je fus contraint d'attendre l'entr'acte.

Mon premier mouvement avait été de penser que, si quelqu'un pouvait m'éclairer sur l'unique souci qui m'inquiétait, c'était ce jeune homme plus que tout autre. Il avait eu avec M$^{me}$ Pierson plusieurs entretiens depuis quelques jours, et je me souvins que, lorsqu'il l'avait quittée, je l'avais trouvée constamment triste, non seulement le premier jour, mais toutes les fois qu'il était venu. Il l'avait vue la veille, le matin même du jour où elle était tombée malade. Les lettres qu'il apportait, Brigitte ne me les avait point montrées ; il était possible qu'il connût la véritable raison qui retardait notre départ. Peut-être n'était-il pas entièrement dans la confidence, mais il ne pouvait manquer de m'apprendre au moins quel était le contenu de ces lettres, et je devais le supposer assez au fait de nos affaires pour ne pas craindre de l'interroger. J'étais ravi de l'avoir trouvé, et, dès que la toile fut baissée, je courus le joindre dans le corridor. Je ne sais s'il me vit venir, mais il s'éloigna et entra dans une loge. Je résolus d'attendre qu'il en sortît, et demeurai un quart d'heure à me promener, regardant toujours la porte de la loge. Elle s'ouvrit enfin, il sortit ; je le saluai aussitôt de loin en m'avançant à sa rencontre. Il fit quelques pas d'un air irrésolu ; puis, tournant tout à coup, il descendit l'escalier et disparut.

Mon intention de l'aborder avait été trop évidente pour qu'il pût m'échapper ainsi sans un dessein formel de m'éviter. Il devait connaître mon visage, et d'ailleurs même, sans qu'il le connût, un homme qui en voit un autre venir à lui doit au moins l'attendre. Nous étions seuls dans le corridor quand je m'étais avancé vers lui, ainsi il était hors de doute qu'il n'avait pas voulu me parler. Je ne songeai pas à y voir une impertinence : un homme qui venait tous les jours dans un appartement où je demeurais, à qui j'avais toujours fait bon accueil quand je m'étais rencontré avec lui, dont les manières étaient simples et modestes, comment penser qu'il voulût m'insulter ? Il n'avait voulu que me fuir et se dispenser d'un entretien fâcheux. Pourquoi encore ? Ce second mystère me troubla presque autant que le premier. Quoi que je fisse pour écarter cette idée, la disparition de ce jeune homme se liait invinciblement dans ma tête avec le silence obstiné de Brigitte.

L'incertitude est de tous les tourments le plus difficile à supporter, et dans plusieurs circonstances de ma vie je me suis exposé à de grands malheurs, faute de pouvoir attendre patiemment. Lorsque je rentrai à la maison, je trouvai Brigitte lisant précisément ces fatales lettres de N***. Je lui dis qu'il m'était impossible de rester plus longtemps dans la situation d'esprit où je me trouvais, et qu'à tout prix j'en voulais sortir ; que je voulais savoir, quel qu'il fût, le motif du changement subit qui s'était opéré en elle, et que, si elle refusait de répondre, je regarderais son silence comme un refus positif de partir avec moi, et même comme un ordre de m'éloigner d'elle pour toujours.

Elle me montra avec répugnance une des lettres qu'elle tenait. Ses parents lui écrivaient que son départ la déshonorait à jamais, que personne n'en ignorait la cause, et qu'ils se croyaient obligés de lui déclarer par avance quels en seraient les résultats; qu'elle vivait publiquement comme ma maîtresse, et que, bien qu'elle fût libre et veuve, elle avait encore à répondre du nom qu'elle portait; que ni eux ni aucun de ses anciens amis ne la reverraient si elle persistait; enfin, par toutes sortes de menaces et de conseils, ils l'engageaient à revenir au pays.

Le ton de cette lettre m'indigna, et je n'y vis d'abord qu'une injure. « Et ce jeune homme qui vous apporte ces remontrances, m'écriai-je, sans doute il s'est chargé de vous en faire de vive voix, et il n'y manque pas, n'est-il pas vrai ? »

La profonde tristesse de Brigitte me fit réfléchir et calma ma colère. « Vous ferez, me dit-elle, ce que vous voudrez, et vous achèverez de me perdre. Aussi bien mon sort est entre vos mains, et il y a longtemps que vous en êtes le maître. Tirez telle vengeance qu'il vous plaira du dernier effort que mes vieux amis font pour me rappeler à la raison, au monde, que je respectais jadis, et à l'honneur, que j'ai perdu. Je n'ai pas un mot à dire, et, si vous voulez même me dicter ma réponse, je la ferai telle que vous le souhaiterez.

— Je ne souhaite rien, répondis-je, que de connaître vos intentions; c'est à moi au contraire de m'y conformer, et, je vous le jure, j'y suis prêt. Dites-moi si vous restez, si vous partez, ou s'il faut que je parte seul.

— Pourquoi cette question? demanda Brigitte, vous ai-je dit que j'eusse changé d'avis? Je souffre et ne puis partir ainsi ; mais, dès que je serai guérie ou seulement en état de me lever, nous irons à Genève, comme il est convenu. »

Nous nous séparâmes sur ces mots, et la mortelle froideur dont elle les avait prononcés m'attrista plus qu'un refus ne l'aurait fait. Ce n'était pas la première fois que, par des avis de ce genre, on tentait de rompre notre liaison; mais jusqu'ici, quelque impression que de pareilles lettres eussent faites sur Brigitte, elle s'en était bientôt distraite. Comment croire que ce seul motif eût aujourd'hui sur elle tant de force, lorsqu'il n'avait rien pu dans des temps moins heureux ? Je cherchais si, dans ma conduite depuis que nous étions à Paris, je n'avais rien à me reprocher. « Serait-ce seulement, me disais-je, la faiblesse d'une femme qui a voulu faire un coup de tête et qui, au moment de l'exécution, recule devant sa propre volonté? Serait-ce ce que les libertins pourraient nommer un dernier scrupule ? Mais cette gaieté qu'il y a huit jours Brigitte montrait du matin au soir, ces projets si doux, quittés, repris sans cesse, ces promesses, ces protestations, tout cela pourtant était franc, réel, sans aucune contrainte. C'était malgré moi qu'elle voulait partir. Non, il y a là quelque mystère; et comment le savoir, si maintenant, quand je la questionne, elle me paye d'une raison qui ne peut être la véritable ? Je ne puis lui dire qu'elle ment ni la forcer à répondre autre chose. Elle me dit qu'elle veut toujours partir ; mais, si elle le dit de ce ton, ne dois-je pas refuser absolument ? Puis-je accepter un sacrifice pareil, quand il s'accomplit comme une tâche, comme une condamnation ? quand ce que je croyais m'être offert par l'amour, j'en viens pour ainsi dire à l'exiger de la parole donnée ? O Dieu ! serait-ce donc cette pâle et languissante créature que j'emporterais dans mes bras ? N'emmènerais-je si loin de la patrie, pour si longtemps, pour la vie peut-être, qu'une victime résignée ? Je ferai, dit-elle, ce qui te plaira ! Non certes, il ne me plaira point de rien demander à la patience, et, plutôt que de voir ce visage souffrant seulement encore une semaine, si elle se tait, je partirai seul. »

Insensé que j'étais ! en avais-je la force ? J'avais été trop heureux depuis quinze jours pour oser vraiment regarder en arrière, et, loin de me sentir ce courage, je ne songeais qu'aux moyens d'emmener Brigitte. Je passai la nuit sans fermer l'œil, et le lendemain, de grand matin, je résolus, à tout hasard, d'aller chez ce jeune homme que j'avais vu à l'Opéra. Je ne sais si c'était la colère ou la curiosité qui m'y poussait, ni ce qu'au fond je voulais de lui ; mais je pensais que de cette manière il ne pourrait du moins m'éviter, et c'était tout ce que je désirais.

Comme je ne savais pas son adresse, j'entrai chez Brigitte pour la demander, prétextant une politesse que je lui devais après toutes les visites qu'il nous avait faites ; car je n'avais pas dit un mot de ma rencontre au spectacle. Brigitte était au lit, et ses yeux fatigués montraient qu'elle avait pleuré. Lorsque j'entrai, elle me tendit la main et me dit : « Que me voulez-vous ? » Sa voix était triste, mais tendre. Nous échangeâmes quelques paroles amicales, et je sortis le cœur moins désolé.

Le jeune homme que j'allais voir se nommait Smith ; il demeurait à peu de distance. En frappant à sa porte, je ne sais quelle inquiétude me saisit ; je m'avançai lentement et comme frappé tout à coup d'une lumière inattendue. A son premier geste, mon sang se glaça. Il était couché, et, avec le même accent que tout à l'heure Brigitte, avec un visage aussi pâle et aussi défait, il me tendit la main et dit la même parole : « Que me voulez-vous ? »

Qu'on en pense ce qu'on voudra ; il y a de tels hasards dans la vie

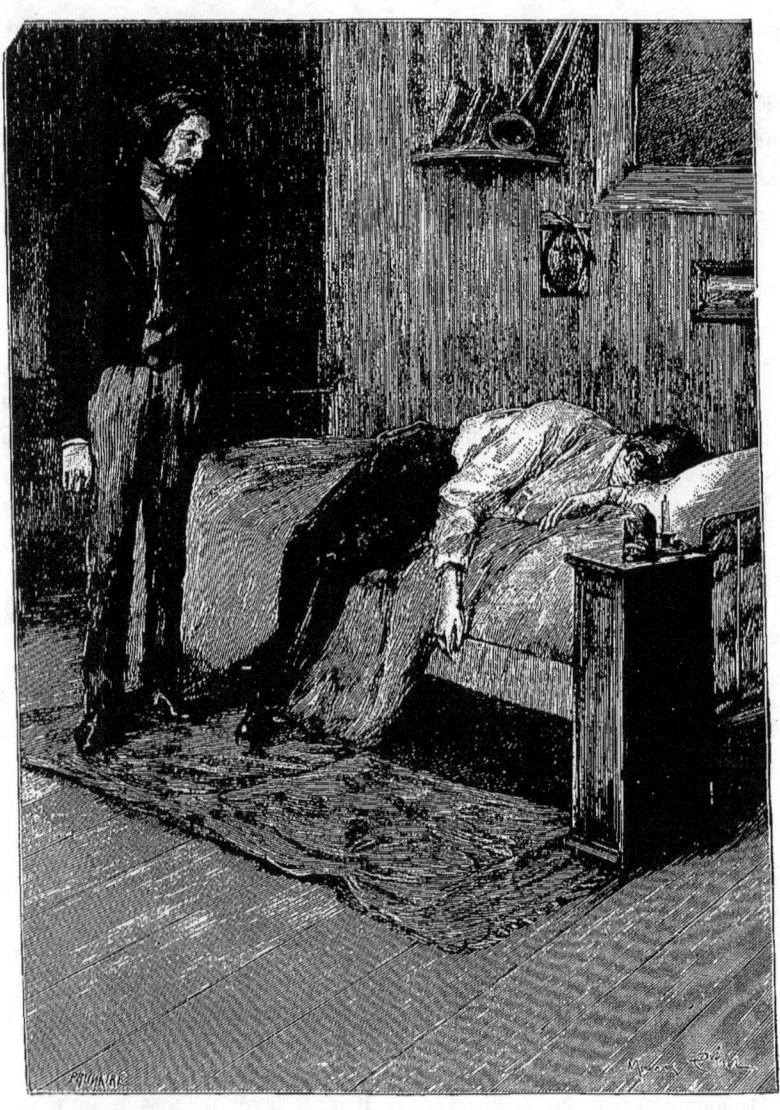

LA CONFESSION D'UN ENFANT DU SIÈCLE. Page 220

que la raison de l'homme ne saurait s'expliquer. Je m'assis sans pouvoir répondre, et, comme si je me fusse éveillé d'un rêve, je me répétai à moi-même la question qu'il m'adressait. Que venais-je faire en effet chez lui ? comment lui dire ce qui m'amenait ? En supposant qu'il pût m'être utile de l'interroger, comment savoir s'il voudrait parler ? Il avait apporté des lettres et connaissait ceux qui les avaient écrites, mais n'en savais-je pas aussi long que lui après ce que Brigitte venait de me montrer ? Il m'en coûtait de lui faire des questions, et je craignais qu'il ne soupçonnât ce qui se passait dans mon cœur. Les premiers mots que nous échangeâmes furent polis et insignifiants. Je le remerciai de s'être chargé des commissions de la famille de madame Pierson ; je lui dis qu'en quittant la France nous le prierions à notre tour de nous rendre quelques services ; après quoi nous demeurâmes en silence, étonnés de nous trouver vis-à-vis l'un de l'autre.

Je regardais autour de moi, comme les gens embarrassés. La chambre qu'occupait ce jeune homme était au quatrième étage ; tout y annonçait une pauvreté honnête et laborieuse. Quelques livres, des instruments de musique, des cadres de bois blanc, des papiers en ordre sur une table couverte d'un tapis, un vieux fauteuil et quelques chaises, c'était tout ; mais tout se ressentait d'un air de propreté et de soin qui en faisait en ensemble agréable. Quant à lui, sa physionomie ouverte et animée prévenait d'abord en sa faveur. J'aperçus à la cheminée le portrait d'une femme âgée ; je m'en approchai tout en rêvant, et il me dit que c'était sa mère.

Je me souvins alors que Brigitte m'avait souvent parlé de lui, et mille détails que j'avais oubliés me revinrent à la mémoire. Brigitte le connaissait depuis son enfance. Avant que je vinsse au pays, elle le voyait quelquefois à N*** ; mais, depuis mon arrivée, elle n'y était allée qu'une fois, et il n'y était point à ce moment. Ce n'était donc que par hasard que j'avais appris sur son compte quelques particularités, qui cependant m'avaient frappé. Il avait pour tout bien un modique emploi qui lui servait à entretenir une mère et une sœur. Sa conduite envers ces deux femmes méritait les plus grands éloges ; il se privait de tout pour elles, et, quoiqu'il possédât comme musicien des talents précieux qui pouvaient mener à la fortune, une probité et une réserve extrêmes lui avaient toujours fait préférer le repos aux chances de succès qui s'étaient présentées. En un mot, il était de ce petit nombre d'êtres qui vivent sans bruit et savent gré aux autres de ne pas s'apercevoir de ce qu'ils valent.

On m'avait cité de lui certains traits qui suffisent pour peindre un homme : il avait été très amoureux d'une belle fille de son voisinage, et, après plus d'un an d'assiduités, on consentait à la lui donner pour femme. Elle était aussi pauvre que lui. Le contrat allait être signé et tout était prêt pour la noce, lorsque sa mère lui dit : « Et ta sœur, qui la mariera ? » Cette seule parole lui fit comprendre que, s'il prenait femme, il dépenserait pour son ménage ce qu'il gagnerait de son travail, et que par conséquent sa sœur n'aurait point de dot. Il rompit aussitôt tout ce qui était commencé et renonça courageusement à son mariage et à son amour ; ce fut alors qu'il vint à Paris et obtint la place qu'il avait.

Je n'avais jamais entendu cette histoire, dont on parlait dans le pays, sans désirer d'en connaître le héros. Ce dévouement tranquille et obscur m'avait semblé plus admirable que toutes les gloires des champs de bataille. En voyant le portrait de sa mère, je m'en souvins aussitôt, et, reportant mes regards sur lui, je fus étonné de le trouver si jeune. Je ne pus m'empêcher de lui demander son âge ; c'était le mien. Huit heures sonnèrent et il se leva.

Aux premiers pas qu'il fit, je le vis chanceler ; il secoua la tête. « Qu'avez-vous ? » lui dis-je. Il me répondit que c'était l'heure d'aller au bureau, et qu'il ne se sentait pas la force de marcher.

« Êtes-vous malade ?

— J'ai la fièvre et je souffre cruellement.

— Vous vous portiez mieux hier soir ; je vous ai vu, je pense, à l'Opéra.

— Pardonnez-moi de ne pas vous avoir reconnu. J'ai mes entrées à ce théâtre, et j'espère vous y retrouver. »

Plus j'examinais ce jeune homme, cette chambre, cette maison, moins je me sentais la force d'aborder le véritable sujet de ma visite. L'idée que j'avais eue la veille, qu'il avait pu me nuire dans l'esprit de Brigitte, s'évanouissait malgré moi ; je lui trouvais un air de franchise et en même temps de sévérité qui m'arrêtait et m'imposait. Peu à peu mes pensées prenaient un autre cours ; je le regardais attentivement, et il me sembla que de son côté il m'observait aussi avec curiosité.

Nous avions vingt et un ans tous deux, et quelle différence entre nous! Lui, habitué à une existence dont le son réglé d'une horloge déterminait les mouvements; n'ayant jamais vu de la vie que le chemin d'une chambre isolée à un bureau enfoui dans un ministère; envoyant à une mère l'épargne même, ce denier de la joie humaine que serre avec tant d'avarice toute main qui travaille; se plaignant d'une nuit de souffrance parce qu'elle le privait d'un jour de fatigue; n'ayant qu'une pensée, qu'un bien, veiller au bien d'un autre, et cela depuis son enfance, depuis qu'il avait des bras! Et moi, de ce temps précieux, rapide, inexorable, de ce temps buveur de sueurs, qu'en avais-je fait? étais-je un homme? Lequel de nous avait vécu?

Ce que je dis là en une page, il nous fallut un regard pour le sentir. Nos yeux venaient de se rencontrer et ne se quittaient pas. Il me parla de mon voyage et du pays que nous allions visiter.

« Quand partez-vous? me demanda-t-il.

— Je ne sais; madame Pierson est souffrante et garde le lit depuis trois jours.

— Depuis trois jours? répéta-t-il avec un mouvement involontaire.

— Oui; qu'y a-t-il qui vous étonne? »

Il se leva et se jeta sur moi, les bras étendus et les yeux fixes. Un frisson terrible le fit tressaillir.

« Souffrez-vous? » lui dis-je en lui prenant la main. Mais, au même instant, il la porta à son visage, et, ne pouvant étouffer ses larmes, il se traîna lentement à son lit.

Je le regardais avec surprise; le transport violent de sa fièvre l'avait abattu tout à coup. J'hésitais à le laisser en cet état, et je m'approchai de lui de nouveau. Il me repoussa avec force et comme avec une terreur étrange. Lorsqu'il fut enfin revenu à lui :

« Excusez-moi, dit-il d'une voix faible; je suis hors d'état de vous recevoir. Soyez assez bon pour me laisser; dès que mes forces me le permettront, j'irai vous remercier de votre visite. »

## CHAPITRE III

Brigitte se portait mieux. Comme elle me l'avait dit, elle avait voulu partir aussitôt guérie. Mais je m'y étais opposé, et nous devions attendre encore une quinzaine qu'elle fût en état de supporter le voyage.

Toujours triste et silencieuse, elle était pourtant bienveillante. Quoi que je fisse pour la déterminer à me parler à cœur ouvert, la lettre qu'elle m'avait montrée était, disait-elle, le seul motif de sa mélancolie, et elle me priait qu'il n'en fût plus question. Ainsi, réduit moi-même à me taire comme elle, je cherchais vainement à deviner ce qui se passait dans son cœur. Le tête-à-tête nous pesait à tous deux, et nous allions au spectacle tous les soirs. Là, assis l'un près de l'autre, dans le fond d'une loge, nous nous serrions quelquefois la main; de temps en temps, un beau morceau de musique, un mot qui nous frappait, nous faisaient échanger des regards amis; mais, pour aller comme pour revenir, nous restions muets, plongés dans nos pensées. Vingt fois par jour, je me sentais prêt à me jeter à ses pieds et à lui demander comme une grâce de me donner le coup de la mort ou de me rendre le bonheur que j'avais entrevu; vingt fois, au moment de le faire, je voyais ses traits s'altérer; elle se levait et me quittait, ou, par une parole glacée, arrêtait mon cœur sur mes lèvres.

Smith venait presque tous les jours. Quoique sa présence dans la maison eût été la cause de tout le mal et que la visite que je lui avais faite m'eût laissé dans l'esprit de singuliers soupçons, la manière dont il parlait de notre voyage, sa bonne foi et sa simplicité, me rassuraient sur lui. Je lui avais parlé des lettres qu'il avait apportées, et il m'en avait paru non pas aussi offensé, mais plus triste que moi. Il en ignorait le contenu, et l'amitié de vieille date qu'il avait pour Brigitte les lui faisait blâmer hautement. Il ne s'en serait pas chargé, disait-il, s'il avait su ce qu'elles renfermaient. Au ton réservé que madame Pierson gardait avec lui, je ne pouvais le croire dans sa confidence. Je le voyais donc avec plaisir, quoiqu'il y eût toujours entre nous une sorte de gêne et de cérémonie. Il s'était chargé d'être, après notre départ, l'intermédiaire entre Brigitte et sa famille et d'empêcher une rupture éclatante. L'estime qu'on avait pour lui dans le pays ne devait pas être de peu d'importance dans cette négociation, et je ne pouvais m'empêcher de lui en savoir gré. C'était le plus noble caractère. Quand nous étions tous trois ensemble, s'il apercevait quelque froideur ou quelque contrainte, je le voyais faire tous ses efforts pour ramener la gaieté entre nous ; s'il semblait inquiet de ce qui se passait, c'était toujours sans indiscrétion et de manière à faire comprendre qu'il eût souhaité de nous voir heureux ; s'il parlait de notre liaison, c'était pour ainsi dire avec respect et comme un homme pour qui l'amour est un lien sacré devant Dieu ; enfin c'était une sorte d'ami, et il m'inspirait une entière confiance.

Mais, malgré tout et en dépit de ses efforts mêmes, il était triste, et je ne pouvais vaincre d'étranges pensées qui me saisissaient. Les larmes que j'avais vu répandre à ce jeune homme, sa maladie arrivée précisément en même temps que celle de ma maîtresse, je ne sais quelle sympathie mélancolique que je croyais découvrir entre eux, me troublaient et m'inquiétaient. Il n'y avait pas un mois que, sur de moindres soupçons, j'aurais eu des transports de jalousie ; mais maintenant de quoi soupçonner Brigitte ? Quel que fût le secret qu'elle me cachait, n'allait-elle pas partir avec moi ? Quand bien même il eût été possible que Smith fût dans la confidence de quelque mystère que j'ignorais, de quelle nature pouvait être ce mystère ? Que pouvait-il y avoir de blâmable dans leur tristesse et dans leur amitié ? Elle l'avait connu enfant ; elle le revoyait après de longues années, au moment de quitter la France ; elle se trouvait dans une situation malheureuse, et le hasard voulait qu'il en fût instruit, qu'il eût servi même en quelque sorte d'instrument à sa mauvaise destinée. N'était-il pas tout naturel qu'ils échangeassent quelques tristes regards, que la vue de ce jeune homme rappelât à Brigitte le passé, quelques souvenirs et quelques regrets? Pouvait-il, à son tour, la voir partir sans crainte, sans songer malgré lui aux chances d'un long voyage, aux risques d'une vie désormais errante, presque proscrite et abandonnée? Sans doute cela devait être, et je sentais, quand j'y pensais, que c'était à moi à me lever, à me mettre entre eux deux, à les rassurer, à les faire croire en moi, à dire à l'une que mon bras la soutiendrait tant qu'elle voudrait s'y appuyer, à l'autre que je lui étais reconnaissant de l'affection qu'il nous témoignait et des services qu'il allait nous rendre. Je le sentais, et ne pouvais le faire. Un froid mortel me serrait le cœur, et je restais sur mon fauteuil.

Smith parti le soir, ou nous nous taisions, ou nous parlions de lui. Je ne sais quel attrait bizarre me faisait demander tous les jours à Brigitte de nouveaux détails sur son compte. Elle n'avait cependant à m'en dire que ce que j'ai dit au lecteur; sa vie n'avait jamais été autre chose que celle qu'elle était, pauvre, obscure et honnête. Pour la raconter tout entière, il suffisait de peu de mots; mais je me les faisais répéter sans cesse, et sans savoir pourquoi j'y prenais intérêt.

En y réfléchissant, il y avait au fond de mon cœur une souffrance secrète que je ne m'avouais pas. Si ce jeune homme fût arrivé au moment de notre joie, qu'il eût apporté à Brigitte une lettre insignifiante, qu'il lui eût serré la main en montant en voiture, y aurais-je fait la moindre attention? Qu'il m'eût reconnu ou non à l'Opéra, qu'il lui fût échappé devant moi des larmes dont j'ignorais la cause, que m'importait, si j'étais heureux? Mais, tout en ne pouvant deviner le motif de la tristesse de Brigitte, je voyais bien que ma conduite passée, quoi qu'elle en pût dire, n'était pas maintenant étrangère à ses chagrins. Si j'eusse été ce que j'avais dû être depuis six mois que nous vivions ensemble, rien au monde, je le savais, n'aurait pu troubler notre amour. Smith n'était qu'un homme ordinaire, mais il était bon et dévoué, ses qualités simples et modestes ressemblaient à de grandes lignes pures que l'œil saisit sans peine et tout d'abord ; en un quart d'heure on le connaissait, et il inspirait la confiance, sinon l'admiration. Je ne pouvais m'empêcher de me dire que, s'il eût été l'amant de Brigitte, elle serait partie joyeuse avec lui.

C'était de ma propre volonté que j'avais retardé notre départ, et déjà je m'en repentais. Brigitte aussi, quelquefois, me pressait : « Qui nous arrête? disait-elle; me voilà guérie, tout est prêt. » Qui m'arrêtait en effet? Je ne sais.

Assis près de la cheminée, je fixais mes yeux alternativement sur Smith et sur ma maîtresse. Je les voyais tous deux pâles, sérieux, muets. J'ignorais pourquoi ils étaient ainsi, et malgré moi je me répétais que ce pouvait bien être la même cause et qu'il n'y avait pas là deux secrets à apprendre. Mais ce n'était pas un de ces soupçons vagues et maladifs qui m'avaient tourmenté autrefois, c'était un instinct invincible, fatal. Quelle étrange chose que nous! je me plaisais à les laisser seuls et à les quitter au coin du feu pour aller rêver sur le quai, m'appuyer sur le parapet et regarder l'eau comme un oisif des rues.

Lorsqu'ils parlaient de leur séjour à N*** et que Brigitte, presque enjouée, prenait un petit ton de mère pour lui rappeler les jours passés ensemble, il me semblait que je souffrais, et cependant j'y prenais plaisir. Je leur faisais des questions; je parlais à Smith de sa mère, de ses occupations, de ses projets. Je lui donnais occasion de se montrer dans un jour favorable et je forçais sa modestie à nous révéler son mérite. « Vous aimez beaucoup votre sœur, n'est-il pas vrai? lui demandai-je. Quand comptez-vous la marier? » Il nous disait alors en rougissant que le ménage coûtait beaucoup, que se serait fait peut-être dans deux ans, peut-être plus tôt, si sa santé lui permettait quelques travaux extraordinaires qui lui valaient des gratifications; qu'il y avait dans le pays une famille assez à l'aise dont le fils aîné était son ami; qu'ils étaient presque d'accord ensemble, et que le bonheur pouvait venir un jour, comme le repos, sans y songer; qu'il avait renoncé pour sa sœur à la petite part de l'héritage que le père leur avait laissé; que la mère s'y opposait, mais qu'il tiendrait bon malgré elle; qu'un jeune homme devait vivre de ses mains, tandis que l'existence d'une fille se décidait le jour de son mariage. Ainsi peu à peu il nous déroulait toute sa vie et toute son âme, et je regardais Brigitte l'écouter. Puis, quand il se levait pour se retirer, je l'accompagnais jusqu'à la porte, et j'y restais pensif, immobile, jusqu'à ce que le bruit de ses pas se fût perdu dans l'escalier.

Je rentrais alors dans ma chambre et je trouvais Brigitte se disposant à se déshabiller. Je contemplais avidement ce corps charmant, ces trésors de

La Confession d'un enfant du siècle.   Page 226

Bibl. Charpentier.   LIV. 298.

beauté, que tant de fois j'avais possédés. Je la regardais peigner ses longs cheveux, nouer son mouchoir et se détourner lorsque sa robe glissait à terre, comme une Diane qui entre au bain. Elle se mettait au lit, je courais au mien ; il ne pouvait me venir à l'esprit que Brigitte me trompât ni que Smith fût amoureux d'elle ; je ne pensais ni à les observer ni à les surprendre. Je ne me rendais compte de rien. Je me disais : « Elle est bien belle, et ce pauvre Smith est un honnête garçon ; ils ont tous deux un grand chagrin, et moi aussi. » Cela me brisait le cœur et en même temps me soulageait.

Nous avions trouvé, en rouvrant nos malles, qu'il y manquait encore quelques bagatelles ; Smith s'était chargé d'y pourvoir. Il avait une activité infatigable, et on l'obligeait, disait-il, quand on lui confiait le soin de quelques commissions. Comme je revenais un jour au logis, je le vis à terre, fermant un porte-manteau. Brigitte était devant un piano que nous avions loué à la semaine pendant notre séjour à Paris. Elle jouait un de ces anciens airs où elle mettait tant d'expression et qui m'avaient été si chers. Je m'arrêtai dans l'antichambre près de la porte, qui était ouverte ; chaque note m'entrait dans l'âme : jamais elle n'avait chanté si tristement et si saintement.

Smith l'écoutait avec délices ; il était à genoux, tenant la boucle du porte-manteau. Il la froissa, puis la laissa tomber et regarda les hardes qu'il venait de plier lui-même et de couvrir d'un linge blanc. L'air terminé, il resta ainsi ; Brigitte, les mains sur le clavier, regardait au loin l'horizon. Je vis pour la seconde fois tomber des larmes des yeux du jeune homme ; j'étais près d'en verser moi-même, et, ne sachant ce qui se passait en moi, j'entrai et lui tendis la main.

« Étiez-vous là ? » demanda Brigitte. Elle tressaillit et parut surprise.

« Oui, j'étais là, lui répondis-je. Chantez, ma chère, je vous en supplie. Que j'entende encore votre voix ! »

Elle recommença sans répondre ; c'était aussi pour elle un souvenir. Elle voyait mon émotion, celle de Smith ; sa voix s'altéra. Les derniers sons, à peine articulés, semblèrent se perdre dans les cieux ; elle se leva et me donna un baiser. Smith tenait encore ma main ; je le sentis me la serrer avec force et convulsivement ; il était pâle comme la mort.

Un autre jour, j'avais apporté un album lithographié qui représentait plusieurs vues de Suisse. Nous le regardions tous les trois, et, de temps en temps, lorsque Brigitte trouvait un site qui lui plaisait, elle s'y arrêtait pour l'observer. Il y en eut un qui lui parut surpasser de beaucoup tous les autres, c'était un paysage du canton de Vaud, à quelque distance de la route de Brigues : une vallée verte plantée de pommiers où des bestiaux paissaient à l'ombre; dans l'éloignement, un village consistant en une douzaine de maisons de bois semées en désordre dans la prairie et étagées sur les collines environnantes. Sur le premier plan, une jeune fille, coiffée d'un large chapeau de paille, était assise au pied d'un arbre, et un garçon de ferme, debout devant elle, semblait lui montrer, un bâton ferré à la main, la route qu'il avait parcourue; il indiquait un sentier tortueux qui se perdait dans la montagne. Au-dessus d'eux paraissaient les Alpes, et le tableau était couronné par trois sommets couverts de neige, teints des nuances du soleil couchant. Rien n'était plus simple et en même temps rien n'était plus beau que ce paysage. La vallée ressemblait à un lac de verdure, et l'œil en suivait les contours avec la plus parfaite tranquillité.

« Irons-nous là? » dis-je à Brigitte. Je pris un crayon et traçai quelques traits sur l'estampe.

« Que faites-vous? demanda-t-elle.

— Je cherche, lui dis-je, si avec un peu d'adresse il faudrait changer beaucoup cette figure pour qu'elle vous ressemblât. La jolie coiffure de cette jeune fille vous irait, je crois, à merveille; et ne pourrais-je pas, si je réussissais, donner à ce brave montagnard quelque ressemblance avec moi? »

Ce caprice parut lui plaire; et, s'emparant aussitôt d'un grattoir, elle eut bientôt effacé sur la feuille le visage du garçon et celui de la fille. Me voilà faisant son portrait, et elle voulut essayer le mien. Les figures étaient très petites, en sorte que nous ne fûmes pas difficiles; il fut convenu que les portraits étaient frappants, et il suffisait en effet qu'on y cherchât nos traits pour les y retrouver. Lorsque nous en eûmes ri, le livre resta ouvert, et, le domestique m'ayant appelé pour quelque affaire, je sortis quelques instants après.

Lorsque je rentrai, Smith était appuyé sur la table et regardait l'es-

lampe avec tant d'attention, qu'il ne s'aperçut pas je fusse revenu. Il était absorbé dans une rêverie profonde ; je repris ma place auprès du feu, et ce ne fut qu'après la première parole que j'adressai à Brigitte qu'il releva la tête. Il nous regarda tous deux un moment ; puis il prit congé de nous à la hâte, et, comme il traversait la salle à manger, je le vis se frapper le front.

Quand je surprenais ces signes de douleur, je me levais et courais m'enfermer. « Eh! qu'est-ce donc? qu'est-ce donc? » répétais-je. Puis je joignais les mains pour supplier... qui? je l'ignore ; peut-être mon bon ange, peut-être mon mauvais destin.

## CHAPITRE IV

Mon cœur me criait de partir, et cependant je tardais toujours; une volupté secrète et amère me clouait le soir à ma place. Quand Smith devait venir, je n'avais point de repos que je n'eusse entendu le bruit de la sonnette. Comment se fait-il qu'il y ait ainsi en nous je ne sais quoi qui aime le malheur?

Chaque jour un mot, un éclair rapide, un regard, me faisaient frémir; chaque jour un autre mot, un autre regard, par une impression contraire, me rejetaient dans l'incertitude. Par quel mystère inexplicable les voyais-je si tristes tous deux? Par quel autre mystère restais-je immobile, comme une statue, à les regarder, lorsque dans plus d'une occasion semblable je m'étais montré violent jusqu'à la fureur? Je n'avais pas la force de bouger, moi qui m'étais senti en amour de ces jalousies presque féroces, comme on en voit en Orient. Je passais mes journées à attendre, et je n'aurais pu dire ce que j'attendais. Je m'asseyais le soir sur mon lit et me disais : « Voyons, pensons à cela. » Je mettais ma tête entre mes mains, puis je m'écriais : « C'est impossible! » et je recommençais le jour suivant.

En présence de Smith, Brigitte me témoignait plus d'amitié que quand nous étions seuls. Il arriva, un soir, comme nous venions d'échanger quelques mots assez durs; quand elle entendit sa voix dans l'antichambre, elle vint s'asseoir sur mes genoux. Pour lui, toujours tranquille et triste, il semblait qu'il fît sur lui-même un effort continuel. Ses moindres gestes étaient mesurés; il parlait peu et lentement; mais les mouvements brusques qui lui échappaient n'en étaient que plus frappants par leur contraste avec sa contenance habituelle.

Dans la circonstance où je me trouvais, puis-je appeler curiosité l'impatience qui me dévorait? Qu'aurais-je répondu si quelqu'un fût venu me dire : « Que vous importe? vous êtes bien curieux. » Peut-être cependant n'était-ce pas autre chose.

Je me souviens qu'un jour, au pont Royal, je vis un homme se noyer. Je faisais avec des amis ce qu'on appelle une pleine eau à l'école de natation, et nous étions suivis par un bateau où se tenaient deux maîtres nageurs. C'était au plus fort de l'été; notre bateau en avait rencontré un autre, en sorte que nous nous trouvions plus de trente sous la grande arche du pont. Tout à coup, au milieu de nous, un jeune homme est pris d'un coup de sang. J'entends un cri et je me retourne. Je vis deux mains qui s'agitaient à la surface de l'eau, puis tout disparut. Nous plongeâmes aussitôt; ce fut en vain, et une heure après seulement on parvint à retirer le cadavre engagé sous un train de bois.

L'impression que j'éprouvai tandis que je plongeais dans la rivière ne sortira jamais de ma mémoire. Je regardais de tous côtés dans les couches d'eau obscures et profondes qui m'enveloppaient avec un sourd murmure. Tant que je pouvais retenir mon haleine, je m'enfonçais toujours plus avant; puis je revenais à la surface, j'échangeais une question avec quelque autre nageur aussi inquiet que moi; puis je retournais à cette pêche humaine. J'étais plein d'horreur et d'espérance; l'idée que j'allais peut-être me sentir saisi par deux bras convulsifs me causait une joie et une terreur indicibles; et ce ne fut qu'exténué de fatigue que je remontai dans le bateau.

Quand la débauche n'abrutit pas l'homme, une de ses suites nécessaires est une étrange curiosité. J'ai dit plus haut celle que j'avais ressentie à ma première visite à Desgenais. Je m'expliquerai davantage.

La vérité, squelette des apparences, veut que tout homme, quel qu'il soit, vienne à son jour et à son heure toucher ses ossements éternels au fond de quelque plaie passagère. Cela s'appelle connaître le monde, et l'expérience est à ce prix.

Or il arrive que devant cette épreuve les uns reculent épouvantés; les autres, faibles et effrayés, en restent vacillants comme des ombres. Quelques créatures, les meilleures peut-être, en meurent aussitôt. Le plus grand nombre oublie, et ainsi tout flotte à la mort.

Mais certains hommes, à coup sûr malheureux, ne reculent ni ne chancellent, ne meurent ni n'oublient: quand leur tour vient de toucher au malheur, autrement dit à la vérité, ils s'en approchent d'un pas ferme, étendent la main, et, chose horrible! se prennent d'amour pour le noyé livide qu'ils ont senti au fond des eaux. Ils le saisissent, le palpent, l'étreignent; les voilà ivres du désir de connaître; ils ne regardent plus les choses que pour voir à travers; ils ne font plus que douter et tenter; ils fouillent le monde comme des espions de Dieu; leurs pensées s'aiguisent en flèches, et il leur naît un lynx dans les entrailles.

Les débauchés, plus que tous les autres, sont exposés à cette fureur, et la raison en est toute simple : en comparant la vie ordinaire à une surface plane et transparente, les débauchés, dans les courants rapides, à tout moment touchent le fond. Au sortir d'un bal, par exemple, ils s'en vont dans un mauvais lieu. Après avoir serré dans la valse la main pudique d'une vierge, et peut-être l'avoir fait trembler, ils partent, ils courent, jettent leur manteau et s'attablent en se frottant les mains. La dernière phrase qu'ils viennent d'adresser à une belle et honnête femme est encore sur leurs lèvres; ils la répètent en éclatant de rire. Que dis-je? ne soulèvent-ils pas, pour quelques pièces d'argent, ce vêtement qui fait la pudeur, la robe, ce voile plein de mystère, qui semble respecter lui-même l'être qu'il embellit, et l'entoure sans le toucher? Quelle idée doivent-ils donc se faire du monde? ils s'y trouvent à chaque instant comme des comédiens dans une coulisse. Qui, plus qu'eux, est habitué à cette recherche du fond des choses, et, si l'on peut ainsi parler, à ces tâtements profonds et impies? Voyez comme ils parlent de tout: toujours les termes les plus crus, les plus grossiers, les plus abjects; ceux-là seulement leur paraissent vrais; tout le reste n'est que parade, convention et préjugés. Qu'ils racontent une anecdote, qu'ils rendent compte de ce qu'ils ont éprouvé : toujours le mot sale et physique, toujours la lettre, toujours la mort! Ils ne disent pas : « Cette femme m'a aimé; » ils disent: « J'ai eu cette femme; » ils ne disent pas · « J'aime; » ils disent · « J'ai envie; » ils ne disent jamais: « Dieu le veuille ! » ils disent partout: « Si je voulais! » Je ne sais ce qu'ils pensent d'eux-mêmes et quels monologues ils font.

De là, inévitablement, ou la paresse ou la curiosité; car, pendant qu'ils s'exercent ainsi à voir en tout ce qu'il y a de pire, ils n'entendent pas moins les autres continuer de croire au bien. Il faut donc qu'ils soient nonchalants jusqu'à se boucher les oreilles, ou que ce bruit du reste du monde les vienne éveiller en sursaut. Le père laisse aller son fils où vont tant d'autres, où allait Caton lui-même; il dit que jeunesse se passe. Mais, en rentrant, le fils regarde sa sœur; et voyez ce qu'a produit en lui une heure passée en tête-à-tête avec la brute réalité! il faut qu'il se dise : « Ma sœur n'a rien de semblable à la créature que je quitte! » et, de ce jour, le voilà inquiet.

La curiosité du mal est une maladie infâme qui naît de tout contact impur. C'est l'instinct rôdeur des fantômes qui lève la pierre des tombeaux; c'est une torture inexplicable dont Dieu punit ceux qui ont failli; ils voudraient croire que tout peut faillir, et ils en seraient peut-être désolés. Mais ils s'enquêtent, ils cherchent, disputent; ils penchent la tête de côté comme un architecte qui ajuste une équerre, et travaillent ainsi à voir ce qu'ils désirent. Du mal prouvé, ils en sourient; du mal douteux, ils en jureraient; le bien, ils veulent voir derrière. Qui sait? voilà la grande formule, le premier mot que Satan a dit quand il a vu le ciel se fermer. Hélas! combien de malheureux a faits cette seule parole! combien de désastres et de morts, combien de coups de faux terribles dans des moissons prêtes à pousser! combien de cœurs, combien de familles où il n'y a plus que des ruines depuis que ce mot s'y est fait entendre! Qui sait? qui sait? parole infâme! Plutôt que de la prononcer, on devrait faire comme les moutons, qui ne savent où est l'abattoir et qui y vont en broutant de l'herbe. Cela vaut mieux que d'être un esprit fort et de lire La Rochefoucauld.

Quel meilleur exemple en puis-je donner que ce que je raconte en ce moment? Ma maîtresse voulait partir, et je n'avais qu'à dire un mot. Je la voyais triste, et pourquoi restais-je? qu'en serait-il arrivé si j'étais parti? Ce n'eût été qu'un moment de crainte; nous n'aurions pas voyagé trois jours que tout se serait oublié. Seul auprès d'elle, elle n'eût pensé qu'à moi; que m'importait d'apprendre un mystère qui n'attaquait pas mon bonheur? Elle consentait, tout finissait là. Il ne fallait qu'un baiser sur les lèvres; au lieu de cela, voyez ce que je fais.

Un soir que Smith avait dîné avec nous, je m'étais retiré de bonne heure

LA CONFESSION D'UN ENFANT DU SIÈCLE.        Page 237

et les avais laissés ensemble. Comme je fermais ma porte, j'entendis Brigitte demander du thé. Le lendemain, en entrant dans sa chambre, je m'approchai par hasard de la table, et, à côté de la théière, je ne vis qu'une seule tasse. Personne n'était entré avant moi, et par conséquent le domestique n'avait rien emporté de ce dont on s'était servi la veille. Je cherchai autour de moi sur les meubles si je voyais une seconde tasse, et m'assurai qu'il n'y en avait point.

« Est-ce que Smith est resté tard ? demandai-je à Brigitte.

— Il est resté jusqu'à minuit.

— Vous êtes-vous couchée seule, ou avez-vous appelé quelqu'un pour vous mettre au lit ?

— Je me suis couchée seule ; tout le monde dormait dans la maison. »

Je cherchais toujours, et les mains me tremblaient. Dans quelle comédie burlesque y a-t-il un jaloux assez sot pour aller s'enquérir de ce qu'une tasse est devenue ? A propos de quoi Smith et madame Pierson auraient-ils bu dans la même tasse ? La noble pensée qui me venait là !

Je tenais cependant la tasse et j'allais et venais par la chambre. Je ne pus m'empêcher d'éclater de rire, et je la lançai sur le carreau. Elle s'y brisa en mille pièces, que j'écrasai à coups de talon.

Brigitte me vit faire sans me dire un seul mot. Pendant les deux jours suivants, elle me traita avec une froideur qui avait l'air de tenir du mépris, et je la vis affecter avec Smith un ton plus libre et plus bienveillant qu'à l'ordinaire. Elle l'appelait Henri, de son nom de baptême, et lui souriait familièrement.

« J'ai envie de prendre l'air, dit-elle après dîner ; venez-vous à l'Opéra, Octave ? je suis d'humeur à y aller à pied.

— Non, je reste ; allez-y sans moi. »

Elle prit le bras de Smith et sortit. Je restai seul toute la soirée ; j'avais du papier devant moi, et je voulais écrire pour fixer mes pensées, mais je ne pus en venir à bout.

Comme un amant, dès qu'il se voit seul, tire de son sein une lettre de sa maîtresse et s'ensevelit dans un rêve chéri, ainsi je m'enfonçais à plaisir dans le sentiment d'une profonde solitude et je m'enfermais pour douter. J'avais devant moi les deux sièges vides que Smith et Brigitte venaient d'occuper ; je les regardais d'un œil avide, comme s'ils eussent pu m'apprendre quelque chose. Je repassais mille fois dans ma tête ce que j'avais vu et entendu ; de temps en temps j'allais à la porte et je jetais les yeux sur nos malles, qui étaient rangées contre le mur et qui attendaient depuis un mois ; je les entr'ouvrais doucement, j'examinais les hardes, les livres, rangés en ordre par ces petites mains soigneuses et délicates ; j'écoutais passer les voitures ; leur bruit me faisait palpiter le cœur. J'étalais sur la table notre carte d'Europe, témoin naguère de si doux projets ; et là, en présence même de toutes mes espérances, dans cette chambre où je les avais conçues et vues si près de se réaliser, je me livrais à cœur ouvert aux plus affreux pressentiments.

Comment cela était-il possible? Je ne sentais ni colère ni jalousie, et cependant une douleur sans bornes. Je ne soupçonnais pas, et pourtant je doutais. L'esprit de l'homme est si bizarre, qu'il sait se forger, avec ce qu'il voit et malgré ce qu'il voit, cent sujets de souffrance. En vérité, sa cervelle ressemble à ces cachots de l'inquisition où les murailles sont couvertes de tant d'instruments de supplice, qu'on n'en comprend ni le but ni la forme et qu'on se demande, en les voyant, si ce sont des tenailles ou des jouets. Dites-moi, je vous le demande, quelle différence il y a de dire à sa maîtresse : « Toutes les femmes trompent, » ou de lui dire : « Vous me trompez? »

Ce qui se passait dans ma tête était pourtant peut-être aussi subtil que le plus fin sophisme ; c'était une sorte de dialogue entre l'esprit et la conscience. « Si je perdais Brigitte? disait l'esprit. — Elle part avec toi, disait la conscience. — Si elle me trompait? — Comment te tromperait-elle, elle qui avait fait son testament, où elle recommandait de prier pour toi ! — Si Smith l'aimait? — Fou, que t'importe, puisque tu sais que c'est toi qu'elle aime? — Si elle m'aime, pourquoi est-elle triste? — C'est son secret, respecte-le. — Si je l'emmène, sera-t-elle heureuse? — Aime-la, elle le sera. — Pourquoi, quand cet homme la regarde, semble-t-elle craindre de rencontrer ses yeux? — Parce qu'elle est femme et qu'il est jeune. — Pourquoi, quand elle le regarde, cet homme pâlit-il tout à coup? — Parce qu'il est homme et qu'elle est belle. — Pourquoi, quand je l'ai été voir, s'est-il jeté en pleurant dans mes bras? pourquoi, un jour, s'est-il frappé le front?

« — Ne demande pas ce qu'il faut que tu ignores. — Pourquoi faut-il que j'ignore ces choses? — Parce que tu es misérable et fragile, et que tout mystère est à Dieu. — Mais pourquoi est-ce que je souffre? pourquoi ne puis-je songer à cela sans que mon âme s'épouvante? — Songe à ton père et à faire le bien. — Mais pourquoi ne le puis-je pas? pourquoi le mal m'attire-t-il à lui? — Mets-toi à genoux, confesse-toi ; si tu crois au mal, tu l'as fait. — Si je l'ai fait, était-ce ma faute? pourquoi le bien m'a-t-il trahi? — De ce que tu es dans les ténèbres, est-ce une raison pour nier la lumière? s'il y a des traîtres, pourquoi es-tu l'un d'eux? — Parce que j'ai peur d'être dupe. — Pourquoi passes-tu tes nuits à veiller? Les nouveau-nés dorment à cette heure. Pourquoi es-tu seul maintenant? — Parce que je pense, je doute et je crains. — Quand donc feras-tu ta prière? — Quand je croirai. Pourquoi m'a-t-on menti? — Pourquoi mens-tu, lâche ! à ce moment même? Que ne meurs-tu, si tu ne peux souffrir? »

Ainsi parlaient et gémissaient en moi deux voix terribles et contraires, et une troisième criait encore : « Hélas! hélas! mon innocence! hélas! hélas! les jours d'autrefois! »

## CHAPITRE V

Effroyable levier que la pensée humaine ! c'est notre défense et notre sauvegarde, le plus beau présent que Dieu nous ait fait. Elle est à nous et nous obéit ; nous la pouvons lancer dans l'espace, et, une fois hors de ce faible crâne, c'en est fait, nous n'en répondons plus.

Tandis que, du jour au lendemain, je remettais sans cesse ce départ, je perdais la force et le sommeil, et peu à peu, sans que je m'en aperçusse, toute la vie m'abandonnait. Lorsque je m'asseyais à table, je me sentais un mortel dégoût ; la nuit, ces deux pâles visages, celui de Smith et de Brigitte, que j'observais tant que durait le jour, me poursuivaient dans des rêves affreux. Lorsqu'ils allaient le soir au spectacle, je refusais d'y aller avec eux ; puis je m'y rendais de mon côté, je me cachais dans le parterre, et de là je les regardais. Je feignais d'avoir affaire dans la chambre voisine et j'y restais une heure à les écouter. Tantôt l'idée de chercher querelle à Smith et de le forcer à se battre avec moi me saisissait avec violence ; je lui tournais le dos pendant qu'il me parlait ; puis je le voyais, d'un air de surprise, venir à moi en me tendant la main. Tantôt, quand j'étais seul la nuit et que tout dormait dans la maison, je me sentais la tentation d'aller au secrétaire de Brigitte et de lui enlever ses papiers. Je fus obligé une fois de sortir pour y résister. Que puis-je dire ? je voulais un jour les menacer, un couteau à la main, de les tuer s'il ne me disaient par quelle raison ils étaient si tristes ; un autre jour c'était contre moi que je voulais tourner ma fureur. Avec quelle honte je l'écris ! Et qui m'aurait demandé au fond ce qui me faisait agir ainsi, je n'aurais su que lui répondre.

Voir, savoir, douter, fureter, m'inquiéter et me rendre misérable, passer les jours l'oreille au guet, et la nuit me noyer de larmes, me répéter que j'en mourrais de douleur et croire que j'en avais sujet, sentir l'isolement et la faiblesse déraciner l'espoir dans mon cœur, m'imaginer que j'épiais, tandis que je n'écoutais dans l'ombre que le battement de mon pouls fiévreux ; rebattre sans fin ces phrases plates qui courent partout : « La vie est un songe, il n'y a rien de stable ici-bas » ; maudire enfin, blasphémer Dieu en moi, par ma misère et mon caprice : voilà quelle était ma jouissance, la chère occupation pour laquelle je renonçais à l'amour, à l'air du ciel, à la liberté !

Éternel Dieu, la liberté ! oui, il y avait de certains moments où, malgré tout, j'y pensais encore. Au milieu de tant de démence, de bizarrerie et de stupidité, il y avait en moi des bondissements qui m'enlevaient tout à coup à moi-même. C'était une bouffée d'air qui me frappait le visage quand je sortais de mon cachot ; c'était une page d'un livre que je lisais, quand toutefois il m'arrivait d'en prendre d'autres que ceux de ces sycophantes modernes qu'on appelle des pamphlétaires, et à qui on devrait défendre, par simple mesure de salubrité publique, de dépecer et de philosophailler. Puisque je parle de ces bons moments, ils furent si rares, que j'en veux citer un. Je lisais un soir les Mémoires de Constant ; j'y trouve les dix lignes suivantes :

« Salsdorf, chirurgien saxon attaché au prince Christian, eut, à la bataille de Wagram, la jambe cassée par un obus. Il était couché sur la poussière presque sans vie. A quinze pas de lui, Amédée de Kerbourg, aide de camp (j'ai oublié de qui), froissé à la poitrine par un boulet, tombe et vomit le sang. Salsdorf voit que, si ce jeune homme n'est secouru, il va mourir d'une apoplexie ; il recueille ses forces, se traîne en rampant jusqu'à lui, le saigne et lui sauve la vie. Au sortir de là, Salsdorf mourut à Vienne, quatre jours après l'amputation. »

Quand je lus ces mots, je jetai le livre et je fondis en larmes. Je ne regrette pas celles-là, elles me valurent une bonne journée ; car je ne fis que parler de Salsdorf, et ne me souciai de quoi que ce soit. Je ne pensais pas, à coup sûr, à soupçonner personne ce jour-là. Pauvre rêveur ! devais-je alors me souvenir que j'avais été bon ? A quoi cela me servait-il ? à tendre au ciel des bras désolés, à me demander pourquoi j'étais au monde et à chercher autour de moi s'il ne tomberait pas aussi quelque obus qui me délivrât pour l'éternité. Hélas! ce n'en était que l'éclair qui traversait un instant ma nuit.

Comme ces derviches insensés qui trouvent l'extase dans le vertige, quand la pensée, tournant sur elle-même, s'est épuisée à se creuser, lasse d'un travail inutile, elle s'arrête épouvantée. Il semble que l'homme soit vide, et qu'à force de descendre en lui, il arrive à la dernière marche d'une spirale. Là, comme au sommet des montagnes, comme au fond des mines, l'air manque, et Dieu défend d'aller plus loin. Alors, frappé d'un froid mortel, le cœur, comme altéré d'oubli, voudrait s'élancer au dehors pour renaître ; il demande la vie à ce qui l'environne, il aspire l'air ardemment; mais il ne trouve autour de lui que ses propres chimères qu'il vient d'animer de la force qui lui manque, et qui, créées par lui, l'entourent comme des spectres sans pitié.

Il n'était pas possible que les choses continuassent longtemps ainsi. Fatigué de l'incertitude, je résolus de tenter une épreuve pour découvrir la vérité.

J'allai demander des chevaux de poste pour dix heures du soir. Nous avions loué une calèche, et j'ordonnai que tout fût prêt pour l'heure indiquée. Je défendis en même temps qu'on en dît rien à madame Pierson. Smith vint dîner; en me mettant à table, j'affectai plus de gaieté qu'à l'ordinaire, et, sans les avertir de mon dessein, je mis l'entretien sur notre voyage. J'y renoncerais, dis-je à Brigitte, si je pensais qu'elle l'eût moins à cœur ; je me trouvais si bien à Paris, que je ne demandais pas mieux que d'y rester tant qu'elle le trouverait agréable. Je fis l'éloge de tous les plaisirs qu'on ne peut trouver que dans cette ville ; je parlai des bals, des théâtres, de tant d'occasions de se distraire qui s'y rencontrent à chaque pas. Bref, puisque nous étions heureux, je ne voyais pas pourquoi nous changions de place ; et je ne songeais pas à partir de sitôt.

Je m'attendais qu'elle allait insister pour notre projet d'aller à Genève, et en effet elle n'y manqua pas. Ce ne fut pourtant qu'assez faiblement; mais, dès qu'elle en eut dit les premiers mots, je feignis de me rendre à ses instances ; puis, détournant la conversation, je parlai de choses indifférentes, comme si tout eût été convenu.

« Et pourquoi, ajoutai-je, Smith ne viendrait-il pas avec nous ? Il est bien vrai qu'il a ici des occupations qui le retiennent ; mais ne peut-il obtenir un congé ? D'ailleurs, les talents qu'il possède, et dont il ne veut pas profiter, ne doivent-ils pas lui assurer partout une existence libre et honorable ? Qu'il vienne sans façon ; la voiture est grande, et nous lui offrons une place. Il faut qu'un jeune homme voie le monde, et il n'y a rien de si triste à son âge que de s'enfermer dans un cercle restreint. N'est-il pas vrai ? demandai-je à Brigitte. Allons, ma chère, que votre crédit obtienne de lui ce qu'il me refuserait peut-être ; décidez-le à nous sacrifier six semaines de son temps. Nous voyagerons de compagnie, et un tour en Suisse avec nous lui fera retrouver avec plus de plaisir son cabinet et ses travaux. »

Brigitte se joignit à moi, quoiqu'elle sût bien que cette invitation n'était qu'une plaisanterie. Smith ne pouvait s'absenter de Paris sans danger de perdre sa place, et il nous répondit, non sans regret, que cette raison l'empêchait d'accepter. Cependant, j'avais fait monter une bouteille de bon vin, et, tout en continuant de le presser, moitié en riant, moitié sérieusement, nous nous étions animés tous trois. Après dîner, je sortis un quart d'heure pour m'assurer que mes ordres étaient suivis ; puis je rentrai d'un air joyeux, et, m'asseyant au piano, je proposai de faire de la musique. « Passons ici notre soirée, leur dis-je ; si vous m'en croyez, n'allons pas au spectacle ; je ne suis pas capable de vous aider, mais je le suis de vous entendre. Nous ferons jouer Smith s'il s'ennuie, et le temps passera plus vite qu'ailleurs. »

Brigitte ne se fit pas prier, elle chanta de bonne grâce ; Smith l'accompagnait avec son violoncelle. On avait apporté de quoi faire du punch, et bientôt la flamme du rhum brûlant nous égaya de sa clarté. Le piano fut quitté pour la table ; on y revint, nous prîmes des cartes ; tout se passa comme je voulais, et il ne fut question que de se divertir.

J'avais les yeux fixés sur la pendule, et j'attendais impatiemment que l'aiguille marquât dix heures. L'inquiétude me dévorait, mais j'eus la force de n'en rien laisser voir. Enfin arriva le moment fixé : j'entendis le fouet du postillon et les chevaux entrer dans la cour. Brigitte était assise près de moi ; je lui pris la main et lui demandai si elle était prête à partir. Elle me regarda avec surprise, croyant sans doute que je voulais rire. Je lui dis

LA CONFESSION D'UN ENFANT DU SIÈCLE.    Page 247

Bibl. Charpentier.    LIV. 300.

qu'à dîner elle m'avait paru si bien décidée, que je n'avais pas hésité à faire venir des chevaux, et que c'était pour en demander que j'étais sorti. Au même instant entra le garçon de l'hôtel, qui venait annoncer que les paquets étaient sur la voiture et qu'on n'attendait plus que nous.

« Est-ce sérieux ? demanda Brigitte ; vous voulez partir cette nuit ?

— Pourquoi pas, répondis-je, puisque nous sommes d'accord ensemble que nous devons quitter Paris ?

— Quoi ! maintenant ? à l'instant même ?

— Sans doute ; n'y a-t-il pas un mois que tout est prêt ? Vous voyez qu'on n'a eu que la peine de lier nos malles sur la calèche ; du moment qu'il est décidé que nous ne restons pas ici, le plus tôt fait n'est-il pas le meilleur ? Je suis d'avis qu'il faut tout faire ainsi et ne rien remettre au lendemain. Vous êtes ce soir d'humeur voyageuse, et je me hâte d'en profiter. Pourquoi attendre et différer sans cesse ? Je ne saurais supporter cette vie. Vous voulez partir, n'est-il pas vrai ? eh bien, partons, il ne tient plus qu'à vous. »

Il y eut un moment de profond silence. Brigitte alla à la fenêtre et vit qu'en effet on avait attelé. D'ailleurs, au ton dont je parlais, il ne pouvait lui rester aucun doute, et, quelque prompte que dût lui paraître cette résolution, c'était d'elle qu'elle venait. Elle ne pouvait se dédire de ses propres paroles ni prétexter de motif de retard. Sa détermination fut prise aussitôt ; elle fit d'abord quelques questions comme pour s'assurer que tout fût en ordre ; voyant qu'on n'avait rien omis, elle chercha de côté et d'autre. Elle prit son châle et son chapeau, puis les posa, puis chercha encore. « Je suis prête, dit-elle, me voilà ; nous partons donc ? nous allons partir ? » Elle prit une lumière, visita ma chambre, la sienne, ouvrit les coffres et les armoires. Elle demandait la clef de son secrétaire qu'elle avait perdue, disait-elle. Où pouvait être cette clef ? elle l'avait tenue il y avait une heure. « Allons, allons ! je suis prête, répétait-elle avec une agitation extrême ; partons, Octave, descendons. » En disant cela, elle cherchait toujours et vint se rasseoir près de nous.

J'étais resté sur le canapé et regardais Smith debout devant moi. Il n'avait pas changé de contenance et ne semblait ni troublé ni surpris ; mais deux gouttes de sueur lui coulaient sur les tempes, et j'entendis craquer dans ses doigts un jeton d'ivoire qu'il tenait, et dont les morceaux tombèrent à terre. Il nous tendit ses deux mains à la fois. « Un bon voyage, mes amis ! » dit-il.

Nouveau silence ; je l'observais toujours, et j'attendais qu'il ajoutât un mot. « S'il y a ici un secret, pensai-je, quand le saurai-je, si ce n'est en ce moment ? Ils doivent l'avoir tous deux sur les lèvres. Qu'il en sorte l'ombre, et je la saisirai.

— Mon cher Octave, dit Brigitte, où comptez-vous que nous nous arrêterons ? Vous nous écrirez, n'est-ce pas, Henri ? vous n'oublierez pas ma famille, et, ce que vous pourrez pour moi, vous le ferez ?

Il répondit d'une voix émue, mais avec un calme apparent, qu'il s'engageait de tout son cœur à la servir et qu'il y ferait ses efforts. « Je ne puis, dit-il, répondre de rien, et sur les lettres que vous avez reçues il y a bien peu d'espérance. Mais ce ne sera pas de ma faute si, malgré tout, je ne puis bientôt vous envoyer quelque heureuse nouvelle. Comptez sur moi, je vous suis dévoué. »

Après nous avoir adressé encore quelques paroles obligeantes, il se disposait à sortir. Je me levai et le devançai ; je voulus une dernière fois les laisser encore un moment ensemble, et aussitôt que j'eus fermé la porte derrière moi, dans toute la rage de la jalousie déçue, je collai mon front sur la serrure.

— Quand vous reverrai-je ? demanda-t-il.

— Jamais, répondit Brigitte ; adieu, Henri. Elle lui tendit la main. Il s'inclina, la porta à ses lèvres, et je n'eus que le temps de me jeter en arrière dans l'obscurité. Il passa sans me voir et sortit.

Demeuré seul avec Brigitte, je me sentis le cœur désolé. Elle m'attendait, son manteau sous le bras, et l'émotion qu'elle éprouvait était trop claire pour s'y méprendre. Elle avait trouvé la clef qu'elle cherchait, et son secrétaire était ouvert. Je retournai m'asseoir près de la cheminée.

— Écoutez, lui dis-je sans oser la regarder ; j'ai été si coupable envers vous, que je dois attendre et souffrir sans avoir le droit de me plaindre. Le changement qui s'est fait en vous m'a jeté dans un tel désespoir, que je n'ai pu m'empêcher de vous en demander la raison ; mais aujourd'hui je ne vous la demande plus. Vous en coûte-t-il de partir ? dites-le-moi ; je me résignerai.

— Partons, partons! répondit-elle.

— Comme vous voudrez ; mais soyez franche. Quel que soit le coup que je reçoive, je ne dois pas même demander d'où il vient ; je m'y soumettrai sans murmure. Mais, si je dois vous perdre jamais, ne me rendez pas l'espérance ; car, Dieu le sait ! je n'y survivrais pas.

Elle se retourna précipitamment : « Parlez-moi, dit-elle, de votre amour, ne me parlez pas de votre douleur.

— Eh bien, je t'aime plus que ma vie ! Auprès de mon amour ma douleur n'est qu'un rêve. Viens avec moi au bout du monde, ou je mourrai, ou je vivrai par toi ! »

En prononçant ces mots, je fis un pas vers elle et je la vis pâlir et reculer. Elle faisait un vain effort pour forcer à sourire ses lèvres contractées ; et, se baissant sur le secrétaire : « Un instant, dit-elle, un instant encore ; j'ai quelques papiers à brûler. » Elle me montra les lettres de N**, les déchira et les jeta au feu ; elle en prit d'autres, qu'elle relut et qu'elle étala sur la table. C'étaient des mémoires de ses marchands, et il y en avait dans le nombre qui n'étaient pas encore payés. Tout en les examinant, elle commença à parler avec volubilité, les joues ardentes comme dans la fièvre. Elle me demandait pardon de son silence obstiné et de sa conduite depuis son arrivée. Elle me témoignait plus de tendresse, plus de confiance que jamais. Elle frappait des mains en riant et se promettait le plus charmant voyage ; enfin elle était tout amour, ou du moins tout semblant d'amour. Je ne puis dire combien je souffrais de cette joie factice ; il y avait, dans cette douleur qui se démentait ainsi elle-même, une tristesse plus affreuse que les larmes et plus amère que les reproches. Je l'eusse mieux aimée froide et indifférente que s'excitant ainsi pour se vaincre ; il me semblait voir une parodie de nos moments les plus heureux. C'étaient les mêmes paroles, la même femme, les mêmes caresses ; et ce qui, quinze jours auparavant, m'enivrait d'amour et de bonheur, répété ainsi, me faisait horreur.

« Brigitte, lui dis-je tout à coup, quel mystère me cachez-vous donc? Si vous m'aimez, quelle comédie horrible jouez-vous donc ainsi devant moi?

— Moi ! dit-elle presque offensée. Qui vous fait croire que je la joue?

— Qui me le fait croire? Dites-moi, ma chère, que vous avez la mort dans l'âme et que vous souffrez le martyre. Voilà mes bras prêts à vous recevoir; appuyez-y la tête et pleurez. Alors je vous emmènerai peut-être; mais, en vérité, pas ainsi.

— Partons, partons! répéta-t-elle encore.

— Non, sur mon âme! non, pas à présent, non, tant qu'il y a entre nous un mensonge ou un masque. J'aime mieux le malheur que cette gaieté-là. » Elle resta muette, consternée de voir que je ne me trompais pas à ses paroles et que je la devinais malgré ses efforts.

« Pourquoi nous abuser? continuai-je. Suis-je donc tombé si bas dans votre estime, que vous puissiez feindre devant moi? Ce malheureux et triste voyage, vous y croyez-vous donc condamnée? Suis-je un tyran, un maître absolu? suis-je un bourreau qui vous traîne au supplice? Que craignez-vous donc de ma colère, pour en venir à de pareils détours? quelle terreur vous fait mentir ainsi?

— Vous avez tort, répondit-elle; je vous en prie, pas un mot de plus.

— Pourquoi donc si peu de sincérité? Si je ne suis pas votre confident, ne puis-je du moins être traité en ami? si je ne puis savoir d'où viennent vos larmes, ne puis-je du moins les voir couler? N'avez-vous pas même cette confiance de croire que je respecte vos chagrins? Qu'ai-je fait pour les ignorer? ne saurait-on y trouver de remède?

— Non, disait-elle, vous avez tort; vous ferez votre malheur et le mien si vous me pressez davantage. N'est-ce pas assez que nous partions?

— Et comment voulez-vous que je parte lorsqu'il suffit de vous regarder pour voir que ce voyage vous répugne, que vous venez à contre-cœur, que vous vous en repentez déjà? Qu'est-ce donc, grand Dieu! et que me cachez-vous? A quoi bon jouer avec les paroles, quand la pensée est aussi claire que cette glace que voilà? Ne serais-je pas le dernier des hommes, d'accepter ainsi sans murmure ce que vous me donnez avec tant de regret? Comment cependant le refuserais-je? que puis-je faire si vous ne parlez pas?

— Non, je ne vous suis pas à contre-cœur; vous vous trompez; je vous aime, Octave; cessez de me tourmenter ainsi. »

Elle mit tant de douceur dans ces paroles, que je me jetai à ses genoux. Qui eût résisté à son regard et au son divin de sa voix? « Mon Dieu! m'écriai-je, vous m'aimez, Brigitte? ma chère maîtresse, vous m'aimez?

— Oui, je vous aime, oui, je vous appartiens ; faites de moi ce que vous voudrez. Je vous suivrai ; partons ensemble ; venez, Octave, on nous attend. » Elle serrait ma main dans les siennes et me donna un baiser sur le front. « Oui, il le faut, murmura-t-elle ; oui, je le veux, jusqu'au dernier soupir.

— *Il le faut ?* » me dis-je à moi-même. Je me levai. Il ne restait plus sur la table qu'une seule feuille de papier que Brigitte parcourait des yeux. Elle la prit, la retourna, puis la laissa tomber à terre. « Est-ce tout ? demandai-je.

— Oui, c'est tout. »

Lorsque j'avais fait venir les chevaux, ce n'avait pas été avec la pensée que nous partirions en effet. Je ne voulais que faire une tentative ; mais, par la force même des choses, elle était devenue véritable. J'ouvris la porte. « Il le faut ! me disais-je ; il le faut ! répétais-je tout haut. Que veut dire ce mot, Brigitte ? qu'y a-t-il donc que j'ignore ici ? Expliquez-vous, sinon je reste. Pourquoi faut-il que vous m'aimiez ? »

Elle tomba sur le canapé et se tordit les mains de douleur. « Ah ! malheureux, malheureux ! dit-elle, tu ne sauras jamais aimer !

— Eh bien, peut-être, oui, je le crois ; mais, devant Dieu, je sais souffrir. Il faut que vous m'aimiez, n'est-ce pas ? eh bien, il faut aussi me répondre. Quand je devrais vous perdre à jamais, quand ces murs devraient crouler sur ma tête, je ne sortirai pas d'ici que je ne sache quel est ce mystère qui me torture depuis un mois. Vous parlerez, ou je vous quitte. Que je sois un fou, un furieux, que je gâte à plaisir ma vie, que je vous demande ce que peut-être je devrais feindre de vouloir ignorer, qu'une explication entre nous doive détruire notre bonheur et élever désormais devant moi une barrière insurmontable, que, par là, je rende impossible ce départ même que j'ai tant souhaité ; quoi qu'il puisse vous en coûter à vous et à moi, vous parlerez, ou je renonce à tout.

— Non, non, je ne parlerai pas !

— Vous parlerez ! Croyez-vous, par hasard, que je sois dupe de vos mensonges ? Quand je vous vois du soir au lendemain plus différente de vous-même que le jour ne l'est de la nuit, croyez-vous donc que je m'y trompe ? Quand vous me donnez pour raison je ne sais quelles lettres qui ne valent pas seulement la peine qu'on les lise, vous imaginez-vous que je me contente du premier prétexte venu parce qu'il vous plaît de n'en pas chercher d'autre? Votre visage est-il de plâtre, pour qu'il soit difficile d'y voir ce qui se passe dans votre cœur? Quelle opinion avez-vous donc de moi? Je ne m'abuse pas autant qu'on le pense, et prenez garde qu'à défaut de paroles votre silence ne m'apprenne ce que vous cachez si obstinément.

— Que voulez-vous que je vous cache?

— Ce que je veux! vous me le demandez! Est-ce pour me braver en face que vous me faites cette question? est-ce pour me pousser à bout et vous débarrasser de moi? Oui, à coup sûr, l'orgueil offensé est là, qui attend que j'éclate. Si je m'expliquais franchement, vous auriez à votre service toute l'hypocrisie féminine; vous attendez que je vous accuse, afin de me répondre qu'une femme comme vous ne descend pas à se justifier. Dans quels regards de fierté dédaigneuse ne savent pas s'envelopper les plus coupables et les plus perfides! Votre grande arme est le silence; ce n'est pas d'hier que je le sais. Vous ne voulez qu'être insultée, vous vous taisez jusqu'à ce qu'on y vienne; allez, allez, luttez avec mon cœur; où bat le vôtre, vous le trouverez; mais ne luttez pas avec ma tête, elle est plus dure que le fer et elle en sait aussi long que vous!

— Pauvre garçon! murmura Brigitte, vous ne voulez donc pas partir?

— Non! je ne pars qu'avec ma maîtresse, et vous ne l'êtes pas maintenant. J'ai assez lutté, j'ai assez souffert, je me suis assez dévoré le cœur! Il est temps que le jour se lève; j'ai assez vécu dans la nuit. Oui, ou non, voulez-vous répondre?

— Non.

— Comme il vous plaira; j'attendrai. »

J'allai m'asseoir à l'autre bout de la chambre, déterminé à ne pas me lever que je n'eusse appris ce que je voulais savoir. Elle paraissait réfléchir et marchait hautement devant moi.

Je la suivais d'un œil avide, et le silence qu'elle gardait augmentait par degrés ma colère. Je ne voulais pas qu'elle s'en aperçût, et ne savais quel parti prendre. J'ouvris la fenêtre. « Qu'on dételle les chevaux, criai-je, et qu'on les paye! je ne partirai pas ce soir.

— Pauvre malheureux ! » dit Brigitte. Je refermai tranquillement la fenêtre et me rassis sans avoir l'air d'entendre ; mais je me sentais une telle rage, que je ne pouvais résister. Ce froid silence, cette force négative, m'exaspéraient au dernier point. J'aurais été réellement trompé et sûr de la trahison d'une femme aimée, que je n'aurais rien éprouvé de pire. Dès que je me fus condamné moi-même à rester encore à Paris, je me dis qu'à tout prix il fallait que Brigitte parlât. Je cherchais en vain dans ma tête un moyen de l'y obliger ; mais pour le trouver à l'instant même, j'aurais donné tout ce que je possédais. Que faire ? que dire ? Elle était là, tranquille, me regardant avec tristesse. J'entendis dételer les chevaux ; ils s'en allèrent au petit trot, et le bruit de leurs grelots se perdit bientôt dans les rues. Je n'avais qu'à me retourner pour qu'ils revinssent, et il me semblait cependant que leur départ était irrévocable. Je poussai le verrou de la porte ; je ne sais quoi me disait à l'oreille : « Te voilà seul, face à face avec l'être qui doit de te donner la vie ou la mort. »

Tandis que, perdu dans mes pensées, je m'efforçais d'inventer un biais qui pût me ramener à la vérité, je me souvins d'un roman de Diderot où une femme, jalouse de son amant, s'avise, pour éclaircir ses doutes, d'un moyen assez singulier. Elle lui dit qu'elle ne l'aime plus et lui annonce qu'elle va le quitter. Le marquis des Arcis (c'est le nom de l'amant) donne dans le piège et avoue lui-même qu'il est lassé de son amour. Cette scène bizarre, que j'avais lue trop jeune, m'avait frappé comme un tour d'adresse, et le souvenir que j'en avais gardé me fit sourire en ce moment. « Qui sait ? me dis-je, si j'en faisais autant, Brigitte s'y tromperait peut-être et m'apprendrait quel est son secret. »

D'une colère furieuse je passai tout à coup à des idées de ruse et de rouerie. Était-il donc si difficile de faire parler une femme malgré elle ? Cette femme était ma maîtresse ; j'étais bien faible si je n'y parvenais. Je me renversai sur le sofa d'un air libre et indifférent. « Eh bien, ma chère, dis-je gaiement, nous ne sommes donc pas au jour des confidences ? »

Elle me regarda d'un air étonné.

« Eh ! mon Dieu, oui, continuai-je, il faut pourtant qu'un jour ou l'autre nous en venions à nos vérités. Tenez, pour vous donner l'exemple, j'ai

LA CONFESSION D'UN ENFANT DU SIÈCLE.        Page 256

Bibl. Charpentier.        LIV. 301.

quelque envie de commencer ; cela vous rendra confiante, et il n'y a rien de tel que de s'entendre entre amis. »

Sans doute qu'en parlant ainsi mon visage me trahissait ; Brigitte ne semblait pas m'entendre et continuait de se promener.

« Savez-vous bien, lui dis-je, qu'après tout voilà six mois que nous sommes ensemble ? Le genre de vie que nous menons n'a rien qui ressemble à ce dont on peut rire. Vous êtes jeune, je le suis aussi ; s'il arrivait que le tête-à-tête cessât d'être de votre goût, seriez-vous femme à me le dire ? En vérité, si cela était, je vous l'avouerais franchement. Et pourquoi pas ? est-ce un crime d'aimer ? ce ne peut donc pas être un crime de moins aimer, ou de n'aimer plus. Qu'y aurait-il d'étonnant qu'à notre âge on eût besoin de changement ? »

Elle s'arrêta. « A notre âge ! dit-elle. Est-ce que c'est à moi que vous vous adressez ? Quelle comédie jouez-vous aussi ? »

Le sang me monta au visage. Je lui saisis la main. « Assieds-toi là, lui dis-je, et écoute-moi.

— A quoi bon ? ce n'est pas vous qui parlez. »

J'étais honteux de ma propre feinte, et j'y renonçai.

« Ecoutez-moi ! répétai-je avec force, et venez, je vous en supplie, vous asseoir ici près de moi. Si vous voulez garder le silence, faites-moi la grâce de m'entendre.

— J'écoute ; qu'avez-vous à me dire ?

— Si on me disait aujourd'hui : « Vous êtes un lâche ! » j'ai vingt-deux ans et je me suis déjà battu ; ma vie entière, mon cœur se révolteraient. N'aurais-je pas en moi la conscience de ce que je suis ? Il faudrait pourtant aller sur le pré, il faudrait que je me misse vis-à-vis du premier venu, il faudrait jouer ma vie contre la sienne ; pourquoi ? pour prouver que je ne suis pas un lâche ; sans quoi le monde le croirait. Cette seule parole demande cette réponse, toutes les fois qu'on l'a prononcée, et n'importe qui.

— C'est vrai ; où voulez-vous en venir ?

— Les femmes ne se battent pas ; mais, telle que la société est faite, il n'y a pourtant aucun être, de tel sexe qu'il soit, qui ne doive, à certains moments de sa vie, fût-elle réglée comme une horloge, solide comme le fer, voir tout mettre en question. Réfléchissez; qui voyez-vous échapper à cette loi? quelques personnes, peut-être; mais voyez ce qui en arrive : si c'est un homme, le déshonneur; si c'est une femme, quoi? l'oubli. Tout être qui vit de la vie véritable doit par cela même faire preuve qu'il vit. Il y a donc pour une femme, comme pour un homme, telle occasion où elle est attaquée. Si est elle brave, elle se lève, fait acte de présence et se rassied. Un coup d'épée ne prouve rien pour elle. Non seulement il faut qu'elle se défende, mais qu'elle forge elle-même ses armes. On la soupçonne; qui? un indifférent? elle peut et doit le mépriser. Est-ce son amant, l'aime-t-elle cet amant? si elle l'aime, c'est là sa vie, elle ne peut pas le mépriser.

— Sa seule réponse est le silence.

— Vous vous trompez; l'amant qui la soupçonne offense par là sa vie entière, je le sais; ce qui répond pour elle n'est-ce pas? ce sont ses larmes, sa conduite passée, son dévouement et sa patience. Qu'arrivera-t-il si elle se tait? que son amant la perdra par sa faute et que le temps la justifiera. N'est-ce pas là votre pensée?

— Peut-être; le silence avant tout.

— Peut-être, dites-vous? assurément je vous perdrai si vous ne me répondez pas; mon parti est pris : je pars seul.

— Eh bien, Octave...

— Eh bien, m'écriai-je, le temps donc vous justifiera? Achevez; à cela du moins dites oui ou non.

— Oui, je l'espère.

— Vous l'espérez! voilà ce que je vous prie de vous demander sincèrement. C'est la dernière fois sans doute que vous en aurez l'occasion devant moi. Vous me dites que vous m'aimez et je le crois. Je vous soupçonne; votre intention est-elle que je parte et que le temps vous justifie?

— Et de quoi me soupçonnez-vous?

— Je ne voulais pas vous le dire, car je vois que c'est inutile. Mais, après tout, misère pour misère, à votre loisir : j'aime autant celle-là. Vous me trompez; vous en aimez un autre; voilà votre secret et le mien.

— Qui donc? demanda-t-elle.

— Smith.

Elle me posa sa main sur les lèvres et se détourna. Je n'en pus dire davantage; nous restâmes tous deux pensifs, les yeux fixés à terre.

« Écoutez-moi, dit-elle avec effort. J'ai beaucoup souffert, et je prends le ciel à témoin que je donnerais ma vie pour vous. Tant qu'il me restera au monde la plus faible lueur d'espérance, je serai prête à souffrir encore ; mais, quand je devrais exciter de nouveau votre colère en vous disant que je suis femme, je le suis pourtant, mon ami. Il ne faut pas aller trop avant ni plus loin que la force humaine. Je ne répondrai jamais là-dessus. Tout ce que je puis en cet instant, c'est de me mettre une dernière fois à genoux et de vous supplier encore de partir. »

Elle s'inclina en disant ces mots. Je me levai.

« Bien insensé, dis-je avec amertume, bien insensé qui, une fois dans sa vie, veut obtenir la vérité d'une femme ! Il n'obtiendra que le mépris, et il le mérite en effet ! La vérité ! celui-là la sait qui corrompt des femmes de chambre ou qui se glisse à leur chevet à l'heure où elles parlent en rêve. Celui-là la sait qui se fait femme lui-même et que sa bassesse initie à tout ce qui s'agite dans l'ombre ! Mais l'homme qui la demande franchement, celui qui ouvre une main loyale pour obtenir cette affreuse aumône, ce n'est pas lui qui l'obtiendra jamais ! On se tient en garde avec lui ; pour toute réponse on hausse les épaules, et, si la patience lui échappe, on se lève dans sa vertu comme une vestale outragée, et on laisse tomber de ses lèvres le grand oracle féminin, que le soupçon détruit l'amour et qu'on ne saurait pardonner à ce quoi l'on ne peut répondre. Ah ! juste Dieu, quelle fatigue ! quand donc finira tout cela ?

— Quand vous voudrez, dit-elle d'un ton glacé : j'en suis aussi lasse que vous.

— A l'instant même ; je vous quitte pour jamais, et que le temps vous justifie donc ! Le temps ! le temps ! ô froide amante ! souvenez-vous de cet adieu. Le temps ! et ta beauté, et ton amour, et le bonheur, où seront-ils allés ? Est-ce donc sans regret que tu me perds ainsi ? Ah ! sans doute, le jour où l'amant jaloux saura qu'il a été injuste, le jour où il verra les preuves, il comprendra quel cœur il a blessé, n'est-il pas vrai ? il pleurera sa honte, il n'aura plus ni joie ni sommeil ; il ne vivra que pour se souvenir qu'il eût pu vivre autrefois heureux. Mais, ce jour-là, sa maîtresse orgueilleuse pâlira peut-être de se voir vengée ; elle se dira : « Si je l'avais fait plus tôt ! » Et croyez-moi, si elle a aimé, l'orgueil ne la consolera pas. »

J'avais voulu parler avec calme, mais je n'étais plus maître de moi : à mon tour, je marchais avec agitation. Il y a certains regards qui sont de vrais coups d'épée, ils se croisent comme le fer; c'étaient de ceux-là que Brigitte et moi nous échangions en ce moment. Je la regardais comme un prisonnier regarde la porte d'un cachot. Pour briser le sceau qu'elle avait sur les lèvres et pour la forcer à parler, j'aurais exposé ma vie et la sienne.

— Ou allez-vous? demanda-t-elle, que voulez-vous que je vous dise?

— Ce que vous avez dans le cœur. N'êtes-vous pas assez cruelle de me le faire répéter ainsi?

— Et vous, et vous, s'écria-t-elle, n'êtes-vous pas plus cruel cent fois? Ah ! bien insensé, dites-vous, qui veut savoir la vérité ! Folle, puis-je dire à mon tour, qui peut espérer qu'on la croie! Vous voulez savoir mon secret, et mon secret, c'est que je vous aime. Folle que je suis! vous en cherchez un autre. Cette pâleur qui me vient de vous, vous l'accusez, vous l'interrogez. Folle! j'ai voulu souffrir en silence, vous consacrer ma résignation; j'ai voulu vous cacher mes larmes; vous les épiez comme des témoins d'un crime. Folle! j'ai voulu traverser les mers, m'exiler de France avec vous, aller mourir, loin de tout ce qui m'a aimée, sur ce cœur qui doute de moi. Folle! j'ai cru que la vérité avait un regard, un accent, qu'on la devinait, qu'on la respectait! Ah! quand j'y pense, les larmes me suffoquent. Pourquoi, s'il en devait être ainsi, m'avoir entraînée à une démarche qui troublera à jamais mon repos? Ma tête se perd, je ne sais où j'en suis! »

Elle se pencha en pleurant sur moi. « Folle! folle! » répétait-elle avec une voix déchirante.

« Et qu'est-ce donc? continua-t-elle ; jusqu'à quand persévérerez-vous? Que puis-je faire à ces soupçons sans cesse renaissants, sans cesse altérés? Il faut, dites-vous, que je me justifie ! De quoi? de partir, d'aimer, de mourir, de désespérer ? et, si j'affecte une gaieté forcée, cette gaieté même vous offense. Je vous sacrifie tout pour partir, et vous n'aurez pas fait une lieue, que vous regarderez en arrière. Partout, toujours, quoi que je fasse, l'injure, la colère! Ah! cher enfant, si vous saviez quel froid mortel, quelle souffrance de voir ainsi la plus simple parole du cœur accueillie par le doute et le sarcasme! Vous vous priverez par là du seul bonheur qu'il y ait au monde : aimer avec abandon. Vous tuerez dans le cœur de ceux qui vous aiment tout sentiment délicat et élevé; vous en viendrez à ne plus croire qu'à ce qu'il y a de plus grossier; il ne vous restera de l'amour que ce qui est visible et se touche du doigt. Vous êtes jeune, Octave, et vous avez encore une longue vie à parcourir; vous aurez d'autres maîtresses. Oui, comme vous dites, l'orgueil est peu de chose, et ce n'est pas lui qui me consolera; mais Dieu veuille qu'une larme de vous me paye un jour de celles que vous me faites répandre en ce moment! »

Elle se leva. « Faut-il donc le dire? faut-il donc que vous le sachiez, que depuis six mois je ne me suis pas couchée un soir sans me répéter que tout était inutile et que vous ne guéririez jamais; que je ne me suis pas levée un matin sans me dire qu'il fallait essayer encore; que vous n'avez pas dit une parole que je ne sentisse que je devais vous quitter, et que vous ne m'avez pas fait une caresse que je ne sentisse que j'aimais mieux mourir; que, jour par jour, minute par minute, toujours entre la crainte et l'espoir, j'ai mille fois tenté de vaincre ou mon amour ou ma douleur; que, dès que j'ouvrais mon cœur près de vous, vous jetiez un coup d'œil moqueur jusqu'au fond de mes entrailles, et que, dès que je le fermais, il me semblait y sentir un trésor que vous seul pouviez dépenser? Vous raconterai-je ces faiblesses et tous ces mystères qui semblent puérils à ceux qui ne les respectent pas? que, lorsque vous me quittiez avec colère, je m'enfermais pour relire vos premières lettres; qu'il y a une valse chérie que je n'ai jamais jouée en vain lorsque j'éprouvais trop vivement l'impatience de vous voir venir? Ah! malheureuse! que toutes ces larmes ignorées, que toutes ces folies si douces aux faibles, te coûteront cher! Pleure maintenant; ce supplice même, cette douleur n'a servi de rien. »

Je voulus l'interrompre. « Laissez-moi, laissez-moi, dit-elle; il faut qu'un jour je vous parle aussi. Voyons, pourquoi doutez-vous de moi? Depuis six mois, de pensée, de corps et d'âme, je n'ai appartenu qu'à vous. De quoi osez-vous me soupçonner? Voulez-vous partir pour la Suisse? Je suis prête, vous le voyez. Est-ce un rival que vous croyez avoir? envoyez-lui une lettre que je signerai et que vous mettrez à la poste. Que faisons-nous, où allons-nous? prenons un parti. Ne sommes-nous pas toujours ensemble? Eh bien, pourquoi me quittes-tu? je ne peux pas être à la fois près et loin de toi. Il faudrait, dis-tu, pouvoir se fier à sa maîtresse, c'est vrai. Ou l'amour est un bien, ou c'est un mal : si c'est un bien, il faut croire en lui; si c'est un mal, il faut s'en guérir. Tout cela, vois-tu, c'est un jeu que nous jouons; mais notre cœur et notre vie servent d'enjeu, et c'est horrible! Veux-tu mourir? ce sera plus tôt fait. Qui suis-je donc pour qu'on doute de moi? »

Elle s'arrêta devant la glace.

« Qui suis-je donc? répétait-elle, qui suis-je donc? Y pensez-vous? regardez donc ce visage que j'ai.

« Douter de toi! s'écria-t-elle en s'adressant à sa propre image; pauvre tête pâle, on te soupçonne! pauvres joues maigres, pauvres yeux fatigués, on doute de vous et de vos larmes? Eh bien, achevez de souffrir; que ces baisers qui vous ont desséchés vous ferment les paupières! Descends dans cette terre humide, pauvre corps vacillant qui ne te soutiens plus! Quand tu y seras, on le croira peut-être, si le doute croit à la mort. O triste spectre! sur quelle rive veux-tu donc errer et gémir? quel est ce feu qui te dévore? Tu fais des projets de voyage, toi qui as un pied dans le tombeau! Meurs! Dieu t'en est témoin, tu as voulu aimer! Ah! quelles richesses, quelles puissances d'amour on a éveillées dans ton cœur! Ah! quel rêve on t'a laissé faire et de quels poisons on t'a tuée! Quel mal avais-tu fait pour que l'on mît en toi cette fièvre ardente qui te brûle? Quelle fureur l'anime donc, cette créature insensée qui te pousse du pied dans le cercueil, tandis que ses lèvres te parlent d'amour? Que deviendras-tu donc si tu vis encore? N'est-il pas temps? n'en est-ce pas assez? Quelle preuve de ta douleur donneras-tu pour qu'on y croie, quand toi, toi-même, pauvre preuve vivante, pauvre témoin, on ne te croit pas? A quelle torture veux-tu te soumettre, que tu n'aies pas déjà usée? Par quels tourments, quels sacrifices, apaiseras-tu l'avide, l'insatiable amour? Tu ne seras qu'un objet de risée; tu chercheras en vain une rue déserte où ceux qui passent ne te montrent pas au doigt. Tu perdras toute honte et jusqu'à l'apparence de cette vertu fragile qui t'a été si chère; et l'homme pour qui tu t'aviliras sera le premier à t'en punir. Il te reprochera de vivre pour lui seul, de braver le monde pour lui, et, tandis que tes propres amis murmureront autour de toi, il cherchera dans leurs regards s'il n'aperçoit pas trop de pitié; il t'accusera de le tromper si une main serre encore la tienne, et si, dans le désert de ta vie, tu trouves par hasard quelqu'un qui puisse te plaindre en passant. O Dieu! te souvient-il d'un jour d'été où l'on a posé sur ta tête une couronne de roses blanches? Était-ce ce front qui la portait? Ah! cette main qui l'a suspendue aux murailles de l'oratoire, elle n'est pas tombée en poussière comme elle! O ma vallée! ô ma vieille tante, qui dormez maintenant en paix! ô mes tilleuls, ma petite chèvre blanche, mes braves fermiers qui m'aimiez tant! vous souvient-il de m'avoir vue heureuse, fière, tranquille et respectée? Qui donc a jeté sur ma route cet étranger qui veut m'en arracher? qui donc lui a donné le droit de passer dans le sentier de mon village? Ah! malheureuse! pourquoi t'es-tu retournée le premier jour qu'il t'y a suivie? pourquoi l'as-tu accueilli comme un frère! pourquoi as-tu ouvert la porte et lui as-tu tendu la main? Octave, Octave, pourquoi m'as-tu aimée, si tout devait finir ainsi! »

Elle était près de défaillir, et je la soutins jusqu'à un fauteuil, où elle tomba la tête sur mon épaule. L'effort terrible qu'elle venait de faire en me parlant si amèrement l'avait brisée. Au lieu d'une maîtresse outragée, je ne trouvai plus tout à coup en elle qu'un enfant plaintif et souffrant. Ses yeux se fermèrent; je l'entourai de mes bras, et elle resta sans mouvement.

Lorsqu'elle reprit connaissance, elle se plaignit d'une extrême langueur et me pria d'une voix tendre de la laisser pour qu'elle se mît au lit. Elle pouvait à peine marcher; je la portai jusqu'à l'alcôve et la posai doucement sur son lit. Il n'y avait en elle aucune marque de souffrance : elle se reposait de sa douleur comme d'une fatigue et ne semblait pas s'en souvenir. Sa nature faible et délicate cédait sans lutter, et, comme elle l'avait dit elle-même, j'avais été plus loin que sa force. Elle tenait ma main dans la sienne; je l'embrassai; nos lèvres encore amantes s'unirent comme à notre insu, et, au sortir d'une scène si cruelle, elle s'endormit sur mon cœur en souriant comme au premier jour.

LA CONFESSION D'UN ENFANT DU SIÈCLE. Page 258

## CHAPITRE VI

Brigitte dormait. Muet, immobile, j'étais assis à son chevet. Comme un laboureur, après un orage, compte les épis d'un champ dévasté, ainsi je commençais à descendre en moi-même et à sonder le mal que j'avais fait.

Je n'y eus pas plutôt pensé que je le jugeai irréparable. Certaines souffrances, par leur excès même, nous avertissent de leur terme, et plus j'éprouvais de honte et de remords, plus je sentis qu'après une telle scène il ne restait qu'à nous dire adieu. Quelque courage que pût avoir Brigitte, elle avait bu jusqu'à la lie la coupe amère de son triste amour; si je ne voulais la voir mourir, il fallait qu'elle s'en reposât. Il était arrivé souvent qu'elle m'eût fait de cruels reproches, et elle y avait peut-être mis jusqu'alors plus de colère que cette fois; mais, cette fois, ce qu'elle m'avait dit, ce n'étaient plus de vaines paroles dictées par l'orgueil offensé, c'était la vérité qui, refoulée au fond du cœur, l'avait brisé pour en sortir. La circonstance où nous nous trouvions et mon refus de partir avec elle rendaient d'ailleurs tout espoir impossible; elle aurait voulu pardonner, qu'elle n'en eût pas eu la force. Ce sommeil même, cette mort passagère d'un être qui ne pouvait plus souffrir, témoignait assez là-dessus; ce silence venu tout à coup, cette douceur qu'elle avait montrée en revenant si tristement à la vie, ce pâle visage, et jusqu'à ce baiser, tout me disait que c'en était fait, et, quelque lien qui pût nous unir, que je l'avais rompu pour toujours. De même qu'elle dormait maintenant, il était clair qu'à la première souffrance qui lui viendrait de moi elle s'endormirait du sommeil éternel. L'horloge sonna, et je sentis que l'heure écoulée emportait ma vie avec elle.

Ne voulant appeler personne, j'avais allumé la lampe de Brigitte ; je regardais cette faible lueur, et mes pensées semblaient flotter dans l'ombre comme ses rayons incertains.

Quoi que j'eusse pu dire ou faire, jamais l'idée de perdre Brigitte ne s'était encore présentée à moi. J'avais cent fois voulu la quitter ; mais qui a aimé en ce monde et ne sait pas ce qui en est? Ce n'était que du désespoir ou des mouvements de colère. Tant que je me savais aimé d'elle, j'étais bien sûr de l'aimer aussi ; l'invincible nécessité venait, pour la première fois, de se lever entre nous deux. Je ressentais comme une langueur sourde, où je ne distinguais rien clairement. J'étais courbé près de l'alcôve, et, quoique j'eusse vu dès le premier instant toute l'étendue de mon malheur, je n'en sentais pas la souffrance. Ce que mon esprit comprenait, mon âme, faible et épouvantée, semblait reculer pour n'en rien voir. « Allons, me disais-je, cela est certain ; je l'ai voulu et je l'ai fait ; il n'y a pas le moindre doute que nous ne pouvons plus vivre ensemble ; je ne veux pas tuer cette femme, ainsi je n'ai plus qu'à la quitter. Voilà qui est fait, je m'en irai demain. » Et, tout en me parlant ainsi, je ne pensais ni à mes torts, ni au passé ni à l'avenir ; je ne me souvenais ni de Smith ni de quoi que ce soit en ce moment ; je n'aurais pu dire qui m'avait amené là ni ce que j'avais fait depuis une heure. Je regardais les murs de la chambre, et je crois que tout ce qui m'occupait était de chercher pour le lendemain par quelle voiture je m'en irais.

Je demeurai assez longtemps dans cet état de calme étrange. Comme un homme frappé d'un coup de poignard ne sent d'abord que le froid du fer ; il fait encore quelques pas sur sa route, et, stupéfait, les yeux égarés, il se demande ce qui lui arrive. Mais peu à peu le sang vient goutte à goutte, la plaie s'entr'ouvre et le laisse couler ; la terre se teint d'une pourpre noire, la mort arrive ; l'homme, à son approche, frissonne d'horreur et tombe foudroyé. Ainsi, tranquille en apparence, j'écoutais venir le malheur ; je me répétais à voix basse ce que Brigitte m'avait dit, et je disposais autour d'elle tout ce que je savais d'habitude qu'on lui préparait pour la nuit ; puis je la regardais, puis j'allais à la fenêtre et j'y restais le front collé aux vitres devant un grand ciel sombre et lourd ; puis je revenais près du lit. Partir demain, c'était ma seule pensée, et peu à peu ce mot de *partir* me devenait intelligible : « Ah Dieu! m'écriai-je tout à coup, ma pauvre maîtresse, je vous perds, et je n'ai pas su vous aimer! »

Je tressaillis à ces paroles, comme si c'eût été un autre que moi qui les eût prononcées; elles retentirent dans tout mon être, comme dans une harpe tendue un coup de vent qui va la briser. En un instant deux ans de souffrances me traversèrent le cœur, et après elles, comme leur conséquence et leur dernière expression, le présent me saisit. Comment rendrai-je une pareille douleur? Par un seul mot peut-être, pour ceux qui ont aimé. J'avais pris la main de Brigitte, et, rêvant sans doute dans son sommeil, elle avait prononcé mon nom.

Je me levai et marchai dans la chambre; un torrent de larmes coulait de mes yeux. J'étendais les bras comme pour ressaisir tout ce passé qui m'échappait. « Est-ce possible? répétais-je; quoi! je vous perds? je ne puis aimer que vous. Quoi! vous partez? c'en est fait pour toujours? Quoi! vous, ma vie, mon adorée maîtresse, vous me fuyez, je ne vous verrai plus? Jamais, jamais! » disais-je tout haut; et, m'adressant à Brigitte endormie, comme si elle eût pu m'entendre : « Jamais, jamais, n'y comptez pas; jamais je n'y consentirai! Et qu'est-ce donc? pourquoi tant d'orgueil? N'y a-t-il plus aucun moyen de réparer l'offense que je vous ai faite? je vous en prie, cherchons ensemble. Ne m'avez-vous pas pardonné mille fois? Mais vous m'aimez, vous ne pourrez partir, et le courage vous manquera. Que voulez-vous que nous fassions ensuite?

Une démence horrible, effrayante, s'empara de moi subitement : j'allais et venais, parlant au hasard, cherchant sur les meubles quelque instrument de mort. Je tombai enfin à genoux et je me frappai la tête sur le lit. Brigitte fit un mouvement, et je m'arrêtai aussitôt.

« Si je l'éveillais! me dis-je en frissonnant. Que fais-tu donc, pauvre insensé? Laisse-la dormir jusqu'au jour; tu as encore une nuit à la voir. »

Je repris ma place; j'avais une telle frayeur que Brigitte fût éveillée, que j'osais à peine respirer. Mon cœur semblait s'être arrêté en même temps que mes larmes. Je demeurai glacé d'un froid qui me faisait trembler, et, comme pour me forcer au silence : « Regarde-la, me disais-je, regarde-la, cela t'est permis encore. »

Je parvins enfin à me calmer, et je sentis des larmes plus douces couler lentement sur mes joues. A la fureur que j'avais ressentie succédait l'attendrissement. Il me sembla qu'un cri plaintif déchirait les airs; je me penchai sur le chevet et je me mis à regarder Brigitte, comme si, pour la dernière fois, mon bon ange m'eût dit de graver dans mon âme l'empreinte de ses traits chéris!

Qu'elle était pâle! Ses longues paupières, entourées d'un cercle bleuâtre, brillaient encore, humides de larmes; sa taille, autrefois si légère, était courbée comme sous un fardeau; sa joue, amaigrie et plombée, reposait dans sa main fluette, sur son bras faible et chancelant; son front semblait porter l'empreinte de ce diadème d'épines sanglantes dont se couronne la résignation. Je me souvins de la chaumière. Qu'elle était jeune, il y avait six mois! qu'elle était gaie, libre, insouciante! Qu'avais-je fait de tout cela? Il me semblait qu'une voix inconnue me répétait une vieille romance que depuis longtemps j'avais oubliée :

> Altra volta gieri biele,
> Blanch'e rossa com' un' flore;
> Ma ora no. Non son più biele,
> Consumatis dal'amore.

C'était l'ancienne romance de ma première maîtresse, et ce patois mélancolique me paraissait clair pour la première fois. Je le répétais comme si je n'eusse fait jusque-là que le conserver dans ma mémoire sans le comprendre. Pourquoi l'avais-je appris et pourquoi m'en souvenais-je? Elle était là, ma fleur fanée, prête à mourir, consumée par l'amour.

« Regarde-la, me dis-je en sanglotant; regarde-la ! Pense à ceux qui se plaignent que leurs maîtresses ne les aiment pas; la tienne t'aime, elle t'a appartenu; et tu la perds, et n'as pas su l'aimer. »

Mais la douleur était trop forte : je me levai et marchai de nouveau. « Oui, continuai-je, regarde-la; pense à ceux que l'ennui dévore et qui s'en vont traîner au loin une douleur qui n'est point partagée. Les maux que tu souffres, on en a souffert, et rien en toi n'est resté solitaire. Pense à ceux qui vivent sans mère, sans parents, sans chien, sans amis; à ceux qui cherchent et ne trouvent pas, à ceux qui pleurent et qu'on en raille, à ceux qui aiment et qu'on méprise, à ceux qui meurent et sont oubliés. Devant toi, là, dans cette alcôve, repose un être que la nature avait peut-être formé pour toi. Depuis les sphères les plus élevées de l'intelligence jusqu'aux mystères les plus impénétrables de la matière et de la forme, cette âme et ce corps sont tes frères; depuis six mois ta bouche n'a pas parlé, ton cœur n'a pas battu une fois, qu'un mot, un battement de cœur ne t'aient répondu; et cette femme que Dieu t'envoyait comme il envoie la rosée à l'herbe, elle n'aura fait que glisser sur ton cœur. Cette créature qui, à la face du ciel, était venue les bras ouverts pour te donner sa vie et son âme, elle se sera évanouie comme une ombre, et il n'en restera pas seulement le vestige d'une apparence. Pendant que tes lèvres touchaient les siennes, pendant que tes bras entouraient son cou, pendant que les anges de l'éternel amour vous enlaçaient comme un seul être des liens de sang de la volupté, vous étiez plus loin l'un de l'autre que deux exilés aux deux bouts de la terre, séparés par le monde entier. Regarde-la, et surtout fais silence. Tu as encore une nuit à la voir si tes sanglots ne l'éveillent pas. »

Peu à peu ma tête s'exaltait et des idées de plus en plus sombres me remuaient et m'épouvantaient, une puissance irrésistible m'entraînait à descendre en moi.

Faire le mal! tel était donc le rôle que la Providence m'avait imposé! Moi, faire le mal! moi à qui ma conscience, au milieu de mes fureurs mêmes, disait pourtant que j'étais bon! moi qu'une destinée impitoyable entraînait sans cesse plus avant dans un abîme et à qui en même temps une horreur secrète montrait sans cesse la profondeur de cet abîme où je tombais! moi qui partout, malgré tout, eussé-je commis un crime et versé le sang de ces mains que voilà, me serais encore répété que mon cœur n'était pas coupable, que je me trompais, que ce n'était pas moi qui agissais ainsi, mais mon destin, mon mauvais génie, je ne sais quel être qui habitait le mien, mais qui n'y était pas né! moi, faire le mal! Depuis six mois j'avais accompli cette tâche : pas une journée ne s'était passée que je n'eusse travaillé à cette œuvre impie, et j'en avais en ce moment même la preuve devant les yeux. L'homme qui avait aimé Brigitte, qui l'avait offensée, puis insultée, puis délaissée, quittée pour la reprendre, remplie de craintes, assiégée de soupçons, jetée enfin sur ce lit de douleur où je la voyais étendue, c'était moi! Je me frappais le cœur, et, en la voyant, je n'y pouvais pas croire. Je contemplais Brigitte; je la touchais comme pour m'assurer que je n'étais pas trompé par un songe. Mon pauvre visage, que j'apercevais dans la glace, me regardait avec étonnement. Qu'était-ce donc que cette créature qui m'apparaissait sous mes traits? qu'était-ce donc que cet homme sans pitié qui blasphémait avec ma bouche et torturait avec mes mains? Était-ce lui que ma mère appelait Octave? était-ce lui qu'autrefois, à quinze ans, parmi les bois et les prairies, j'avais vu dans les claires fontaines où je me penchais avec un cœur pur comme le cristal de leurs eaux.

Je fermais les yeux et je pensais aux jours de mon enfance. Comme un rayon du soleil qui traverse un nuage, mille souvenirs me traversaient le cœur. « Non, me disais-je, je n'ai pas fait cela. Tout ce qui m'entoure dans cette chambre n'est qu'un rêve impossible. » Je me rappelais le temps où j'ignorais, où je sentais mon cœur s'ouvrir à mes premiers pas dans la vie. Je me souvenais d'un vieux mendiant qui s'asseyait sur un banc de pierre devant la porte d'une ferme, et à qui on m'envoyait quelquefois porter, le matin, après le déjeuner, les restes de notre repas. Je le voyais, tendant ses mains ridées, faible, courbé, me bénir en souriant. Je sentais le vent du matin glisser sur mes tempes, je ne sais quoi de frais comme la rosée qui tombait du ciel dans mon âme. Puis tout à coup je rouvrais les yeux, et je retrouvais, à la lueur de la lampe, la réalité devant moi.

« Et tu ne te crois pas coupable? me demandai-je avec horreur. O apprenti corrompu d'hier! parce que tu pleures, tu te crois innocent? ce que tu prends pour le témoignage de ta conscience, ce n'est peut-être que du remords; et quel meurtrier n'en éprouve pas? Si ta vertu te crie qu'elle souffre, qui te dit que ce n'est pas parce qu'elle se sent mourir? O misérable! ces voix lointaines que tu entends gémir dans ton cœur, tu crois que ce sont des sanglots; ce n'est peut-être que le cri de la mouette, l'oiseau funèbre des tempêtes, que le naufrage appelle à lui. Qui t'a jamais raconté l'enfance de ceux qui meurent couverts de sang? Ils ont aussi été bons à leurs jours; ils posent aussi leurs mains sur leur visage pour s'en souvenir quelquefois. Tu fais le mal et tu te repens? Néron aussi, quand il tua sa mère. Qui donc t'a dit que les pleurs nous lavaient?

« Et quand bien même il en serait ainsi, quand il serait vrai qu'une part de ton âme n'appartiendra jamais au mal, que feras-tu de l'autre qui lui appartiendra? Tu palperas de ta main gauche les plaies qu'ouvrira ta main droite;

tu feras un suaire de ta vertu pour y ensevelir les crimes; tu frapperas, et, comme Brutus, tu graveras sur ton épée les bavardages de Platon! A l'être qui t'ouvrira ses bras tu plongeras au fond du cœur cette arme ampoulée et déjà repentante; tu conduiras au cimetière les restes de tes passions, et tu effeuilleras sur leur tombe la fleur stérile de ta pitié; tu diras à ceux qui te verront : « Que voulez-vous? on m'a appris à tuer, et remarquez que j'en « pleure encore et que Dieu m'avait fait meilleur. » Tu parleras de ta jeunesse, tu te persuaderas toi-même que le ciel doit te pardonner, que tes malheurs sont involontaires, et tu harangueras tes nuits d'insomnie pour qu'elles te laissent un peu de repos.

« Mais qui sait? tu es jeune encore. Plus tu te fieras à ton cœur, plus ton orgueil t'égarera. Te voilà aujourd'hui devant la première ruine que tu vas laisser sur ta route. Que Brigitte meure demain, tu pleureras sur son cercueil; où iras-tu, en la quittant? Tu partiras pour trois mois peut-être, et tu feras un voyage en Italie; tu t'envelopperas dans ton manteau comme un Anglais travaillé du spleen, et tu te diras quelque beau matin, au fond d'une auberge, après boire, que tes remords sont apaisés et qu'il est temps d'oublier pour revivre. Toi qui commences à pleurer trop tard, prends garde de ne plus pleurer un jour. Qui sait? qu'on vienne à te railler sur ces douleurs que tu crois senties; qu'un jour, au bal, une belle femme sourie de pitié quand on lui contera que tu te souviens d'une maîtresse morte; n'en pourrais-tu pas tirer quelque gloire et t'enorgueillir tout à coup de ce qui te navre aujourd'hui? Quand le présent, qui te fait frissonner et que tu n'oses regarder en face, sera devenu le passé, une vieille histoire, un souvenir confus, ne pourrais-tu par hasard te renverser quelque soir sur ta chaise dans un souper de débauchés, et raconter, le sourire sur les lèvres, ce que tu as vu les larmes aux yeux? c'est ainsi qu'on marche ici-bas. Tu as commencé par être bon, tu deviens faible, et tu seras méchant.

« Mon pauvre ami, me dis-je du fond du cœur, j'ai un conseil à te donner : c'est que je crois qu'il te faut mourir. Pendant que tu es bon à cette heure, profites-en pour n'être plus méchant; pendant qu'une femme que tu aimes est là, mourante, sur ce lit, et que tu sens l'horreur de toi-même, étends la main sur sa poitrine; elle vit encore, c'est assez; ferme les yeux et ne les rouvre plus; n'assiste pas à ses funérailles, de peur que demain tu n'en sois

La Confession d'un enfant du siècle.

consolé ; donne-toi un coup de poignard pendant que le cœur que tu portes aime encore le Dieu qui l'a fait. Est-ce ta jeunesse qui t'arrête? et ce que tu veux épargner, est-ce la couleur de tes cheveux? Ne les laisse jamais blanchir s'ils ne sont pas blancs cette nuit.

« Et aussi bien, que veux-tu faire au monde? Si tu sors, où vas-tu? Qu'espères-tu si tu restes? Ah! n'est-ce pas qu'en regardant cette femme, il te semble avoir dans le cœur tout un trésor encore enfoui? N'est-ce pas que ce que tu perds, c'est moins ce qui a été que ce qui aurait pu être, et que le pire des adieux est de sentir qu'on n'a pas tout dit? Que ne parlais-tu il y a une heure? Quand cette aiguille était à cette place, tu pouvais encore être heureux. Si tu souffrais, que n'ouvrais-tu ton âme? si tu aimais, que ne le disais-tu? Te voilà comme l'enfouisseur mourant de faim sur son trésor; tu as fermé ta porte, avare; tu te débats derrière tes verrous. Secoue-les donc, ils sont solides; c'est ta main qui les a forgés. O insensé! qui as désiré et qui as possédé ton désir, tu n'avais pas pensé à Dieu! Tu jouais avec le bonheur comme un enfant avec un hochet, et tu ne réfléchissais pas combien c'était rare et fragile, ce que tu tenais dans tes mains; tu le dédaignais, tu en souriais et tu remettais d'en jouir, et tu ne comptais pas les prières que ton bon ange faisait pendant ce temps-là pour te conserver cette ombre d'un jour! Ah! s'il en est un dans les cieux qui ait jamais veillé sur toi, que devient-il en ce moment? Il est assis devant un orgue; ses ailes sont à demi-ouvertes, ses mains étendues sur le clavier d'ivoire; il commence un hymne éternel: l'hymne d'amour et d'immortel oubli. Mais ses genoux chancellent, ses ailes tombent, sa tête s'incline comme un roseau brisé; l'angle de la mort lui a touché l'épaule, il disparaît dans l'immensité !

« Et toi, c'est à vingt-deux ans que tu restes seul sur la terre, quand un amour noble et élevé, quand la force de la jeunesse, allaient peut-être faire de toi quelque chose! Lorsque après de si longs ennuis, des chagrins si cuisants, tant d'irrésolutions, une jeunesse si dissipée, tu pouvais voir se lever sur toi un jour tranquille et pur; lorsque ta vie, consacrée à un être adoré, pouvait se remplir d'une sève nouvelle, c'est en ce moment que tout s'abîme et s'évanouit devant toi! Te voilà, non plus avec des désirs vagues, mais avec des regrets réels; non plus le cœur vide, mais dépeuplé! Et tu hésites? Qu'attends-tu? Puisqu'elle ne veut plus de ta vie, que ta vie ne compte plus pour rien! Puisqu'elle te quitte, quitte-toi aussi. Que ceux qui ont aimé ta jeunesse pleurent sur toi! ils ne sont pas nombreux. Qui a été muet près de Brigitte doit rester muet pour toujours! Que celui qui a passé sur son cœur en garde du moins la trace intacte! Ah Dieu! si tu veux vivre encore, ne faudrait-il pas l'effacer? Quel autre parti te resterait-il, pour conserver ton souffle misérable, que d'achever de le corrompre? Oui, maintenant ta vie est à ce prix. Il te faudrait, pour la supporter, non seulement oublier l'amour, mais désapprendre qu'il existe; non seulement renier ce qui a été bon en toi, mais tuer ce qui peut l'être encore; car que ferais-tu si tu t'en souvenais? Tu ne ferais pas un pas sur terre, tu ne rirais pas, tu ne pleurerais pas, tu ne donnerais pas l'aumône à un pauvre, tu ne pourrais pas être bon un quart d'heure, sans que ton sang reflué au cœur, ne te criât que Dieu t'avait fait bon pour que Brigitte fût heureuse. Tes moindres actions retentiraient en toi, et, comme des échos sonores, y feraient gémir tes malheurs; tout ce qui remuerait ton âme y éveillerait un regret, et l'espérance, ce messager céleste, ce saint ami qui nous invite à vivre, se changerait lui-même pour toi en un fantôme inexorable et deviendrait frère jumeau du passé; tous les essais de saisir quelque chose ne seraient qu'un long repentir. Quand l'homicide marche dans l'ombre, il tient ses mains serrées sur sa poitrine, de peur de rien toucher et que les murs ne l'accusent. C'est ainsi qu'il te faudrait faire; choisis de ton âme ou de ton corps : il te faut tuer l'un des deux. Le souvenir du bien t'envoie au mal, fais de toi un cadavre si tu ne veux être ton propre spectre. O enfant, enfant! meurs honnête! qu'on puisse pleurer sur ton tombeau! »

Je me jetai sur le pied du lit, plein d'un si affreux désespoir, que ma raison m'abandonnait et que je ne savais plus où j'étais ni ce que je faisais. Brigitte poussa un soupir, et, écartant le drap qui la couvrait, comme oppressée d'un poids importun, découvrait son sein blanc et nu.

A cette vue, tous mes sens s'émurent. Était-ce de douleur ou de désir? je n'en sais rien. Une pensée horrible m'avait fait frémir tout à coup. « Eh quoi! me dis-je, laisser cela à un autre! mourir, descendre dans la terre, tandis que cette blanche poitrine respirera l'air du firmament? Dieu juste! une autre main que la mienne sur cette peau fine et transparente! une autre bouche sur ses lèvres et un autre amour dans ce cœur! un autre homme ici à ce chevet ! Brigitte heureuse, vivante, adorée, et moi dans le coin d'un cimetière, tombant en poussière au fond d'une fosse ! Combien de temps pour qu'elle m'oublie si je n'existe plus demain? combien de larmes? aucune, peut-être ! Pas un ami, personne qui l'approche qui ne lui dise que ma mort est un bien, qui ne s'empresse de l'en consoler, qui ne la conjure de n'y plus songer ! Si elle pleure, on voudra la distraire ; si un souvenir la frappe, on l'écartera ; si son amour me survit en elle, on l'en guérira comme d'un empoisonnement ; et elle-même, qui le premier jour dira peut-être qu'elle veut me suivre, se détournera dans un mois pour ne pas voir de loin le saule pleureur qu'on aura planté sur ma tombe ! Comment en serait-il autrement ? Qui regrette-t-on quand on est si belle ? Elle voudrait mourir de chagrin, que ce beau sein lui dirait qu'il veut vivre et qu'un miroir le lui persuaderait ; et le jour où les larmes taries feront place au premier sourire, qui ne la félicitera pas, convalescente de sa douleur ? Lorsque après huit jours de silence elle commencera à souffrir qu'on prononce mon nom devant elle, puis qu'elle en parlera elle-même en regardant languissamment, comme pour dire : « Consolez-moi ; » puis peu à peu qu'elle en sera venue, non plus à éviter mon souvenir, mais à n'en plus parler, et qu'elle ouvrira ses fenêtres, par les beaux matins de printemps, quand les oiseaux chantent dans la rosée ; quand elle deviendra rêveuse et qu'elle dira : « J'ai aimé !... » qui sera là, à côté d'elle ? qui osera lui répondre qu'il faut aimer encore ? Ah ! alors je n'y serai plus ! Tu l'écouteras, infidèle; tu te pencheras, en rougissant, comme une rose qui va s'épanouir, et ta beauté et ta jeunesse te monteront au front. Tout en disant que ton cœur est fermé, tu en laisseras sortir cette fraîche auréole dont chaque rayon appelle un baiser. Qu'elles veulent bien qu'on les aime, celles qui disent qu'elles n'aiment plus ! Et quoi d'étonnant ? Tu es une femme ; ce corps, cette gorge d'albâtre, tu sais ce qu'ils valent, on te l'a dit; quand tu les caches sous ta robe, tu ne crois pas, comme les vierges, que tout le monde te ressemble, et tu sais le prix de ta pudeur. Comment la femme qui a été vantée peut-elle se résoudre à ne l'être plus? se croit-elle vivante si elle reste à l'ombre et s'il y a silence autour de sa beauté ? Sa beauté même, c'est l'éloge et le regard de son amant. Non, non, il n'en faut pas douter, qui a aimé ne vit plus sans amour ; qui apprend une mort se rattache à la vie. Brigitte m'aime, et en mourrait peut-être ; je me tuerai, et un autre l'aura.

« Un autre, un autre ! répétais-je en m'inclinant, appuyé sur le lit, et mon front effleurait son épaule. N'est-elle pas veuve? pensai-je ; n'a-t-elle pas déjà vu la mort ? ces petites mains délicates n'ont-elles pas soigné et enseveli ? Ses larmes savent combien elles durent, et les secondes durent moins. Ah ! Dieu me préserve! pendant qu'elle dort, à quoi tient-il que je ne la tue ? Si je l'éveillais maintenant et si je lui disais que son heure est venue et que nous allons mourir dans un dernier baiser, elle accepterait. Que m'importe ? est-il donc sûr que tout ne finisse pas là ? »

J'avais trouvé un couteau sur la table et je le tenais dans ma main.

« Peur, lâcheté, superstition ! qu'en savent-ils ceux qui le disent ? C'est pour le peuple et les ignorants qu'on nous parle d'une autre vie, mais qui y croit au fond du cœur ? Quel gardien de nos cimetières a vu un mort quitter son tombeau et aller frapper chez le prêtre ? C'est autrefois qu'on voyait des fantômes ; la police les interdit à nos villes civilisées, et il n'y crie plus du sein de la terre que des vivants enterrés à la hâte. Qui eût rendu la mort muette, si elle avait jamais parlé ? Est-ce parce que les processions n'ont plus le droit d'encombrer nos rues que l'esprit céleste se laisse oublier? Mourir, voilà la fin, le but. Dieu l'a posé, les hommes le discutent; mais chacun porte écrit au front : « Fais ce que tu veux, tu mourras. » Qu'en dirait-on, si je tuais Brigitte? ni elle ni moi n'en entendrions rien. Il y aurait demain dans un journal qu'Octave de T*** a tué sa maîtresse, et après-demain on n'en parlerait plus. Qui nous suivrait au dernier cortège? Personne qui, en rentrant chez soi, ne déjeunât tranquillement ; et nous, étendus côte à côte dans les entrailles de cette fange d'un jour, le monde pourrait marcher sur nous sans que le bruit des pas nous éveillât. N'est-il pas vrai, ma bien-aimée, n'est-il pas vrai que nous y serions bien? C'est un lit moelleux que la terre ; aucune souffrance ne nous y atteindrait ; on ne jaserait pas, dans les tombes voisines, de notre union devant Dieu; nos ossements s'embrasseraient en paix et sans orgueil ; la mort est consolatrice, et ce qu'elle noue ne se délie pas. Pourquoi le néant t'effrayerait-il, pauvre corps qui lui est promis ? Chaque heure qui sonne t'y entraîne, chaque pas que tu fais brise l'échelon où tu viens de t'appuyer ; tu ne te nourris que de morts ; l'air du ciel te pèse et t'écrase, la terre que tu foules te tire à elle par la plante des pieds. Descends, descends ! pourquoi tant d'épouvante ? Est-ce un mot qui te fait horreur ? Dis seulement : « Nous ne vivrons plus. » N'est-ce pas là une grande fatigue dont il est doux de se reposer ? Comment se fait-il qu'on hésite, s'il n'y a que la différence d'un peu plus tôt à un peu plus tard ? La matière est impérissable, et les physiciens, nous dit-on, tourmentent à l'infini le plus petit grain de poussière sans pouvoir jamais l'anéantir. Si la matière est la propriété du hasard, quel mal fait-elle en changeant de torture, puisqu'elle ne peut changer de maître ? Qu'importe à Dieu la forme que j'ai reçue et quelle livrée porte ma douleur. La souffrance vit dans mon crâne ; elle m'appartient, je la tue ; mais l'ossement ne m'appartient pas, et je le rends à qui me l'a prêté : qu'un poète en fasse une coupe où il boira son vin nouveau ! Quel reproche puis-je encourir, et ce reproche, qui me le ferait ? quel juge inflexible visible viendra me dire que j'ai mésusé ? Qu'en sait-il ? était-il en moi ? Si chaque créature a sa tâche à remplir, et si c'est un crime de la secouer, quels grands coupables sont donc les enfants qui meurent sur le sein de la nourrice ? pourquoi ceux-là sont-ils épargnés ? Des comptes rendus après la mort, à qui servirait la leçon ? Il faudrait bien que le ciel fût désert pour que l'homme fût puni d'avoir vécu, car c'est assez qu'il ait à vivre, et je ne sais qui l'a demandé, sinon Voltaire au lit de mort ; digne et dernier cri d'impuissance d'un vieil athée désespéré. A quoi bon ? pourquoi tant de luttes ? qui donc est là-haut qui regarde et qui se plaît à tant d'agonies ? Qui donc s'égaye et se désœuvre à ce spectacle d'une création toujours naissante et toujours moribonde ? à voir bâtir, et l'herbe pousse ; à voir planter, et la foudre tombe ; à voir marcher, et la mort crie : « Holà ! » à voir pleurer, et les larmes sèchent ; à voir aimer, et le visage se ride ; à voir prier, se prosterner, supplier et tendre les bras, et les moissons n'en ont pas un brin de froment de plus ! Qui est-ce donc qui a tant fait pour le plaisir de savoir tout seul que ce qu'il a fait ce n'est rien ? La terre se meurt ; Herschell dit que c'est de froid : qui donc tient dans sa main cette goutte de vapeurs condensées et la regarde s'y dessécher, comme un pêcheur un peu d'eau de mer, pour en avoir un grain de sel ? Cette grande loi d'attraction qui suspend le monde à sa place, l'use et le ronge dans un désir sans fin ; chaque planète charrie ses misères en gémissant sur son essieu ; elles s'appellent d'un bout du ciel à l'autre, et, inquiètes du repos, cherchent qui s'arrêtera la première. Dieu les retient ; elles accomplissent assidûment et éternellement leur labeur vide et inutile ; elles tournent, elles souffrent, elles brûlent, elles s'éteignent et s'allument, elles descendent et remontent, elles se suivent et s'évitent, elles s'enlacent comme des anneaux; elle portent à leur surface des milliers d'être renouvelés sans cesse; ces êtres s'agitent, se croisent aussi, se serrent une heure les uns contre les autres, puis tombent, et d'autres se lèvent; où la vie manque, elle accourt ; où l'air sent le vide, il se précipite ; pas un désordre, tout est réglé, marqué, écrit en ligne d'or et en paraboles de feu, tout marche au son de la musique céleste sur des sentiers impitoyables et pour toujours; et tout cela n'est rien ! Et nous, pauvres rêves sans nom, pâles et douloureuses apparences, imperceptibles éphémères, nous qu'on anime d'un souffle d'une seconde pour que la mort puisse exister, nous nous épuisons de fatigue pour nous prouver que nous jouons un rôle et que je ne sais quoi s'aperçoit de nous. Nous hésitons à nous tirer sur la poitrine un petit instrument de fer et à nous faire sauter la tête avec un haussement d'épaules; il semble que si nous nous tuons le chaos va se rétablir; nous avons écrit et rédigé les lois divines et humaines, et nous avons peur de nos catéchismes ; nous souffrons trente ans sans murmurer, et nous croyons que nous luttons ; enfin la souffrance est la plus forte, nous envoyons une pincée de poudre dans le sanctuaire de l'intelligence, et il pousse une fleur sur notre tombeau. »

Comme j'achevais ces paroles, j'avais approché le couteau que je tenais de la poitrine de Brigitte. Je n'étais plus maître de moi, et je ne sais, dans mon délire, ce qui en serait arrivé ; je rejetai le drap pour découvrir le cœur, et j'aperçus entre les deux seins blancs un petit crucifix d'ébène.

Je reculai, frappé de crainte; ma main s'ouvrit et l'arme tomba. C'était la tante de Brigitte qui lui avait, au lit de mort, donné ce petit crucifix. Je ne me souvenais pourtant pas de le lui avoir jamais vu ; sans doute, au moment de partir, elle l'avait suspendu à son cou, comme une relique préservatrice des dangers du voyage. Je joignis les mains tout à coup et me sentis fléchir vers la terre. « Seigneur mon Dieu, dis-je en tremblant, Seigneur mon Dieu, vous étiez là! »

Que ceux qui ne croient pas au Christ lisent cette page; je n'y croyais pas non plus. Ni enfant, ni au collège, ni homme, je n'avais hanté les églises; ma religion, si j'en avais une, n'avait ni rite ni symbole, et je ne croyais qu'à un Dieu sans forme, sans culte et sans révélation. Empoisonné, dès l'adolescence, de tous les écrits du dernier siècle, j'y avais sucé de bonne heure le lait stérile de l'impiété. L'orgueil humain, ce Dieu de l'égoïste, fermait ma bouche à la prière, tandis que mon âme effrayée se réfugiait dans l'espoir du néant. J'étais comme ivre et insensé quand je vis le Christ sur le sein de Brigitte; mais, bien que n'y croyant pas moi-même, je reculai, sachant qu'elle y croyait. Ce ne fut pas une terreur vaine qui en ce moment m'arrêta la main. Qui me voyait? J'étais seul, la nuit. S'agissait-il des préjugés du monde? qui m'empêchait d'écarter de mes yeux ce petit morceau de bois noir? Je pouvais le jeter dans les cendres, et ce fut mon arme que j'y jetai. Ah! que je le sentis jusqu'à l'âme, et que je le sens maintenant encore! quels misérables sont les hommes qui ont jamais fait une raillerie de ce qui peut sauver un être! Qu'importe le nom, la forme, la croyance? tout ce qui est bon n'est-il pas sacré? Comment ose-t-on toucher à Dieu?

Comme à un regard du soleil la neige descend des montagnes, et du glacier qui menaçait le ciel fait un ruisseau dans la vallée, ainsi descendait dans mon cœur une source qui s'épanchait. Le repentir est un pur encens; il s'exhalait de toute ma souffrance. Quoique j'eusse presque commis un crime, dès que ma main fut désarmée, je sentis mon cœur innocent. Un seul instant m'avait rendu le calme, la force et la raison; je m'avançai de nouveau vers l'alcôve; je m'inclinai sur mon idole et je baisai son crucifix.

« Dors en paix, lui dis-je, Dieu veille sur toi! Pendant qu'un rêve te faisait sourire, tu viens d'échapper au plus grand danger que tu aies couru de ta vie. Mais la main qui t'a menacée ne fera de mal à personne; j'en jure par ton Christ lui-même, je ne tuerai ni toi ni moi! Je suis un fou, un insensé, un enfant qui s'est cru un homme. Dieu soit loué! tu es jeune et vivante, et tu es belle, et tu m'oublieras. Tu guériras du mal que je t'ai fait, si tu peux le pardonner. Dors en paix jusqu'au jour, Brigitte, et décide alors de notre destin; quel que soit l'arrêt que tu prononces, je m'y soumettrai sans murmure. Et toi, Jésus, qui l'as sauvée, pardonne-moi, ne le lui dis

La Confession d'un enfant du siècle. Page 277

pas. Je suis né dans un siècle impie, et j'ai beaucoup à expier. Pauvre fils de Dieu qu'on oublie, on ne m'a pas appris à t'aimer. Je ne t'ai jamais cherché dans les temples; mais, grâce au ciel, où je te trouve, je n'ai pas encore appris à ne pas trembler. Une fois avant de mourir je t'aurai du moins baisé de mes lèvres sur un cœur qui est plein de toi. Protège-le tant qu'il respirera; restes-y, sainte sauvegarde; souviens-toi qu'un infortuné n'a pas osé mourir de sa douleur en te voyant cloué sur ta croix; impie, tu l'as sauvé du mal; s'il avait cru, tu l'aurais consolé. Pardonne à ceux qui l'ont fait incrédule, puisque tu l'as fait repentant ; pardonne à tous ceux qui blasphèment! ils ne t'ont jamais vu, sans doute, lorsqu'ils étaient au désespoir! Les joies humaines sont railleuses, elles dédaignent sans pitié ; ô Christ! les heureux de ce monde pensent n'avoir jamais besoin de toi ! pardonne : quand leur orgueil t'outrage, leurs larmes les baptisent tôt ou tard ; plains-les de se croire à l'abri des tempêtes et d'avoir besoin, pour venir à toi, des leçons sévères du malheur. Notre sagesse et notre scepticisme sont dans nos mains de grands hochets d'enfants ; pardonne-nous de rêver que nous sommes des impies, toi qui souriais au Golgotha. De toutes nos misères d'une heure, la pire est, pour nos vanités, qu'elles essayent de t'oublier. Mais, tu le vois, ce ne sont que des ombres qu'un regard de toi fait tomber. Toi-même, n'as-tu pas été homme? C'est la douleur qui t'a fait Dieu; c'est un instrument de supplice qui t'a servi à monter au ciel et qui t'a porté les bras ouverts au sein de ton père glorieux; et nous, c'est aussi la douleur qui nous conduit à toi comme elle t'a amené à ton père; nous ne venons que couronnés d'épines nous incliner devant ton image ; nous ne touchons à tes pieds sanglants qu'avec des mains ensanglantées, et tu as souffert le martyre pour être aimé des malheureux. »

Les premiers rayons de l'aurore commençaient à paraître; tout s'éveillait peu à peu, et l'air s'emplissait de bruits lointains et confus. Faible et épuisé de fatigue, j'allais quitter Brigitte pour prendre un peu de repos. Comme je sortais, une robe jetée sur un fauteuil glissa à terre près de moi, et il en tomba un papier plié. Je le ramassai; c'était une lettre, et je reconnus la main de Brigitte. L'enveloppe n'était pas cachetée, je l'ouvris et lus ce qui suit :

« 23 décembre 18...

« Lorsque vous recevrez cette lettre, je serai loin de vous, et peut-être ne la recevrez-vous jamais. Ma destinée est liée à celle d'un homme à qui j'ai tout sacrifié; vivre sans moi lui est impossible, et je vais essayer de mourir pour lui. Je vous aime; adieu, plaignez-nous. »

Je retournai le papier après l'avoir lu, et je vis sur l'adresse : « A M. Henri Smith, à N***, poste restante. »

## CHAPITRE VII

Le lendemain, à midi, par un beau soleil de décembre, un jeune homme et une femme qui se donnaient le bras traversèrent le jardin du Palais-Royal. Ils entrèrent chez un bijoutier, où ils choisirent deux bagues pareilles, et, les échangeant avec un sourire, en mirent chacun une à leur doigt. Après une courte promenade, ils allèrent déjeuner aux Frères-Provençaux, dans une de ces petites chambres élevées d'où l'on découvre, dans tout son ensemble, l'un des plus beaux lieux qui soient au monde. Là, enfermés en tête-à-tête, quand le garçon se fut retiré, ils s'accoudèrent à la fenêtre et se serrèrent doucement la main. Le jeune était en habit de voyage; à voir la joie qui paraissait sur son visage, on l'aurait pris pour un nouveau marié montrant pour la première fois à sa jeune femme la vie et les plaisirs de Paris. Sa gaieté était douce et calme, comme l'est toujours celle du bonheur. Qui eût eu de l'expérience y eût reconnu l'enfant qui devient homme et dont le regard plus confiant commence à raffermir le cœur. De temps en temps il contemplait le ciel, puis revenait à son amie, et des larmes brillaient dans ses yeux; mais il les laissait couler sur ses joues et souriait sans les essuyer. La femme était pâle et pensive, elle ne regardait que son ami. Il y avait dans ses traits comme une souffrance profonde qui, sans faire d'efforts pour se cacher, n'osait cependant résister à la gaieté qu'elle voyait. Quand son compagnon souriait, elle souriait aussi, non pas toute seule; quand il parlait, elle lui répondait, et elle mangeait ce qu'il lui servait; mais il y avait en elle un silence qui ne semblait vivre que par instants. A sa langueur et à sa nonchalance, on distinguait clairement cette mollesse de l'âme, ce sommeil du plus faible entre deux êtres qui s'aiment, et dont l'un n'existe que dans l'autre et ne s'anime que par écho. Le jeune homme ne s'y trompait pas et en paraissait fier et reconnaissant; mais on voyait à sa fierté même que son bonheur lui était nouveau. Lorsque la femme s'attristait tout à coup et baissait les yeux vers la terre, il s'efforçait de prendre, pour la rassurer, un air ouvert et résolu; mais il n'y pouvait pas toujours réussir et se troublait lui-même quelquefois. Ce mélange de force et de faiblesse, de joie et de chagrin, de trouble et de sérénité, eût été impossible à comprendre pour un spectateur indifférent; on eût pu les croire tour à tour les deux êtres les plus heureux de la terre et les plus malheureux; mais, ignorant leur secret, on eût senti qu'ils souffraient ensemble, et, quelle que fût leur peine mystérieuse, on voyait qu'ils avaient posé sur leurs chagrins un sceau plus puissant que l'amour lui-même, l'amitié. Tandis qu'ils se serraient la main, leurs regards restaient chastes; quoiqu'ils fussent seuls, ils parlaient à voix basse. Comme accablés par leurs pensées, ils posèrent leur front l'un contre l'autre, et leurs lèvres ne se touchèrent pas. Ils se regardaient d'un air tendre et solennel, comme les faibles qui veulent être bons. Lorsque l'horloge sonna une heure, la femme poussa un profond soupir, et, se détournant à demi :

« Octave, dit-elle, si vous vous trompiez !

— Non, mon amie, répondit le jeune homme, soyez-en sûre, je ne me trompe pas. Il vous faudra souffrir beaucoup, longtemps peut-être, et à moi toujours; mais nous en guérirons tous deux : vous avec le temps, moi avec Dieu.

— Octave, Octave, répéta la femme, êtes-vous sûr de ne pas vous tromper?

— Je ne crois pas, ma chère Brigitte, que nous puissions nous oublier; mais je crois que dans ce moment nous ne pouvons nous pardonner encore, et c'est ce qu'il faut cependant à tout prix, même en ne nous revoyant jamais.

— Pourquoi ne nous reverrions-nous pas? Pourquoi un jour... Vous êtes si jeune ! »

Elle ajouta avec un sourire :

« A votre premier amour, nous nous reverrons sans danger.

— Non, mon amie; car, sachez-le bien, je ne vous reverrai jamais sans amour. Puisse celui à qui je vous laisse, à qui je vous donne, être digne de vous ! Smith est brave, bon et honnête; mais, quelque amour que vous ayez pour lui, vous voyez bien que vous m'aimez encore; car si je voulais rester ou vous emmener, vous y consentiriez.

— C'est vrai, répondit la femme.

— Vrai? vrai? répéta le jeune homme en la regardant de toute son âme; vrai, si je voulais, vous viendriez avec moi ? »

Puis il continua doucement :

« C'est pour cette raison qu'il ne faut jamais nous revoir. Il y a de certains amours dans la vie qui bouleversent la tête, les sens, l'esprit et le cœur; il y en a parmi tous un seul qui ne trouble pas, qui pénètre, et celui-là ne meurt qu'avec l'être dans lequel il a pris racine.

— Mais vous m'écrirez cependant?

— Oui, d'abord pendant quelque temps, car ce que j'ai à souffrir est si rude, que l'absence de toute forme habituelle et aimée me tuerait maintenant. C'est peu à peu et avec mesure que, n'étant pas connu de vous, je me suis approché, non sans crainte, que je suis devenu plus familier, qu'enfin... Ne parlons pas du passé. C'est peu à peu que mes lettres seront plus rares, jusqu'au jour où elles cesseront. Je redescendrai ainsi la colline que j'ai gravie depuis un an. Il y aura là une grande tristesse, et peut-être aussi quelque charme. Lorsqu'on s'arrête, au cimetière, devant une tombe fraîche et verdoyante où sont gravés deux noms chéris, on éprouve une douleur pleine de mystère qui fait couler les larmes sans amertume; c'est ainsi que je veux me souvenir quelquefois d'avoir été vivant. »

La femme, à ces dernières paroles, se jeta sur un fauteuil et sanglota. Le jeune homme fondait en larmes; mais il resta immobile et comme ne voulant pas lui-même s'apercevoir de sa douleur. Lorsque les larmes eurent cessé, il s'approcha de son amie, lui prit la main et la baisa.

« Croyez-moi, dit-il, être aimé de vous, quel que soit le nom que porte la place qu'on occupe dans votre cœur, cela donne de la force et du courage. N'en doutez jamais, ma Brigitte, nul ne vous comprendra mieux que moi; un autre vous aimera plus dignement, nul ne vous aimera plus profondément. Un autre ménagera en vous des qualités que j'offense, il vous entourera de son amour : vous aurez un meilleur amant, vous n'aurez pas un meilleur frère. Donnez-moi la main, et laissez rire le monde d'un mot sublime qu'il ne comprend pas : « Restons amis, et adieu pour jamais. » Quand nous nous sommes serrés pour la première fois dans les bras l'un de l'autre, il y avait déjà longtemps que quelque chose de nous savait que nous allions nous unir. Que cette part de nous-mêmes, qui s'est embrassée devant Dieu, ne sache pas que nous nous quittons sur terre; qu'une misérable querelle d'une heure ne délie pas notre éternel bonheur ! »

Il tenait la main de la femme ; elle se leva, baignée encore de larmes ; et, s'avançant devant la glace avec un sourire étrange, elle tira ses ciseaux et coupa sur sa tête une longue tresse de cheveux ; puis elle se regarda un instant, ainsi défigurée et privée d'une partie de sa plus belle parure, et la donna à son amant.

L'horloge sonna de nouveau; il fut temps de descendre; quand ils repassèrent sous les galeries, ils paraissaient aussi joyeux que lorsqu'ils y étaient arrivés.

« Voilà un beau soleil, dit le jeune homme.

— Et une belle journée, dit Brigitte, et que rien n'effacera là ! »

Elle frappa sur son cœur avec force; ils pressèrent le pas et disparurent dans la foule. Une heure après, une chaise de poste passa sur une petite colline, derrière la barrière de Fontainebleau. Le jeune homme y était seul; il regarda une dernière fois sa ville natale dans l'éloignement et remercia Dieu d'avoir permis que, de trois êtres qui avaient souffert par sa faute, il ne restât qu'un malheureux.

FIN DE LA CONFESSION D'UN ENFANT DU SIÈCLE

OEUVRES D'ALFRED DE MUSSET

Œuvres Posthumes.

# ŒUVRES POSTHUMES
# D'ALFRED DE MUSSET

## CHARLES-QUINT

### AU MONASTÈRE DE SAINT-JUST

L'empereur vit, un soir, le soleil s'en aller ;
Il courba son front triste, et resta sans parler.
Puis, comme il entendit ses horloges de cuivre,
Qu'il venait d'accorder, d'un pied boiteux se suivre,
Il pensa qu'autrefois, sans avoir réussi,
D'accorder les humains, il avait pris souci.
« Seigneur, Seigneur, dit-il, qui m'en donna l'envie,
J'ai traversé la mer onze fois dans ma vie ;
Dix fois les Pays-Bas ; l'Angleterre trois fois ;
Ai-je assez fait la guerre à ce pauvre François !
J'ai vu deux fois l'Afrique et neuf fois l'Allemagne,
Et voici que je meurs sujet du roi d'Espagne !
Eh ! que faire à régner ? je n'ai plus d'ennemi ;
Chacun s'est dans la tombe, à son tour, endormi.
Comme un chien affamé, l'oubli tous les dévore ;
Déjà le soir d'un siècle à l'autre sert d'aurore.
Ai-je donc, plus habile à plus longtemps souffrir,
Seul, parmi tant de rois, oublié de mourir ?
Ou, dans leurs doigts roidis quand la coupe fut pleine,
Quand le glaive de Dieu, pour niveler la plaine,
Décima les grands monts, étais-je donc si bas,

Que l'archange en passant alors ne me vit pas ?
M'en vais-je donc vieillir à compter mes campagnes,
Comme un pasteur ses bœufs descendant des montagnes,
Pour qu'on lise en mon cœur les leçons du passé,
Comme en un livre pâle et bientôt effacé ?
Trop avant dans la nuit s'allonge ma journée.
Dieu sait à quels enfants l'Europe s'est donnée !
Sur quels bras va poser tout ce vieil univers,
Qu'avec ses cents États, avec ses quatre mers,
Je portais dans mon sein et dans ma tête chauve !
Philippe ! que saint Just de ses crimes le sauve !
Car du jour qu'héritier de son père, il sentit
Que pour sa grande épée il était trop petit,
N'a-t-il pas échangé le ciel contre la terre,
Contre un bourreau masqué son confesseur austère ?
La France !... oh ! quel destin, en ses jeux si profond,
Mit la duègne orgueilleuse aux mains d'un roi bouffon,
Qui s'en va, rajustant son pourpoint à sa taille,
Aux oisifs carrousels se peindre une bataille !
Ah ! quand mourut François, quel sage s'est douté
Que du seul Charles-Quint il mourait regretté ?
Avec son dernier cri sonna ma dernière heure.
Où trouver maintenant personne qui me pleure ?
Mon fils me laisse ici m'achever ; car enfin
Qui lui dira si c'est de vieillesse ou de faim ?
Il me donne la mort pour prix de sa naissance !
Mes bienfaits l'ont guéri de sa reconnaissance.
Il s'en vient me pousser lorsque j'ai trébuché. —
C'est bien. — **Je vais tomber.** — Le soleil s'est couché !
O terre ! reçois-moi ; car je te rends ma cendre !
Je vins nu de ton sein, nu j'y vais redescendre. »

C'est ainsi que parla cet homme au cœur de fer ;
Puis, se voyant dans l'ombre, il eut peur de l'enfer !
« O mon Dieu ! si, cherchant un pardon qui m'efface,
Je trouvais la colère écrite sur ta face,

Comme ce soir, mon œil, cherchant le jour qui fuit,
Dans le ciel dépeuplé ne trouve que la nuit!
Quoi! pas un rêve, un signe, un mot dit à l'oreille,
Dont l'écho formidable alors ne se réveille!
Non! — Rien à vous, Seigneur, ne peut être caché.
*Kyrie eleison!* car j'ai beaucoup péché! »

Alors, avec des pleurs il disait sa prière,
Les genoux tout tremblants et le front sur la pierre.
Tout à coup il s'arrête, il se lève, et ses yeux
Se clouaient à la terre et sa pensée aux cieux.
Voici que, sur l'autel couvert de draps funèbres,
Les lugubres flambeaux ont rompu les ténèbres,
Et les prêtres debout, comme de noirs cyprès,
S'assemblent étonnés des sinistres apprêts.
Et les vieux serviteurs disaient : « Qui donc va naître
Ou mourir? » et pourtant priaient sans le connaître;
Car les sombres clochers s'agitaient à grand bruit,
Et semblaient deux géants qui pleurent dans la nuit.
Tous frappaient leur poitrine et respiraient à peine.
Sous les larmes d'argent le sépulcre d'ébène
S'ouvrait, lit nuptial par la mort apprêté,
Où la vie en ses bras reçoit l'éternité.
Alors un spectre vint, se traînant aux murailles,
Livide, épouvanter les mornes funérailles.
Maigre et les yeux éteints, et son pied, sur le seuil
De granit, chancelait dans les plis d'un linceul.
« Qui d'entre vous, dit-il, me respecte et m'honore?
(Et sa voix sur l'écho de la voûte sonore
Frappait comme le pas d'un hardi cavalier.)
Qu'il s'en vienne avec moi dormir sous un pilier!
Je m'y couche, et j'attends que m'y suive qui m'aime.
Pour ceux qui m'ont haï, je les suivrai moi-même;
Ils y sont. — Prions donc pour mes crimes passés;
Pleurons et récitons l'hymne des trépassés! »
Il marcha vers sa tombe, et pâlit : « Qui m'arrête,

Dit-il? Ne faut-il pas un cadavre à la fête? »

Et le cercueil cria sous ses membres glacés,
Puis le chœur entonna l'hymne des trépassés.

1829.

## VISION

Je vis d'abord sur moi des fantômes étranges
  Traîner de longs habits;
Je ne sais si c'étaient des femmes ou des anges!
Leurs manteaux m'inondaient avec leurs belles franges
  De nacre et de rubis.

Comme on brise une armure au tranchant d'une lame,
  Comme un hardi marin
Brise le golfe bleu qui se fend sous sa rame,
Ainsi leurs robes d'or, en grands sillons de flamme,
  Brisaient la nuit d'airain!

Ils volaient! — Mon rideau, vieux spectre en sentinelle,
  Les regardait passer.
Dans leurs yeux de velours éclatait leur prunelle;
J'entendais chuchoter les plumes de leur aile,
  Qui venaient me froisser.

Ils volaient! — Mais la troupe, aux lambris suspendue,
  Esprits capricieux,
Bondissait tout à coup, puis tout à coup perdue,
S'enfonçait dans la nuit, comme une flèche ardue
  Qui s'enfuit dans les cieux!

Ils volaient! — Je voyais leur noire chevelure,
  Où l'ébène en ruisseaux
Pleurait, me caresser de sa longue frôlure;
Pendant que d'un baiser je sentais la brûlure
  Jusqu'au fond de mes os.

Dieu tout-puissant ! j'ai vu les sylphides craintives
Qui meurent au soleil !
J'ai vu les beaux pieds nus des nymphes fugitives,
J'ai vu les seins ardents des dryades rétives,
Aux cuisses de vermeil !

Rien, non, rien, ne valait ce baiser d'ambroisie,
Plus frais que le matin !
Plus pur que le regard d'un œil d'Andalousie !
Plus doux que le parler d'une femme d'Asie,
Aux lèvres de satin !

Oh ! qui que vous soyez, sur ma tête abaissées,
Ombres aux corps flottants !
Laissez, oh ! laissez-moi vous tenir enlacées,
Boire dans vos baisers des amours insensées,
Goutte à goutte et longtemps !

Oh ! venez ! nous mettrons dans l'alcôve soyeuse
Une lampe d'argent.
Venez ! la nuit est triste et la lampe joyeuse !
Blonde ou noire, venez ; nonchalante ou rieuse,
Cœur naïf ou changeant !

Venez ! nous verserons des roses dans ma couche ;
Car les parfums sont doux !
Et la sultane, au soir, se parfume la bouche
Lorsqu'elle va quitter sa robe et sa babouche
Pour son lit de bambous !

Hélas ! de belles nuits le ciel nous est avare
Autant que de beaux jours !
Entendez-vous gémir la harpe de Ferrare,
Et sous des doigts divins palpiter la guitare ?
Venez, ô mes amours !

Mais rien ne reste plus que l'ombre froide et nue,
  Où craquent les cloisons.
J'entends des chats hurler, comme un enfant qu'on tue ;
Et la lune en croissant découpe, dans la rue,
  Les angles des maisons.

1829.

## A LA POLOGNE

Jusqu'au jour, ô Pologne ! où tu nous montreras
Quelque désastre affreux, comme ceux de la Grèce,
Quelque Missolonghi d'une nouvelle espèce,
Quoi que tu puisses faire, on ne te croira pas.
Battez-vous et mourez, braves gens. — L'heure arrive.
Battez-vous ; la pitié de l'Europe est tardive ;
Il lui faut des levains qui ne soient point usés.
Battez-vous et mourez, car nous sommes blasés !

1831.

## STANCES

Je méditais, courbé sur un volume antique,
Les dogmes de Platon et les lois du Portique.
Je voulus de la vie essayer le fardeau.
Aussi bien j'étais las de loisirs de l'enfance,
Et j'entrai, sur les pas de la belle espérance,
  Dans ce monde nouveau.

Souvent on m'avait dit : « Que ton âge a de charmes !
Tes yeux, heureux enfant, n'ont point d'amères larmes.
Seule la volupté peut t'arracher des pleurs. »
Et je disais aussi : « Que la jeunesse est belle !
Tout rit à ses regards; tous les chemins, pour elle,
  Sont parsemés de fleurs ! »

Cependant, comme moi tout brillants de jeunesse,
Des convives chantaient, pleins d'une douce ivresse;
Je leur tendis la main, en m'avançant vers eux :
« Amis, n'aurai-je pas une place à la fête? »
Leur dis-je... Et pas un seul ne détourna la tête
  Et ne leva les yeux !

Je m'éloignai pensif, la mort au fond de l'âme.
Alors, à mes regards vint s'offrir une femme.
Je crus que dans ma nuit un ange avait passé.
Et chacun admirait son souris plein de charme;
Mais il me fit horreur ! car jamais une larme
  Ne l'avait effacé.

« Dieu juste ! m'écriai-je, à ma soif dévorante
Le désert n'offre point de source bienfaisante.
Je suis l'arbre isolé sur un sol malheureux,
Comme en un vaste exil, placé dans la nature ;
Elle n'a pas d'écho pour ma voix qui murmure
  Et se perd dans les cieux.

Quel mortel ne sait pas, dans le sein des orages,
Où reposer sa tête, à l'abri des naufrages?
Et moi, jouet des flots, seul avec mes douleurs,
Aucun navire ami ne vient frapper ma vue,
Aucun, sur cette mer où ma barque est perdue,
  Ne porte mes couleurs.

O douce illusion ! berce-moi de tes songes;
Demandant le bonheur à tes riants mensonges,

ŒUVRES D'ALFRED DE MUSSET

ŒUVRES POSTHUMES.     Page 14

Bibl. Charpentier.     LIV. 306.

Je me sauve en tremblant de la réalité;
Car, pour moi, le printemps n'a pas de doux ombrages;
Le soleil est sans feux, l'Océan sans rivage,
    Et le jour sans clarté! »

Ainsi, pour égayer son ennui solitaire,
Quand Dieu jeta le mal et le bien sur la terre,
Moi, je ne pus trouver que ma part de douleur;
Convive repoussé de la fête publique,
Mes accents troubleraient l'harmonieux cantique
    Des enfants du Seigneur.

Ah! si je ressemblais à ces hommes de pierre
Qui, cherchant l'ombre amie et fuyant la lumière,
Ont trouvé dans le vice un facile plaisir!...
Ceux-là vivent heureux!... Mais celui qui dans l'âme
Garde quelque lueur d'une plus noble flamme,
    Celui-là doit mourir.

L'ennui, vautour affreux, l'a marqué pour sa proie;
Il trouve son tourment dans la commune joie;
Respirant dans le ciel tous les feux de l'enfer,
Le bonheur n'est pour lui qu'un horrible mélange,
Car le miel le plus doux sur ses lèvres se change
    En un breuvage amer.

Jusqu'au jour où d'ennui son âme dévorée
Trouve, pour reposer, quelque tombe ignorée,
Et retourne au néant, d'où l'homme était venu;
Comme un poison brûlant, renfermé dans l'argile,
Fermente, et brise enfin le vase trop fragile
    Qui l'avait contenu.

1835.

## A ALFRED TATTET

Non, mon cher, Dieu merci ! pour trois mots de critique,
Je ne me suis pas fait poète satirique ;
Mon silence n'est pas, quoiqu'on puisse en douter,
Une prétention de me faire écouter.
Je puis bien, je le crois, sans crainte et sans envie,
Lorsque je vois tomber la muse évanouie
Au milieu du fatras de nos romans mort-nés,
Lui brûler, en passant, ma plume sous le nez ;
Mais censurer les sots, que le Ciel m'en préserve !
Quand je m'en sentirais la chaleur et la verve,
Dans ce triste combat dussé-je être vainqueur,
Le dégoût que j'en ai m'en ôterait le cœur.

Novembre 1842.

En 1842, lorsque Alfred de Musset eut publié son *Epître sur la paresse* et le morceau intitulé *Après une lecture*, son ami Alfred Tattet lui écrivit pour l'engager à suivre une veine satirique qui venait de lui procurer deux succès brillants. Ces vers sont la réponse du poète à cette lettre.

## A MADAME A. T.

Qu'un jeune amour plein de mystère
Pardonne à la vieille amitié
D'avoir troublé son sanctuaire.
D'une belle âme qui m'est chère,
Si j'ai jamais eu la moitié,
Je vous la lègue tout entière.

1843.

Le jour de sa première visite à madame A. T., Alfred de Musset, ne l'ayant pas trouvée chez elle, écrivit ces vers sur sa carte.

## DANS LA PRISON DE LA GARDE NATIONALE

<small>Vers écrits au-dessous d'une tête de femme dessinée sur le mur.</small>

Qui que tu sois, je t'en conjure,
Mets ton lit de l'autre côté.
Ne traîne pas la couverture
Sur le sein déjà maltraité
De cette douce créature.
Un crayon plein d'habileté
Créa son aimable figure,
Qui respire la volupté.
Elle est belle, laisse-la pure

<small>1843.</small>

## SONNET

### A MADAME ...

Jeune ange aux doux regards, à la douce parole,
Un instant près de vous je suis venu m'asseoir.
Et, — l'orage apaisé, — comme l'oiseau s'envole,
Mon bonheur s'en alla, n'ayant duré qu'un soir.

Et puis, qui voulez-vous après qui me console ?
L'éclair laisse, en fuyant, l'horizon triste et noir.
Ne jugez pas ma vie insouciante et folle ;
Car, si j'étais joyeux, qui ne l'est à vous voir ?

Hélas ! je n'oserais vous aimer, même en rêve !
C'est de si bas vers vous que mon regard se lève !
C'est de si haut sur moi que s'inclinent vos yeux !

Allez, soyez heureuse ; oubliez-moi bien vite,
Comme le chérubin oublia le lévite
Qui l'avait vu passer et traverser les cieux !

   30 juillet 1844.


## CHANSON

Nous venions de voir le taureau,
  Trois garçons, trois fillettes.
Sur la pelouse, il faisait beau,
Et nous dansions un boléro
  Au son des castagnettes :
    « Dites-moi, voisin,
    Si j'ai bonne mine,
    Et si ma basquine
    Va bien ce matin.
Vous me trouvez la taille fine ?...
    Ah ! ah !
Les filles de Cadix aiment assez cela. »

Et nous dansions un boléro,
  Un soir, c'était dimanche.
Vers nous s'en vint un hidalgo
Cousu d'or, la plume au chapeau,
  Et le poing sur la hanche :
    « Si tu veux de moi,
    Brune au doux sourire,
    Tu n'as qu'à le dire,
    Cet or est à toi.
— Passez votre chemin, beau sire...
    Ah ! ah !
Les filles de Cadix n'entendent pas cela. »

Et nous dansions un boléro,
    Au pied de la colline.
Sur le chemin passa Diego,
Qui pour tout bien n'a qu'un manteau
    Et qu'une mandoline :
        « La belle aux yeux doux,
        Veux-tu qu'à l'église
        Demain te conduise
        Un amant jaloux?
— Jaloux! jaloux! quelle sottise!
        Ah! ah!
Les filles de Cadix craignent ce défaut-là. »

    1844.


# CHANSON


Bonjour, Suzon, ma fleur des bois!
Es-tu toujours la plus jolie?
Je reviens, tel que tu me vois,
D'un grand voyage en Italie.
Du paradis j'ai fait le tour;
J'ai fait des vers, j'ai fait l'amour.
        Mais que t'importe? (*Bis*.)
Je passe devant ta maison;
        Ouvre ta porte.
        Bonjour, Suzon!


Je t'ai vue au temps des lilas.
Ton cœur joyeux venait d'éclore,
Et tu disais : « Je ne veux pas,
Je ne veux pas qu'on m'aime encore. »

Qu'as-tu fait depuis mon départ?
Qui part trop tôt revient trop tard.
   Mais que m'importe? (*Bis.*)
Je passe devant ta maison;
   Ouvre ta porte.
   Bonjour, Suzon!

1844.


## SUR L'ALBUM DE M<sup>lle</sup> TAGLIONI

Si vous ne voulez plus danser,
Si vous ne faites que passer
Sur ce grand théâtre si sombre,
Ne courez pas après votre ombre,
   Tâchez de nous la laisser.

1844.


## AUX ARTISTES DU GYMNASE DRAMATIQUE

Le soir de la première représentation de *Bettine*.

Ma pièce est jeune, et je suis vieux;
Enfants, je n'en suis pas la cause.
Vous nous jouerez bien autre chose,
Et tout aussi bien, mais pas mieux.
Ne prenez pas, je vous en prie,
Ces mots pour de la flatterie,
Et mes regrets pour des adieux.

1851.

## RONDEAU

### A MADAME H. F.

Il est aisé de plaire à qui veut plaire.
D'un ignorant un bavard écouté,
D'un journaliste un rimailleur vanté,
Sans nulle peine y trouvent leur affaire.
Louer un sot, c'est pure charité.

Une Araminte à demi centenaire
Dans son miroir voit un portrait flatté.
De nos bas-bleus si l'éloge est à faire,
    Il est aisé.

Mais, s'il faut peindre avec sincérité
L'air simple et bon, la grâce involontaire,
L'esprit facile et la raison sévère,
D'un double charme entourant la beauté, —
D'un tel portrait, certes, on ne dira guère :
    Il est aisé !

1853.

ŒUVRES POSTHUMES. Page 19

Libl. Charpentier. LIV. 307.

# LE SONGE D'AUGUSTE

Le palais de l'empereur. — Au fond, un jardin derrière une colonnade.

### SCÈNE I<sup>re</sup>
CHOEUR DE GUERRIERS, CHOEUR DE JEUNES FILLES.

**CHOEUR DES JEUNES FILLES.**
Guerriers, d'où venez-vous? Pendant ces jours de fête,
   Quel heureux sort vous ramène en ces lieux?
Quelle main triomphante a sur vos nobles têtes
      Posé ces lauriers glorieux?

**CHOEUR DES GUERRIERS.**
Nous venons de Pharsale et de la Germanie.
Jusqu'aux bornes du monde, et par delà les mers,
    Suivant César et son génie,
Nous avons, en vainqueurs, traversé l'univers.

**UN JEUNE SOLDAT.**
Amis! et nous aussi nous avons fait la guerre,
   Vaillants héros, dont les pas triomphants
Sans lasser la victoire ont parcouru la terre,
   Salut! nous sommes vos enfants.

**CHOEUR GÉNÉRAL.**
Qu'en ce palais notre voix retentisse!

**LES GUERRIERS.**
Chantez enfants.

**LES JEUNES FILLES.**
    Chantez, vainqueurs.

CHŒUR.

Et que l'air partout se remplisse
De chants, de lumière et de fleurs.

LES GUERRIERS.

Voici César.

LES JEUNES FILLES.

Voici l'impératrice.

LES GUERRIERS.

Amis, retirons-nous.

LES JEUNES FILLES.

Éloignons-nous, mes sœurs.

CHŒUR, se retirant.

Salut, César.


## SCÈNE II

AUGUSTE, LIVIE, OCTAVIE.

AUGUSTE, répondant au chœur qui sort.

Salut. — Oui, ma chère Livie,
César a fait ce soir appeler Octavie.
Sur un souci que j'ai, je veux vous consulter.

LIVIE.

Quel souci, cher seigneur, peut vous inquiéter?

AUGUSTE.

Aucun assurément, quand je vous vois sourire.
Dès que votre cœur bat dans l'air que je respire,
Je braverais les dieux, de mon honneur jaloux!

LIVIE.

S'il ne faut que mon cœur, seigneur, que craignez-vous?

OCTAVIE.

Est-ce quelque ennemi qui relève la tête,
Quelque nouveau Brutus dont le glaive s'apprête?

AUGUSTE.

Non! aux nouveaux Brutus je n'ajoute plus foi.
Et Rome en est, je pense, aussi lasse que moi.

OCTAVIE.

Est-ce quelque vaincu, quelque roi tributaire
Qui vous désobéit, aux confins de la terre,
Quelque Scythe qui tarde à payer ses impôts?

AUGUSTE.

Le ciel est sans nuage, et le monde en repos.

LIVIE.

Serait-ce par hasard quelque mauvais présage?
Un songe peut agir sur l'esprit le plus sage;
Mais, pour un qui dit vrai, bien d'autres ont menti.

AUGUSTE.

Par un songe souvent les dieux m'ont averti;
Mais le doute où je suis, rien de tel ne l'inspire.
Je ne redoute rien, — mais je pense à l'empire,
A ces Romains que j'aime, et qui m'aiment aussi,
Et ce n'est pas pour moi que j'ai quelque souci.

LIVIE.

Vous vous disiez heureux, seigneur, dès qu'on vous aime.

AUGUSTE.

Puisse de votre front ce léger diadème,
Livie, à tout jamais éloigner tout ennui,
Et que le plaisir seul voltige autour de lui!
Que je sois seul chargé du terrible héritage
Qu'à la mort de César je reçus en partage,
Lorsque sous les poignards le plus grand des humains
Tomba, laissant le monde échapper de ses mains!
Non que de vos conseils et de votre prudence
Je ne veuille au besoin réclamer l'assistance;
De la vulgaire loi votre esprit excepté
Nous montre la sagesse auprès de la beauté.

Je le savais; mon cœur vous en a mieux chérie.
Ma sœur jusqu'à présent fut ma seule Égérie;
Sur vos deux bras charmants maintenant appuyé,
J'aurai deux confidents, l'amour et l'amitié.

LIVIE.

Ils vous seront, seigneur, fidèles et sincères.

AUGUSTE.

Or donc écoutez-moi, mes belles conseillères.
Revenant d'Actium, quand tout me fut soumis,
Resté dans l'univers seul et sans ennemis,
N'ayant plus qu'à régner, j'eus un jour la pensée,
Voyant de ses tyrans Rome débarrassée,
De lui rendre, après tout, l'état républicain,
Et de briser, vainqueur, trois sceptres dans ma main.
César était vengé; que m'importait le reste?
Je crus dans ce projet voir un avis céleste.
Mais, comme en toute chose, avant d'exécuter,
C'est l'humaine raison qu'il nous faut écouter,
J'appelai près de moi, de nos grands politiques,
Les plus accoutumés aux affaires publiques.
D'une et d'autre façon le point fut débattu;
D'un ni d'autre côté je ne fus convaincu.
Donc, je restai le maître, et suivis ma fortune.
Aujourd'hui j'ai chassé cette idée importune.
Mon trône m'est trop cher pour le vouloir quitter,
A Livie.
Alors qu'auprès de moi vous venez d'y monter,
Mais un tourment nouveau m'afflige et me dévore;
Ma gloire inassouvie en moi s'éveille encore.
J'ai voulu, j'ai cherché, j'ai conquis le repos,
Et ce bien qu'on m'envie est le plus grand des maux.
Moi qu'on a toujours vu, durant toute ma vie,
Tenir l'oisiveté pour mortelle ennemie,
Il faut que mon bras dorme, et qu'ayant tout vaincu,
Je désapprenne à vivre, à peine ayant vécu.

J'ai cette fois encor, sur ce mal qui m'accable,
Consulté ce que Rome a de considérable.
Les uns m'ont conseillé de réformer les lois,
De fonder, de créer des peuples et des rois,
D'accroître mes trésors, de régner et d'attendre ;
Les autres, de marcher sur les pas d'Alexandre,
De le surpasser même, et, par delà l'Indus,
D'aller chercher au loin des pays inconnus.
Pas plus que l'autre fois leur facile éloquence
N'a fait dans mon esprit naître la confiance.
Ceux qui veulent la guerre, en croyant me flatter,
M'indiquent des écueils que je dois éviter ;
Ceux qui veulent la paix, par un motif contraire,
Me font trouver plus grand ce que j'hésite à faire.
Voilà ce qui m'a fait ce soir vous appeler,
Ma sœur, et c'est de quoi j'ai voulu vous parler.

OCTAVIE.

Mon frère, quand César, voyant sa foi trompée,
Franchit le Rubicon pour marcher à Pompée,
Plus d'un vaillant guerrier, blanchi par les combats,
Était à ses côtés, qu'il ne consulta pas.
Comme par l'aquilon ses aigles déchaînées
S'élançaient du sommet des Alpes étonnées,
Et lorsqu'il arriva, son épée à la main,
A peine savait-on qu'il était en chemin.
Lorsqu'on demande avis, qu'on doute, qu'on hésite,
Sur le bien qu'on poursuit, sur le mal qu'on évite,
Est-ce Auguste qui parle ? ou, par quel changement,
Est-ce ainsi, devant lui, qu'on parle impunément ?
En vous écoutant dire, ou je me suis méprise,
Ou vous avez au cœur quelque vaste entreprise.
Ce dessein, quel qu'il soit, m'est sans doute inconnu,
Mais l'ennui qui vous tient de là vous est venu.
Depuis quand, dites-moi, le maître de la terre
    A-t-il donc condamné sa pensée à se taire?

Devant quelle fortune ou quelle adversité
Le neveu de César a-t-il donc hésité ?
Est-ce aux champs de Modène ? est-ce aux murs de Pérouse ?
Est-ce quand Marc-Antoine, avec sa noire épouse,
Fuyait épouvanté, par notre aigle abattu,
Ou quand Brutus mourant reniait la vertu ?
Quand le jeune César (c'est ainsi qu'on vous nomme)
Autrement qu'en triomphe est-il entré dans Rome ?
Pour combattre aujourd'hui vous n'osez en sortir,
A moins que vos rhéteurs n'y daignent consentir !
Que ne demandez-vous le conseil d'un esclave ?
Souvenez-vous, seigneur, souvenez-vous, Octave.
N'est-ce rien que ces chants, ces rameaux de laurier,
Un seul nom dans la voix d'un peuple tout entier ?
Rappelez-vous ces jours, qui furent vos délices,
Les autels tout couverts du sang des sacrifices,
Votre coursier sans tache, et qui ne voulait pas
Fouler aux pieds les fleurs qu'on jetait sous ses pas ;
Rappelez-vous surtout, si vous faites la guerre,
Ces trois mots que César nous écrivait naguère :
« Je suis venu, j'ai vu, j'ai vaincu ! »

### AUGUSTE.

       Chère sœur,
En toute occasion j'aime à voir un grand cœur.
J'écoute avec plaisir, dans votre jeune tête,
Le vieil esprit romain respirant la conquête.
Ce coursier, dont les pas vous ont semblé si doux,
Les rois égyptiens me l'ont donné pour vous.
Livie, à votre tour, parlez ; que dois-je faire ?

### LIVIE.

Seigneur, dans ce palais je suis presque étrangère :
A peine aux pieds des dieux j'ai fléchi les genoux ;
J'arrive, et dans ces lieux je ne connais que vous.
Rome en ces questions est trop intéressée,
Pour qu'il me soit permis de dire ma pensée...

AUGUSTE.

Quelle est-elle?

LIVIE.

La paix! J'admire et n'aime pas
Cette gloire qu'on trouve à chercher les combats.
J'en demande pardon et donnerais ma vie
Plutôt que de déplaire à ma sœur Octavie ;
Mais l'empereur a fait tout ce qu'on peut oser ;
Revenant d'Actium, on se peut reposer.
Je suis femme, seigneur. Aussi bien que personne
Je sens battre mon cœur lorsque le clairon sonne.
Mais César est vengé, c'est vous qui le disiez ;
La tête de Brutus a roulé sous vos pieds.
A qui sut faire tant que reste-t-il à faire ?
La patrie aujourd'hui vous appelle son père,
Le peuple vous chérit, vous met au rang des dieux,
Et, vivant sur la terre, il vous voit dans les cieux.
Que pourrait un combat, que pourrait une armée,
Pour ajouter encore à votre renommée?
Que nous apprendrez-vous quand vous serez vainqueur?
Il ne faut point aller plus loin que le bonheur.
César (nous le savons), marchant sur sa parole,
A franchi le ruisseau qui mène au Capitole ;
Mais de veiller sur lui les dieux s'étaient lassés ;
L'inflexible Destin avait dit : « C'est assez ! »
Du nom que vous portez conservez la mémoire ;
Pensez à l'avenir et respectez l'histoire.
Ne laissez pas de vous un vain rêve approcher ;
Votre gloire est à nous, — vous n'y pouvez toucher.

OCTAVIE.

Jamais pour qui sait vaincre il n'est assez de gloire.

LIVIE.

La paix, quand on la veut, c'est encor la victoire.

OCTAVIE.

A la voir trop facile, on peut la dédaigner.

Œuvres Posthumes. Page 32

###### LIVIE.

Oui, sans doute, on le peut, mais il faut la gagner.

###### OCTAVIE.

Héritier du héros qui lui servit de père,
Le neveu de César doit régner par la guerre.

###### LIVIE.

Par la guerre ou la paix, il n'importe, ma sœur ;
Le neveu de César nous rendra sa grandeur.

###### AUGUSTE, se levant.

Assez sur ce sujet. Approchez, Octavie,
Et mettez votre main dans celle de Livie.
Bien que vos sentiments soient entre eux différents,
Tous deux ils me sont chers; j'y cède et je m'y rends.
À Octavie.
Si j'ouvre de Janus la porte meurtrière,
Vous m'accompagnerez, vous, ma belle guerrière.
À Livie.
Si j'ai dans les combats encore quelque bonheur,
Vous me consolerez d'avoir été vainqueur.
Vous m'avez rappelé toutes deux à moi-même;
Adieu. Souvenez-vous surtout que je vous aime.
Livie et Octavie sortent.

## SCÈNE III

###### AUGUSTE, seul; puis MÉCÈNE.

###### AUGUSTE, s'asseyant.

O puissance absolue! ô suprême grandeur!
Êtes-vous du Destin la haine ou la faveur?
On ouvre, — qui vient là? — C'est vous, mon cher Mécène!
Et d'où venez-vous donc, que l'on vous voit à peine?
D'oublier l'empereur, sans doute à vous permis,
Et le monde et le temps; mais non pas vos amis.

MÉCÈNE.

César, que Jupiter vous protège et vous aide !
Que l'univers, soumis, à vos volontés cède !
Et que votre fortune, à toute heure, en tout lieu...

AUGUSTE.

Asseyez-vous. — Je sais que je dois être un dieu.
On dit que vos jardins sont un petit Parnasse,
Et que votre falerne a fait les vers d'Horace.
Que dit-il ? que fait-il ?

MÉCÈNE.

Il va toujours rêvant ;
Conduit par son caprice, il marche en le suivant.

AUGUSTE.

Et Virgile ?

MÉCÈNE.

Toujours fidèle à son génie,
Son immortelle voix n'est plus qu'une harmonie,
Et, pour nous dire un mot, sans vouloir dire mieux,
Il ne sait plus parler que la langue des dieux.

AUGUSTE.

Vous les aimez, Mécène ?

MÉCÈNE.

Oui, seigneur, je confesse
Que la muse est pour moi la grande enchanteresse,
Et que tous les bavards, de leur gloire ennemis,
Ne valent pas trois vers écrits par mes amis.

AUGUSTE.

Et c'est assez pour vous de cette poésie ?
Vous habitez l'Olympe, et vivez d'ambroisie.
Ah ! Mécène est heureux !

MÉCÈNE.

César ne l'est-il pas ?
Quel serpent écrasé s'est dressé sous ses pas ?

AUGUSTE.

Aucun. J'ai, grâce aux dieux, conjuré les tempêtes ;
Je tiens pour abattu le monstre aux mille têtes.
Mais je souffre, ce soir, d'une étrange douleur.

MÉCÈNE.

Au comble de la gloire, au comble du bonheur,
Se peut-il?...

AUGUSTE.

Oui, Mécène, et je n'y sais que faire.

MÉCÈNE.

César veut-il permettre un langage sincère ?

AUGUSTE.

Oui.

MÉCÈNE.

Je crains d'employer des termes un peu bas.

AUGUSTE.

Ce sont les beaux discours que l'on n'écoute pas.

MÉCÈNE.

César, prenez la bêche, ou poussez la charrue...
Ce n'est pas un ennui, c'est l'ennui qui vous tue.
Si, comme moi, seigneur, au lever du soleil,
Vous veniez voir aux champs la terre à son réveil,
Si vous alliez cueillir, marchant dans la rosée,
Une fleur qu'avant vous les dieux ont arrosée,
Si vous la rapportiez vous-même à la maison,
Vous n'auriez pas d'ennuis.

AUGUSTE.

Il a presque raison.

MÉCÈNE.

Si vous pouviez, César, en juger par vous-même,
Et voir combien, partout, vit la beauté suprême,
Combien la moindre fleur, ou son bouton naissant,
A coûté de travail, pour mourir en passant !

Les poètes du jour croient que la poésie,
Sans rien voir ni savoir, naît dans leur fantaisie ;
D'autres, pour la trouver, courent le monde entier ;
Elle est dans un brin d'herbe, au coin de ce sentier,
Dans les amandiers verts que fait blanchir la pluie,
Dans ce fauteuil d'ivoire où votre bras s'appuie,
Partout où le soleil nous verse sa clarté,
Toujours est la grandeur, et toujours la beauté.

### AUGUSTE.

Les poètes, chez vous, sont en faveur extrême,
Mais on pourrait parfois vous en croire un vous-même.
De vos charmants loisirs j'aimerais la douceur ;
Ils sont d'un homme heureux, mais non d'un empereur.
Où prendrais-je le temps de cette nonchalance ?
Alors que vous rêvez, il faut, moi, que je pense,
Mécène, et que j'agisse, alors que vous pensez.
Savez-vous bien ma vie ?

### MÉCÈNE.

          Oui, seigneur, je la sais.
Je sais que votre main, en volonté féconde,
Tient un arc dont la flèche a traversé le monde ;
Et déjà du passé l'éclatant souvenir
Vous fait incessamment regarder l'avenir.
Mais pourquoi l'empereur, m'accusant de faiblesse,
Croit-il mon pauvre toit hanté par la paresse ?
Lorsqu'Horace et Virgile y viennent le matin
Respirer dans mes bois la verveine et le thym,
J'écoute avec transport ces lèvres inspirées
Verser en souriant les paroles dorées.
Mes abeilles gaîment voltigent devant nous ;
Le ciel en est plus pur et l'air en est plus doux.
Depuis quand l'action nuit-elle à la pensée ?
Quand Tyrtée avait pris sa lyre et son épée,
Devant toute une armée il marchait autrefois.
Il chantait, la victoire accourait à sa voix.

Alexandre, vainqueur, pourtant toujours en guerre,
Gardait comme un trésor les vers du vieil Homère,
Et relisait sans cesse, à toute heure, en tous lieux,
Ce poème immortel dicté par tous les dieux.
Le grand Jules, bravant les hasards du naufrage,
Avec son manuscrit se jetait à la nage,
Et, défendant aux flots d'y toucher en chemin,
Il savait bien quel sceptre il tenait à la main !
Et vous ne voulez pas, César...

AUGUSTE.

Je le répète,
Malgré vous, mon ami, vous n'êtes qu'un poète.
Lorsqu'Horace avec vous parle grec ou latin,
Votre esprit est en fleur comme votre jardin.
Les premiers des héros, Alexandre et mon père,
Ont tous deux, je le sais, aimé les vers d'Homère;
Mais, lorsque leur grande âme y prit quelque plaisir,
C'est entre deux combats qu'ils trouvaient ce loisir.
Quand mon père lui-même a raconté ses guerres,
C'est au milieu des camps qu'il fit ses Commentaires.
Pour peu qu'on soit soldat, on sent, quand on les lit,
Que le bruit des clairons partout y retentit.
Autre chose, Mécène, est la frivole muse
Dont la grâce vous charme ou l'esprit vous amuse;
Ce n'est qu'un jeu de mots fait par l'oisiveté,
Un rêve, et, pour tout dire, une inutilité.

MÉCÈNE.

Que dites-vous, seigneur ? Quoi ! la muse inutile !
Ce n'est qu'un jeu de mots, lorsque chante Virgile,
Tibulle aimé de tous, Horace aimé des dieux !
Quoi ! la muse à ce point est déchue à vos yeux !
Inutile ! Et ses sœurs, César, qu'en diraient-elles ?
Songez-y bien, seigneur, ces vierges immortelles
Se tiennent par la main dans le sacré vallon,
Et comme une guirlande entourent Apollon.

Songez que de tous ceux qui les ont outragées
Ce redoutable dieu les a toujours vengées.
Ses traits assurément n'iraient pas jusqu'à vous ;
Gardez-vous toutefois d'exciter son courroux.
Les Muses n'ont qu'une âme et leur cause est commune :
Toutes elles vont fuir, si vous en blessez une ;
Et loin de ce palais, fait pour les réunir,
Elles s'envoleront pour ne plus revenir.

AUGUSTE.

Adieu. — Je prendrai soin de vos sœurs immortelles.
Tâchez que le Parnasse, avant de s'irriter,
Quelquefois avec vous vienne me visiter !

## SCÈNE IV

AUGUSTE, seul.

Contraste singulier, dans l'humaine inconstance !
Ce paresseux esprit, si faible en apparence,
Qu'une affaire d'État le vienne réveiller,
Se trouve le plus froid, le meilleur conseiller.
*Il s'assied sur son lit.*
Pendant de longues nuits et de longues journées,
Quand du monde incertain flottaient les destinées,
Je l'ai vu regardant par delà l'horizon,
Et, seul de son avis, ayant toujours raison ;
Mais qu'Horace en passant le prenne et nous l'enlève,
Voilà que ce grand homme est un enfant qui rêve.
Quel charme surprenant, quel étrange pouvoir
Ces plaisirs de l'esprit peuvent-ils donc avoir,
Pour qu'avec tant de force une âme si bien née
En soit de son chemin tout à coup détournée ?
Pourquoi songe pareil ne m'est-il pas venu ?
Existe-t-il un monde à César inconnu ?
*Il s'endort.*

## SCÈNE V

### AUGUSTE, LES MUSES.

LES MUSES, *chantant.*

Oui, César, il existe un monde si sublime,
Que nous et les dieux seuls pouvons en approcher.
Quand le pied d'un mortel en a touché la cime,
Dans nulle route humaine il ne peut plus marcher.

AUGUSTE, *endormi.*

Eh! qui donc êtes-vous?

LES MUSES, *chantant.*

Les filles de Mémoire.

CLIO, *chantant.*

Prends garde à toi!... J'écrirai ton histoire.
Je suis Clio; ta vie est dans ma main.
*Montrant Calliope.*
Voilà ma sœur, la muse de la gloire.
Prends garde à toi!... Je te suis en chemin!

URANIE, *de même.*

Je m'appelle Uranie, et ma tête est voilée
Par l'ordre inflexible des dieux.
Mon empire est la nuit; mais ma robe étoilée
Resplendit des clartés des cieux!

POLYMNIE, *de même.*

Vois-tu, César, vois-tu sortir de terre
Ces temples, ces palais qui naissent à ma voix;
Vois-tu l'asile obscur, vois-tu l'humble chaumière
Devenir des palais de rois?

EUTERPE, *de même.*

Je ne suis pas la muse de la gloire;
Je suis la muse aux doigts dorés.
Je chante, et l'univers conserve la mémoire
Des héros par moi consacrés.

OEUVRES D'ALFRED DE MUSSET

ŒUVRES POSTHUMES. Page 36

CHOEUR DES MUSES.

Oui, César, il existe un monde si sublime,
Que nous et les dieux seuls pouvons en approcher.
Quand le pied d'un mortel en a touché la cime,
Dans nulle route humaine il ne peut plus marcher.

AUGUSTE, se levant.

Arrêtez!...

Les Muses s'arrêtent.

Si du haut des sphères éternelles,
Jupiter vous envoie ainsi,
De par César, malgré vos ailes,
Filles des dieux, vous resterez ici...
En conquérant j'ai traversé la terre,
Pareil au lion irrité.
Si j'ai marché dans ma colère,
Je veux m'asseoir dans ma fierté.

A Clio.

Toi qui des morts recueilles l'héritage,
Puisque tu me suis en chemin,
Je veux te laisser une page
Comme jamais n'en a tracé ta main.

A Uranie.

Toi, dont le front resplendit sous ce voile,
Fille des nuits, lève les yeux.
Regarde briller mon étoile ;
Je vais l'arrêter dans les cieux.

A Polymnie.

Qu'ils sortent donc de la poussière,
Ces palais élevés par toi.
J'ai reçu des Romains une ville de pierre,
Qu'elle soit de marbre après moi !

Aux autres Muses.

Vous toutes, filles de Mémoire,
Qui dès longtemps me connaissez ;

Muses, chantez de nouveaux jours de gloire,
Plus grands que ceux que nous avons passés.

CHOEUR FINAL.

Mes sœurs, chantons de nouveaux jours de gloire,
Plus grands que ceux que nous avons passés.

1853.

## STANCES

#### SUR LE COSTUME *POMPADOUR* DE MISS ***

Voltaire, ombre auguste et suprême !
Roi des madrigaux à la crème,
Du vermillon et des paniers !
Assis au pied de ta statue,
Je me disais : « Qu'est devenue
Cette perruque à trois lauriers ?

O Corisandres ! me disais-je,
Mouches que, sur un sein de neige,
L'abbé posait du bout du doigt !
Bonnes marquises, nos aïeules,
Qui, sans être par trop bégueules,
Rendiez à Dieu ce qu'on lui doit !

Et vous, héros frappés du foudre,
Hélas ! — Et deux règnes de poudre,
En un demi-siècle effacés !... »
Quand, l'autre soir, dans une fête,
Mon regard tout à coup s'arrête
Sur un minois des temps passés.

Mais ce n'était point, ô Voltaire !
Une mouche de douairière
Qui ravive un œil défaillant ;
C'était la plus discrète mouche
Qui pût effleurer une bouche
Plus rose que le lis n'est blanc.

Fine mouche, comme on peut croire,
Qui, pour poser son aile noire,

Entre les roses du jardin,
Avait choisi, comme l'abeille,
La plus fraîche et la plus vermeille
De toutes celles du matin.

Reste donc, mouche bienheureuse.
Si cette abeille voyageuse,
Qui, volant jadis, nous dit-on,
Entre les bosquets de la Grèce,
Vint chatouiller la lèvre épaisse
Du grand philosophe Platon,

Eût trouvé, dans l'ombre mi-close,
Cette fleur aux feuilles de rose,
Qu'eût-elle fait que s'arrêter
Sur cette perle d'Angleterre,
Lèvres que le ciel n'a pu faire
Que pour sourire ou pour chanter?

## JEANNE D'ARC

###### RÉCITATIF.

Je cherche en vain le repos qui me fuit.
Mon cœur est plein des douleurs de la France.
Jusqu'en ces lieux déserts, dans l'ombre et le silence,
De la patrie en deuil le malheur me poursuit.

###### CHANT.

Sombre forêt, retraite solitaire,
Muets témoins de mes secrets ennuis,
A mes regards, de mon pauvre pays
Cachez du moins la honte et la misère.

Tristes rameaux, si nous sommes vaincus,
Cachez le toit de mon vieux père ;
Peut-être, hélas ! je ne le verrai plus !

### RÉCITATIF.

Tout repose dans la vallée.
Le rossignol chante sous la feuillée
La mélancolie et l'amour.
Déjà l'aurore éveille la nature ;
Déjà brille sur la verdure
La douce clarté d'un beau jour.
Quel est ce bruit dans la campagne ?
Le clairon sonne au pied de nos remparts !
De l'étranger je vois les étendards
Flotter au loin sur la montagne.

### CHANT.

Nous avez-vous abandonnés,
Anges gardiens de la patrie ?
Plaignez-nous si Dieu nous oublie ;
S'il se souvient de nous, venez !
J'ai cru sentir trembler la terre.
J'ai cru que le ciel répondait,
Et dans un rayon de lumière,
Du fond des bois une voix m'appelait,
Ce n'est pas une voix humaine :
Il m'a semblé qu'elle venait des cieux.
Mère du Christ, est-ce la tienne ?
As-tu pitié des pleurs qui coulent de mes yeux !
Oui, l'Esprit-Saint m'éclaire !
Je sens d'un Dieu vengeur
La force et la colère
Descendre dans mon cœur.
— En guerre !

Date incertaine.

## IMPROMPTU

Dieu l'a voulu, nous cherchons le plaisir.
Tout vrai regard est un désir ;
Mais le désir n'est rien si l'on n'espère ;
Et d'espérer c'est une affaire.
C'est pourquoi nous devons aimer l'illusion.
Béni soit le premier qui sut trouver un nom
A la demi-folie,
A ce rêve enchanté
Qui ne prend de la vérité
Que ce qu'il faut pour faire aimer la vie !

---

## A MADAME ***

### IMPROMPTU

Ne me parlez jamais d'une vieille amitié,
Dans vos cheveux dorés quand le printemps se joue,
Lui, qui vous a laissé, — lui, si vite oublié !
Sa fraîcheur dans l'esprit, et sa fleur sur la joue !

AU BAS D'UN PORTRAIT
## DE MADEMOISELLE AUGUSTINE BROHAN

J'ai vu ton sourire et tes larmes,
J'ai vu ton cœur triste et joyeux :
Qui des deux a le plus de charmes ?
Dis-moi ce que j'aime le mieux :
Les perles de ta bouche ou celles de tes yeux ?

## RÊVERIE

Quand le paysan sème, et qu'il creuse la terre,
Il ne voit que son grain, ses bœufs et son sillon.
— La nature en silence accomplit le mystère, —
Couché sur sa charrue, il attend sa moisson.

Quand sa femme, en rentrant, le soir, à sa chaumière,
Lui dit : « Je suis enceinte, » — il attend son enfant.
Quand il voit que la mort va saisir son vieux père,
Il s'assoit sur le pied de sa couche, et l'attend.

Que savons-nous de plus ?... et la sagesse humaine,
Qu'a-t-elle découvert de plus dans son domaine ?
Sur ce large univers elle a, dit-on, marché ;
Et voilà cinq mille ans qu'elle a toujours cherché !

OEuvres Posthumes.                                  Page 42

Bibl. Charpentier.                                  LIV. 310.

## RETOUR

Heureux le voyageur que sa ville chérie
Voit rentrer dans le port, aux premiers feux du jour!
Qui salue à la fois le ciel et la patrie,
La vie et le bonheur, le soleil et l'amour!
— Regardez, compagnons, un navire s'avance.
La mer, qui l'emporta, le rapporte en cadence,
En écumant sous lui, comme un hardi coursier,
Qui, tout en se cabrant, sent son vieux cavalier.

Salut! qui que tu sois, toi dont la blanche voile
De ce large horizon accourt en palpitant!
Heureux, quand tu reviens, si ton errante étoile
T'a fait aimer la rive! heureux si l'on t'attend!

D'où viens-tu, beau navire? à quel lointain rivage,
Léviathan superbe, as-tu lavé tes flancs?
Es-tu blessé, guerrier? Viens-tu d'un long voyage?
C'est une chose à voir, quand tout un équipage,
Monté jeune à la mer, revient en cheveux blancs.
Es-tu riche? viens-tu de l'Inde ou du Mexique?
Ta quille est-elle lourde, ou si les vents du nord
T'ont pris, pour ta rançon, le poids de ton trésor?

As-tu bravé la foudre et passé le tropique?
T'es-tu, pendant deux ans, promené sur la mort,
Couvant d'un œil hagard ta boussole tremblante,
Pour qu'une Européenne, une pâle indolente,
Puisse embaumer son bain des parfums du sérail,
Et froisser dans la valse un collier de corail?

Comme le cœur bondit quand la terre natale,
Au moment du retour, commence à s'approcher,
Et du vaste Océan sort avec son clocher!
Et quel tourment divin dans ce court intervalle,
Où l'on sent qu'elle arrive et qu'on va la toucher!

O patrie! ô patrie! ineffable mystère!
Mot sublime et terrible! inconcevable amour!
L'homme n'est-il donc né que pour un coin de terre,
Pour y bâtir son nid, et pour y vivre un jour?

<small>Le Havre, septembre 1855.</small>

## PROMENADE

Dans ces bois qu'un nuage dore,
Que l'ombre est lente à s'endormir! .
Ce n'est pas le soir, c'est l'aurore,
Qui gaîment nous semble s'enfuir;
Car nous savons qu'elle va revenir. —
Ainsi, laissant l'espoir éclore,
Meurt doucement le souvenir.

<small>1856.</small>

## DERNIERS VERS D'ALFRED DE MUSSET

L'heure de ma mort, depuis dix-huit mois,
De tous les côtés sonne à mes oreilles.
Depuis dix-huit mois d'ennuis et de veilles,
Partout je la sens, partout je la vois.

Plus je me débats contre ma misère,
Plus s'éveille en moi l'instinct du malheur ;
Et, dès que je veux faire un pas sur terre,
Je sens tout à coup s'arrêter mon cœur.
Ma force à lutter s'use et se prodigue.
Jusqu'à mon repos, tout est un combat ;
Et, comme un coursier brisé de fatigue,
Mon courage éteint chancelle et s'abat.

1857.

# UN SOUPER

## CHEZ MADEMOISELLE RACHEL

A MADAME ***

Merci d'abord, madame et chère marraine, pour la lettre que vous me communiquez de l'aimable *Paolita*[1]. Cette lettre est bien remarquable et bien gentille; mais que dirais-je de vous, qui ne manquez jamais une occasion d'envoyer un peu de joie à ceux qui vous aiment? Vous êtes la seule créature humaine que je connaisse faite ainsi.

Un bienfait n'est jamais perdu : en réponse à votre lettre de Desdémone, je veux vous servir *un souper chez mademoiselle Rachel*, qui vous amusera, si nous sommes toujours du même avis, et si vous partagez encore mon admiration pour cette sublime fille. Ma petite scène sera pour vous seule, d'abord parce que la *noble enfant* déteste les indiscrétions, et ensuite parce qu'on a fait, depuis que je vais quelquefois chez elle, tant de sots propos et de bavardages, que j'ai pris le parti de ne pas même dire que je l'ai vue au Théâtre-Français.

On avait joué *Tancrède* ce soir, et j'étais allé dans l'entr'acte lui faire compliment sur son costume, qui était charmant. Au cinquième acte, elle avait lu sa lettre avec un accent plus touchant, plus profond que jamais; elle-même m'a dit qu'en ce moment elle avait pleuré et s'était sentie émue à tel point, qu'elle avait craint d'être forcée de s'arrêter. A dix heures, au sortir du théâtre[2], le hasard m'a fait la rencontrer sous les galeries du Palais-Royal, donnant le bras à Félix Bonnaire, et suivie d'un escadron de

---

1. Mademoiselle Pauline Garcia.
2. La tragédie commençait à huit heures et ne durait guère qu'une heure et demie.

*jeunesses*, parmi lesquelles M^lle^ Rabut, M^lle^ Dubois du Conservatoire, etc. Je la salue; elle me répond : « Je vous emmène souper. »

Nous voilà donc arrivés chez elle [1]. Bonnaire s'éclipse, triste et fâché de la rencontre; Rachel sourit de ce piteux départ. Nous entrons; nous nous asseyons, les amis de ces demoiselles chacun à côté de sa chacune, et moi à côté de la chère *Fanfan*. Après quelques propos insignifiants, Rachel s'aperçoit qu'elle a oublié au théâtre ses bagues et ses bracelets; elle envoie sa *bonne* les chercher. — Plus de servante pour faire le souper! Mais Rachel se lève, va se déshabiller et passe à la cuisine. Un quart d'heure après, elle rentre en robe de chambre et en bonnet de nuit, un foulard sur l'oreille, jolie comme un ange, tenant à la main une assiette dans laquelle sont trois biftecks qu'elle a fait cuire elle-même. — Elle pose l'assiette au milieu de la table, en nous disant : « Régalez-vous; » puis elle retourne à la cuisine, et revient tenant d'une main une soupière pleine de bouillon fumant et de l'autre une casserole où sont des épinards. — Voilà le souper! — Point d'assiette ni de cuillers, la *bonne* ayant emporté les clefs. Rachel ouvre le buffet, trouve un saladier plein de salade, prend la fourchette de bois, déterre une assiette, et se met à manger seule.

« Mais, dit la maman, qui a faim, il y a des couverts d'étain à la cuisine. »

Rachel va les chercher, les apporte et les distribue aux convives. Ici commence le dialogue suivant, auquel vous allez bien reconnaître que je ne change rien.

LA MÈRE.

Ma chère, tes biftecks sont trop cuits.

RACHEL.

C'est vrai; ils sont durs comme du bois. Dans le temps où je faisais notre ménage, j'étais meilleure cuisinière que cela. C'est un talent de moins. Que voulez-vous! j'ai perdu d'un côté, mais j'ai gagné de l'autre. — Tu ne manges pas, Sarah?

SARAH.

Non, je ne mange pas avec des couverts d'étain.

RACHEL.

Oh! c'est donc depuis que j'ai acheté une douzaine de couverts d'argent avec mes économies que tu ne peux plus toucher à de l'étain? Si je deviens

---

1. M^me^ Rachel demeurait alors passage Véro-Dodat.

plus riche, il te faudra bientôt un domestique derrière ta chaise et un autre devant.

<small>Montrant sa fourchette.</small>

Je ne chasserai jamais ces vieux couverts-là de notre maison. Ils nous ont trop longtemps servi. N'est-ce pas, maman?

LA MÈRE, la bouche pleine.

Est-elle enfant!

RACHEL, s'adressant à moi.

Figurez-vous que, lorsque je jouais au théâtre Molière, je n'avais que deux paires de bas, et que tous les matins...

Ici la sœur Sarah se met à baragouiner de l'allemand pour empêcher sa sœur de continuer.

RACHEL, continuant.

Pas d'allemand ici! — Il n'y a point de honte. — Je n'avais donc que deux paires de bas, et, pour jouer le soir, j'étais obligée d'en laver une paire tous les matins. Elle était dans ma chambre, à cheval sur une ficelle, tandis que je portais l'autre.

MOI.

Et vous faisiez le ménage?

RACHEL.

Je me levais à six heures tous les jours, et à huit heures tous les lits étaient faits. J'allais ensuite à la Halle pour acheter le dîner.

MOI.

Et faisiez-vous danser l'anse du panier?

RACHEL.

Non. J'étais une très honnête cuisinière; n'est-ce pas, maman?

LA MÈRE, tout en mangeant.

Oh! ça c'est vrai.

RACHEL.

Une fois seulement, j'ai été voleuse pendant un mois. Quand j'avais acheté pour quatre sous, j'en comptais cinq, et, quand j'avais payé dix sous, j'en comptais douze. Au bout du mois, je me suis trouvée à la tête de trois francs.

###### MOI, sévèrement.

Et qu'avez-vous fait de ces trois francs, mademoiselle?

###### LA MÈRE, voyant que Rachel se tait.

Monsieur, elle s'est acheté les œuvres de Molière avec.

###### MOI.

Vraiment!

###### RACHEL.

Ma foi, oui. J'avais déjà un Corneille et un Racine; il me fallait bien un Molière. Je l'ai acheté avec mes trois francs, et puis j'ai confessé mes crimes. — Pourquoi donc M$^{lle}$ Rabut s'en va-t-elle? Bonsoir, mademoiselle.

Les trois quarts des ennuyeux, s'ennuyant, font comme M$^{lle}$ Rabut. La servante revient, apportant les bagues et les bracelets oubliés. On les met sur la table; les deux bracelets sont magnifiques : ils valent bien quatre ou cinq mille francs. Ils sont accompagnés d'une couronne en or et du plus grand prix. Tout cela carambole sur la table avec la salade, les épinards et les cuillers d'étain. Pendant ce temps-là, frappé de l'idée du ménage, de la cuisine, des lits à faire et des fatigues de la vie nécessiteuse, je regarde les mains de Rachel, craignant quelque peu de les trouver laides ou gâtées. Elles sont mignonnes, blanches, potelées et effilées comme des fuseaux. — Ce sont de vraies mains de princesse.

Sarah, qui ne mange pas, continue de gronder en allemand. — Il est bon de savoir qu'elle avait fait, le matin, je ne sais quelle escapade un peu trop loin de l'aile maternelle, et qu'elle n'avait obtenu son pardon et sa place à table qu'à la prière répétée de sa sœur.

###### RACHEL, répondant aux grogneries allemandes.

Tu m'ennuies. Je veux raconter ma jeunesse, moi. Je me souviens qu'un jour je voulais faire du punch dans une de ces cuillers d'étain.

J'ai mis ma cuiller sur la chandelle, et elle m'a fondu dans la main. A propos, Sophie! donne-moi du kirsch. Nous allons faire du punch. Ouf! c'est fini; j'ai soupé.

*La cuisinière apporte une bouteille.*

###### LA MÈRE.

Sophie s'est trompée. C'est une bouteille d'absinthe.

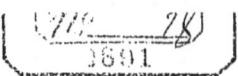

OEuvres Posthumes. Page 54

Bibl. Charpentier. LIV. 314.

MOI.

Donnez-m'en un peu.

RACHEL.

Oh! que je serai contente si vous prenez quelque chose chez nous!

LA MÈRE.

On dit que c'est très sain, l'absinthe.

MOI.

Pas du tout. C'est malsain et détestable.

SARAH.

Alors pourquoi en demandez-vous?

MOI.

Pour pouvoir dire que j'ai pris quelque chose ici.

RACHEL.

Je veux en boire.

Elle verse de l'absinthe dans un verre d'eau et boit. On lui apporte un bol d'argent, où elle met du sucre et du kirsch; après quoi elle allume son punch et le fait flamber.

RACHEL.

J'aime cette flamme bleue.

MOI.

C'est bien plus joli quand on est sans lumière

RACHEL.

Sophie, emportez les chandelles.

LA MÈRE.

Du tout, du tout! Quelle idée! par exemple!

RACHEL.

C'est insupportable! Pardon, chère maman, tu es bonne, tu es charmante;

Elle l'embrasse.

mais je désire que Sophie emporte les chandelles.

Un monsieur quelconque prend les deux chandelles et les met sous la table. — Effet de crépuscule. — La maman, tour à tour verte et bleue, à la lueur du punch, braque ses yeux sur moi et observe tous mes mouvements. — Les chandelles reparaissent.

UN FLATTEUR.

M<sup>lle</sup> Rabut n'était pas belle ce soir.

MOI.

Vous êtes difficile; je la trouve assez jolie.

UN AUTRE FLATTEUR.

Elle n'a pas d'intelligence.

RACHEL.

Pourquoi dites-vous cela? Elle n'est pas si sotte que beaucoup d'autres, et, de plus, c'est une bonne fille. Laissez-la tranquille. Je ne veux pas qu'on parle ainsi de mes camarades.

Le punch est fait. Rachel remplit les verres et en distribue à tout le monde; elle verse ensuite le reste du punch dans une assiette creuse, et se met à boire avec une cuiller; puis elle prend ma canne, tire le poignard qui est dedans et se cure les dents avec la pointe. — Ici finissent le verbiage vulgaire et les propos d'enfant. Un mot va suffire pour changer tout le caractère de la scène et pour faire paraître dans ce tableau la poésie et l'instinct des arts.

MOI.

Comme vous avez lu cette lettre, ce soir! Vous étiez bien émue.

RACHEL.

Oui; il m'a semblé sentir en moi comme si quelque chose allait se briser... Mais c'est égal, je n'aime pas beaucoup cette pièce-là (*Tancrède*). C'est faux.

MOI.

Vous préférez les pièces de Corneille et de Racine?

RACHEL.

J'aime bien Corneille; et cependant il est quelquefois trivial, quelquefois ampoulé. — Tout cela n'est pas encore la vérité.

MOI.

Oh! doucement, mademoiselle.

RACHEL.

Voyons : lorsque dans *Horace*, par exemple, Sabine dit :

> On peut changer d'amant, mais non changer d'époux;

eh bien! je n'aime pas cela. C'est grossier.

MOI.

Vous avouerez, du moins, que cela est vrai.

RACHEL.

Oui; mais est-ce digne de Corneille? Parlez-moi de Racine! Celui-là, je l'adore. Tout ce qu'il dit est si beau, si vrai, si noble!

MOI.

A propos de Racine, vous souvenez-vous d'avoir reçu, il y a quelque temps, une lettre anonyme qui vous donnait un avis sur la dernière scène de *Mithridate?*

RACHEL.

Parfaitement; j'ai suivi le conseil qu'on me donnait, et, depuis ce temps-là, je suis toujours applaudie à cette scène. Est-ce que vous connaissez cette personne qui m'a écrit?

MOI.

Beaucoup; c'est la femme de tout Paris qui a le plus grand esprit et le plus petit pied. — Quel rôle étudiez-vous maintenant?

RACHEL.

Nous allons jouer, cet été, *Marie Stuart;* et puis *Polyeucte;* et peut-être...

MOI.

Eh bien?

RACHEL, frappant du poing sur la table.

Eh bien. je veux jouer *Phèdre.* On me dit que je suis trop jeune, que je suis trop maigre et cent autres sottises. Moi, je réponds : C'est le plus beau rôle de Racine; je prétends le jouer.

SARAH.

Ma chère, tu as peut-être tort.

RACHEL.

Laisse-moi donc! Si on trouve que je suis trop jeune et que le rôle n'est pas convenable, parbleu! j'en ai vu bien d'autres en jouant Roxane; et qu'est-ce que cela me fait? Si on trouve que je suis trop maigre, je soutiens que c'est une bêtise. Une femme qui a un amour infâme, mais qui se meurt plutôt que de s'y livrer; une femme qui a séché dans les feux, dans les larmes, cette femme-là ne peut pas avoir une poitrine comme M$^{me}$ Paradol. Ce serait un contresens. J'ai lu le rôle dix fois, depuis huit jours; je ne sais pas comment je le jouerai, mais je vous dis que je le sens. Les journaux ont beau faire; ils ne m'en dégoûteront pas. Ils ne savent quoi inventer pour me nuire, au lieu de m'aider ou de m'encourager; mais je jouerai, s'il le faut, pour quatre personnes.

Se tournant vers moi.

Oui! j'ai lu certains articles pleins de franchise, de conscience, et je ne connais rien de meilleur, de plus utile; mais il y a des gens qui se servent de leur plume pour mentir, pour détruire! ceux-là sont pires que des voleurs ou des assassins. Ils tuent l'esprit à coups d'épingle! oh! il me semble que je les empoisonnerais!

LA MÈRE.

Ma chère, tu ne fais que parler; tu te fatigues. Ce matin, tu étais debout à six heures; je ne sais ce que tu avais dans les jambes. Tu as bavardé toute la journée, et encore, tu viens de jouer ce soir : tu te rendras malade.

RACHEL, avec vivacité.

Non; laisse-moi. Je te dis que non! cela me fait vivre.

En se tournant de mon côté.

Voulez-vous que j'aille chercher le livre? Nous lirons la pièce ensemble

MOI.

Si je le veux!... Vous ne pouvez rien me proposer de plus agréable.

SARAH.

Mais, ma chère, il est onze heures et demie.

RACHEL.

Eh bien, qui t'empêche d'aller te coucher?

Sarah va, en effet, se coucher. Rachel se lève et sort; au bout d'un instant, elle revient tenant dans ses mains le volume de Racine ; son air et sa démarche ont je ne sais quoi de solennel et de religieux ; on dirait un officiant qui se rend à l'autel, portant les ustensiles sacrés. Elle s'assoit près de moi, et mouche la chandelle. La maman s'assoupit en souriant.

RACHEL, ouvrant le livre avec un respect singulier et s'inclinant dessus.

Comme j'aime cet homme-là ! Quand je mets le nez dans ce livre, j'y resterais pendant deux jours, sans boire ni manger.

Rachel et moi, nous commençons à lire *Phèdre*, le livre posé sur la table entre nous deux. Tout le monde s'en va. Rachel salue d'un léger signe de tête chaque personne qui sort, et continue la lecture. D'abord, elle récite d'un ton monotone, comme une litanie. Peu à peu, elle s'anime. Nous échangeons nos remarques, nos idées sur chaque passage. Elle arrive enfin à la déclaration. Elle étend son bras droit sur la table ; le front posé sur sa main gauche, appuyée sur son coude, elle s'abandonne entièrement. Cependant elle ne parle encore qu'à demi-voix. Tout à coup ses yeux étincellent, — le génie de Racine éclaire son visage ; — elle pâlit, elle rougit. Jamais je ne vis rien de si beau, de si intéressant ; jamais, au théâtre, elle n'a produit sur moi tant d'effet.

La fatigue, un peu d'enrouement, le punch, l'heure avancée, une animation presque fiévreuse sur ces petites joues entourées d'un bonnet de nuit, je ne sais quel charme inouï répandu dans tout son être, ces yeux brillants qui me consultent, un sourire enfantin qui trouve moyen de se glisser au milieu de tout cela ; enfin, jusqu'à cette table en désordre, cette chandelle dont la flamme tremblote, cette mère assoupie près de nous, tout cela compose à la fois un tableau digne de Rembrandt, un chapitre de roman digne de *Wilhelm Meister*, et un souvenir de la vie d'artiste qui ne s'effacera jamais de ma mémoire.

Nous arrivons ainsi à minuit et demi. Le père rentre de l'Opéra, où il vient de voir M<sup>lle</sup> Nathan débuter dans la *Juive*. A peine assis, il adresse à sa fille deux ou trois paroles des plus brutales pour lui ordonner de cesser sa lecture. Rachel ferme le livre en disant : « C'est révoltant ! j'achèterai un briquet et je lirai seule dans mon lit. » Je la regardai : de grosses larmes roulaient dans ses yeux.

C'était une chose révoltante, en effet, que de voir traiter ainsi une pareille créature ! Je me suis levé, et je suis parti plein d'admiration, de respect et d'attendrissement.

Et, en rentrant chez moi, je m'empresse de vous écrire, avec la fidélité d'un sténographe, tous les détails de cette étrange soirée, pensant que vous les conserverez, et qu'un jour on les retrouvera.

Le poète ne se trompait pas dans ses prévisions : ce document précieux a été soigneusement conservé. Quoique la lettre ne porte point de date et que l'enveloppe en ait été perdue, cette date se trouve indiquée par une des circonstances du récit. M<sup>lle</sup> Nathan ayant débuté à l'Opéra, dans la *Juive*, le 29 mai 1839, et le Théâtre-Français ayant joué *Tancrède* le même soir, il est évident que la relation du souper a été écrite dans la nuit du 29 ou 30 mai. Les divers organes de la critique n'étaient pas encore unanimes sur le mérite de la jeune tragédienne. Comme cela n'arrive que trop souvent, le goût public avait devancé ceux qui prétendaient le diriger. Deux mois avant la scène qu'on vient de lire, — le mercredi 27 mars 1839, — M<sup>lle</sup> Rachel, jouant le rôle de Roxane, avait été deux fois interrompue par les sifflets. L'envie était exaspérée. Malgré la prompte justice du public, cette soirée orageuse avait laissé à l'artiste un souvenir douloureux. Alfred de Musset venait de publier récemment deux dissertations de l'ordre le plus élevé, l'une sur la recrudescence de la tragédie, l'autre sur la pièce de *Bajazet*. C'est à ces deux articles et aux attaques de ses détracteurs que M<sup>lle</sup> Rachel fait allusion dans son accès de naïve colère contre les journaux.

A la suite du souper, des rapports réguliers et fréquents s'établirent entre le poète et la jeune tragédienne. Alfred de Musset prit l'engagement d'écrire une tragédie en cinq actes pour M<sup>lle</sup> Rachel, et il en voulut chercher le sujet dans ces récits des temps mérovingiens où l'érudition d'Augustin Thierry venait de jeter une lumière toute nouvelle. Ce n'est point par hasard que son esprit se fixa sur les intrigues de Frédégonde à la cour de Chilpéric. On retrouve dans la servante ambitieuse du roi de Neustrie le personnage principal du tableau de la vie d'artiste et du chapitre de *Wilhelm Meister*, dont l'image s'était gravée si profondément dans l'imagination du poète. Le fragment de tragédie de la *Servante du roi*, écrit en juillet 1839, se rattache évidemment à l'épisode pittoresque du souper. Le rapprochement des dates, le choix du sujet, le titre de l'ouvrage, tout s'accorde pour démontrer la corrélation d'idées qui existe entre ces deux morceaux, malgré les disparates énormes de l'exécution, malgré la distance qui sépare un calque fidèle de la réalité d'avec une œuvre d'art du genre le plus sévère. Ces rencontres se présentent souvent dans la vie des grands maîtres : c'est ainsi que Léonard de Vinci puisa quelquefois dans les dessins capricieux d'une table de marbre les sujets de vastes compositions.

Le plan de la *Servante du roi* n'a pas été écrit; mais Grégoire de Tours, Augustin Thierry et Sismondi en contiennent la substance. Selon toute probabilité, on voyait, dans les trois premiers actes, Frédégonde s'introduisant dans la maison d'Andovère, première femme de Chilpéric, gagnant par sa coquetterie et sa fausse modestie les bonnes grâces et le cœur du roi, réussissant à force d'intrigues à faire répudier la reine, se croyant près de saisir la couronne ; puis, trompée dans ses espérances par le second mariage de Chilpéric avec Galsuinde, cédant à l'amour du roi, devenant la maîtresse avouée de ce prince faible, et abreuvant la nouvelle reine de dégoûts et d'humiliations. Au commencement du quatrième acte, Galsuinde a résolu de quitter furtivement la cour et de retourner chez son père. Frédégonde, informée de ce projet, délibère pour savoir si elle doit laisser fuir la reine, ou si elle a plus d'intérêt à la faire mourir. Tel est le sujet de la scène suivante.

# LA SERVANTE DU ROI

## ACTE QUATRIÈME

### SCÈNE I<sup>re</sup>

LANDRY, FRÉDÉGONDE.

FRÉDÉGONDE.

Elle veut s'échapper?

LANDRY.

Sitôt la nuit venue,
Dans une heure peut-être...

FRÉDÉGONDE.

Il suffit : laisse-moi,
Et garde-toi surtout de rien apprendre au roi.

### SCÈNE II

FRÉDÉGONDE, seule.

Elle veut s'échapper! cette nuit, dans une heure...
Faut-il qu'elle s'éloigne, ou faut-il qu'elle meure?
Pensons-y; le temps presse, et je n'ai qu'un instant.
L'occasion m'appelle, et le hasard m'attend.
De cette trahison que faut-il que je fasse?
Galsuinde a ses raisons pour me céder la place.
L'heure en était venue, elle l'a bien compris;
Elle a peur, l'Espagnole, et se sauve à tout prix.

Œuvres Posthumes.   Page 61.

Dès demain, si je veux, cette fuite soudaine
De ce palais désert me laisse souveraine ;
Ces portiques, ces murs, ces plaines, sont à moi ;
Ce soir, j'y reste seule avec l'ombre d'un roi.
Que fera ma rivale? Elle court en Espagne ;
Jusques à la frontière un vieillard l'accompagne ;
La honte la précède, et le mépris la suit ;
On la croira chassée, en voyant qu'elle fuit.
Que peut-elle? pleurer dans les bras de son père,
Faire de ses chagrins un récit à sa mère ;
Peut-être pour sa cause armer quelques soldats,
Qui tireront l'épée et ne se battront pas ;
Chercher d'autres amours, et sur les bords du Tage
Promener les langueurs d'un précoce veuvage.
J'en ai presque pitié, nuls dangers, nuls témoins ;
Qu'elle parte! après tout, c'est un crime de moins.

Mais que dis-je? le roi l'a-t-il répudiée?
Non. Absente demain, sera-t-elle oubliée?
Elle part, mais le cœur plein d'un mortel affront,
La pourpre sur l'épaule et la couronne au front ;
Et moi, qui par faiblesse épargne une victime,
Je ne puis plus porter qu'un titre illégitime,
Et, quelque amour pour moi que le roi puisse avoir,
Je ne puis ressaisir qu'un fragile pouvoir,
Flétri par le dégoût, brisé par un caprice!...
Que plutôt dans mon sein mon cœur s'anéantisse!
Est-ce donc pour si peu que j'ai, depuis deux ans,
De l'enfer, dans ce cœur, porté tous les tourments?
Cette triste grandeur, si longtemps attendue,
Est-ce donc pour si peu que j'en suis descendue,
Tombant du rang suprême au degré le plus bas,
Sans pousser un soupir, sans reculer d'un pas ;
Caressant tour à tour et servant ma rivale ;
Posant sur son chevet la robe nuptiale,

Moi-même sur son sein prenant soin d'attacher
La pourpre qu'à mes flancs je venais d'arracher;
Sur les marches du trône, esclave abandonnée,
Venant laver la place où je fus couronnée;
Aux douleurs de Galsuinde assistant sans pâlir;
Dans ses yeux, dans ses pleurs, calculant l'avenir,
Et, parmi tant de maux, n'ayant pour toute joie
Que l'espoir de saisir et d'abattre ma proie!
Non, non, il me faut plus qu'un misérable amour.
La passion que j'ai s'assouvit au grand jour,
Et je ne ressens point une oisive faiblesse,
A m'aller contenter d'un titre de maîtresse!
Qu'une femme de cour ait cette lâcheté,
Je suis fille du peuple, et j'ai plus de fierté.
Non, Galsuinde, en quittant cette chambre fatale,
Tu n'emporteras pas ma dépouille royale,
Et ce glorieux nom qu'avant toi j'ai porté,
Tu me le rendras tel que je te l'ai prêté;
Tu l'abandonneras, ce lit qui t'épouvante,
Et demain, s'il le faut, j'y rentrerai servante,
Mais j'en sortirai reine, et si pour t'en bannir,
Dans ta grandeur d'un jour il faut t'ensevelir,
Accusez-en le ciel qui vous a condamnée,
Madame; vous venez heurter ma destinée;
Nous sommes l'une à l'autre un obstacle ici-bas.
Que Dieu juge entre nous! vous ne partirez pas!
**Le roi paraît.**

## SCÈNE III

#### FRÉDÉGONDE, LE ROI.

##### LE ROI.

Est-ce toi, Frédégonde? approche, et viens me dire
Quel oubli de toi-même à ta perte conspire.

Tu connais ma tendresse, et l'ancienne amitié,
Qui de tes déplaisirs prit toujours la moitié.
Qui te fait l'emporter jusqu'à braver la reine?
Elle est du sang des rois, elle est ta souveraine.
L'Église la protège, et ses droits proclamés ..

FRÉDÉGONDE.

Elle est bien plus encor, seigneur, si vous l'aimez.

LE ROI.

Laissons les vains discours; avant tout elle est reine.
Sais-tu quels châtiments ton insolence entraîne?
Avec quelle rigueur ce crime est expié?

FRÉDÉGONDE.

Je le savais naguère, et n'ai rien oublié.

LE ROI.

Et tu ne trembles pas?

FRÉDÉGONDE.

    La peur m'est inconnue.

LE ROI.

Tu méprises la mort?

FRÉDÉGONDE.

    Non, seigneur, je l'ai vue.
J'ai calculé ses coups et j'ai compté ses pas,
Je sais ce qu'elle vaut, et je ne la crains pas.

LE ROI.

Ainsi, malgré moi-même, aveugle en sa faiblesse,
Alors qu'il doit fléchir, ton orgueil se redresse,
Misérable fierté dont croit s'enfler ton cœur!
On peut braver la mort, mais non pas la douleur!
A défaut de respect, faut-il qu'on t'avertisse
De te sauver, du moins, des horreurs du supplice?
Faut-il te rappeler dans quel affreux tourment
La victime muette expire lentement?
Ne te souvient-il plus des caveaux de Clothaire?

FRÉDÉGONDE.

Il me souvient, seigneur, qu'il était votre père.
Mais qu'ont-ils, ces tourments, qui puisse épouvanter?
Le lâche seul, seigneur, se laisse ainsi traiter.
Jusque sous le couteau s'attachant à la vie,
Il traîne dans le sang sa honteuse agonie,
Et quand son pied meurtri sent le froid du tombeau,
Se rejette en pleurant dans les bras du bourreau.
Mais un cœur tout à soi, qui dédaigne de vivre,
Menacé du supplice, aisément s'en délivre.
Tout moyen peut servir; mais il court au plus prompt.
Sur le fer qui l'enchaîne il peut briser son front;
Le pavé des cachots, les murs qui l'environnent,
Tout recèle la mort; qu'on les frappe, ils la donnent.
La mort, elle est partout, seigneur, elle est ici.
Qu'est-ce donc que la mort?
Montrant son poignard.
      Eh! mon Dieu, la voici.

LE ROI.

Quel sera ton asile, et que prétends-tu faire?

FRÉDÉGONDE.

Galsuinde vous priait de la rendre à sa mère;
J'ai la mienne, seigneur, et je l'irai trouver.
Où commença ma vie, elle doit s'achever;
Non pas au sein des cours, sur la couche dorée
Où gémit noblement une infante éplorée,
Ni sous le rideau vert des orangers en fleurs,
Invitant au sommeil de royales douleurs;
Mais au bord des torrents, parmi les rocs arides,
Où sont encor debout les autels des druides;
Dans le fond des forêts, vierges de pas humains,
Où n'a point pénétré la hache des Romains.
Il est dans ces déserts une roche isolée :
Là veille avec mes sœurs ma mère désolée.

A leur asile obscur nul sentier ne conduit ;
La forêt les abrite, et la terre est leur lit.
Sur le coteau s'élève un cyprès funéraire ;
Mon père est là sanglant qui dort sous la bruyère ;
Ma mère sacrifie à ces restes pieux,
Car elle croit encore à nos antiques dieux.
Des monceaux de granit, des chênes séculaires,
Font un vaste rempart à ces lieux solitaires.
Tout est nuit et silence, et le pâtre égaré
Ne marche qu'en tremblant sous l'ombrage sacré.
Dans ce sombre palais j'ai reçu la naissance.
J'en suis sortie un jour, le cœur plein d'espérance ;
J'ai voulu voir de près ce que j'osai rêver.
J'ai vu ; ma mère attend, je vais la retrouver.
Tel sera mon asile.

LE ROI.

Est-ce bien ta pensée ?
Tu commets une faute, et te dis offensée.
Tu veux t'ensevelir dans un désert affreux,
Et ta mère, dis-tu, sert encor les faux dieux ?

FRÉDÉGONDE.

En doutez-vous, seigneur ? croyez-vous qu'il suffise,
Pour tout mettre à genoux, qu'un prince entre à l'église ?
Lorsque par politique il s'est humilié,
Le Sicambre orgueilleux pour lui seul a prié.
Oui, nous servons nos dieux, et nous en faisons gloire.
Ma mère a sa faucille et sa tunique noire ;
Et, la nuit, en secret, plus d'une fois sa main
A fait couler le sang sur nos trépieds d'airain.

LE ROI.

Jésus ! que dis-tu là ?

FRÉDÉGONDE.

Du temps où j'étais reine,
Mes soins veillaient sur elle, acceptés à grand'peine.

Plus d'un esclave obscur, à vous-même inconnu,
Lui porta mes présents, et n'est point revenu.
Je protégeais de loin cette tête sacrée.
Maintenant, comme moi, pauvre et désespérée,
Veuve, et d'affreux lambeaux couvrant ses cheveux blancs,
Elle va dans les bois, se traînant à pas lents,
Chercher ces fruits amers que l'avare nature
Sur la terre à regret jette à sa créature.
Puis, lorsque vient l'hiver, il faut que les enfants
Aillent sur les chemins implorer les passants ;
Mes sœurs, mes pauvres sœurs, ô comble de misère !
Vont au seuil des châteaux mendier pour leur mère.
Et chanter au hasard, les larmes dans les yeux,
Ces vieux refrains gaulois si chers à nos aïeux !

### LE ROI.

Si tel est leur malheur, pourquoi vivre isolée ?
C'est pour courir la nuit à leurs lieux d'assemblée
Que se cachent ainsi les barbares vaincus.
Puis-je porter secours à des maux inconnus ?
Que ne se montrent-ils ? pourquoi fuir ma présence ?

### FRÉDÉGONDE.

Ces barbares seigneur, sont plus fiers qu'on ne pense.
Ils ne se montrent pas pour un morceau de pain ;
Leur visage est voilé lorsqu'ils tendent la main.

### LE ROI.

Qu'ils gardent donc en paix cet orgueil solitaire
Qui les fait exiler du reste de la terre !
C'est chez ces mendiants que tu prétends aller ?

### FRÉDÉGONDE.

Oui, mendier comme eux, avec eux m'exiler.

### LE ROI.

Comme eux sans doute aussi, sur vos autels funèbres,
Offrir un culte impie à l'esprit des ténèbres ?

Tu ne me réponds pas? au nom du Tout-Puissant!
Tes mains, du moins, tes mains auraient horreur du sang!

FRÉDÉGONDE.

Peut-être. Adieu, seigneur, je vois venir la reine[1]

LE ROI.

Comment m'y refuser et comment consentir?

FRÉDÉGONDE.

Ne vous alarmez pas; c'est moi qui vais partir.

LE ROI.

Toi, partir?

FRÉDÉGONDE.

    Oui, seigneur, trop de haine et d'envie
Poursuivent en ces lieux mon humble et triste vie.
J'espérais, en perdant un grand rêve oublié,
Trouver l'oubli du moins à défaut de pitié,
Et qu'on pardonnerait à ma grandeur passée,
En voyant la misère où vous m'aviez laissée;
Je me trompais, — l'amour passe avec la faveur,
Mais la haine est fidèle, et s'attache au malheur.
Jusqu'au bord de la tombe elle poursuit sa proie.
Je sais ce qui les pousse et les remplit de joie,
Ces cœurs, ces lâches cœurs, à ma perte animés,
Qui s'appelaient hier mes sujets bien-aimés.
Ma couronne est tombée, et c'est sa marque altière
Qu'on flétrit sur mon front, courbé dans la poussière.
Dans les champs, sur la place, à l'église, au palais,
L'ombre de ma puissance est partout où je vais.
C'est elle qu'on insulte et mon manteau de reine
Flotte encore à leurs yeux sur ma robe de laine.
C'est ce qui rendit fiers vos valets parvenus,
Ceux qui baisaient ma main marchent sur mes pieds nus.
Qu'importent mes ennuis, mes larmes ignorées,
Par de grossiers travaux mes mains déshonorées?

1. Il manque ici un vers dans le manuscrit.

FAUSTINE. Page 71

J'ai régné sur ce peuple, et c'est assez pour lui ;
Sur l'esclave à loisir il se venge aujourd'hui.
Ainsi s'attache à nous l'ingratitude humaine ;
Jusque sur la souffrance elle épuise sa haine,
D'autant plus implacable en son impunité,
Qu'elle paye en orgueil toute sa lâcheté !

Ce morceau considérable, où l'on a pu remarquer avec quelle souplesse l'auteur sait se plier aux exigences de l'art et du style tragique, fut porté à M<sup>lle</sup> Rachel dans l'été de 1839. Elle l'accueillit avec joie, l'apprit par cœur et le récita plusieurs fois dans de petites réunions d'amis intimes. Cependant, au lieu de presser le poète d'achever son œuvre, elle voulut attendre la représentation de *Polyeucte*, et puis celle de *Phèdre*. Le temps s'écoula ; le beau feu s'éteignit de part et d'autre. Une pièce intitulée *la Servante du roi* fut représentée au théâtre de l'Odéon, et, quoiqu'elle n'ait pas fait grand bruit, le sujet se trouva défloré. M<sup>lle</sup> Rachel eut des démêlés avec le Théâtre-Français. Elle écrivit une lettre pour envoyer sa démission de sociétaire ; puis elle retira cette démission, et l'envoya une seconde fois. C'est au milieu de ces fâcheux débats que le poète composa, un matin, les stances suivantes, où l'on voit sa tristesse, ses illusions perdues et sa renonciation.

## A MADEMOISELLE RACHEL

Si ta bouche ne doit rien dire
De ces vers désormais sans prix ;
Si je n'ai, pour être compris,
Ni tes larmes ni ton sourire ;
Si dans ta voix, si dans tes traits,
Ne vit plus le feu qui m'anime ;
Si le noble cœur de Monime
Ne doit plus savoir mes secrets ;
Si ta triste lettre est signée ;
Si les gardiens d'un vieux tombeau
Laissent leur prêtresse indignée
Sortir, emportant son flambeau ;
Cette langue de ma pensée,
Que tu connais, que tu soutiens,

Ne sera jamais prononcée
Par d'autres accents que les tiens.
Périsse plutôt ma mémoire
Et mon beau rêve ambitieux!
Mon génie était dans ta gloire;
Mon courage était dans tes yeux!

M<sup>lle</sup> Rachel n'a jamais connu ces stances; le poète, après les avoir écrites pour son propre soulagement, n'a pas jugé à propos de les lui envoyer.

## LE POÈTE ET LE PROSATEUR

Le poète n'écrit presque jamais la réflexion. Le prosateur n'est juste et profond que par elle. Le poète cependant doit la sentir, et plus profondément encore que le prosateur, par cette raison que, pour exprimer son idée, quelle qu'elle soit, quand ce ne serait que pour la rime, il faut qu'il travaille longtemps. Or, pendant ce travail obligé, une multitude de commentaires, de faces diverses, de corollaires, se présentent nécessairement, à moins de supposer un idiot qui rime un plagiat. Ces corollaires sont plus ou moins bons, brillants, justes, séduisants; ils détournent, ramènent, expliquent, enchantent; pour le prosateur, ce sont des veines, des minerais; pour le poète, les reflets d'un prisme. Il faut au poète le jet de l'âme, l'idée mère; il s'y attache, et cependant peut-il se résoudre à perdre le fruit de la réflexion? S'il n'a que quatre lignes à écrire, il faut donc que le reste y entre; de là ce qu'on nomme la poésie, c'est-à-dire ce qui fait penser. Dans tout vers remarquable d'un vrai poète, il y a deux ou trois fois plus que ce qui est dit; c'est au lecteur à suppléer le reste, selon ses idées, sa force, ses goûts.

Parlons de la mélodie. Tout le monde la sent, depuis les loges de la Scala où les femmes se balancent sous les girandoles, jusqu'aux échaliers de la Beauce où les bœufs s'arrêtent quand un pâtre siffle. Là est, avant tout, la passion du poète. La poésie est si essentiellement musicale, qu'il n'y a pas de si belle pensée devant laquelle un poète ne recule si la mélodie ne s'y trouve pas, et, à force de s'exercer ainsi, il en vient à n'avoir non seulement que des paroles, mais que des pensées mélodieuses. Pour celui qui écrit en prose, il y a bien, si l'on veut, une sorte de goût qui évite les dissonances, et une certaine recherche de la grâce qui groupe les mots le plus proprement possible : mais, si cette recherche et ce goût préoccupent seulement un peu trop l'écrivain, c'est une puérilité qui ôte le poids à la pensée. Un mot suffit pour le prouver : la prose n'a pas de rhythme déterminé, et sans le rhythme la mélodie n'existe pas. Or, du moment qu'un moyen qu'on emploie n'est pas une condition nécessaire pour arriver au but qu'on veut atteindre, à quoi bon? Que dirait-on d'un homme qui, ayant une affaire pressée, s'imposerait l'obligation de ne marcher dans les rues qu'en faisant des pas de bourrée comme un danseur? C'est à peu près là ce que fait le prosateur qui cadence ses mots ; car lui aussi a une affaire pressée, c'est de dire ce qu'il pense, et non autre chose. Le poète, au contraire, a pour première loi, pour conditions indispensables, le rhythme et la mesure. Son talent n'existe pas indépendamment de ces lois, mais par elles ; le rhythme est sur ses lèvres, la mesure dans sa gorge : sans eux il est muet.

Pénétrons plus avant. Mon but n'est pas de faire un parallèle et de prouver que le prosateur est un piéton et le poète un cavalier. Je veux dire que ce sont deux natures entièrement différentes, presque opposées, et antipathiques l'une à l'autre. Cela est si vrai, qu'il n'est pas rare de voir, parmi les lecteurs, des gens de mérite, pleins d'intelligence et d'esprit, montrer un goût parfait pour les ouvrages en prose, et ne rien comprendre à la poésie. D'autres, au contraire, presque ignorants, étrangers aux lettres, se laissent prendre, sans savoir pourquoi, au seul bruit d'une rime, jusqu'au point de ne plus pouvoir examiner ce que vaut une pensée dès l'instant qu'elle fait un vers. Que dire à cela! Il faut bien reconnaître qu'une différence de procédé ne suffit pas pour motiver d'une part une si grande répugnance, de l'autre une si forte prédilection.

Le romancier, l'écrivain dramatique, le moraliste, l'historien, le philosophe, voient les rapports des choses ; le poète en saisit l'essence. Son génie purement natif cherche en tout les forces natives. Sa pensée est une source qui sort de terre; ne lui demandez pas de se mêler de politique et de raisonner sur telle circonstance qui se passerait même à deux pas de lui ; il ignore ces jeux de la fantaisie et ces variations de l'espèce humaine ; il ne connaît qu'un homme, celui de tous les temps. Le poète n'a jamais songé que la terre tourne autour du soleil ; il est indifférent aux affaires publiques, négligent des siennes ; c'est assez pour lui des ouvrages de la nature. Le plus petit être, la moindre créature, par cela seul qu'ils existent, excitent sa curiosité. Le grand Gœthe quittait sa plume pour examiner un caillou et le regarder des heures entières ; il savait qu'en toute chose réside un peu du secret des dieux. Ainsi fait le poète, et les êtres inanimés eux-mêmes lui semblent des pensées muettes. Tandis que des rêveurs qui divaguent cherchent à satisfaire leur exaltation par des déclamations ampoulées et par un vain cliquetis de mots, il contemple ardemment la forme de la matière, et s'exerce à entrer dans la sève du monde. Regarder, sentir, exprimer, voilà sa vie ; tout lui parle ; il cause avec un brin d'herbe ; dans tous les contours qui frappent ses yeux, même dans les plus difformes, il puise et nourrit incessamment l'amour de la suprême beauté ; dans tous les sentiments qu'il éprouve, dans toutes les actions dont il est témoin, il cherche la vérité éternelle ; et tel il est né, tel il meurt, dans sa simplicité première ; arrivé au terme de sa gloire, le dernier regard qu'il jette sur ce monde est encore celui d'un enfant.

1839.

# FAUSTINE

### FRAGMENT

PERSONNAGES:

LORÉDAN, noble vénitien.
FABRICE ) ses fils.
MICHEL )
GALÉAS VISCONTI, noble milanais.
ORSO, joaillier.
FAUSTINE, fille de Lorédan.
NINA, suivante de Faustine.

## ACTE PREMIER

### SCÈNE PREMIÈRE

MICHEL, seul; puis FABRICE

MICHEL.

J'ai veillé plus d'une fois durant cette longue guerre; mais je n'ai jamais passé, que je sache, une nuit pareille à celle-ci. Le jour commence à poindre. — La cloche de Saint-Maurice va bientôt annoncer le soleil. — Serait-il possible qu'elle ne revînt pas! — Ah! te voilà, Fabrice! il est temps.

FABRICE.

Oui, ma foi, car je suis brisé. Ouf! quelle fatigue!
*Il jette son manteau.*

MICHEL.

Tu viens du bal, sans doute? Tu as joué cette nuit?

FABRICE.

Oui, et je dois dire, en dépit du hasard, que je me suis fort diverti. La plus délicieuse musique, les plus belles femmes de Venise! — Mais que fais-tu là si matin? — Tu n'as pas l'air d'un homme qui se lève, — et ces flambeaux mourants qui pâlissent, ces yeux fatigués... — Qu'as-tu donc?

MICHEL.

Il faut apparemment que les aînés des familles veillent sur l'honneur de leur maison pendant que les enfants s'amusent.

FABRICE.

L'honneur de la maison, dis-tu? Que signifie cela?

MICHEL.

Tu es bien jeune. — Sais-tu prêter et garder un serment?

FABRICE.

Eh! mon frère, je porte le même nom que toi.

MICHEL.

Jure donc, par ce nom et par celui de notre mère qui n'est plus, que tu ne révéleras jamais ce que je vais te confier.

FABRICE.

Soit. — Je le jure. — Mais quelle voix sinistre...

MICHEL.

Regarde cette porte.

FABRICE.

Celle de notre sœur? — Par quel hasard ouverte à l'heure qu'il est?

MICHEL.

Entre si tu veux, — tu n'éveilleras personne.

FABRICE.

Elle vient donc de sortir à présent?

MICHEL.

Pas à présent.

FABRICE.

Quand donc? Quel motif?...

MICHEL.

C'est précisément pour lui faire cette question que je l'attends.

FABRICE.

Et depuis quelle heure l'attends-tu ainsi?

MICHEL.

Depuis hier soir. — Tu parais surpris?

FABRICE.

Parle mieux, — tu me fais frémir.

MICHEL.

Je ne puis mieux parler; je n'en sais pas plus que toi. Regarde et pense.

FABRICE.

En vérité, je ne saurais faire ni l'un ni l'autre. Malgré le témoignage de mes yeux, certains soupçons, certaines idées, sont trop horribles, trop inattendus, pour que l'esprit, avant de les admettre, ne recule pas épouvanté.

MICHEL.

N'est-ce pas? C'est exactement ce que j'ai éprouvé en passant là, hier à minuit.

FABRICE.

Tu étais seul?

MICHEL.

Oui, je revenais de l'Arsenal.

FABRICE.

Notre père dormait?

MICHEL.

Depuis longtemps.

FABRICE.

Et Nina s'était retirée?

MICHEL.

Je le crois ainsi.

FABRICE.

Juste ciel!

Il se promène quelque temps en silence.

MICHEL, assis.

A quoi songes-tu?

FAUSTINE.  Page 77.

FABRICE.

A quoi songes-tu toi-même ? Nina m'a dit que notre sœur se levait quelquefois dans son sommeil, et marchait ainsi endormie.

MICHEL.

A d'autres! — Je ne me repais point des contes de nourrice.

FABRICE.

Quelle est donc ta pensée? tu ne l'oses pas dire...

MICHEL.

Je l'oserai devant elle.

FABRICE.

Non, par le Dieu vivant! tant que je conserverai le sentiment de mon propre honneur, je ne croirai jamais que ma sœur puisse cesser un moment de respecter le sien. Le doute même en est impossible... De tout autre que toi, je ne le souffrirais pas...

MICHEL.

Ni moi non plus.

FABRICE.

Qu'est-ce donc à dire? Il y a ici, évidemment, quelque mystère inexplicable. Pas plus que toi je ne puis le pénétrer. Cette disparition, cette chambre vide, ce hasard même qui t'a pris pour témoin, tout cela est, j'en conviens, difficile à comprendre. Mais il est bien plus difficile encore de croire que la fille des Lorédan, après avoir vécu sans reproche pendant vingt ans sous le toit de ses ancêtres, perde tout à coup la raison.

MICHEL.

Ce n'est pas de cela que je la soupçonne.

FABRICE.

Et de quoi donc? Supposons-lui un amour ignoré, que sais-je? quelque passion cachée au fond de l'âme (car elle en est capable, et c'est là ta pensée), ira-t-elle fouler aux pieds ce qui fut la règle et l'orgueil de sa vie, la loyauté, l'honneur, la pudeur?

MICHEL.

Tu crois peut-être...

FABRICE.

Non! je ne crois rien. C'est notre sœur, c'est une Lorédan. Elle porte sur son visage la ressemblance de notre mère. Tant que je n'aurai pas la preuve qu'elle est coupable, tant que je n'entendrai pas de sa bouche l'aveu de son crime et d'un tel opprobre, je dirai : Non! c'est impossible!

MICHEL.

Le marquis Visconti, cousin du duc de Milan, doit arriver aujourd'hui même.

FABRICE.

Eh bien?

MICHEL.

Notre sœur lui est promise.

FABRICE.

Je le sais, et je suis convaincu..

MICHEL.

Que ce mariage se fera?

FABRICE.

Sans aucun doute, et que, dans peu de temps, une fois les choses expliquées, tu regretteras amèrement les soupçons que tu viens d'avoir.

MICHEL.

Que t'en ai-je dit?

FABRICE.

Tout ce que le silence peut dire.

MICHEL.

Écoute-moi donc, maintenant que je parle. Tu es vif, prompt, toujours pressé, comme les gens qui n'ont rien à faire. Tu juges vite, de peur de réfléchir ; mais je suis dans ce fauteuil depuis hier soir, et j'ai compté les heures. Retiens ceci : l'absence de Faustine, si elle n'est pas un crime, est une ruse.

FABRICE.

Une ruse, dis-tu, dans quel but?

MICHEL.

Dans le but fort clair et fort simple de faire rompre cette alliance.

FABRICE.

Le beau moyen que de se déshonorer !

MICHEL.

Elle sait très bien qu'il n'en sera pas ainsi. Elle sait très bien que, tous tant que nous sommes, nous serions prêts à perdre notre fortune et la vie plutôt que de voir publier notre honte. Elle sait très bien que personne dans cette maison n'ira, en pareil cas, avertir notre père, car ce serait lui donner la mort, à ce vieillard qui, après ses sequins, ne chérit que son enfant gâtée. Elle se croit sûre de l'impunité, ou, si on l'accusait tout bas, penses-tu qu'une fable ou un prétexte ferait défaut à son esprit subtil? Ce n'est pas là ce qui l'inquiète; mais ce qu'elle veut, ce qu'elle espère, c'est justement un scandale étouffé, c'est qu'on s'aperçoive de sa fuite, et que, sans en pouvoir deviner ou vouloir éclaircir la cause, on n'ose point passer outre et disposer de sa main.

FABRICE.

Quelles imaginations tu te crées! A-t-elle donc de la haine pour Visconti, ou de l'amour pour quelque autre ?

MICHEL.

Qui sait?

FABRICE.

Pur fantôme, te dis-je !

MICHEL.

Pas tant que tu peux le supposer. Je connais la tête des Vénitiennes ; je l'ai étudiée autre part que dans les miroirs des courtisanes. Il ne m'étonnerait pas le moins du monde que Faustine se fût échappée, sans réfléchir d'avance où elle irait, et dans le seul but que je viens de te dire.

FABRICE.

Ainsi tu crois qu'elle va revenir ?

MICHEL.

Il le faut bien. Si elle cherche un scandale, c'est dans ce palais, vis-à-vis de nous seuls, et non ailleurs.

FABRICE.

Gageons que tu te trompes, et que rien de tout cela n'est la vérité.
<small>On entend une cloche.</small>
Tiens, voici le jour! Crois-tu qu'elle revienne maintenant?

MICHEL, à la fenêtre.

Tu as raison : il est trop tard, le palais se remplit de monde. Mais où est-elle? Que veut dire cela? Si je me trompe en l'accusant de ruse, elle est alors bien autrement coupable, et, par mon saint patron l'Archange, je ne voudrais pas...

FABRICE.

Tu ne voudrais pas porter la main sur elle, je pense?... Ne parlais-tu pas de notre père tout à l'heure? Voudrais-tu être le meurtrier de ta sœur!

MICHEL.

S'il était vrai qu'un séducteur...

FABRICE.

Oh! pour cela, n'en parlons pas... Si pareille chose était possible...

MICHEL.

Que ferais-tu?

FABRICE.

Tu le demandes?

MICHEL.

Une provocation à la française, n'est-ce pas?

FABRICE.

Silence! silence! j'entends marcher; on vient de ce côté... Peut-être est-ce Faustine?... Non, c'est notre père... Que Dieu veille sur elle à présent!
<small>Il ferme la porte restée entr'ouverte.</small>

## SCÈNE II

### LES PRÉCÉDENTS, LORÉDAN.

#### LORÉDAN.

Déjà levés tous deux, mes enfants! Voilà qui est bien... pour Michel, s'entend.

*A Fabrice.*

Car, pour toi, je sais tes allures; tu n'as pas grand mérite à être debout maintenant. Tu fais de la nuit le jour, tu cours les mascarades...

#### FABRICE.

Mon père...

#### LORÉDAN.

Oui, tu dissipes le bien de ta mère; cela te divertit, mais gare l'avenir! Tout vieux que je suis, je puis te faire encore attendre.

#### FABRICE.

Eh! mon père, quelle triste opinion auriez-vous bien pu concevoir...

#### LORÉDAN.

C'est bien, c'est bon, je connais ton cœur; mais, quand je te vois ainsi emplumé, couvert de ces brillants hochets... Tu te ris de nos lois somptuaires!... Nous te confierons quelque jour à messer Grande... Allons, trêve de gronderie, je veux être gai aujourd'hui, car j'ai en poche de bonnes nouvelles... Mais qu'as-tu donc, Michel? Tu es bien pensif.

#### MICHEL.

Pardon, seigneur... Comment va votre santé? Vous êtes bien matinal aujourd'hui.

#### LORÉDAN.

Vieille habitude, mon cher ami, vieille habitude de commerçant; car, bien que je ne puisse plus faire profession de l'être, grâce à leur ridicule défense, je le suis et le serai toujours... Sotte et inutile chimère de vouloir nous empêcher!... Et c'est à cette heure-ci qu'on reçoit ses lettres, qu'on y répond, qu'on règle ses comptes.

FABRICE.

Ainsi, vous-même, vous bravez les lois ?

LORÉDAN.

Ah! ah! garçon, cela te fait rire! Si je les brave, du moins ce n'est pas pour jouer aux dés. Certes, personne dans Venise n'est plus fier que moi de son nom; personne, j'ose le dire, ne l'est à plus juste titre. Mais est-ce à dire pour cela qu'un honnête homme, de quelque rang qu'il soit, ne puisse travailler à sa fortune? On ne m'en guérira jamais. Je suis patricien jusqu'à la moelle des os, mais je suis banquier au fond du cœur, et comme j'ai vécu je mourrai... Votre sœur Faustine n'est pas levée?

FABRICE.

Nous ne l'avons pas vue, seigneur...

Bas à Michel.

Je tremble encore qu'elle ne paraisse.

MICHEL, de même.

N'y songe plus... Il est trop tard. Si elle doit revenir, sa fable est préparée.

LORÉDAN.

C'est que la nouvelle dont je vous parlais l'intéresse principalement. Vous n'ignorez pas, mes enfants, que le marquis Galéas Visconti va venir ici pour être mon gendre. Il vient de Milan. Il s'est arrêté quelques jours à Vérone, pour en prendre possession au nom de son cousin, et je l'attends d'un moment à l'autre, car je ne veux pas qu'il prenne d'autre logis que ce palais. Or savez-vous ce qui arrive? Ce n'est pas une petite affaire, pour une maison telle que la nôtre, que de se voir l'alliée du duc de Milan, et la sérénissime Seigneurie se montre fort ombrageuse en telles occasions. Elle n'aime pas à voir une famille s'élever ainsi, dans son sein, au-dessus des plus hautes têtes, par l'appui d'un prince étranger. Elle craint que cette vieille colonne, en grandissant, n'ébranle l'édifice, et c'est pourquoi on s'en est inquiété dans le sénat.

MICHEL.

Eh bien! seigneur, qu'ont-ils résolu?

LORÉDAN.

Eh bien! mon fils, ils ont résolu, — après mûre délibération, — que la République adopte ma fille et la donne, comme princesse, avec une dot considérable, à ce digne et charmant marquis.

FABRICE.

En vérité !

LORÉDAN.

La chose est faite; j'ai là un mot de l'ami Cornaro, qui a voulu le premier m'annoncer cela. Je ne sais pas encore pertinemment quelle est la dot, mais le mot est écrit : « considérable ». Que la République y trouve son compte, cela n'est pas douteux. Elle est bonne mère, mais bonne ménagère. Je crois qu'il y a sous main, entre nous soit dit, quelque projet de traité avec Milan, aux dépens du sieur de Padoue; et les clefs de quelques petites villes de par la Marche trévisane pourraient bien se glisser dans la corbeille de noces... Eh! eh! ces fiers Morosini, avec leur princesse de Hongrie, ils ne seront donc plus les seuls dont la fille ait été ainsi adoptée.

MICHEL.

Je ne suis jamais sans inquiétude lorsque j'entends mon noble père parler ainsi des affaires d'État.

LORÉDAN.

Bon! te voilà avec tes scrupules. Un soldat! cela te sied bien! Est-ce Charles Zéno, ton capitaine, qui t'enseigne cette prudence?

MICHEL.

C'est parce que je suis un soldat qu'on m'a appris qu'il valait mieux agir...

LORÉDAN.

Que de parler? C'est ce qu'ils m'ont dit aussi quand je suis sorti du conseil intime. Je connais de reste Venise, et je sais que les murailles y ont des oreilles...

FABRICE.

Non pas ici, mon père, mais...

LORÉDAN.

Partout, partout!... J'ai vu à l'œuvre les gens que le peuple appelle

FAUSTINE  Page 87

*ceux de là-haut*, Venise est le pays du silence. Il s'y promène dans les rues, avec la trahison par derrière, qui le suit en guise de laquais. Je sais tout cela, je lui ai payé ma dette; je me suis tu soixante-cinq ans; mais je suis vieux, je suis las, cela m'ennuie. Je ne divulgue point les secrets de l'État, par la fort bonne raison que je les ignore; mais j'ai été sénateur, correcteur des lois, conseiller, sage de la terre ferme; il est bien temps que je sois moi-même, et si je radote dans ma barbe grise...

MICHEL.

La trahison ne vieillit pas.

LORÉDAN.

À mon âge, monsieur, on ne craint plus que Dieu... Mais qui vient là? quel est ce bruit?

## SCÈNE III
### LES PRÉCÉDENTS, UN VALET

LE VALET.

Le seigneur marquis Visconti vient d'aborder devant le palais.

LORÉDAN.

Dieu soit loué!... Allons à sa rencontre.

MICHEL.

Y pensez-vous, mon père? Descendre vous-même! C'est nous que regarde un pareil soin. Rentrez dans votre appartement.

LORÉDAN.

Est-ce donc la mode aujourd'hui que les enfants fassent la leçon aux pères? La peste soit de tes cérémonies! Allez-y donc, puisque vous voulez.

## SCÈNE IV
### LORÉDAN, seul; puis NINA.

LORÉDAN.

Je crois, en vérité, que ces garçons-là me renverraient volontiers à l'école!... Hum! ce n'est pourtant pas sans plaisir que je vois en eux cet orgueil altier, cette chaleur du sang de ma race... Voyons un peu, que tout ceci ne nous fasse pas négliger nos affaires. Il faut que je présente Visconti à M. le doge... *M. le doge!*... jusqu'où dégradera-t-on cette dignité qui fut suprême? Ce pauvre homme à qui je présente mon gendre n'aurait pas le droit de lui donner sa fille. La Quarantie s'y opposerait. Ainsi grandit comme une forêt qui enveloppe tout dans son ombre notre toute-puissante aristocratie. Contarini! tu es le premier doge dont la patrie reconnaissante ait prononcé l'oraison funèbre; tu es le dernier qu'on ait appelé seigneur! Par mon patron! si les électeurs voulaient me planter, par mégarde, ce piteux bonnet doré sur la tête, je ferais comme Thiepolo, qui s'évada pour ne point régner, voire comme Urseolo, qui, de désespoir d'être doge de Venise, alla se faire moine à Perpignan... Mais que fait donc cette paresseuse suivante?

Il appelle.

Nina! Nina!

NINA.

Me voici, Monseigneur.

LORÉDAN.

Est-ce que ma fille n'est point levée?

NINA.

Elle ne m'a point fait appeler, Monseigneur.

LORÉDAN.

Allez-y voir!... Nina! Nina! dites-lui que le marquis... que son futur époux... non, ne lui dites rien... mais ayez soin de la faire belle.

NINA.

Oui, Monseigneur.

Elle entre dans l'appartement de Faustine.

LORÉDAN.

Il me semble qu'ils sont bien longs dans leur débarquement. Les compliments vont grand train sans doute... cependant Michel n'en fait guère... Ils me diront encore que je suis bien pressé de laisser voir ma fille si matin... Ils trouveront cela contre l'étiquette... Foin de l'étiquette! Est-ce pour rien qu'elle est belle?... Oui, je veux lui donner quelques pierreries...

Il appelle.

Pippo!... Cela égaye une jeune beauté, et le reflet lui en saute dans les yeux... Notre voisin l'argentier Orso me donnera cela à bon compte. Il faut que je le fasse avertir... Pippo! Pippo!... Ah! voici notre fiancé.

## SCÈNE V

### LORÉDAN, FABRICE, MICHEL, VISCONTI.

#### VISCONTI.

C'est votre faute, seigneur, si je suis importun. Vous n'avez pas voulu me permettre de rien voir dans cette ville que j'aime tant avant ce que j'en aime le mieux.

#### LORÉDAN.

Soyez le bienvenu, marquis. Mettez votre main dans celle-ci, ni plus ni moins que si c'était la patte du lion de Saint-Marc en personne. Vous avez raison d'aimer vos amis.

#### VISCONTI.

De tout mon cœur... Jamais le lion de Saint-Marc ne fut plus grand qu'en ce moment... Pendant qu'il extermine les Génois à vos portes, ses pavillons couvrent toutes les mers, et, bien qu'on le voie immobile, le monde entier sait qu'il a des ailes.

#### LORÉDAN.

Vous savez que, pour un Vénitien, il n'y a pas de meilleur compliment que ceux qu'on adresse à Venise... Ah çà, dites-moi, êtes-vous las? Vous avez fait le chemin cette nuit?

#### VISCONTI.

Oui, si court que soit un voyage, la fraîcheur de la nuit me plaît... Ce n'est pas, il est vrai, la coutume; mais le soleil et la poussière me gâtent les plus belles routes.

#### LORÉDAN.

Cela est fort incommode, en effet.

#### VISCONTI.

Et, par un brillant clair de lune, notre belle Italie endormie me semble encore plus belle qu'éveillée.

LORÉDAN.

J'ai remarqué cela, et aussi que, la nuit, les gens de la suite vont plus vite ; ils s'arrêtent, en plein jour, au moindre village ; la peur les talonne dans l'obscurité.

MICHEL.

La peur, seigneur ?

LORÉDAN.

Eh ! oui, la peur... des voleurs, des spectres, que sais-je ? de ces petites flammes égrillardes qui dansent le soir sur les ruisseaux... Vous ne connaissez pas celui-là,

En désignant Michel.

il ne veut pas que la peur existe.

VISCONTI.

Il doit cependant l'avoir eue sous les yeux... devant lui... durant cette guerre.

MICHEL.

Non, marquis, le seul mal qu'on puisse dire des Génois, c'est qu'ils sont vaincus.

LORÉDAN.

Et voilà l'autre mauvais sujet,

En montrant Fabrice.

qui ne craint pas non plus la nuit, mais bien les *Seigneurs de la nuit*... Il est fort heureux que Barratieri ait eu la glorieuse idée d'établir chez nous le règne des cornets... Méchant garçon !... Vous le voyez, marquis, je vous mets au courant des petits secrets de la famille, afin que vous ne vous trompiez pas de voisin quand vous y prendrez votre place.

VISCONTI.

La plus humble près de vous, seigneur, sera toujours la plus haute à mes yeux.

LORÉDAN.

Que nos projets puissent s'accomplir, vous n'aurez pas la plus mauvaise. Ma chère Faustine, seigneur Visconti...

MICHEL, bas, à Lorédan

Mon père...

LORÉDAN.

Je n'en veux point parler... Son éloge dans ma bouche, je le sais très bien, Michel, aurait mauvaise grâce; il serait malséant à un père de vanter ce qui fait la consolation et le charme de sa vieillesse. N'est-ce point votre avis, marquis?

VISCONTI.

Non, seigneur; à vous dire vrai, je pense là-dessus tout autrement; s'agirait-il d'une princesse souveraine, la bénédiction d'un père m'a toujours semblé la plus belle couronne qu'une jeune fille puisse porter au front.

LORÉDAN.

Nous nous entendrons, je le vois, quitte à être grondés tous deux... Vous allez voir ma fille; tout à l'heure je l'ai fait prévenir.

FABRICE.

Seigneur, je crains qu'il ne soit pas possible... en ce moment...

LORÉDAN.

Quoi? qu'est-ce donc?

VISCONTI.

Ne me laissez pas être deux fois indiscret, permettez que je me retire.

LORÉDAN.

Quoi donc? est-ce qu'elle est malade? Je viens de voir Nina, qui ne m'a rien dit. Réponds, Fabrice; tu m'inquiètes. Est-ce quelque motif que j'ignore?...

FABRICE, bas, à Michel.

Que va-t-il arriver?

MICHEL, de même.

Que veux-tu que j'en sache?

LORÉDAN.

Eh bien! vous ne vous expliquez point? Que veut dire cela? Excusez-moi, marquis, mais je vais m'informer.

*Il va pour entrer chez Faustine et s'arrête en la voyant.*

Eh! que rêvez-vous donc? La voici elle-même.

## SCÈNE VI

### LES PRÉCÉDENTS, FAUSTINE.

###### LORÉDAN.

Ma fille, voici le seigneur de Visconti qui vient de l'armée et qui nous fait l'honneur d'être notre hôte dans le palais. Il vient s'y reposer des fatigues de la guerre.

###### VISCONTI.

Je n'en ai vu que les hasards, madame, et, s'il en est de cruels, il y en a d'heureux, puisque j'en ai pu trouver un qui me permet d'être à vos pieds.

###### FAUSTINE.

Vous venez de Milan, seigneur. Comment se porte la princesse Valentine?

###### VISCONTI.

Elle nous a quittés pour toujours. Nous espérons en vain la revoir; elle veut rester duchesse d'Orléans.

###### FAUSTINE.

Je connais sa devise, seigneur!

###### VISCONTI.

Elle est un peu triste.

###### FAUSTINE.

Il est vrai : « Rien ne m'est plus... plus ne m'est rien... » Elle est triste, mais digne d'elle.

###### VISCONTI.

C'est celle d'un cœur brisé.

###### FAUSTINE.

C'est celle d'une âme vaillante.

###### VISCONTI.

Cependant ses amis voudraient l'en voir changer.

###### FAUSTINE.

Êtes-vous sûr que ce soient ses amis?

VISCONTI.

Je crois être du nombre de ceux qui l'aiment le mieux.

FAUSTINE.

Et moi aussi, bien que ce soit d'un peu loin.

VISCONTI.

Je le sais, madame, et je serais heureux si le nom de ma belle cousine pouvait me recommander à vous.

FAUSTINE.

Le vôtre vous suffit, seigneur, pour être le bienvenu partout.

FABRICE, bas, à Michel.

M'as tu trompé, ou t'es-tu trompé toi-même ?

LORÉDAN, à part.

Elle lui fait, ce me semble, un accueil bien lugubre.
Haut.
Marquis, il faut que je vous conduise à l'appartement qu'on vous a préparé.

VISCONTI.

Je ne voudrais pas...

LORÉDAN.

Venez, je vous en prie.
A part.
L'affaire de la dot changera son humeur.
Haut.
Marquis, je vous montre le chemin.
Il sort avec Visconti.

MICHEL, bas, à Faustine.

Sœur, j'ai à te parler.

FAUSTINE.

Quand tu voudras.

MICHEL.

Tout de suite.

FAUSTINE.

Comme tu voudras.

FAUSTINE. Page 95

Bibl. Charpentier. LIV. 316.

MICHEL, bas, à Fabrice.

Laisse-moi seul avec elle, Fabrice !

FABRICE, bas, à Michel.

Épargne-la.
Il sort.

## SCÈNE VII

MICHEL, FAUSTINE.

MICHEL.

L'amiral, cette nuit, m'avait fait demander. Il y avait eu une fausse alarme, quelques feux allumés à Chiozza. Après avoir visité les postes, j'allais rentrer, lorsque en poussant la porte de cette salle, le vent, qui soufflait avec violence, fit ouvrir l'autre devant moi. Je m'avançai, croyant trouver la vieille Nina encore debout. Ne voyant personne, j'appelai Faustine; l'écho de la voûte seul me répondit, et la lueur de la torche que j'avais à la main me montra jusqu'au fond l'appartement désert. Alors, j'allumai ces flambeaux, et je m'assis dans ce fauteuil... Où était Faustine?

FAUSTINE.

Dieu le sait.

MICHEL.

Chère petite sœur, j'ai attendu longtemps cette nuit. Es-tu bien sûre de ma patience?

FAUSTINE.

J'ose y compter.

MICHEL.

La patience et la haine sont lentes toutes deux; mais la colère et la vengeance sont promptes. Je me nomme Michel Lorédan.

FAUSTINE.

Et moi, Faustine. De qui veux-tu te venger?

MICHEL.

Si je le savais, ce ne serait plus à faire.

FAUSTINE.

Tu ne le sauras pas.

MICHEL.

Demain, si je le veux.

FAUSTINE.

Non, car je vais te dire à l'instant tout ce que tu peux savoir. On veut me marier, et j'ai un époux.

MICHEL.

Vraiment!... c'était là ta fable? Ainsi, c'est un mariage secret?

FAUSTINE.

Oui, vous avez voulu disposer de moi, et, pour que cela fût impossible, j'ai prononcé un de ces serments qui décident de notre vie et qui nous suivent dans le tombeau.

MICHEL.

Fort bien; je te reconnais là. Et il n'est pas permis à ton frère de savoir le nom que tu portes?

FAUSTINE.

Pas à présent.

MICHEL.

En vérité! Et que répondras-tu à mon père lorsqu'il te présentera lui-même un époux?

FAUSTINE.

Rien, car je compte sur toi pour l'en empêcher.

MICHEL.

De mieux en mieux. Et si je refusais d'avoir pour toi cette complaisance? Tu es bien hardie de me confier ton secret; ne sais-tu pas...

FAUSTINE.

Je sais à qui je parle, mon frère, et je ne crains rien pour mes paroles.

MICHEL.

Mais enfin; si je refusais?

FAUSTINE.

Tu serais cause d'un grand malheur.

MICHEL.

Je ne m'étais pas trompé d'un mot, et je savais d'avance chacune de tes paroles. Ainsi tu n'as pas craint, dans ta ruse audacieuse, de jouer avec notre repos et les cheveux blancs de ton père ?

FAUSTINE.

J'ai cru que tu les respecterais.

MICHEL.

Sans doute ; et ce respect sacré, cette piété d'un fils pour son père, tu t'en es servie comme d'un instrument, comme d'un chiffre dans ton calcul. Il est fâcheux que j'aie eu le temps de réfléchir la nuit dernière, que ta comédie soit prévue et que ce mariage que tu as imaginé pour te dispenser d'obéir...

FAUSTINE.

Imaginé, mon frère ?

MICHEL.

Oui, ma sœur, nous nous attendions à cela.

FAUSTINE.

Imaginé !... Voici un anneau...
<small>Elle lui montre un anneau à son doigt.</small>

MICHEL.

Si le pareil existait quelque part, malheur à la main qui le porterait !

FAUSTINE.

Malheur ! dis-tu ?

MICHEL.

Malheur et mort ! Mais ce n'est qu'un jeu, un ridicule mensonge.

FAUSTINE.

Michel, j'aime et je suis aimée.

MICHEL.

Non, non !

FAUSTINE.

J'aime et je suis aimée ! Si tu n'entends pas que c'est mon cœur qui parle, c'est que le tien n'a jamais rien dit.

MICHEL.

Jure-le.

FAUSTINE.

Je l'ai déjà juré.

MICHEL.

Malheureuse fille ! serait-ce possible ?
<small>Moment de silence.</small>
Mais, si cela était, pourquoi taire son nom ?

FAUSTINE.

Parce qu'il le faut maintenant.

MICHEL.

Maintenant ! Si ce n'est pas la peur qui t'empêche de le dire, c'est donc la honte ?... Est-ce un patricien ?

FAUSTINE.

Peut-être.

MICHEL.

Non, ce n'en est pas un. On le saurait. On le verrait.

FAUSTINE.

Et si ce n'en était pas un ?

MICHEL.

Qui donc ? Tu ne réponds pas...
<small>Il s'approche d'elle.</small>
Est-ce bien possible, Faustine ? Ainsi l'affreux soupçon que j'osais à peine concevoir est la vérité ?

FAUSTINE.

Quel soupçon ?

MICHEL.

Ainsi, en un jour, en un instant, tu as oublié qui tu es, qui nous sommes ! Ainsi tu as forfait à l'honneur !

FAUSTINE.

De quel honneur veux-tu parler ? Est-ce du mien, mon frère ?

MICHEL.

C'est du nôtre à tous. L'honneur, Faustine, cette barrière sacrée, ce trésor enfoui au seuil de la famille, tu as marché dessus pour sortir d'ici. Quand cette maison où nous sommes serait une cabane au lieu d'un palais, devant l'honneur, il n'y a ni riche ni pauvre, et la tache que ne ferait pas la fille d'un pêcheur au manteau troué de son père, la fille de Lorédan la fera au Livre d'or, à la place où est son nom !

###### FAUSTINE.

Si tu respectais ce nom autant que tu veux sembler le faire, tu ne commencerais pas par outrager ta sœur. As-tu bien compris ce qu'elle t'a dit? Je te le répète : j'aime et je suis aimée. Hier, on m'a appris que Visconti arrivait, et que je devais appartenir à un autre que celui à qui appartient ma vie. Je n'ai pas craint ta colère, pas plus que l'arrivée du seigneur Visconti, pas plus que votre politique, prête à me faire d'un linceul une robe nuptiale. Ce que j'ai redouté, c'est un mot de mon père, c'est sa juste et froide raison, forte de toute son expérience, plus forte encore de ma tendresse pour lui. Qui sait? peut-être une prière, une larme à côté de ses cheveux blancs, voilà ce dont j'ai voulu me défendre. Être fidèle à la foi jurée, appelles-tu cela forfaire à l'honneur? Le vôtre, à vous, se montre partout, à la maison, au palais, au sénat, dans les rues, en mer, au combat ! Vous le portez au bout de votre épée ! Le nôtre, à nous, est au fond de notre âme. Tout ce que nous pouvons, c'est aimer; tout ce que nous devons, c'est d'être fidèles. Je ne suis point femme, mais fiancée. Je n'ai point forfait à l'honneur; j'ai craint de faillir à l'amour, et j'en ai pris Dieu pour témoin.

###### MICHEL.

Un amour indigne de toi !

###### FAUSTINE.

Eh ! qu'en sais-tu? Je ne t'ai pas dit que ce ne fût pas un patricien. Si j'ai commis une faute en ne vous consultant pas, est-ce une preuve que je ne sache pas choisir? S'il ne m'est pas permis à présent de nommer celui qui est mon époux, de quel droit décides-tu qu'il est indigne de l'être? Et, s'il m'est arrivé d'inspirer quelque amour, suis-je donc si laide, mon frère, qu'un de nos grands seigneurs ne puisse penser à moi? Mais, d'ailleurs, noble ou roturier, n'y a-t-il pas là-bas, au fond de l'Adriatique, quelque endroit où, durant cette guerre, les privilèges s'effaçaient; où la mort oubliait les droits de la naissance ?

###### MICHEL.

C'est donc un soldat?

FAUSTINE.

Peut-être. Tu parlais d'une tache faite au Livre d'or; si le sang versé pour la patrie peut en faire une, tu as raison.

MICHEL.

C'est là le serment que tu as fait?

FAUSTINE.

Oui, devant Dieu.

MICHEL.

Dieu ne reçoit pas de pareils serments faits au hasard par une fille rebelle.

FAUSTINE.

Sont-ce des serments faits au hasard, ceux qu'on prononce au pied des autels?

MICHEL.

Oui; prononcés sans notre aveu, les tiens sont nuls devant les lois.

FAUSTINE.

A l'heure où nous parlons, mon frère, ils sont écrits dans les cieux.

MICHEL.

Voici une main qui se chargera de les effacer sur la terre.

FAUSTINE, *montrant son cœur*.

Efface-les donc, ils sont là !

MICHEL.

Tu me braves! Mais, grâce au ciel, ils ne sont pas là seulement. Est-ce tout de bon que tu te flattes de me cacher ce que je veux apprendre? Tu ferais mieux de me le dire aussi bien pour toi que pour... l'autre.

FAUSTINE.

Et que ferais-tu si je te le disais?

MICHEL.

Je le tuerais.

FAUSTINE.

Non pas... Tu l'assassinerais.

MICHEL.

Peut-être ne prendrais-je même pas cette peine.

FAUSTINE.

Mais je ne t'ai pas dit, mon frère, que ce ne fût pas un patricien.

MICHEL.

Comment?

FAUSTINE.

Mais non : je n'ai point dit cela. La colère te prend tout d'abord et t'empêche de réfléchir. Tu as le sang trop vif, l'humeur trop emportée.

MICHEL.

Si tu oses te jouer de moi, rusée Vénitienne, je t'arracherai ton masque.

FAUSTINE.

Je ne le crois pas.

MICHEL.

Nous verrons.

FAUSTINE.

Essaye.

L'Ane et le Ruisseau.     Page 103.

# L'ANE ET LE RUISSEAU

COMÉDIE EN UN ACTE

PERSONNAGES :

LE MARQUIS DE PRÉVANNES.  | LA COMTESSE.
LE BARON DE VALBRUN.      | MARGUERITE, sa cousine.

La scène est à Paris.

Un salon.

## SCÈNE PREMIÈRE

LA COMTESSE, MARGUERITE.

MARGUERITE.

Je ne saurai donc pas ce qui vous afflige ?

LA COMTESSE.

Mais je te dis que ce n'est rien. Ce monde, ce bruit, que sais-je ? Un peu de migraine. J'avais cru me distraire, et je me fatiguais.
*Elle s'assied.*

MARGUERITE.

Savez-vous, ma bonne cousine, que je ne vous reconnais plus ! Vous qui n'aviez jamais un moment d'ennui, vous qui étiez la bonté même, je vous trouve maintenant...

LA COMTESSE.

Sais-tu, ma chère Marguerite, que tu débutes justement comme une scène de tragédie ! Vous qui étiez jadis... Je vous trouve maintenant... Et quoi donc ?

MARGUERITE.

Eh bien ! Comme on dit... triste... languissante...

LA COMTESSE.

Ah ! languissante ! Parles-tu déjà comme ton bien-aimé M. de Prévannes ?

MARGUERITE

Mon bien-aimé ! Cela vous plaît ainsi. Vous vous moquez de moi ; mais vous soupirez, vous êtes inquiète. Je n'y comprends rien, car vous êtes si belle ! et vous êtes jeune, veuve et riche, vous allez épouser le baron.

LA COMTESSE.

Ah ! Marguerite, que dis-tu ?

MARGUERITE.

Vous voyez bien que vous soupirez. Il est vrai que M. de Valbrun est quelquefois de bien mauvaise humeur ; c'est un caractère singulier. Est-ce que vous avez à vous plaindre de lui ?

LA COMTESSE.

Je n'ai qu'à répondre à tes questions. Quelle grave confidente j'aurais là !

MARGUERITE.

Grave, non ; mais discrète au moins. Vous croyez, parce que je ne suis pas... bien vieille... qu'on ne saurait rien me confier. Moi, si j'avais le moindre chagrin... mais je n'en ai pas...

LA COMTESSE.

Grâce à Dieu !

MARGUERITE.

Je vous le raconterais tout de suite, comme à une amie... je veux dire... comme à une sœur qui aurait remplacé ma mère, car c'est bien ce que vous avez fait ; vous êtes mon seul guide en ce monde, mon seul appui, ma protectrice ; vous avez recueilli l'orpheline ; mon tuteur vous laisse faire tout ce que vous voulez (il a bien raison, le pauvre homme !). Mais je ne suis ni ingrate, ni sotte, ni bavarde, et, si vous avez de la peine, il est injuste de ne pas me le dire.

LA COMTESSE.

Tu n'es certainement ni sotte ni ingrate ; pour bavarde...

MARGUERITE.

Oh ! ma chère cousine !

LA COMTESSE.

Oh! ma chère cousine! Quelquefois... par hasard... dans ce moment-ci, par exemple, vous avez, mademoiselle, ne vous en déplaise, un peu beaucoup de curiosité. Et pourquoi? Cela se devine. M. de Prévannes doit vous épouser... ne rougissez pas, c'est chose convenue; pour ce qui est de ma protection, avec votre petite mine et votre petite fortune, vous vous en passeriez très bien; mais mon mariage doit précéder le vôtre, c'était du moins ce qu'on avait dit... je ne sais trop pour quelle raison... car je suis libre... je puis disposer de moi... comme je l'entends... rien n'est décidé... tout peut être rompu d'un jour à l'autre... je ne sais trop moi-même... non, en vérité, je ne saurais dire... et voilà d'où viennent vos questions.

MARGUERITE.

Non, madame, non; pour cela, je ne suis pas pressée de me marier, mais pas du tout, et ce jeune homme...

LA COMTESSE.

Vrai, pas du tout! tu n'aimes pas ce jeune homme? Tu n'as pas fait cent fois son éloge?

MARGUERITE.

Je conviens que je le trouve... assez bien.

LA COMTESSE.

Quoi! tu n'as pas dit que tu le trouvais charmant?

MARGUERITE.

Oh! charmant! il a de bonnes manières, mais il est quelquefois d'une impertinence...

LA COMTESSE.

Que personne n'avait autant d'esprit que lui?

MARGUERITE.

Oui, de l'esprit, il en a, si l'on veut; mais je n'ai pas dit que personne...

LA COMTESSE.

Autant de grâce, de délicatesse...

MARGUERITE.

Pour de la délicatesse, c'est possible; mais de la grâce, fi donc! Est-ce qu'un homme a de la grâce?

LA COMTESSE.

Enfin, que tu ne demandais pas mieux...

MARGUERITE.

C'est possible, il ne me déplaît pas ; mais pour ce qui est de l'amour... il est si étourdi, si léger !...

LA COMTESSE.

Et mademoiselle Marguerite n'est ni légère ni étourdie ! Eh bien donc ! tu le rendras sage, tu en feras un homme sérieux, un philosophe, et il te fera marquise... La gentille marquise que je vois d'ici ! Vous babillerez d'abord, tout le jour ; vous vous disputerez, c'est votre habitude...

MARGUERITE.

Puisque vous dites qu'on doit nous marier.

LA COMTESSE.

C'est pour cela que vous êtes en guerre ?

MARGUERITE.

On dit que dans un bon ménage, on se querelle toujours de temps en temps. Puisque je dois l'épouser, j'essaye.

LA COMTESSE.

Voyez le beau raisonnement ? Est-ce à ta pension qu'on t'a appris cela ? Une femme qui aime son mari..

MARGUERITE.

Mais je vous dis que je ne l'aime pas.

LA COMTESSE.

Et tu l'épouses ?

MARGUERITE.

Oui, puisqu'on le veut, puisque mes parents l'avaient décidé, puisque mon tuteur me le conseille, puisque vous le désirez vous-même...

LA COMTESSE.

Tu te résignes ?

MARGUERITE.

J'obéis... Je fais un mariage de raison.

LA COMTESSE.

Qu'elle sagesse! quelle obéissance! Tu me ferais rire, malgré que j'en aie... Eh bien, ma chère, tu ne l'aimes pas, tu ne l'aimeras même jamais, si tu veux, j'y consens; mais il ne te déplaît pas, et il te plaira.

*Tristement.*

Va, tu seras heureuse!

MARGUERITE.

Je n'en sais rien.

LA COMTESSE.

Moi, je le sais, et, avec sa légèreté, je ne te donnerais pas à lui, si j'en connaissais un plus digne. Je ne dirai pas comme toi que je le trouve incomparable.

MARGUERITE.

Vous me désolez.

LA COMTESSE.

Non, non; mais ce que je sais fort bien, c'est que, malgré cette apparence d'étourderie et de frivolité, M. de Prévannes est un ami sûr, un homme de cœur, tout à fait capable de servir de guide, dans ses premiers pas, à une enfant qui, ne t'en déplaise...

MARGUERITE.

Lui, me servir de guide! Ah! je prétends bien... pour cela, nous verrons...

LA COMTESSE.

Sans doute, tu prétends bien...

MARGUERITE.

Oui, je prétends, s'il a du cœur et de l'honneur, en avoir tout autant que lui; je prétends savoir me conduire; je prétends qu'on ne me guide pas; je ne souffrirai pas qu'on me guide; je sais ce que j'ai à faire, apparemment; je prétends être maîtressse chez moi. Et s'il a de ces ambitions-là...

LA COMTESSE.

Eh bien!

MARGUERITE.

Eh bien! qu'il ose me le dire en face, je lui apprendrai!... qu'il se montre!... Ah! monsieur de Prévannes, vous vous imaginez...

## SCÈNE II

### LES MÊMES, UN DOMESTIQUE.

LE DOMESTIQUE, annonçant.

M. de Prévannes.

MARGUERITE.

Permettez que je me retire.

LA COMTESSE.

Pourquoi donc? Et cette belle colère?
<br>Au domestique.

Priez qu'on entre.
<br>Le domestique sort.

MARGUERITE.

J'ai à écrire.

LA COMTESSE.

Oh! sans doute! il faut que tu donnes à quelqu'une de tes bonnes amies des nouvelles de ta robe neuve.

## SCÈNE III

### LES MÊMES, PRÉVANNES.

PRÉVANNES.

Bonjour, mesdames, je ne vous demande pas comment vous allez ce matin, je vous ai vues tout à l'heure aux courses, et vous étiez éblouissantes.

LA COMTESSE.

Vous vous serez trompé de visage.

PRÉVANNES.

Non, vraiment; mais qu'avez-vous donc? Il me semble, en effet, voir un air de mélancolie... Je vous annonce le baron... plus sombre et plus noir que jamais.

MARGUERITE.

Il nous manquait cela! Je m'enfuis.

PRÉVANNES.

Laissez, laissez, vous avez le temps. Je l'ai rencontré dans les Tuileries, qui se promenait d'un air funèbre, au fond d'une allée solitaire. Il s'arrêtait de temps en temps avec des attitudes de méditation. Quelqu'un qui ne le connaîtrait pas aurait cru qu'il faisait des vers.

MARGUERITE.

Et monsieur le marquis n'admet pas qu'on puisse avoir un goût qui lui manque?

PRÉVANNES.

Ah! ah! je n'y prenais pas garde; j'arrive ici comme Mascarille, sans songer à mal, et je ne pense pas qu'il faut me tenir sur le qui-vive. Eh bien! ma charmante ennemie, que dites-vous ce matin, mademoiselle Margot?

MARGUERITE.

D'abord, je vous ai défendu de m'appeler de cet affreux nom-là.

PRÉVANNES.

Défendu! ah! c'est mal parler; vous voulez dire que cela vous contrarie. Vous avez raison; cela choque ce qu'il y a en vous de majestueux.

A la comtesse.

Décidément, vous êtes préoccupée.

LA COMTESSE.

Oui, je vous parlerai tout à l'heure.

MARGUERITE.

Je suis de trop ici.

LA COMTESSE.

Non, ma chère.

PRÉVANNES.

Si fait, si fait. Point de cérémonies; entre mari et femme, on se dit ces choses-là.

MARGUERITE.

Et c'est pourquoi j'espère bien ne jamais les entendre de votre bouche.

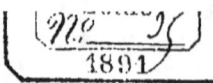

L'Ane et le Ruisseau.  Page 411

PRÉVANNES.

Fi! ce n'est pas d'une belle âme de déguiser ce qu'on désire le plus et de renier ses plus tendres sentiments.

MARGUERITE.

Ah! que cela est bien tourné! On voit que le beau langage vous vient de famille, et que votre bisaïeul avait de l'esprit. Il y a dans vos propos un parfum de l'autre monde. Je vous enverrai un de ces jours une perruque.

PRÉVANNES.

Et je vous ferai cadeau d'un bonnet carré, afin de vous donner plus de poids et l'air plus respectable encore. — Mais dites-moi donc, avant de vous en aller, je voudrais savoir, là franchement, qu'elle est, parmi mes mauvaises qualités, celle qui vous a rendu amoureuse de moi.

MARGUERITE.

Toutes ensemble, apparemment, car, dans le nombre, le choix serait trop difficile.

PRÉVANNES.

Cet aveu-là n'est pas sincère. Dans le plus parfait assemblage, il y a toujours quelque chose qui l'emporte, qui prime, cela ne peut échapper. Vous par exemple, tenez, mademoiselle Margot,... non... Marguerite... il suffit de vous connaître pour s'apercevoir clairement que votre mérite particulier, c'est un grand fonds de modestie.

MARGUERITE.

Oui, si j'en ai la moitié autant que vous possédez de vanité.

PRÉVANNES.

Ma vanité est toute naturelle; elle me vient de vous. Que voulez-vous que j'y fasse? Lorsqu'on se voit distingué tout d'un coup par une si charmante personne...

MARGUERITE.

Oh! très distingué, en effet; je suis bien loin de vous confondre avec le reste des mortels qui ont le malheur vulgaire d'avoir le sens commun.

PRÉVANNES.

Bon! voilà encore qui n'est pas poli. Mais je vois bien ce que c'est, et je vous pardonne. Vous ne querellez que pour faire la paix. Et quelle jolie paix nous avons à faire ! Allons, donnez-moi votre petite main.

<small>Il veut lui baiser la main.</small>

MARGUERITE.

Je vous déteste. — Adieu, Monsieur.

PRÉVANNES.

Adieu, cruelle.

SCÈNE IV

LA COMTESSE, PRÉVANNES.

LA COMTESSE.

Vous vous querellerez donc sans cesse ?

PRÉVANNES.

C'est que je l'aime de tout mon cœur. Ne dois-je pas être son mari ?

LA COMTESSE.

D'accord, mais...

PRÉVANNES.

Est-ce qu'elle hésite ?

LA COMTESSE.

Elle dit qu'elle n'est pas pressée.

PRÉVANNES.

Nous verrons bien ; parlons de vous ; qu'est-il donc arrivé ?

LA COMTESSE.

Rien de nouveau. — Mais dites-moi : comment voyez-vous de prime abord, en arrivant ici, que j'ai quelque sujet d'inquiétude ?

PRÉVANNES.

Il n'est pas difficile de voir si les yeux sont tristes ou non.

LA COMTESSE.

Bon ! triste, on l'est pour cent raisons dont pas une souvent n'est sérieuse. Si vous rencontrez un de vos amis, et qu'il ait l'air moins gai que la veille, allez-vous lui demander pourquoi ? Cela arrive à tout le monde.

PRÉVANNES.

A tout le monde, soit, je ne demanderai rien et ne m'en soucie pas davantage; mais aux personnes qu'on aime, c'est autre chose, et je vous demande la permission d'oser y voir clair avec vous. — Je reviens à mon dire : qu'est-il arrivé ?

LA COMTESSE.

Je vous le répète, rien de nouveau, et c'est justement ce qui me désespère. Votre ami est si étrange, si bizarre...

PRÉVANNES.

Ah! oui, il ne se décide pas. C'est un peu comme la petite cousine.

LA COMTESSE.

Oh! c'est bien pire, et que voulez-vous ? Notre mariage était... convenu... Je ne sais vraiment.

PRÉVANNES.

Est-ce que je vous intimide ?

LA COMTESSE.

Non, non, vous êtes presque mon parent; d'ailleurs, j'ai toute confiance en vous, et j'ai besoin de parler franchement. Vous connaissez, n'est-ce pas, la position singulière où je me trouve ? Veuve et libre, j'ai une famille qui ne peut, il est vrai, disposer de moi, mais dont je ne voudrais, sous aucun prétexte, me séparer entièrement; je ne suis pas forcée de suivre les conseils qu'on peut me donner, mais vous comprenez que les convenances...

PRÉVANNES.

Oui, les convenances... et mon ami Valbrun...

LA COMTESSE.

M. de Valbrun, avant mon mariage, avait, vous le savez aussi, demandé ma main. Depuis ce temps-là, il s'était éloigné, il était allé... je ne sais où; je ne l'ai plus revu. Maintenant il est revenu, il a renouvelé sa demande; elle n'a point été repoussée; et... comme je vous le disais, les convenances, les intérêts de famille, et même une inclination réciproque... je ne vous cache rien.

PRÉVANNES.

A quoi bon ?

LA COMTESSE.

Tout s'unissait, s'accordait à merveille. Voilà trois mois que les choses sont ainsi. Il me voit tous les jours, et il ne dit mot.

PRÉVANNES.

Cela doit être fatigant.

LA COMTESSE.

Que puis-je faire? Attendrai-je un hasard, une éclaircie dans cette obscurité, et qu'une fantaisie lui prenne de me rappeler une parole donnée? Il y avait encore pour ma terre de Cernay, pour des arrérages, je ne sais quoi, quelques petites difficultés. Elles sont résolues d'hier; je viens d'en recevoir l'avis. Lui en parlerai-je la première?

PRÉVANNES.

Ma foi, oui. Si vous me consultez, ce serait ma façon de penser. Je connais Valbrun depuis l'enfance: c'est le plus honnête garçon du monde; mais il ne fait jamais ce qu'il veut. Est-ce timidité, est-ce orgueil, est-ce seulement de la faiblesse? C'est tout cela peut-être à la fois. Quand la timidité nous tient à la gorge, elle gâte tout, elle se mêle à tout, même aux choses qui semblent lui être le plus opposées. Voilà un homme qui vous aime, qui vous adore, j'en réponds; il se battrait cent fois, il se jetterait au feu pour vous; mais c'est une entreprise au-dessus de ses forces que de se décider à acheter un cheval, et, s'il entre dans un salon, il ne sait où poser son chapeau.

LA COMTESSE.

Ne serait-il pas dangereux d'épouser ce caractère-là?

PRÉVANNES.

Point du tout, car ce n'est pas le vôtre. D'ailleurs, il n'est ainsi que lorsqu'il est tout seul. Il demandera, peut-être, alors son chemin; mais qu'il vous donne le bras, il le saura de reste.

LA COMTESSE.

Vous m'encouragez, je le vois. Mais est-il possible à une femme d'aborder de certaines questions...

PRÉVANNES.

Eh! Madame, ne l'aimez-vous pas?

LA COMTESSE.

Mais êtes-vous bien sûr qu'il m'aime ? Cette madame Darcy...

PRÉVANNES.

Ah ! voilà le lièvre. C'est en pensant à cette femme-là que vous me disiez tout à l'heure que ce pauvre baron, après votre mariage, était allé je ne sais où... Mais vous parliez d'histoire ancienne.

LA COMTESSE.

Croyez-vous qu'il en soit tout à fait détaché ?

PRÉVANNES.

Vous pourriez dire quelque chose de plus... mais pour détaché, sans nul doute, car il n'en parle plus, maintenant, pas même pour en dire du mal.

LA COMTESSE.

Il l'a beaucoup aimée ?

PRÉVANNES,

On ne peut pas davantage. Cette cruelle maladie, qui a failli le mettre en terre, et cette défiance boudeuse qu'il en a gardée, sont autant de cadeaux de cette charmante personne. Ah ! morbleu ! celle-là, si je la tenais !...

LA COMTESSE.

Est-ce que vous êtes vindicatif ?

PRÉVANNES.

Non pas pour moi, je n'ai pas de rancune, et je ne fais point de cas des colères conservées. Mais ce pauvre Henri, qui, avec ses vertiges, est le plus franc, le plus brave garçon... la bonne dupe !

LA COMTESSE.

Lui donnez-vous ce nom parce qu'il lui est arrivé... de se tromper ? C'est votre ami.

PRÉVANNES.

Oui, et c'est pour cela même que je serais capable, Dieu me pardonne !... Oui, et ensuite, je ne saurais dire... mais je déteste la fausseté, la perfidie, tout l'arsenal des armes féminines ; je sais bien qu'on peut s'en servir utilement, mais cela me répugne ; et c'est ce qui fait que, si je n'aimais pas votre cousine, je serais amoureux de vous.

LA COMTESSE.

Voulez-vous que je le lui dise ?

PRÉVANNES, à la fenêtre.

Si cela vous plaît. Voici le baron lui-même, je le reconnais... Il traverse la cour bien lentement... Il revient sur ses pas... Entrera-t-il ? c'est à savoir.

LA COMTESSE.

Monsieur de Prévannes, le cœur me manque.

PRÉVANNES.

A quel propos ?

LA COMTESSE.

Je ne puis, non, je ne puis suivre le conseil que vous me donnez. Parler la première... oser dire... mais c'est lui avouer... songez donc !...

PRÉVANNES.

Je ne songe point... Parlez, madame ; osez, je suis là.

LA COMTESSE.

Quoi ! devant vous !

PRÉVANNES.

Eh ! oui, devant moi. Voyez, le grand mal !

LA COMTESSE.

Mais s'il hésite, s'il refuse ?

PRÉVANNES.

Eh bien ! madame, eh bien ! qu'en peut-il arriver ? Voyez-vous les Romains...

LA COMTESSE.

Mais taisez-vous donc, je l'entends.

PRÉVANNES.

Bon ! vous ne le connaissez pas. Il est bien homme à se présenter, comme cela, tout naturellement ! Il va longtemps rêver dans l'antichambre, il va frémir dans la salle à manger, et il se demandera, en traversant le salon, s'il ne ferait pas mieux de s'aller noyer.

LA COMTESSE.

Vous me faites rire malgré moi, comme Marguerite tout à l'heure. Ah! vous êtes bien faits l'un pour l'autre!... mais je vous répète que le courage me manque.

PRÉVANNES.

Et je vous répète qu'il vous aime. Si je n'en étais pas convaincu, vous donnerais-je ce conseil que vous n'osez pas suivre? vous le donnerais-je pour tout autre que Valbrun? Vous dirais-je un mot? Dieu m'en garde! s'il s'agissait d'un mannequin à la mode ou seulement d'un homme ordinaire... mais il s'agit ici d'un entêté, et en même temps d'un irrésolu. Mais il vous aime... il serait bien bête! Et vous l'aimez, vous êtes fiancés, vous êtes sa promise, comme on dit dans le pays.

LA COMTESSE.

Mais, je suis femme.

PRÉVANNES.

Il est honnête homme, je jurerais sur sa parole comme sur la mienne. Que craignez-vous? Allons, Madame, un peu de courage, un peu de bonté, un peu de pitié, car vous n'avez seulement qu'à sourire!...

LA COMTESSE.

Vous croyez? Mais si vous restez, vos plaisanteries vont lui faire peur.

PRÉVANNES.

Point du tout, je ne dirai rien, je vais regarder vos albums.
*Il s'assied près d'une table.*


## SCÈNE V

LES MÊMES, VALBRUN.

LA COMTESSE.

C'est vous, monsieur! Comment vous va?

VALBRUN.

Madame, je me reprochais d'avoir passé hier la journée sans vous voir; j'ai été forcé... malgré moi...

L'ANE ET LE RUISSEAU.

Page 116.

À Prévannes.

Bonjour, Édouard; j'ai été obligé...

LA COMTESSE.

Vous avez été obligé...

VALBRUN.

Oui, j'ai été... à la campagne. Cela repose... cela distrait un peu.
Il s'assied.

LA COMTESSE.

Sans doute; c'est très salutaire.

VALBRUN.

Oui, madame, et je craignais fort de ne pas vous trouver aujourd'hui.

LA COMTESSE.

Pourquoi? Vous deviez être bien sûr de l'impatience que j'aurais de vous voir. Autrefois vous étiez moins rare.

VALBRUN.

Ceci n'est pas un reproche, j'espère?

LA COMTESSE.

Non; pourquoi vous en ferais-je?... Vous n'en méritez sûrement pas.

VALBRUN.

Non, madame; et je crois que vous me rendez trop de justice pour penser autrement de moi.

LA COMTESSE.

Si je vous soupçonnais d'oublier vos amis, je me le reprocherais comme un crime.

VALBRUN.

Oui... vous avez raison, c'en serait un véritable... Allez-vous ce soir à l'Opéra?

LA COMTESSE.

Je n'en sais rien; je ne suis pas bien portante.

VALBRUN.

Cela est fâcheux.
Pendant cette scène, Prévannes regarde souvent la comtesse en donnant des signes d'impatience.

LA COMTESSE.

Oh! ce ne sera rien. A propos, baron, je voulais vous dire...
A part.
Je n'oserai jamais, c'est impossible!
Haut.
Comment se porte madame d'Orvilliers?

VALBRUN.

Ma tante? fort bien, je vous remercie. Elle va partir aussi pour la campagne.

LA COMTESSE.

Comment, aussi? est-ce que vous y retournez?

VALBRUN.

Je n'en sais rien, cela dépendra de certaines circonstances...

LA COMTESSE.

De certaines circonstances... et ces circonstances ne dépendent-elles pas de vous?

VALBRUN.

Pas tout à fait. On n'est pas toujours maître de ses actions.

LA COMTESSE.

Vous me surprenez. Il me semblait que vous m'aviez dit... dernièrement... que vous étiez indépendant, par votre position comme par votre fortune, que rien ne vous gênait, ne vous contraignait. C'est comme moi, qui suis parfaitement libre, et qui puis, à mon gré, disposer de moi.

VALBRUN.

Je suis libre aussi, si vous voulez; mais je n'ai pas encore pris mon parti.

LA COMTESSE.

C'est ce que je vois.

PRÉVANNES à part.

La peste t'étouffe!

VALBRUN.

Oui, c'est embarrassant. Les uns me conseillent l'exercice, les autres le repos absolu. Il est bien vrai qu'à la campagne on peut trouver l'un ou l'autre, à son choix.

LA COMTESSE.

Sans doute. A propos de campagne, je voulais vous dire...
*A part.*
Quelle fatigue!
*Haut.*
La vôtre n'est pas loin de Paris?

VALBRUN.

Oh, mon Dieu! non, madame, c'est à deux pas derrière Choisy; c'est un parc anglais; et, si j'osais jamais espérer que votre présence vînt l'embellir...

LA COMTESSE.

Mais cela pourrait se faire... je ne dis pas non... je me souviens même...

VALBRUN, *se levant et saluant.*

Je serais heureux de vous recevoir.

LA COMTESSE.

Où allez-vous donc?

VALBRUN.

Je ne voulais que vous voir un instant. Je... je reviendrai... si vous le permettez.

*Il salue de nouveau et veut s'en aller. Prévannes fait signe à la comtesse de le retenir.*

LA COMTESSE.

Vous n'êtes pas si pressé! Restez donc là. J'ai à vous parler.

VALBRUN.

Comme vous voudrez.
*Il se rassied.*

LA COMTESSE, *à part.*

Prévannes le gêne, j'en étais sûre.
*Haut.*
C'est au sujet de ma terre de Cernay, vous savez...
*A part.*
Je suis au supplice...

## SCÈNE VI

### LES MÊMES, MARGUERITE.

MARGUERITE, ouvrant la porte sans entrer.

Ma cousine...

LA COMTESSE.

Eh bien ! qu'est-ce donc ?

MARGUERITE.

M. de Prévannes est-il parti ?

PRÉVANNES.

Non, mademoiselle, et j'examine là de charmants dessins qui ne sont pas signés, mais qui n'ont que faire de l'être ; à cette fine touche, on reconnaît la main.

MARGUERITE.

Écrivez-moi un madrigal au bas.

PRÉVANNES.

Que me donnerez-vous pour ma peine ?

MARGUERITE.

Je vous l'ai dit : une perruque.

PRÉVANNES.

Et je vous rendrai une couronne.

MARGUERITE.

De feuilles mortes ?

PRÉVANNES.

De fleurs d'oranger.

MARGUERITE.

Je n'en ai que faire.

PRÉVANNES.

Venez donc, venez donc!

MARGUERITE.

Je n'ai pas le temps.

## SCÈNE VII

LA COMTESSE, PRÉVANNES, VALBRUN.

VALBRUN.

Il est bien vrai que ces dessins sont parfaits.
*A la comtesse.*
Vous me disiez, madame...

LA COMTESSE.

Mais... je ne sais plus.

VALBRUN.

Vous parliez, je crois, de votre terre...

LA COMTESSE.

Ah! oui, de ma terre... Vous savez que j'ai failli avoir un procès; tout est arrangé maintenant, et les formalités nécessaires seront terminées dans peu de jours.

VALBRUN.

Dans peu de jours?

LA COMTESSE.

Oui, j'ai reçu une lettre.

VALBRUN.

Ah!... une lettre?

LA COMTESSE.

Oui... elle est par là...

PRÉVANNES, *à part.*

Ils me font pitié; je n'y tiens pas...

Haut.

Henri, veux-tu que je m'en aille ?

VALBRUN.

Pourquoi donc ?

PRÉVANNES.

Je crains d'être importun. Je suis resté ici à regarder des images, comme si j'étais de la maison. Je crains de l'empêcher de dire à la comtesse toute la joie que tu éprouves de voir que rien ne s'oppose plus...

VALBRUN.

J'espère, madame, que vous ne croyez pas qu'un détail d'intérêt puisse rien changer à ma façon de penser. Je craignais, il est vrai, les obstacles.

PRÉVANNES.

Il n'y en a plus.

VALBRUN.

Dit-il vrai, madame ?

LA COMTESSE.

Mais...

Prévannes lui fait signe.

Oui, monsieur.

VALBRUN, froidement.

Vous me ravissez ! j'espère encore que vous ne doutez pas... combien je désire... que rien ne retarde l'instant...

Il se lève.

Si vous n'allez pas ce soir à l'Opéra, je vous demanderai la permission...

PRÉVANNES.

Que diantre as-tu donc tant à faire ?

VALBRUN, troublé.

Une course dans le voisinage, chez un... chez un voisin... oui, madame, ce ne sera pas long. Je reviendrai, puisque vous le voulez bien.

LA COMTESSE.

Revenez tout de suite.

VALBRUN.

Oui, madame.

LA COMTESSE.

Vous me le promettez?

VALBRUN.

Certainement; que voulez-vous que je fasse quand je ne vous vois pas?
Il salue et sort.


SCÈNE VIII

LA COMTESSE, PRÉVANNES.

LA COMTESSE.

Eh bien ! monsieur, vous dites qu'il m'aime? Ah! je suffoque !

PRÉVANNES, se levant.

Il est véritable que ce garçon-là est... surprenant.

LA COMTESSE.

Vous l'avez vu, vous l'avez entendu. J'ai fait ce que vous désiriez. Je vous demande maintenant s'il est possible que je joue plus longtemps un pareil rôle, et si je puis consentir à me voir traitée ainsi. Avec quel embarras, avec quelle froideur il m'a écoutée, il m'a répondu ! Vous avez beau dire, il ne m'aime pas, ou plutôt il en aime une autre, madame Darcy ou qui vous voudrez, peu importe. Toujours est-il que je ne suis pas faite à de pareilles façons. Et quand j'admettrais votre idée que, malgré ses impertinences, il m'est attaché au fond de l'âme, à quoi bon? Ne voulez-vous pas que j'entreprenne de le guérir de son humeur noire et que je me fasse, de gaieté de cœur, la très humble servante d'un bourru malfaisant? Non, eût-il cent belles qualités et les meilleurs sentiments du monde, son hésitation est quelque chose d'outrageant. Je rougis de ce que je viens de lui dire, je suis humiliée, je suis... je suis offensée...

PRÉVANNES.

Je ne vois qu'un seul moyen pour accommoder cela

LA COMTESSE.

Et lequel?

L'Ane et le Ruisseau.

Page 124

PRÉVANNES.

Rendez-le jaloux.

LA COMTESSE.

Que voulez-vous dire?

PRÉVANNES.

Cela s'entend. Rendez-le jaloux. Il se prononcera; sinon vous le mettrez à la porte, et je ne le reverrai moi-même de ma vie.

LA COMTESSE.

Vous m'avez déjà donné un triste conseil, et je n'entends rien à ces finesses-là.

PRÉVANNES.

Bon ! des finesses? un moyen si simple qu'il est usé à force d'être rebattu un vieux stratagème qui traîne dans tous les romans et tous les vaudevilles, un moyen connu, un moyen classique ! Prendre un ton d'aimable froideur ou d'outrageante coquetterie, se rendre visible ou inabordable selon le temps qu'il fait ou l'esprit du moment; inviter un pauvre diable à une soirée et le laisser deux heures sur sa chaise sans daigner jeter les yeux sur lui ni lui adresser une parole; prendre le bras d'un beau valseur bien fat, et sourire mystérieusement en regardant la victime par-dessus l'épaule; puis, changer d'idée tout à coup, lui faire signe, l'appeler près de soi, et lorsque sa passion, trop longtemps contenue, murmure de doux reproches ou de tendres prières, répéter tout haut, d'un air bien naïf, devant une douzaine d'indifférents, tout ce que le personnage vient de dire... et s'en aller, surtout, s'en aller à propos, disparaître comme Galatée ! Je ne finirais pas si je voulais détailler. L'arme la plus acérée, c'est la coquetterie; la plus meurtrière, c'est le dédain. Et vous ne voulez pas tenter une expérience si naturelle? Mais vous n'avez donc rien vu, rien lu?... vous manquez de littérature, madame.

LA COMTESSE.

Il me semblait que tout à l'heure vous détestiez les ruses féminines.

PRÉVANNES.

Un instant ! Il s'agit de tromper un homme pour le rendre heureux; ce n'est pas là une ruse ordinaire, et je vous ai dit qu'à l'occasion...

LA COMTESSE.

Êtes-vous bien convaincu de ma maladresse ?

PRÉVANNES.

Eh, grand Dieu ! je n'y songeais pas. Je vous demande pardon, je fais comme Gros-Jean qui en remontrerait...

LA COMTESSE.

Non, monsieur de Prévannes, je ne veux pas me servir de vos espiègleries, je n'en ai ni le talent ni le goût. Si je frappais, j'irais droit au but. Mais votre idée peut être juste ; je vous le répète : je suis offensée, et, quand pareille chose m'arrive... je suis méchante, toute bonne que je suis... je fais mieux que railler, je me venge.

PRÉVANNES.

Courage, comtesse ! c'est le plaisir des dieux.

LA COMTESSE.

Le rendre jaloux ! m'aime-t-il assez pour cela ?

PRÉVANNES.

Nous verrons bien. Il ne veut pas parler, mettez-le à la question, comme dans le bon vieux temps.

LA COMTESSE.

Le rendre jaloux ! lui renvoyer l'humiliation qu'il m'a fait subir ! lui apprendre à souffrir à son tour !

PRÉVANNES.

Oui, il vous aime par trop niaisement, trop naturellement ; c'est impardonnable.

LA COMTESSE.

Oui, l'idée est bonne, elle est juste ; on n'agit pas comme lui impunément. Oui, c'en est fait ; j'ai trop souffert, mon parti est pris... Le rendre jaloux.

PRÉVANNES.

Certainement. Je vous dis, il est naïf, il est honnête, il est bon et faible. Il faut le désoler, le mettre au désespoir, il faut que justice se fasse.

LA COMTESSE.

Le rendre jaloux, mais de qui?

PRÉVANNES.

De qui vous voudrez.

LA COMTESSE.

Eh bien! de vous.

PRÉVANNES.

Cela ne se peut pas : il sait que j'aime votre cousine.

LA COMTESSE.

Il sait aussi qu'on peut être infidèle.

PRÉVANNES.

Les hommes ne savent point cela.

LA COMTESSE.

Vous me conseillez une vengeance, et vous n'osez m'aider à l'exécuter! Je vous dis que je suis décidée ; monsieur le marquis de Prévannes, est-ce que vous avez peur?

PRÉVANNES.

Je ne crois pas.

LA COMTESSE.

Mettez-vous là, et faites ce que je vais vous dire.

PRÉVANNES.

Non, réellement, c'est impossible.

LA COMTESSE.

Cependant, je ne peux me fier qu'à vous pour tenter, comme vous dites, une pareille épreuve. Je me charge de prévenir Marguerite. Vous seul êtes sans danger pour moi.

PRÉVANNES.

Par exemple, voilà qui est honnête! Je me rends; que voulez-vous que je fasse?

LA COMTESSE.

Mettez-vous là, et écrivez.

PRÉVANNES.

Tout ce que vous voudrez.
<small>Il s'assied devant la table.</small>
Pour ce qui est de prévenir votre cousine, je vous prie en grâce de n'en rien faire.

LA COMTESSE.

Pourquoi? cela peut l'affliger.

PRÉVANNES.

Et si je veux faire aussi ma petite épreuve? Laissez-moi donc ce plaisir-là. Ne m'avez-vous pas dit qu'elle avait montré à mon égard, pour notre futur mariage, quelque chose... là... comme de l'hésitation.

LA COMTESSE.

Mais... oui.

PRÉVANNES.

Eh bien! comme on dit, nous ferons d'une pierre deux coups.

LA COMTESSE.

Mais vous savez que Marguerite vous aime.

PRÉVANNES.

Valbrun ne vous aime-t-il pas? Qu'en savez-vous d'ailleurs?

LA COMTESSE.

Elle me l'a dit.

PRÉVANNES.

Non pas à moi.

LA COMTESSE.

Et vous voulez qu'elle vous le dise? En vérité, vous êtes bien fat.

PRÉVANNES.

Peut-être.

LA COMTESSE.

Mais c'est une enfant.

PRÉVANNES.

Peut-être aussi.

LA COMTESSE.

Vous êtes bien cruel.

PRÉVANNES.

Peut-être encore, mais je voudrais en finir. Cette maison est celle de l'indécision; voilà trois mois que cela dure. Vous aimez Valbrun; il vous adore; Marguerite veut bien de moi, je ne demande qu'elle au monde ; il faut en finir aujourd'hui, oui, madame, oui, aujourd'hui même... Et, quand il y aurait dans tout ceci un peu de fatuité, un peu de gaieté, un peu de rouerie, si vous le voulez, eh, mon Dieu! passez-moi cela... Songez donc que je vais me marier, c'est la dernière fois de ma vie qu'il m'est permis de rire encore, c'est ma dernière folie de jeune homme... Allons, madame, je suis à vos ordres.

LA COMTESSE.

Avant tout, vous êtes bien hardi! Eh bien! il faut que vous m'écriviez un billet.

PRÉVANNES.

Un billet! c'est compromettant. Mais si vous voulez le rendre jaloux, il vaut mieux que ce soit vous qui m'écriviez.

LA COMTESSE.

Et que voulez-vous que je vous dise?

Mais... que vous me trouvez charmant... délicieux... plein de modestie... et que mes qualités solides...

LA COMTESSE.

Ne plaisantez pas, écrivez.

PRÉVANNES.

Je le veux bien; mais je ne changerai rien à ce que je vais écrire, je vous en avertis.

Il écrit.

LA COMTESSE, le regardant écrire.

Ah! qu'est-ce que vous écrivez là?

PRÉVANNES.

Laissez-moi achever.

Il se lève.

Tenez, voilà tout ce que je peux faire pour vous.

LA COMTESSE.

Voyons.

Elle lit.

« Si je veux vous en croire, madame, vous m'aimez; mais est-ce assez de le dire? Vous êtes sûre de mon cœur; que rien ne retarde plus mon bonheur, acceptez ma main, je vous en supplie! » En vérité, Prévannes, vous plaisantez toujours. Quel usage voulez-vous que je fasse de ce billet-là? Il est inconvenant.

PRÉVANNES.

Comment, inconvenant?

LA COMTESSE.

Mais assurément : « Si je veux vous en croire... » C'est d'une fatuité!

PRÉVANNES.

Eh! madame, pour une fois par hasard que je puis être fat près de vous impunément, laissez-moi donc en profiter!

LA COMTESSE, regardant à a fenêtre.

J'entends une voiture. C'est votre ami qui revient.

PRÉVANNES.

Mettez ce billet sur cette table, ici avec d'autres chiffons. Ce sera un papier oublié.

LA COMTESSE.

Mais on n'oublie guère ceux-là.

PRÉVANNES.

J'admire en tout votre prudence; mais qu'il trouve ce papier, cela suffit. Est-ce que la jalousie raisonne? Le voici qui vient. Dites-lui deux mots, si vous voulez, puis retirez-vous, s'il vous plaît. Il faut que vous soyez fâchée. Fuyez, madame, disparaissez, évanouissez-vous comme une ombre!... comme une fée!... Je vous le répète, il n'y a rien de tel pour faire damner un honnête homme.

LA COMTESSE.

Je ne sais, vraiment, si j'aurai le courage...

PRÉVANNES.

Alors je vais déchirer ce billet.

LA COMTESSE.

Non pas. Mais votre projet...

PRÉVANNES.

Il est convenu. Voulez-vous le suivre, oui ou non?

LA COMTESSE.

Je le veux, je le veux, j'ai trop souffert! mais j'aime mieux ne lui point parler.

PRÉVANNES.

Eh bien! rentrez chez vous, enfermez-vous, qu'on ne vous voie plus de la journée.

LA COMTESSE.

Mais...

PRÉVANNES.

Qu'on ne vous voie plus, vous dis-je; ou je renonce à tout, je dis tout.
Au moment où le baron entre, la comtesse sort en le saluant froidement.

LA COMTESSE, bas, à Prévannes.

Oui, qu'il souffre à son tour! s'il m'aimait...

PRÉVANNES.

Nous allons voir.

## SCÈNE IX

PRÉVANNES, VALBRUN.

VALBRUN, restant quelque temps étonné

Est-ce que la comtesse est fâchée contre moi?

PRÉVANNES.

Je n'en sais rien.

VALBRUN.

Elle sort et me salue à peine.

PRÉVANNES.

Elle avait quelque ordre à donner.

L'Ane et le Ruisseau.     Page 136.

VALBRUN.

Non, son regard ressemblait à un adieu... et à un triste adieu... moi qui venais...

PRÉVANNES.

Dame! écoute donc; elle n'est peut-être pas contente. Tu ne l'as pas trop bien traitée ce matin.

VALBRUN.

Moi! je n'ai rien dit, que je sache...

PRÉVANNES.

Oh! tu as été très poli; quant à cela, il n'y a pas à se plaindre. Mais si tu crois que c'est avec ces manières-là...

VALBRUN.

Comment?

PRÉVANNES.

Ce n'est pas ce qu'on te demande.

VALBRUN.

Quel tort puis-je avoir? Elle m'a annoncé que rien ne s'opposait plus à notre mariage... et je lui ai répondu... que j'en étais ravi.

PRÉVANNES.

Oui, tu lui as dit que tu étais ravi, mais tu ne l'étais pas le moins du monde. Crois-tu qu'on s'y trompe?

VALBRUN.

Je n'en sais rien. Mais, en vous quittant tout à l'heure, je suis allé chez mon notaire, et j'ai pris tous mes arrangements pour ce mariage.

PRÉVANNES.

En vérité?

VALBRUN.

J'en viens de ce pas, et je n'ai point fait autre chose. Qu'y a-t-il donc là de surprenant? Tu me regardes d'un air étonné.

PRÉVANNES.

Non pas, mais je craignais... je croyais...

VALBRUN.

Est-ce que ce n'était pas convenu? Est-ce que la comtesse, par hasard, serait capable de changer de sentiment?

PRÉVANNES.

Elle? oh! je te réponds que non. Mais est-ce que... véritablement... c'est incroyable...
A part.
Nous serions-nous trompés?

VALBRUN.

Qu'est-ce que tu vois d'incroyable?

PRÉVANNES.

Rien du tout, non, rien, c'est tout simple.
A part.
Je n'en reviens pas... après cette visite!...

VALBRUN.

Tu as l'air surpris, quoi que tu en dises.

PRÉVANNES.

Non.

VALBRUN.

Si fait, et je comprends pourquoi. C'est ma froideur, mon embarras, qui t'ont semblé singuliers ce matin.

PRÉVANNES.

Pas le moins du monde; et qu'importe dès l'instant que tu es décidé! Et tu l'es tout à fait?

VALBRUN.

Je ne conçois pas que tu en doutes.

PRÉVANNES.

Je n'en doute pas, et je t'en félicite.
Il lui prend la main.
Ainsi, Henri, nous sommes cousins... par les femmes... Cette parenté-là en vaut bien une autre... n'est-ce pas?
A part.
Les choses étant ainsi... c'est bien étrange... mais enfin... alors... Ce billet n'est plus bon à rien... je vais le reprendre délicatement...

*Il regarde sur la table.*

Où l'ai-je fourré?

VALBRUN.

Que cherches-tu là?

PRÉVANNES.

Un papier. Veux-tu que je te dise? je croyais vraiment que tu hésitais...

VALBRUN.

Moi?

PRÉVANNES.

Oui.

*A part.*

Où diable l'ai-je mis? Ah! le voilà.

*Il va pour le prendre.*

VALBRUN, *s'asseyant d'un air triste.*

Ah! si j'ai hésité, tu sais bien pourquoi.

PRÉVANNES.

Comment!

VALBRUN.

Eh! sans doute, tu connais ma vie, tu sais parfaitement la raison..

PRÉVANNES.

Moi! pas du tout!

VALBRUN.

Ce fatal souvenir...

PRÉVANNES.

Quel souvenir?

VALBRUN.

Tu le demandes!

PRÉVANNES.

Bon! voilà madame Darcy. Vas-tu, pour la centième fois, m'en raconter la lamentable histoire!

VALBRUN.

Je ne vais pas te la raconter. Tu te moques de tout.

PRÉVANNES.

Non, mais je me moque, si tu le permets, de madame Darcy.

VALBRUN.

C'est bientôt dit... Si tu la connaissais!

PRÉVANNES.

Oui, je ferais là une jolie emplette!

VALBRUN.

Comme tu voudras... Je l'ai aimée... Que ce soit une faute, une sottise, un ridicule, si tu le veux... mais je l'ai aimée, et le mal qu'elle m'a fait m'effraye malgré moi pour l'avenir... Je crains d'y retrouver le passé.

PRÉVANNES.

Eh! laisse donc là le passé! Qui n'a pas le sien? Tu vas être heureux... Commence donc par tout oublier... Est-ce que tu es en cour d'assises pour qu'on te demande tes antécédents? Viens, viens regarder cet album... Il y a un dessin de Marguerite.

VALBRUN.

Je le connais... Ah! mon ami, si tu savais?...

PRÉVANNES.

Mais tu sais très bien que je sais...

<small>Tenant à la main le billet qu'il a pris.</small>

Ne dirait-on pas qu'il n'y a qu'une femme au monde? Madame Darcy t'a fait de la peine, elle a mal agi; elle t'a planté là, et, qui pis est, elle t'a menti. C'est une vilaine créature. Eh bien! après? Vas-tu en faire un épouvantail dont il n'y ait que toi qui s'effarouche? Tu ne te guériras donc jamais de cet empoisonnement-là?

VALBRUN, se levant.

Certes, si mon chagrin pouvait s'adoucir... si un peu d'espoir me revenait... si je croyais pouvoir oublier... ce serait dans cette maison.

PRÉVANNES.

Si tu pouvais, si tu croyais... Ah çà! tu n'es donc pas décidé?

VALBRUN.

Si fait; mais je tremble quand j'y pense.

PRÉVANNES, à part.

Je crois que je vais remettre mon billet à sa place.

Haut.

Mais enfin, oui ou non, la comtesse te plaît-elle?

VALBRUN.

Peux-tu en douter? ce n'est pas plaire qu'il faut dire; elle me charme, elle m'enchante. Je ne connais personne au monde qui puisse soutenir la comparaison...

PRÉVANNES.

Vrai?

VALBRUN.

Tu ne l'as pas appréciée...

PRÉVANNES.

Si fait.

VALBRUN.

Tu l'as vue en passant, à travers ton étourderie. Avec sa franchise, elle a de l'esprit; avec son esprit, elle a du cœur. C'est la grâce et la beauté mêmes... Quand je la regarde... je vois le bonheur dans ses yeux.

PRÉVANNES.

Que ne lui dis-tu tout cela plutôt qu'à moi? Est-ce que tu veux m'épouser?

VALBRUN.

Tes railleries n'y feront rien.

PRÉVANNES.

Tu l'aimes?

VALBRUN.

Je l'adore.

PRÉVANNES.

En ce cas-là...

Il met le billet dans sa poche.

Elle est ici, à deux pas, dans sa chambre... Parbleu!... si j'étais à ta place...

VALBRUN, se rasseyant.

Je voudrais bien être à la tienne. Ah! tu es heureux, tu épouses Marguerite... tandis que moi...

PRÉVANNES.

Voilà le vent qui tourne.
Haut.
J'épouse Marguerite... je n'en sais rien.

VALBRUN.

Non?

PRÉVANNES.

Non.

VALBRUN.

Est-ce possible! Une jeune fille si jolie, si aimable, un peu trop gaie parfois, mais pleine de mérite et de talents... fort riche... N'avais-tu pas engagé ta parole?

PRÉVANNES.

Et toi, qu'as-tu fait de la tienne?

VALBRUN.

Je n'ose pas, je ne peux pas, je n'oserai jamais... à moins que... pourtant...

PRÉVANNES, à part.

Que le diable l'emporte!

VALBRUN.

Si tu savais quel souvenir et quel pressentiment me poursuivent! On peut bien être ridicule quand on aime, mais on ne l'est pas quand on souffre.

PRÉVANNES.

Et de quoi souffres-tu, je te prie? Pousse cette porte, elle t'attend.

VALBRUN.

Oui, le bonheur est peut-être là, derrière cette porte... je ne puis l'ouvrir... je reculerais sur le seuil... l'espérance ne veut plus de moi.

PRÉVANNES.

Pousse donc cette porte, te dis-je! Tiens, Henri, sais-tu, en ce moment, de quoi tu as l'air? Tu ressembles, révérence parler, à un âne qui n'ose pas franchir un ruisseau.

VALBRUN.

Comme tu voudras. Toi qui te railles de ma souffrance, n'as-tu jamais été trahi? Je veux croire, si cela te plaît, que tu n'as point rencontré de cruelles ; n'en as-tu pas trouvé de perfides, de malfaisantes ?

PRÉVANNES.

Quelquefois, comme un autre.

VALBRUN.

Ah! malheur à celle qui vous donne cette triste expérience! une femme inconstante devient notre bourreau. Insensible à tout ce qu'on souffre, c'est l'âme la plus dure, la plus implacable ! En vous offrant son amitié, quand elle vous ôte son amour, elle croit s'acquitter de tout! et quelle amitié! Ce n'en est pas seulement l'apparence : nulle franchise, nulle confiance ; ce n'est qu'un mensonge perpétuel, un supplice de tous les instants, trop heureux si l'on en mourait!

PRÉVANNES, à part.

Décidément, il faut avoir recours aux moyens héroïques; où mettrai-je cette lettre?... dans son chapeau?... Non, il pourrait deviner... Ah! j'y suis!... dans le mien.

Il met la lettre dans son chapeau.

Et pour qu'il la trouve...

Il prend le chapeau de Valbrun.

Adieu, Henri. Après tout, tu as peut-être raison. La comtesse, avec ses beaux yeux, n'en a pas moins la tête un peu légère!...

VALBRUN.

Le penses-tu?

PRÉVANNES.

Qui sait? elle est femme.

VALBRUN.

Mais encore... la crois-tu capable?...

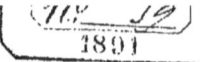

Œuvres Posthumes. Page 138.

Bibl. Charpentier. LIV. 322.

PRÉVANNES.

Peut-être bien. Tout considéré, je te conseille d'aimer ailleurs. Tu feras mieux, je crois, d'épouser Célimène...

VALBRUN.

Mais...

PRÉVANNES.

C'est le plus sage. Adieu, mon ami.
A part en sortant.
Je ne le perdrai pas de vue.

## SCÈNE X.

VALBRUN.

VALBRUN, seul.

Il a bien vite changé d'idée! Qu'est-ce que cela signifie? il avait un air de mystère, et en même temps de raillerie... Bon! C'est son humeur du moment... Il faut pourtant que je voie la comtesse... que je sache par quel motif elle m'a reçu si singulièrement... je donnerais tout au monde... Qu'ai-je donc fait de mon chapeau?... Ah!... mais non, c'est celui d'Édouard. Cet étourdi a pris le mien.
Il trouve le billet.
Qu'est-ce là? D'où vient ce papier? Une lettre! point d'adresse et point de cachet.
Il lit.
« Si je veux vous en croire... » Grand Dieu! est-ce possible... quoi! Édouard, mon ami d'enfance! une pareille trahison! Ah! je suis accablé, je suis anéanti! qui l'aurait jamais pu prévoir? Édouard, la comtesse, me tromper ainsi! Voilà pourquoi il me raillait, pourquoi elle s'est enfuie. Oui, j'étais leur jouet, sans doute, leur passe-temps... Oh! je me vengerai... je vais le retrouver... je lui demanderai raison... Non, non, je ferai mieux d'entrer ici, je veux lui dire en face... Ah!

## SCÈNE XI

### VALBRUN, MARGUERITE.

#### VALBRUN.

C'est vous, Mademoiselle Marguerite! Venez, c'est le ciel qui vous envoie.

#### MARGUERITE.

Comment, le ciel? c'est ma cousine. Est-ce que M. de Prévannes est parti?

#### VALBRUN.

Oui, il vient de partir... ah! qu'il est heureux!... vous ne songez qu'à lui... vous l'aimez... Eh bien! sachez donc...

#### MARGUERITE.

Oh! je l'aime... je l'aime! halte là! Vous décidez bien vite des choses. Mais qu'avez-vous, bon Dieu? Vous me feriez peur.

#### VALBRUN.

Sachez qu'on nous trahit tous deux.

#### MARGUERITE.

Qui, tous deux?

#### VALBRUN.

Vous et moi.

#### MARGUERITE.

Et qui est le traître?

#### VALBRUN.

C'est mon perfide ami, votre indigne amant!...

#### MARGUERITE.

Oh!... Oh!... voilà des expressions!... C'est encore M. de Prévannes que vous baptisez de cette façon-là?

VALBRUN.

Oui, lui-même.

MARGUERITE.

Vous voulez rire.

VALBRUN.

Non pas, je n'en ai nulle envie.

MARGUERITE.

Et quelle est cette raison?

VALBRUN.

Tenez, Mademoiselle, lisez ce billet.

MARGUERITE, lisant.

« Si je veux vous en croire, madame... »

VALBRUN.

Voyez, je vous prie, voyez, mademoiselle, s'il était possible de s'attendre...

MARGUERITE, lisant.

« Que rien ne retarde plus mon bonheur... »

VALBRUN.

Qu'en pensez-vous? A quelle femme ose-t-on écrire d'un pareil style? Y a-t-il rien au monde de plus impertinent, de plus insolent?

MARGUERITE.

A dire vrai...

VALBRUN.

N'est-il pas visible que, pour écrire ainsi à une femme, il faut s'en supposer le droit? et encore peut-on l'avoir jamais? Et la comtesse tolère un pareil langage! Mademoiselle, il faut nous venger!

MARGUERITE, lisant toujours.

« Mais est-ce assez de me le dire !... »

VALBRUN.

Vous lisez attentivement.

MARGUERITE.

Oui, je m'écoute lire... Et vous voulez que nous nous vengions ? Comment cela ?

VALBRUN.

En les abandonnant, en rompant sans mesure avec eux. Ils nous trompent et se jouent de nous. — Si vous ressentez comme moi un tel outrage, oublions deux ingrats... Acceptez ma main.

MARGUERITE, avec distraction.

Votre main ?

VALBRUN.

Oui, j'ose vous l'offrir, et, si vous daignez l'accepter, je veux consacrer ma vie entière à effacer le souvenir odieux d'une trahison qui doit vous révolter.

MARGUERITE, lisant toujours.

Vous me consacrez votre vie entière ?...

VALBRUN.

Oui, je vous le jure, et quand je donne ma parole, moi...

MARGUERITE.

Où avez-vous trouvé cette lettre ?

VALBRUN.

Dans mon chapeau ; c'est-à-dire non ; dans le sien, car il s'est trahi par maladresse.

MARGUERITE.

Dans son chapeau !

VALBRUN.

Oui, là, sur cette chaise.

MARGUERITE.

Monsieur de Valbrun, on s'est moqué de vous.

VALBRUN.

Que voulez-vous dire ? Cette lettre...

MARGUERITE.

Cette lettre ne peut être qu'une plaisanterie.

VALBRUN.

Une plaisanterie ! Elle serait étrange. Et qui vous le fait supposer ? Est-ce un complot, un piège qu'on me tend ? Parlez, en êtes-vous instruite ?

MARGUERITE.

Pas le moins du monde ; mais c'est clair comme le jour.

VALBRUN.

Comment ! Expliquez-vous, de grâce. Si c'est un piège, et si vous le savez...

MARGUERITE.

Non, je ne sais rien, mais j'en suis sûre.
<small>Relisant la lettre.</small>
« Si je veux vous en croire, madame... » Ah ! ah ! ah !
<small>Elle rit.</small>
Et vous prenez cela, ah ! ah ! pour argent comptant !... ah ! ah ! mon Dieu, quelle folie !... et vous croyez que ma cousine... que M. de Prévannes... ah ! ciel !... et vous ne voyez pas que c'est impossible... ah ! ah !...

VALBRUN.

En vérité, je ne vois pas...

MARGUERITE, <small>riant toujours.</small>

Ah ! ah ! ah ! ce pauvre baron... qui ne voit pas... qui ne s'aperçoit pas... Ah ! ah ! à cause de cela... Votre sérieux me fera mourir de rire, et vous voulez m'épouser, ah ! ah !... je vous demande pardon, mais c'est malgré moi... Ah ! ah ! mais c'est impossible !... Cela n'a pas le sens commun !... ah ! ah !...

VALBRUN.

Ma foi, mademoiselle, en vous montrant cette lettre, je ne croyais pas tant vous égayer. Mais qu'il y ait un piège ou non là-dessous...

MARGUERITE.

Puisque je vous dis que je n'en sais rien.

VALBRUN.

Et je sais, moi, ce que j'ai à faire. Adieu, mademoiselle Marguerite.

MARGUERITE.

Où allez-vous ? Venez avec moi, chez ma cousine ; tout s'éclaircira.

VALBRUN.

Votre cousine, je ne la reverrai de mes jours... ni vous non plus... ni aucune personne... excepté une... Riez, si vous voulez !... Je souhaite que vous n'appreniez jamais ce qu'une trahison peut nous faire souffrir !... Ah !... je suis navré ! désespéré !... Malheur à lui ! malheur à moi !... Adieu, adieu, mademoiselle !

MARGUERITE.

Écoutez donc.

VALBRUN.

Adieu, adieu !

## SCÈNE XII.

MARGUERITE, seule; puis PRÉVANNES.

MARGUERITE.

Il s'en va tout de bon, comme un furieux. Pauvre baron de Valbrun ! Il est peut-être à plaindre... Mais il est trop comique avec son désespoir... et ses offres... Ah ! c'est incroyable !...

PRÉVANNES, à part.

Voilà donc cette petite rebelle, qui s'avise aussi d'hésiter, dit-on. Elle est bien gaie, à ce qu'il semble... Parbleu ! il faudra qu'elle parle aussi.

Haut.

Qu'est-ce donc ? qu'est-ce qui se passe ? Vous êtes bien joyeuse, mademoiselle... Marguerite, que vous riez ainsi toute seule.

MARGUERITE.

« Que vous riez ainsi... » Voilà encore de vos tournures de phrase à aile de pigeon. Quand apprendrez-vous l'orthographe ? Quand donc vous démarquiserez-vous ?

PRÉVANNES.

Je ne peux pas, c'est la faute de mon père; mais vous, petite marquise future, en bon gaulois Margot, de quoi vous gaussez-vous?

MARGUERITE.

Je ne peux pas me fâcher, j'ai encore trop envie de rire. C'est M. de Valbrun qui sort d'ici...

PRÉVANNES.

Eh bien?

MARGUERITE.

Il m'a montré une lettre...

PRÉVANNES.

Une lettre?

MARGUERITE.

Signée de votre nom... fort malhonnête, cela va sans dire... Une lettre écrite à ma cousine...

PRÉVANNES.

Eh bien?...

A part.

Voyons un peu cela.

Haut.

Je ne sais ce que vous voulez dire.

MARGUERITE.

Jouez donc l'ignorance à votre tour!... Vous ne m'aviez pas prévenue, c'est mal; mais ce n'en est que plus drôle : votre plaisanterie a réussi... on ne peut pas mieux... elle est cruelle... mais je comprends... Figurez-vous qu'il est... exaspéré!

PRÉVANNES.

Véritablement?

MARGUERITE.

Oui, il vous cherche... Oh! il faudra que vous lui rendiez raison!

PRÉVANNES.

Est-ce tout?

OEuvres Posthumes. Page 143.

Bibl. Charpentier.

MARGUERITE.

Bon! c'est bien autre chose encore. Vous êtes à ses yeux le plus déloyal des marquis, et ma belle cousine, la plus perfide des comtesses. Il renonce à tout, il nous abandonne... il veut vous tuer, et m'épouser.

PRÉVANNES.

Vous épouser... lui-même?

MARGUERITE.

Oui, Monsieur.

PRÉVANNES.

Il faut qu'il soit bien en colère!... Et qu'avez-vous répondu à cela?

MARGUERITE.

Je n'ai fait que rire... je n'y tenais plus.

PRÉVANNES.

Je ne vois rien là de si gai.

MARGUERITE.

Qu'est-ce que vous dites?

PRÉVANNES.

Il est fâcheux qu'il vous ait montré cette lettre. Mais, puisque tout est découvert... si le mal est fait...

MARGUERITE.

Quoi donc!

PRÉVANNES.

Il me tuera, s'il peut, et il vous épousera s'il veut.

MARGUERITE.

Ah! c'est là votre sentiment?

PRÉVANNES.

Que voulez-vous! si j'aime votre cousine, ce n'est pas ma faute; c'était un secret... Vous ne m'aimez pas...

MARGUERITE.

Et vous?

PRÉVANNES.

Moi, cela me regarde. Tout cela est fâcheux, très fâcheux.

MARGUERITE.

Ah çà ! parlez-vous sérieusement ou continuez-vous votre méchante plaisanterie ?

PRÉVANNES.

Je la continue... sérieusement.

MARGUERITE.

Vous aimez ma cousine ?

PRÉVANNES.

Oui, de tout mon cœur.

MARGUERITE.

Vous voulez l'épouser ?

PRÉVANNES.

Pourquoi pas ?

MARGUERITE.

Eh bien, Monsieur, je suis fâchée de vous le dire, mais...

PRÉVANNES.

Qu'est-ce donc ?

MARGUERITE.

Je n'en crois rien.

PRÉVANNES.

Vous n'en croyez rien ?

MARGUERITE.

Non ; vous n'êtes pas aussi féroce que vous le dites.

PRÉVANNES.

J'admire combien les petites filles...

MARGUERITE.

Monsieur !

PRÉVANNES.

Combien les jeunes personnes, veux-je dire, se croient aisément sûres de nous. Elles le sont vraiment, plus que d'elles-mêmes.

MARGUERITE.

Plus que d'elles-mêmes?

PRÉVANNES

Eh! sans doute. On les prendrait, à les entendre, pour des prodiges de pénétration, et, pour trois mots de politesse, les voilà qui perdent la tête.

MARGUERITE.

Si vous ne voulez que m'impatienter, vous commencez à réussir.

PRÉVANNES.

J'en serais désolé, mademoiselle, et de peur que cela n'arrive, je me retire.

Il feint de s'en aller.

MARGUERITE, à part.

Est-ce qu'il parlerait tout de bon? (Haut). Monsieur de Prévannes!

PRÉVANNES.

Mademoiselle?

MARGUERITE.

Vous épousez... sérieusement... ma cousine?

PRÉVANNES.

Oui, Mademoiselle.

MARGUERITE.

Croyez-vous que je m'en soucie?

PRÉVANNES.

Je ne dis pas cela.

MARGUERITE.

Je m'en moque fort.

PRÉVANNES.

Je n'en doute pas.

MARGUERITE.

Non ; vous supposiez que cette nouvelle allait me désoler.

PRÉVANNES.

Point du tout.

MARGUERITE.

Que je vous ferais des reproches.

PRÉVANNES.

En aucune façon.

MARGUERITE.

Que je vous regretterais... que je m'affligerais...
*Près de pleurer.*
Que je pleurerais peut-être...

PRÉVANNES, à part.

O ciel !...
*Haut.*
Ma chère Marguerite...

MARGUERITE.

Il n'y a plus de Marguerite ni de Margot... Oui, vous le croyiez... vous l'espériez.
*Prévannes veut lui prendre la main ; elle la retire brusquement.*
Non, je ne vous dirai rien, je ne vous reprocherai rien, mais c'est une infamie !

PRÉVANNES.

Mademoiselle...

MARGUERITE.

C'est une lâcheté ! Ou vous mentez en ce moment, ou vous m'avez toujours trompée. Vous dites que je ne vous aime pas. Qu'en savez-vous ? Je vous trouve plaisant d'oser décider là-dessus !

PRÉVANNES.

Écoutez-moi.

MARGUERITE.

Je ne veux rien entendre. Mais, s'il vous reste encore dans l'âme une apparence d'honnêteté, vous aurez plus de regrets que moi; car vous saurez que vous m'avez mal jugée, que vous vous trompiez gauchement en me croyant indifférente, que je suis loin de l'être, et que je...

## SCÈNE XIII

### LES MÊMES, LA COMTESSE.

LA COMTESSE, une lettre à la main.

Vous voilà ici, monsieur de Prévannes ? Et je vois Marguerite tout émue.

MARGUERITE.

Moi, ma cousine ? Pas le moins du monde.

LA COMTESSE.

Est-ce encore quelque nouvelle ruse, quelque épreuve de votre façon ? Elles vous réussissent à merveille !... Tenez, je reçois cette lettre à l'instant.

PRÉVANNES, lisant.

« Il n'était pas nécessaire, Madame, de prendre la peine de feindre avec moi. Vous ne me reverrez de ma vie, et vous n'aurez jamais à vous plaindre... »

LA COMTESSE.

Qu'en pensez-vous ?

MARGUERITE.

Que se passe-t-il donc ?

LA COMTESSE.

Tu le sauras. Eh bien monsieur ?

PRÉVANNES.

Eh bien, Madame, je trouve cela parfait. « Vous n'aurez jamais à vous plaindre... » C'est tout à fait honnête et modéré.

LA COMTESSE.

Vraiment! votre sang-froid me charme. Avez-vous encore là-dessus quelque théorie à votre usage ? Vous le voyez, M. de Valbrun n'a cru que trop facilement à votre lettre supposée, et grâce à vos belles rouerics, comme vous les appelez, je perds non seulement l'amour, mais l'estime du seul homme que j'aime.

MARGUERITE, à Prévannes.

Comment! Monsieur, vous me trompiez tout à l'heure? Rien n'était vrai dans tout ceci? Vous vous êtes joué de moi comme d'un enfant?... Allez, c'est une indignité!

PRÉVANNES.

Oui, oui, c'est une indignité; mais, moyennant cela, vous m'avez avoué...

MARGUERITE.

Je ne l'ai pas dit.

PRÉVANNES.

Non, mais je l'ai entendu.

A la comtesse.

Madame, Mlle Marguerite et moi, nous nous sommes enfin expliqués ensemble, et nous sommes parfaitement d'accord.

MARGUERITE.

Moins que jamais. J'étais tout à l'heure comme le baron; maintenant je suis comme ma cousine. Jamais je ne vous pardonnerai.

PRÉVANNES.

Vous me pardonnerez plus que vous ne pensez.

LA COMTESSE.

Il n'est plus temps de plaisanter, Monsieur de Prévannes, j'attends de vous une démarche nécessaire. Vous avez causé tout le mal, c'est à vous de le réparer.

PRÉVANNES.

Sûrement, madame, sûrement. Que faut-il faire, s'il vous plaît?

LA COMTESSE.

Vous le demandez? M. de Valbrun a le droit de m'accuser de perfidie; il faut le désabuser avant tout.

PRÉVANNES.

Oui, Madame.

MARGUERITE.

Mais tout de suite.

PRÉVANNES.

Oui, Mademoiselle.

LA COMTESSE.

Il faut dire toute la vérité, dût-elle me compromettre moi-même.

MARGUERITE.

Oui, dût-elle nous compromettre.

PRÉVANNES.

Fort bien, je vous compromettrai.

LA COMTESSE.

Voyez, Monsieur, voyez à quels dangers m'expose votre légèreté! Même en ne me trouvant pas coupable, que va penser de moi M. de Valbrun? Quelle faute vous m'avez fait commettre! J'en dois sans doute accuser ma faiblesse; elle a été bien grande, elle est inexcusable; mais, sans vos malheureux conseils, Dieu m'est témoin que l'idée du mensonge n'aurait jamais approché de moi.

PRÉVANNES.

J'en suis tout à fait convaincu.

MARGUERITE.

Voyez, Monsieur, à quoi sert de mentir!

PRÉVANNES.

Je suis confondu; ne m'accablez pas.

LA COMTESSE.

Eh bien! Monsieur, qu'attendez-vous?

PRÉVANNES.

Pourquoi faire, Madame?

LA COMTESSE.

Quoi! n'est-ce pas dit? Aller chez M. de Valbrun.

Œuvres Posthumes — Page 156.

PRÉVANNES.

C'est inutile, je ne le trouverais pas.

LA COMTESSE.

Pour quelle raison?

PRÉVANNES.

Parce qu'il va venir.

LA COMTESSE.

Perdez-vous l'esprit? et cette lettre?

PRÉVANNES.

C'est justement d'après cette lettre que je l'attends.

LA COMTESSE.

Il me jure qu'il ne me reverra jamais.

PRÉVANNES.

C'est ce que je dis. Il ne peut pas tarder.

LA COMTESSE.

Je vous ai déjà déclaré que vos plaisanteries sont hors de saison.

PRÉVANNES.

Je ne plaisante pas du tout... Ah! vous vous imaginez, belle dame, qu'on perd une femme comme vous, qu'on s'en éloigne, qu'on l'oublie, qu'on se distrait!... Non pas, non pas, il en coûte plus cher; cela ne se passe pas ainsi. Vous ne nous connaissez pas, nous autres amoureux! Pendant que nous sommes ici à causer, savez-vous ce que fait ce pauvre Valbrun? Il est d'abord rentré chez lui furieux, il a juré de se venger de moi, de vous, de toute la terre; ensuite, il a pleuré... oh! il a pleuré. Puis il a marché à grands pas dans sa chambre : il a pensé à faire un voyage, puis, pour ne pas se déranger, à se brûler la cervelle. Là-dessus, par simple convenance, il a bien vu qu'il ne pouvait pas mourir sans vous voir une dernière fois. Il a bien songé aussi à vous écrire; mais que peut-on dire, en un volume, qui vaille un regard de l'objet aimé? Donc il a pris et quitté vingt fois son chapeau, — c'est-à-dire le mien; — enfin, s'armant de courage, il l'a mis sur sa tête, il est résolument descendu de chez lui; une fois dans la rue, le trouble, le dépit, une juste fierté, l'ont peut-être retardé en route; cependant il vient, il approche, déjà il n'est plus temps de revenir sur ses pas; il est trop près de vous, il est sous le charme; il ne dépend plus de lui de ne pas vous voir; son cœur l'entraîne, et tenez, tenez, le voilà qui entre dans la cour.

LA COMTESSE.

Serait-il vrai?

PRÉVANNES.

Voyez vous-même.

LA COMTESSE, troublée.

Monsieur de Prévannes... il va venir.

PRÉVANNES.

Eh! oui, c'est ce que je vous disais. Vous connaissez sa prudence ordinaire dans votre escalier. Mais comme cette fois il est au désespoir, il pourrait bien monter plus vite.

LA COMTESSE.

Monsieur de Prévannes...

PRÉVANNES.

Je vous entends. Vous ne voudriez pas vous montrer tout d'abord, n'est-ce pas! Je me charge de le recevoir.

LA COMTESSE.

Prenez bien garde, au moins...

PRÉVANNES.

Soyez sans crainte; retirez-vous un peu ici près, et rappelez-vous ce que je vous ai dit tantôt : ou vous me tiendrez pour le dernier des hommes, ou nous serons tous mariés... quand il vous plaira, si toutefois...

Il salue Marguerite

MARGUERITE.

Je n'ai rien dit.

LA COMTESSE.

Viens, Marguerite.

PRÉVANNES.

N'allez pas trop loin, je n'ai que deux mots à lui dire.

LA COMTESSE.

Deux mots !

PRÉVANNES.

Pas davantage; ne vous éloignez pas.

## SCÈNE XIV

PRÉVANNES, seul; puis VALBRUN.

PRÉVANNES, seul.

Maintenant, Valbrun, à nous deux ! Il y a bien assez longtemps que tu m'impatientes et que tu retardes tous nos projets; cette fois, morbleu ! je te tiens, et mort ou vif, tu te marieras.

VALBRUN.

C'est vous, Monsieur ?

PRÉVANNES

Comme vous voyez. Ce n'est peut-être pas moi que vous cherchiez ?

VALBRUN.

Pardonnez-moi, Monsieur, c'est vous-même, et vous savez sans doute ce que j'ai à vous dire.

PRÉVANNES.

Pas encore, mais il ne tient qu'à vous...

VALBRUN.

Je vous rapporte votre chapeau.

PRÉVANNES, reprenant son chapeau.

Bien obligé, j'en étais inquiet.

VALBRUN, lui montrant sa lettre.

Cette lettre est de votre main ?

PRÉVANNES.

Oui, Monsieur.

VALBRUN.

Et vous comprenez ce qu'elle a d'outrageant pour moi.

PRÉVANNES.

Je ne pense pas qu'il y soit question de vous?

VALBRUN.

Et vous savez aussi, je suppose, de quel nom mérite d'être appelé celui qui a osé l'écrire !

PRÉVANNES.

De quel nom?..... Le nom est au bas.

VALBRUN.

Oui, monsieur; c'était celui d'un homme que j'ai aimé depuis mon enfance, en qui j'avais confiance entière, qui a été, en toute occasion, le confident de mes plus secrètes, de mes plus intimes pensées, et que je ne peux plus appeler maintenant que du nom de traître et de faux ami.

PRÉVANNES.

Passons, s'il vous plaît sur les qualités.

VALBRUN.

Non seulement il m'a trahi; mais, pour le faire, il s'est servi de mon amitié même et de ma confiance.

PRÉVANNES.

Passons, de grâce.

VALBRUN.

Prétendez-vous me railler ?

PRÉVANNES.

Non, Monsieur, je vous jure.

VALBRUN.

Que répondrez-vous donc qui puisse excuser votre conduite dans cette maison?

PRÉVANNES.

Je ne vois pas qu'elle soit mauvaise.

VALBRUN.

Sans doute... Elle vous a réussi ! Et vous êtes apparemment au-dessus de ces petites considérations de bonne foi et de délicatesse que le reste des hommes...

PRÉVANNES.

Mille pardons. Je vous ai déjà prié de passer là-dessus. Un moment de dépit peut avoir ses droits, mais il ne faut pas en abuser.

VALBRUN.

Je n'en saurais tant dire, Monsieur, que vous n'en méritiez davantage.

PRÉVANNES.

Soit, mais j'en ai entendu assez, et si vous n'avez rien à ajouter...

VALBRUN.

Ce que j'ai à ajouter est bien simple. Je vous demande raison.

PRÉVANNES.

Je refuse.

VALBRUN.

Vous refusez?... Je ne croyais pas que, pour faire tirer l'épée à M. de Prévannes, il fallait le provoquer deux fois.

PRÉVANNES.

Cent fois s'il ne veut pas la tirer.

VALBRUN.

Et quel est le prétexte de ce refus?

PRÉVANNES.

Le prétexte? Et quel est, s'il vous plaît, celui de votre provocation?

VALBRUN.

Quoi ! vous m'enlevez la comtesse...

PRÉVANNES.

Est-ce que vous êtes son parent, ou son amant, ou son mari, ou seulement un de ses amis?

VALBRUN.

Je suis... oui, je suis un de ses amis, un de ceux qui l'aiment le plus au monde, et j'ai le droit...

PRÉVANNES.

Un instant, permettez. J'ai pu faire, il est vrai, ma cour à la comtesse ; mais vous concevez que, s'il faut, à cause de cela, que je me batte avec tous ses amis...

VALBRUN.

Je suis plus qu'un ami pour elle... Je devais l'épouser...

PRÉVANNES.

Que ne l'avez-vous fait? Qui vous en empêchait?

VALBRUN.

Qui m'en empêchait, quand tout mon amour, toute ma foi en la parole donnée n'était pour vous qu'un sujet de raillerie ! lorsque vous me regardiez à plaisir tomber dans le piège que vous m'avez tendu ! lorsque vous abusiez, jour par jour, de ma patiente crédulité ! lorsque vous étiez là, tous deux, déjà d'accord, sans doute, tandis que moi, seul, seul avec ma souffrance, seul, si on l'est jamais quand on aime !...

PRÉVANNES.

Nous retombons dans l'avant-propos.

VALBRUN.

Édouard ! C'est toi qui m'as traité ainsi !

PRÉVANNES.

Je croyais, Monsieur, que tout à l'heure vous me donniez un autre nom.

VALBRUN.

Oui, Monsieur, vous avez raison. Vous me rappelez mes paroles, et, puisqu'il vous plaît de n'y point répondre...

PRÉVANNES.

Je ne réponds point à des paroles sans but, sans consistance et sans raison.

VALBRUN.

Sans but ! C'est vous qui refusez de vous battre.

PRÉVANNES.

Je ne refuse pas absolument. Je demande à quel titre vous me provoquez.

VALBRUN.

Eh bien ! puisqu'il en est ainsi...

PRÉVANNES.

Oui, certes, je demande encore une fois si vous êtes le frère, ou l'amant, ou le mari de la comtesse, et, si vous n'êtes rien de tout cela, je tiens pour nulles vos forfanteries. Il n'entre pas dans mes habitudes de me couper la gorge avec le premier venu.

VALBRUN.

Le premier venu, juste ciel !

PRÉVANNES.

Eh ! sans doute; qu'êtes-vous de plus? Un ami de la maison, d'accord ; une connaissance agréable sans doute, qu'on rencontre peut-être un peu trop souvent chez une jolie femme vive, légère, un peu perfide, j'en conviens, d'une réputation à demi voilée...

VALBRUN.

Parlez-vous ainsi de la comtesse?

PRÉVANNES.

Pourquoi donc pas? Sur ce point-là aussi, allez-vous encore me chercher chicane?

VALBRUN.

Oui, morbleu ; c'est trop! J'ai pu supporter vos froides et cruelles railleries, mais vous insultez une femme que j'estime et que vous devriez respecter, puisque vous dites que vous l'aimez ; venez, monsieur, entrons chez elle. Je n'ai pas, dites-vous, le droit de la défendre ; eh bien ! ce droit que j'ai perdu, que vous m'avez ravi, que j'avais hier, je le lui redemanderai, fût-ce pour un instant, et elle me le rendra, je n'en doute pas. Toute perfide qu'elle est, je connais son cœur, et, malgré toutes vos trahisons, je l'ai tant aimée, qu'elle doit m'aimer encore. Je devais être son époux, je pouvais presque en porter le titre ; qu'elle me le prête un quart d'heure, me rendrez-vous raison? Venez, monsieur, entrons ici.

Il va pour ouvrir la porte de la chambre de la comtesse.

PRÉVANNES, l'arrêtant.

Dis donc, Henri, te souviens-tu que ce matin je te comparais à un âne qui n'ose pas franchir un ruisseau ?

ŒUVRES POSTHUMES. Page 162.

Bibl. Charpentier. LIV. 325.

VALBRUN.

Qu'est-ce à dire ?

PRÉVANNES.

Eh! le voilà, le ruisseau : c'est cette porte; allons, pousse-la donc! Ce n'est pas sans peine que nous y sommes parvenus.
<small>Ils poussent la porte. Entrent la comtesse et Marguerite.</small>

## SCÈNE XV

PRÉVANNES, VALBRUN, LA COMTESSE, MARGUERITE.

PRÉVANNES.

Venez, venez, perfide comtesse. Voici un galant chevalier qui réclame le titre d'époux, seulement, dit-il, pour un quart d'heure, afin d'avoir le droit de m'envoyer en terre.

VALBRUN.

Est-il possible que je me sois abusé à ce point?

MARGUERITE.

Ah, Dieu! j'ai eu bien peur, toujours!

PRÉVANNES.

Vous nous écoutiez donc ?

MARGUERITE.

Oui, oui.

LA COMTESSE.

J'ai de grands torts envers vous, monsieur de Valbrun. Votre ami m'a donné un méchant conseil, et je vous demande pardon de l'avoir suivi.

PRÉVANNES.

Pas si méchant, madame. Vous conviendrez du moins que je vous ai tenu parole.
<small>A Valbrun.</small>

Mon ami, pardonne-moi aussi, en faveur de toutes les injures que tu m'as dites

VALBRUN.

Ah! madame, je suis seul coupable d'avoir pu douter un instant de vous.
<small>Il lui baise la main.</small>

PRÉVANNES, à Marguerite.

Et nous, Margot, nous pardonnons-nous?

MARGUERITE.

Si j'y consens, c'est par bonté d'âme.

PRÉVANNES.

Et moi, c'est pure compassion... Allons, tâchons de nous consoler de tout le chagrin que nous nous sommes fait.

1855.

# LETTRES

## CHAPITRE I

#### A M. PAUL FOUCHER, A PARIS.

Non, mon vieil ami, je ne t'ai pas oublié; les malheurs ne m'ont pas éloigné de toi, et tu me trouveras toujours prêt à te répondre, que tu demandes des pleurs ou des ris, que tu aies à me faire partager ta joie ou ta douleur. As-tu pu croire un instant que ton amitié me fût importune? — Tu as eu tort, car je n'aurais pas eu, à ta place, une semblable idée. — Et, d'ailleurs, me crois-tu plus favorisé que toi de la fortune? Écoute, mon cher ami, écoute ce qui m'arrive.

J'avais à peine expédié mon examen, que je pensais aux plaisirs qui m'attendaient ici. Mon diplôme de bachelier rencontra dans ma poche mon billet de diligence, et l'un n'attendait que l'autre. Me voici au Mans : je cours chez mes belles voisines; tout s'arrange à merveille. On m'emmène dans un vieux château. — Un maudit catarrhe oublié depuis six mois reprend ma grand'mère. Je reçois une lettre qui m'annonce qu'elle est en danger, et, huit jours après, une seconde lettre vient m'avertir de prendre le deuil. — Voilà donc à quoi tient le plaisir et le bonheur de cette vie! Je ne puis te dire quelles affreuses réflexions m'a fait faire cette mort arrivée si vite. Je l'avais laissée quinze jours auparavant dans une grande bergère, causant avec esprit et pleine de santé; et maintenant, la terre recouvre son corps. Les larmes que sa mort fait répandre à ceux qui l'entouraient seront bientôt sèches; et voilà pourtant le sort qui m'attend, qui nous attend tous! Je ne veux point de ces regrets de commande, de cette douleur que l'on quitte avec les habits de deuil. J'aime mieux que mes os soient jetés au vent; toutes ces larmes feintes ou trop promptement taries ne sont qu'une affreuse dérision.

Mon frère est reparti pour Paris. Je suis resté seul dans ce château, où je ne puis parler à personne qu'à mon oncle, qui, il est vrai, a mille bontés pour moi; mais les idées d'une tête à cheveux blancs ne sont pas celles d'une tête blonde. C'est un homme excessivement instruit; quand je lui parle des drames qui me plaisent ou des vers qui m'ont frappé, il me répond : « Est-ce que tu n'aimes pas mieux lire tout cela dans quelque bon historien? Cela est toujours plus vrai et plus exact. »

Toi qui as lu l'*Hamlet* de Shakspeare, tu sais quel effet produit sur lui le savant et érudit Polonius ! — Et pourtant cet homme-là est bon ; il est vertueux, il est aimé de tout le monde; il n'est pas de ces gens pour qui le ruisseau n'est que de l'eau qui coule, la forêt que du bois de telle ou telle espèce, et des cents de fagots. — Que le ciel les bénisse ! ils sont peut-être plus heureux que toi et moi.

Je m'ennuie et je suis triste. Je ne te crois pas plus gai que moi ; mais je n'ai pas même le courage de travailler. Eh! que ferais-je? Retournerai-je quelque position bien vieille ? Ferai-je de l'originalité en dépit de moi et de mes vers? Depuis que je lis les journaux (ce qui est ici ma seule récréation), je ne sais pas pourquoi tout cela me paraît d'un misérable achevé! Je ne sais pas si c'est l'ergoterie des commentateurs, la stupide manie des arrangeurs qui me dégoûte, mais je ne voudrais pas écrire, ou je voudrais être Shakspeare ou Schiller. Je ne fais donc rien, et je sens que le plus grand malheur qui puisse arriver à un homme qui a les passions vives, c'est de n'en avoir point. Je ne suis point amoureux, je ne fais rien, rien ne me rattache ici. Je donnerais ma vie pour deux sous, si, pour la quitter, il ne fallait point passer par la mort.

Voilà les tristes réflexions que j'entretiens. Mais j'ai l'esprit français, je le sens. — Qu'il arrive une jolie femme, j'oublierai tout le système amassé pendant un mois de misanthropie. — Qu'elle me fasse les yeux en coulisse, et je l'adorerai pendant, — au moins pendant six mois. — L'âge me mûrira, j'espère, car je suis bon à jeter à l'eau.

Je donnerais vingt-cinq francs pour avoir une pièce de Shakspeare ici en anglais. Ces journaux sont si insipides, — ces critiques sont si plats! Faites des systèmes, mes amis, établissez des règles; vous ne travaillez que sur les froids monuments du passé. Qu'un homme de génie se présente, et il renversera votre échafaudage ; il se rira de vos poétiques. — Je me sens, par moments, une envie de prendre la plume et de salir une ou deux feuilles de papier; mais la première difficulté me rebute, et un souverain dégoût me fait étendre les bras et fermer les yeux. Comment me laisse-t-on ici si longtemps! J'ai besoin de voir une femme; j'ai besoin d'un joli pied et d'une taille fine; j'ai besoin d'aimer. — J'aimerais ma cousine qui est vieille et laide, si elle n'était pas pédante et économe.

Je t'écris donc pour te faire part de mes dégoûts et de mes ennuis. Tu es le seul lien qui me rattache à quelque chose de remuant et de pensant, tu es la seule chose qui me réveille de mon néant et qui me reporte vers un idéal que j'ai oublié par impuissance. Je n'ai plus le courage de rien penser. Si je me trouvais dans ce moment-ci à Paris, j'éteindrais ce qui me reste d'un peu noble dans le punch et la bière, et je me sentirais soulagé. — On endort bien un malade avec de l'opium, quoiqu'on sache que le sommeil lui doive être mortel. — J'en agirais de même avec mon âme.

N'y a-t-il pas ici quelque vieille tête à perruque et à système, pour me dire : « Tout cela est de votre âge, mon enfant. J'ai été comme cela aussi dans ma jeunesse. Il vous faut un peu de distraction, pas trop ; et puis vous ferez votre droit, et vous entrerez chez un avoué. » — Ce sont ces gens-là que j'étranglerais de mes mains. La nature a donné aux hommes le type de tout ce qui est mal : la vipère et le hibou sont d'horribles créations ; mais qu'un être qui pourrait sentir et aimer, éloigne de son âme tout ce qui est capable de l'orner, et appelle *aimer* un passe-temps, — et *faire son droit* une chose importante ! — anatomistes qui disséquez les valvules triglochines, dites-moi si ce n'est pas là un polype ?

Tu vois que j'écris tout ce qui me passe par la tête ; fais-en autant, je t'en prie. J'ai besoin de tes lettres ; je veux savoir ce qui se passe dans ton âme, comme tu sais tout ce qui se passe dans la mienne. Sans doute, elles se ressemblent beaucoup. — Nous sommes animés du même souffle. — Pourquoi celui qui nous l'a donné le laisse-t-il si imparfait ? Je ne puis souffrir ce mélange de bonheur et de tristesse, cet *amalgame de fange et de ciel.* — Où est l'harmonie, s'il manque des touches à l'instrument ? Je suis *sou*, las, assommé de mes propres pensées; il ne me reste plus qu'une ressource, c'est de les écrire. — Mais je partirai peut-être dans quelques jours. Où irai-je? je n'en sais rien, — Si je retourne au Mans, je m'en vais trouver tout le monde dans la tristesse ; ma grand'mère morte, toute la famille en pleurs, maman, mon oncle (Desherbiers) ; et, au milieu de tout cela, mon grand-père demandant à chaque instant : « Où est ma femme ? » et ajoutant : « J'espère qu'elle n'est pas indisposée. »

A propos, j'ai obtenu, à ce qu'il paraît, chez M. Caron, les honneurs du triomphe ! Heureux, trois fois heureux celui qu'une pareille jouissance pourrait occuper un moment ! Pourquoi la nature m'a-t-elle donné la soif d'un idéal qui ne se réalisera pas ? — Non, mon ami, je ne peux pas le croire ; j'ai cet orgueil : ni toi ni moi ne sommes destinés à ne faire que des avocats estimables ou des avoués intelligents. J'ai au fond de l'âme un instinct qui me crie le contraire. Je crois encore au bonheur, quoique je sois bien malheureux dans ce moment-ci. J'attends ta réponse avec impatience, et je souhaite de tout mon cœur pouvoir l'entendre de vive voix.

Adieu, mon cher ami,

Tout à toi.

Alfred.

Au château de Cogners, le 23 septembre 1827.

## II

### A M. DESHERBIERS AU MANS.

Je t'envoie, mon cher oncle, ces poèmes dont tu as entendu une partie. Lire et entendre sont deux, comme tu sais ; mais tu ne seras pas pour eux plus sévère que moi, et je te demande toute la franchise possible.

Je te demande grâce pour des phrases contournées ; je m'en crois revenu. Tu verras des rimes faibles ; j'ai eu un but en les faisant, et sais à quoi m'en tenir sur leur compte ; mais il était important de se distinguer de cette école *rimeuse*, qui a voulu reconstruire et ne s'est adressée qu'à la forme, croyant rebâtir en replâtrant.

Ma préface est impertinente ; cela était nécessaire pour l'effet ; mais elle n'attaque personne et il est très facile de lui prêter différents sens.

Quant aux rythmes brisés des vers, je pense là-dessus qu'ils ne nuisent pas dans ce que l'on peut appeler le récitatif, c'est-à-dire la *transition* des sentiments ou des actions. Je crois qu'ils doivent être rares dans le reste. Cependant Racine en faisait usage.

Je te demanderai de t'attacher plus aux compositions qu'aux détails ; car

ŒUVRES POSTHUMES.   Page 171.

Bibl. Charpentier.   LIV. 326.

je suis loin d'avoir une manière arrêtée. J'en changerai probablement plusieurs fois encore.

J'ai retranché du dernier poème plusieurs choses un peu trop matérialistes, et y ai laissé dominer le *dandysme*, qui est moins dangereux. Je cherche à éviter les ennemis, et n'y réussirai très probablement pas ; mais je crois que jusqu'à présent, mon père, qui lit les journaux très exactement, a plus peur que moi. La critique juste donne de l'élan et de l'ardeur. La critique injuste n'est jamais à craindre. En tout cas, j'ai résolu d'aller en avant, et de ne pas répondre un seul mot.

Tout cela d'abord est assez amusant ; je ne peux pas m'empêcher de rire toutes les fois que je me rencontre étalé.

J'attends tes avis. Mes amis m'ont fait des éloges que j'ai mis dans ma poche de derrière. C'est à quatre ou cinq conversations avec toi que je dois d'avoir réformé mes opinions sur des points très importants ; et depuis j'ai fait bien d'autres réflexions. Mais tu sais qu'elles ne vont pas encore jusqu'à me faire aimer Racine.

Adieu donc, mon bon oncle. Aime-moi toujours et crois que je te le rends du meilleur de mon cœur. Je n'ai qu'un regret ; c'est de ne t'avoir pas auprès de moi pour me servir de guide et d'ami.

Ton neveu

ALFRED DE MUSSET.

Janvier 1830.

## III

A SON FRÈRE, A AIX EN SAVOIE.

Mon cher ami,

Hier matin, j'ai été chez notre voisin Alfred Belmont, faire une partie d'impériale. Il arrivait d'Aix, où il t'avait laissé, m'a-t-il dit, souffrant d'un rhume que tu as gagné en allant à la Chartreuse. Je te reconnais bien là. Garde-toi, en écrivant à ma mère, de lui parler de ce rhume. Elle est déjà assez inquiète dès que tu bouges de la maison. Tu me demandes à quoi j'emploie mon temps, je ne l'emploie pas, je le passe ou je le tue ; c'est déjà assez difficile. Cependant je dois dire que nous discutons beaucoup ; je trouve même qu'on perd trop de temps à raisonner et épiloguer. J'ai rencontré Eugène Delacroix, un soir en rentrant du spectacle ; nous avons causé peinture, en pleine rue, de sa porte à la mienne et de ma porte à la sienne, jusqu'à deux heures du matin ; nous ne pouvions pas nous séparer. Avec le bon Antony Deschamps, sur le boulevard, j'ai discuté de huit heures du soir à onze heures. Quand je sors de chez Nodier ou de chez Achille (Devéria), je discute tout le long des rues avec l'un ou l'autre. En sommes-nous plus avancés? En fera-t-on un vers meilleur dans un poème, un trait meilleur dans un tableau? Chacun de nous a dans le ventre un certain son qu'il peut rendre, comme un violon ou une clarinette. Tous les raisonnements du monde ne pourraient faire sortir du gosier d'un merle la chanson du sansonnet. Ce qu'il faut à l'artiste ou au poète, c'est l'émotion. Quand j'éprouve, en faisant un vers, un certain battement de cœur que je connais, je suis sûr que mon vers est de la meilleure qualité que je puisse pondre.

Dimanche, après le dîner, je bâillais comme une huître dans la grande allée des Tuileries, quand j'ai aperçu les demoiselles *** assises au pied d'une caisse d'oranger. Je les ai abordées et je me suis assis près de la plus jeune. Elle avait un petit chapeau blanc avec des rubans verts. Tout ce qu'elle disait était charmant d'ignorance. On sent dans ses regards je ne sais quoi de frais et de tendre dont elle ne se doute pas. Elle ne connaît pas plus l'amour qui est en elle qu'une fleur ne connaît son parfum. La beauté d'une jeune fille a quelque chose d'indéfinissable. Je suis resté une heure à côté de cette enfant ; il me semblait que je m'étais glissé à l'abri sous les ailes de son ange gardien. En quittant ces dames, parce que la retraite sonnait, je suis allé au café de Paris. J'y ai trouvé M... en train de parier qu'il fumerait deux cigares à la fois jusqu'au bout sans les ôter de sa bouche et sans cracher. Ce pari m'a paru si bête que je suis parti. Horace de V... m'a accompagné jusqu'à ma porte. Il m'a appris une chose que je ne savais pas, c'est que depuis mes derniers vers [1], ils disent tous que je suis converti, converti à quoi? S'imaginent-ils que je me suis confessé à l'abbé Delisle ou que j'ai été frappé de la grâce en lisant Laharpe? On s'attend sans doute à ce que, au lieu de dire : « Prends ton épée et tue-le, » je dirai désormais : « Arme ton bras d'un glaive homicide, et tranche le fil de ses

---

[1]. Les *Vœux stériles* et *Octave*.

jours. » Bagatelle pour bagatelle, j'aimerais encore mieux recommencer les *Marrons du feu* et *Mardoche*.

Adieu, mon cher ami. Je sais qu'il y a beaucoup de jolies baigneuses à Aix, M^me de V..., M^me d'A..., etc., et que tu fais le coquet avec ces dames. Je t'autorise à les embrasser toutes pour moi.

Ton frère et ami

Alf. M.

Jeudi 4 août (1831).


## IV

### A. M. ÉMILE DESCHAMPS.

17 décembre (1832).

Monsieur,

Si les mauvais vers ne vous font pas peur et que la veille de Noël ne vous trouve pas engagé dans quelque réveillon, vous seriez bien bon et bien aimable de venir écouter des poèmes qui ont besoin plus que personne qu'on ne les abandonne pas. Je vous demande deux choses bien faciles à vous : complaisance et indulgence.

Je vous ai promis. — Ne me faites pas défaut, non plus qu'à cette bonne camaraderie qui honore tant les uns et désole tant les autres.

Je vous prie de croire à mon entier dévouement.

A. de Musset.


## V

### A M. MAXIME JAUBERT.

Monsieur,

J'ai essayé ce matin de changer quelque chose à la strophe que vous m'avez donnée et dont vous n'êtes pas content. Après l'avoir retournée de toutes les façons, je trouve que je n'y saurais rien faire de mieux, et qu'il faudrait simplement la conserver. Cependant je vous soumets ce que j'ai pu faire et dont, à votre tour, vous ferez ce que vous voudrez.

S'il est nécessaire, pour le sens général, de conserver le premier vers, comme liaison avec la strophe précédente, on pourrait mettre :

> Que l'égoïsme seul au chagrin soit en proie,
> Quand le sage au banquet s'abandonne à la joie,
> Que sur le flot qui passe il répande son pain.
> Il le retrouvera dans un jour de misère.
> Le malheur porte un voile, et nul homme sur terre
> N'est sûr du lendemain.

Cette strophe serait peut-être une imitation plus exacte du passage de l'Ecclésiaste. L'expression *qu'il répande son pain* est celle du texte français. Il ne faut pourtant pas trop s'y fier ; car au verset suivant, qui fournit l'idée des deux derniers vers, il y a, dans Lemaistre de Sacy, un contre-sens positif. Le texte dit : *quia ignoras quid futurum sit mali super terram* ; et le français dit : « parce que vous ignorez le mal qui *doit venir* sur la terre. » — C'est tout autre chose ; il aurait fallu, je crois : « quel mal *peut venir* ».

Si une autre paraphrase de ces deux versets pouvait entrer dans le morceau sans le premier vers, on pourrait mettre encore :

> Nul ne sait de quels maux son destin le menace.
> Jette un morceau de pain dans le fleuve qui passe
> Les flots qui sont à Dieu ne l'engloutiront pas.
> Laisse-les l'emporter sur la rive étrangère,
> Et, dans longtemps peut-être, en un jour de misère
> Tu l'y retrouveras.

Si vous ne voulez prendre que le sens philosophique du passage de l'Écriture, et le développer sous ce rapport, peut-être alors pourrait-on dire encore :

> Qui peut prévoir les maux suspendus sur sa tête ?
> Quand vous serez assis au banquet d'une fête,
> Jetez dans l'eau qui passe un peu de votre pain.
> Que le pauvre ait sa part de ce que Dieu vous donne,
> Afin que, quelque jour, celui qui fait l'aumône
> Vous ouvre aussi sa main.

Mais à force de retourner le texte, il finirait par n'en rien rester. Ainsi voilà qui prouve que le mieux est l'ennemi du mal, comme vous me le disiez l'autre jour; ajoutez à cela que le bien est l'ennemi du mal, comme je vous le disais aussi, et vous en serez au même point que moi, c'est-à-dire dans le même cas que ces courtisans, qui, après avoir délibéré pendant trois jours à quel endroit ils couperaient le nez du roi, décidèrent qu'il fallait le couper au premier endroit venu.

Coupez donc, monsieur, et biffez ce que bon vous semblera dans ce que je vous envoie. Vous finirez par prendre dans ces strophes la meilleure qui est la vôtre; et c'est mon avis que vous la choisissiez. Ne voyez, je vous prie, dans ce griffonnage que le désir de vous être agréable; je m'en tirerai peut-être mieux une autre fois, si vous voulez bien me mettre à contribution quand je pourrai vous être bon à quelque chose.

Votre bien dévoué

ALF. DE MUSSET.

Mercredi.

Voici le texte latin des deux versets qui composaient cette strophe :

« Mitte panem tuum super transeuntes aquas : quia post tempora multa invenies illum. »
« Da partem septem, necnon et octo : quia ignoras quid futurum sit mali super terram. »

(*Ecclésiaste*, ch. XI.)

## VI

#### A SA MARRAINE.

Vous avez eu grand tort, Madame, de n'être pas venue ce soir au Théâtre-Français. *Rosine* n'a pas été espiègle, mais elle a été spirituelle et assez coquette, fort coquette même. Il y a eu une sortie charmante. Voici comment : elle vient de lire le billet de Lindor; l'acte finit; elle est seule en scène. Le billet lu, et le dernier mot dit, l'actrice n'a plus qu'à s'en aller; elle s'en va donc. L'orchestre se met à jouer une valse. Or, au lieu de sortir comme on sort, c'est-à-dire de laisser le théâtre vide pour l'entr'acte, voici ce qu'a fait Rosine ce soir :

Elle s'en est allée à pas lents, tenant à la main le billet de Lindor, le relisant, tournant sur la scène, seule, sans mot dire; cela a duré près de cinq minutes. Le parterre n'a pas bougé; il a suivi des yeux la demoiselle, qui n'en a pas été plus vite, tournant et relisant toujours, en dépit de l'entr'acte et de l'orchestre. Enfin elle est sortie et on a applaudi. Que dites-vous de cela? Comme c'est hardi, calculé, affecté et parfaitement vrai! et comme c'est féminin!

— Mais, direz-vous, c'est une tradition; cela se fait peut-être tous les jours.

— Non, madame; j'ai vu, Dieu aidant, une centaine de fois le *Barbier de Séville*, et je n'ai jamais vu cette sortie.

— Eh bien, direz-vous encore, c'est une idée de M<sup>lle</sup> Mars.

— Eh! que m'importe? c'est charmant. Et songez que d'oser le faire, d'oser tenir ainsi le spectateur en haleine, au moment où l'entr'acte commence, d'oser rester quand tout le monde va se lever, quand on n'a plus rien à dire, quand les garçons de café brûlent de crier leur limonade, ma foi, oser cela, le faire et réussir, c'est quelque chose.

Cette lettre, qui n'est pas datée, est certainement de 1836, puisqu'il y est question de M<sup>lle</sup> Plessy, qui joua pour la première fois le rôle de Rosine à la Comédie-Française le 20 mai de cette même année.

## VII

### A SA MARRAINE.

Madame,

Voici le fait. La princesse m'écrit qu'elle ne peut me bâtir un sujet avec l'histoire dont je vous ai parlé, et dit-elle, voici pourquoi : « Le fond de l'histoire n'est ni extraordinaire ni gai. Les détails sont, en revanche, du meilleur comique; mais comment donner les détails sans démasquer les personnages? — Il faut y renoncer, conclut-elle, *à moins que M<sup>me</sup> J..* ne trouve un moyen. »

Vous êtes déjà, Madame, conseillère par droit de conquête, soyez-le encore, je vous en prie, par amour des *belles-lettres*. Pour ma part, je ne vois qu'un moyen, et je l'ai proposé : c'est de garder les faits, autant que possible, les caractères *idem*, et de changer les hommes en femmes, et réciproquement. Qu'en pensez-vous? Je l'ai déjà fait, et m'en suis bien trouvé. Les vrais ridicules, comme les vrais sentiments, ont peu ou point de sexe. Mais vous trouverez mieux, si vous voulez; et si grâce à vous l'affaire peut s'arranger, vous rendrez un véritable service à votre très toussant et enchifrené serviteur.

ALF. M.

27 février 1837.

## VIII

### A SA MARRAINE.

Madame,

Mon arrangement de loge a manqué ce soir. Il n'y a rien de tel que de compter sur les autres. Au lieu d'être au concert [1], me voilà en face de ma cheminée. Donnez-moi, je vous en prie, des nouvelles, afin que je puisse en parler sans mentir. Je suis très réellement fâché de n'y pas être, pour deux raisons. La première, c'est que je m'y serais plus qu'amusé; la seconde, c'est que, tant bien que mal, vers ou prose, j'en aurais dit quelque chose. On l'aurait lu comme un ricochet de mon article sur Rachel. Il m'aurait beaucoup plu de parler en même temps de toutes les deux : l'une sachant cinq ou six langues, s'accompagnant elle-même avec cette aisance admirable, cette grande manière, ce génie facile, etc. ; — l'autre toute d'instinct, ignorante, vraie princesse bohémienne, — une pincée de cendre où il y a une étincelle sacrée, etc. — Entre elles deux une parenté évidente, le même point de départ et deux routes si diverses, le même but et deux résultats si différents! — Tout cela eût été curieux à sentir, à exprimer de mon mieux. La loge a manqué, et je n'avais pas pris de stalle, comptant à moitié sur cette loge. A moitié!!! voilà bien le mot le plus bête! et pourtant la grande raison de bien des choses. — Compliments littéraires.

Samedi soir (15 décembre 1838).

1. Le premier concert public de Mlle Garcia.

Œuvres Posthumes.

Page 190.

## IX

### A SA MARRAINE.

Vous vous trompez, ma chère marraine, en croyant que c'était sur vous que je comptais. Je n'avais vu, non plus que vous, dans la proposition du conseiller qu'une bonne volonté sans résultat possible. C'était mon ami Tattet qui devait retenir une loge, et il n'en a pas pu trouver. J'avais présumé ce que vous me dites du concert, d'après le récit de mon frère. — J'en aime encore moins Bériot, que je n'aimais pas, d'avoir sacrifié la jeune fille. Mais c'était à parier qu'il en arriverait ainsi.

Puisque mon idée de comparaison vous plaît, tâchez de réaliser votre bonne intention de me faire voir encore une fois Paulette (je tiens à l'appeler ainsi et non Pauline). Vous comprenez que, pour que ces choses-là signifient quelque chose, il faut que ce ne soit pas une amplification rimée sur une thèse qu'on devine. Il faut que ce soit senti à fond. Vous savez, d'ailleurs, que j'ai et aurai toujours la bêtise d'être consciencieux là-dessus. — J'aime mieux faire une page simple, *mais honnête*, qu'un poème en fausse monnaie dorée.

Pour la *petite*, comme on l'appelle au Théâtre-Français, je la connais passablement. Je voudrais croiser le fer avec Paulette pendant un quart d'heure, après quoi, je rêvasserais à mon aise. — Très réellement, je crois qu'il y a, dans ce moment-ci, un coup de vent dans le monde artiste. La tradition classique était une adorable convention, le débordement romantique a été un déluge, au milieu duquel il y avait de bons côtés. Nous voilà aujourd'hui à la vérité pure, et dégagée de tout. Je donnerais bien cent écus, comme dit Vernet, pour n'avoir que vingt ans, à l'heure qu'il est, et pouvoir m'envoler, dans cette bourrasque, en compagnie de Paulette et de Rachel, quitte à me perdre dans les nues avec elles. Je suis bien vieux pour un tel voyage, et l'on m'a passablement brûlé les ailes en temps et lieu. Mais n'importe : si je ne les suis pas, je puis, du moins, les regarder partir, et boire à leur santé le coup de l'étrier. Nous trinquerons ensemble, n'est-ce pas, ma chère marraine?

Je finis ma *nouvelle* ; c'est ce qui m'empêche d'aller vous voir. Mille remerciements comme toujours, et mille amitiés à toujours.

Alf. M.

Lundi (17 décembre 1839).

## X

### A SA MARRAINE.

Comment allez-vous, ma chère marraine, et que faites-vous? J'ai besoin d'avoir de vos nouvelles d'une manière quelconque et de savoir ce que font ceux qui vivent. Je suis dans le moment le plus ennuyeux d'une maladie. J'ai le tort d'être guéri, ce qui fait qu'on ne me traite plus en malade, et en même temps, je ne suis pas encore de force à agir comme ceux qui se portent bien. Ma religieuse est partie, en sorte que je suis en tête à tête avec la vertu et le lait d'amande. Je ne m'ennuie pas, parce que je travaille ; mais j'ai un petit fonds de tristesse.

Sans compter cette bonne fille à laquelle je m'étais habitué, vous m'avez tant et si bien gâté, tous et toutes, pendant ma maladie, qu'il me prend des envies de me recoucher pour vous ravoir. J'ai pourtant, du reste, de grands sujets de tranquillité ; mes affaires qui me tracassaient s'arrangent lentement, mais elles s'arrangent. Mes projets de sagesse sont plus fermes que jamais. Il ne me manque qu'un peu plus de force et un rayon de soleil qui dégourdisse ce vilain temps.

En attendant, vous qui vous souvenez de vos amis dans les mauvais jours, ne m'oubliez pas trop, je vous en prie, dans ma prospérité.

Compliments au sirop de gomme.

Alf. M,

Samedi (de la fin de mars 1840).

## XI

A SON FRÈRE, AU CHATEAU DE LOREY, PRÈS PACY-SUR-EURE.

Homme plus rusé que Gribouille, est-ce que tu crois que je ne vois pas où tu veux en venir avec ton délicieux paysage que tu regardes par la croisée? Sous tes fleurs de rhétorique, il y a un sermon pour m'attirer à la campagne. Eh bien, je l'ai quitté, cet ennuyeux Paris que j'adore. J'ai été à Bury ; j'ai revu les bois que j'aimais tant il y a deux ans. Je me suis abreuvé de verdure. Nous avons pris le café en plein air et joué au loto : qu'est-ce que tu veux de plus innocent? Parce que mes dettes vont être payées, tu en conclus que je dois éprouver le besoin de faire ma malle. Ce raisonnement est trop fort pour moi. Je connais beaucoup de gens qui ont payé leurs dettes et qui n'iront jamais de leur vie à Pacy.

Je finirai mes vers à la sœur Marceline [1] un de ces jours, l'année prochaine, dans dix ans, quand il me plaira et si cela me plaît ; mais je ne les publierai jamais et je ne veux pas même les écrire. C'est déjà trop de te les avoir récités. J'ai dit tant de choses aux badauds et je leur en dirai encore tant d'autres, que j'ai bien le droit, une fois en ma vie, de faire quelques strophes pour mon usage particulier. Mon admiration et ma reconnaissance pour cette sainte fille ne seront jamais barbouillées d'encre par le tampon de l'imprimeur. C'est décidé, ainsi ne m'en parle plus. M$^{me}$ de Castries m'approuve ; elle dit qu'il est bon d'avoir dans l'âme un tiroir secret ; pourvu qu'on n'y mette que des choses saines.

Dis à nos cousins que j'irai peut-être les voir à l'automne. Ma mère a dû t'envoyer deux lettres hier. Il y en a une de Barre, qui est venu encore passer quelques soirées avec nous à dessiner. Adieu, mon cher ami ; ne r ste pas trop longtemps à Lorey.

Ton frère qui t'aime,

ALF. M.

Lundi (juin 1840).

[1]. La sœur de Bon-Secours qui l'avait soigné pendant sa maladie.

## XII

### A SA MARRAINE.

Voilà comme vous êtes, vous autres femmes : vous vous imaginez, parce qu'on n'écrit pas, qu'on est amoureux, c'est-à-dire heureux ; il me semble qu'on pourrait en conclure le contraire.

Si je m'appuyais sur mon coude gauche, et si je vous disais : « Je suis allé mardi dernier chez M^me de C. Il y avait là M^me G. d'abord et ensuite M^me S. — On a assez coqueté, et le *poète* fut reconduit en calèche découverte. »

Mais ce n'est rien. L'autre jour, il y a eu, vers l'heure du clair de lune, une promenade à la Lamartine, avec lac, ombrage, marronniers, travestissements, etc.

— Bah ! avec les mêmes initiales ?

— Non, Madame, avec d'autres initiales.

Mais ce n'est rien du tout. Si je vous disais quelle taille ronde, quelles manches plates, quelle pudeur, quelle mélancolie, quelles dentelles, quel singulier hasard ! Douteriez-vous du chapitre de roman que je pourrais vous faire ? et tout cela dans un escalier, la sonnette à la main !

Mais ce n'est rien de rien. Si je vous disais que cette fière jeune fille a braqué ses yeux sur le filleul, et de peur qu'il n'en ignorât, le lui a fait savoir !

Mais c'est moins que rien. Si je me penchais sur l'autre coude, et si j'ajoutais : « Ma foi, elle était bien gentille sur le sopha bleu, avec ses cheveux blonds et ses yeux noirs. »

— Eh ! qui donc ?

— Qu'est-ce que cela vous fait ? Et la preuve *que*, c'est que le mari m'aime. Oui, il m'a pris en affection, et il m'a arrêté sur le boulevard, moi étant très pressé, lui m'ayant parlé trois fois au plus auparavant, et le bon Dieu nous envoyant de la pluie sur la tête pendant ce temps-là. Et poignées de main, et invitations tombant des nues, etc. Ne vous seriez-vous pas dit comme moi, en pareil cas : « Voilà un homme que je ne connais pas beaucoup, mais qui m'aime véritablement, et dont la femme est fort aimable ? »

Mais ne vous figurez pas que tout cela soit quelque chose.

Eh bien, qui sait si toutes ces folies, ces fatuités, ces cancans ne vous amuseraient pas, et si vous ne me trouveriez pas excusable d'avoir laissé mon encre sécher pendant que tous ces vents soufflaient ?

Et si je vous disais tout bonnement, ou pour mieux dire, fort bêtement :
« Je suis seul, et triste. Ces rêves ne sont rien que des rêves, et après tout, je ne vis que quand un cœur bat sur le mien ? »

Je vous envoie une drôle de lettre. Il me souvient, en la relisant, d'un élève du collège Henri IV qui, pour se moquer du professeur, avait fait une amplification de rhétorique dont tous les paragraphes commençaient ainsi : « Je ne vous dirai pas que, etc. — Je pourrais vous dire que, » etc. L'élève s'appelait Évrard; il fut chassé de la classe. Je puis vous dire pourtant que je suis votre très honoré filleul.

*Yours for ever and something more.*

Jeudi soir (juillet 1840).

## XIII

#### A SA MARRAINE.

Si vous savez pourquoi vous répondez vite et bien, vous comprendrez aisément pourquoi je réponds tard et mal. Prenez d'abord votre bon sens, puis votre tranquillité, puis votre gaieté naturelle, votre petit *farniente* toujours occupé à propos, puis, que dirai-je? tout ce qu'il y a en vous de bon et de toujours prêt. Retournez tout cela, comme on retourne son bas pour le mettre. *Voilà ma position*, comme dit un de mes amis. Soyez sûre que, quand je ne vous dis rien, ce n'est ni oubli, ni paresse, ni distraction; mais c'est que je ne peux rien dire.

Merci d'abord de l'histoire *musicale et dentifrice*. Hélas! marraine, ces riens charmants qui viennent de vous me sont bien chers. Ils me rappellent le temps où je savais jouir de toutes ces petites perles qui vous tombent des lèvres quand vous riez ou qui pendent au bout de votre plume à chaque goutte d'encre que vous prenez. Je perds tous les jours l'esprit qu'il faut pour être au monde.

Vous demandez un commentaire, ce que vous appelez « un titre de chapitre ». J'admire le flair qu'ont les femmes comme vous. De toutes les folies que je vous ai écrites, l'histoire de l'*escalier* serait la moins folle ou la plus sérieuse, si c'était quelque chose; mais malheureusement ce n'est et ne *sera* rien. Quant à l'histoire *sainte*, elle passe un peu à l'état d'ancien testament. Je ne peux pas vous faire l'histoire de l'*escalier*, parce que c'est si peu de chose, si *rien* qu'il faudrait quinze pages pour la raconter

Elle est revenue! cet affreux capitaine l'a rencontrée. Et ce qui est triste, c'est la pièce nouvelle de l'Opéra-Comique[1]. Et j'y étais presque encore quand j'ai rencontré Clavaroche par une pluie battante, car j'en sortais.

Figurez-vous : *Se il padre m'abbandona*, chanté en français, en costume de fantaisie écossais, avec des guêtres, des jupes qui viennent à mi-jambe, et chanté très vite, probablement pour ne ressembler ni à la Pasta, ni à la Malibran, ni à etc.

Oui, Madame, elle est revenue, cette brune dont le portrait à la mine de plomb me pend au-dessus de la tête en ce moment même. Est-ce que vous croyez que je l'aime là, vraiment? Est-ce que vous supposez qu'il reste quelque chose de cette fantaisie que j'ai cru avoir? Bah! je suis parfaitement guéri ; et quand le filleul de ma marraine sera à son tour dessiné à la mine de plomb sur son propre tombeau, on écrira au-dessous :

ÉPITAPHE D'UN INCONNU.

« Cit-gît un homme qui a été à l'Opéra-Comique le 30 juillet 1840. Il avait l'idée d'y aller le 28 ; mais le théâtre était fermé à cause des fêtes, c'est pourquoi il s'y est rendu le surlendemain. Il s'est mis dans une avant-scène fort sombre, où il était tout seul. Et il a aperçu en face de lui, — à peu près, — une jeune femme brune. C'était la seconde fois de sa vie qu'il allait à l'Opéra-Comique; et il lui est impossible d'expliquer pourquoi, ayant ce théâtre en horreur, il lui avait pris, dès le 28, une telle envie d'y aller, que, le 30, il a emprunté à monsieur son frère de quoi s'y rendre, ne devant avoir d'argent que le lendemain. Et dans cette avant-scène qui est énorme, s'ennuyant fort tout seul, il a regardé dans la salle, et il a cru reconnaître dans une loge cette même jeune fille brune; mais il lui a été impossible de croire que ce fût elle, vu qu'il la croyait engagée à Milan pour l'*Automnino*,

1. *L'Opéra à la cour*, espèce de pot-pourri dramatique.

c'est-à-dire la fin d'août. Sortant de là, et fort ému, il a rencontré par la pluie un capitaine avec lequel il était fort lié. Ce capitaine lui a affirmé qu'il avait, peu de jours auparavant, rencontré cette même brune à Paris, et qu'ainsi donc c'était bien elle, et non pas une hallucination produite par la musique. Et alors l'infortuné est rentré chez lui ; et il a fumé un grand nombre de cigarettes.

« Priez pour lui ! »

Je vous serre la main en désespéré.

31 juillet 1840.

## XIV

### A MONSIEUR ALFRED TATTET.

Je pars, mon cher ami, demain matin pour Augerville avec mon frère. Nous y passerons probablement huit ou dix jours ; après quoi, si vous ne vous envolez pas de votre côté, nous nous retrouverons, j'espère, sur cet ennuyeux et adoré pavé de la meilleure et de la plus exécrable des villes.

A vous de cœur.

ALF. MUSSET.

Jeudi soir (10 septembre 1840)

## XV

### A MADAME LA DUCHESSE DE CASTRIES.

Ce n'est ni par manque d'amitié, Madame, ni par manque de courage que je ne suis point allé vous voir à Dieppe. Je ne le pouvais réellement pas. La partie d'Augerville était arrangée et convenue depuis longtemps, et je ne pouvais y manquer sans impolitesse. Vous m'avez vu hésitant, mais c'est que j'hésite toujours, ou que je fais semblant par acquit de conscience, parce que je ne fais jamais ce que je voudrais, ni ce que je devrais. Je regrette de ne m'être pas rendu, comme on dit, *à votre aimable invitation*, car,

OEuvres Posthumes — Page 496.

j'ai fait des sottises à Paris. J'en aurais peut-être fait à Dieppe; mais c'en auraient été d'autres, probablement moins sottes.

Ne vous plaignez pas d'une fin de saison là-bas, je ne sais si ce que nous avons ici est une fin ou un commencement, mais si l'ennui était un brouillard, on ne se verrait pas à deux pas, à Paris, dans ce moment.

Vous me demandez l'opinion de Berryer sur Madame Lafarge. Tant que le procès a duré, il n'a trop rien dit, en sa qualité de jurisconsulte probablement, mais je le crois de votre avis, que je partage entièrement; je ne comprends même pas qu'on ait tant hésité : le témoignage de Mademoiselle Brun me semble concluant.

Je ne suis point allé à la Chambre des pairs, pour entendre la défense du prince Louis. C'est encore un de mes regrets; mais, à vous dire vrai, je ne peux pas me faire à cette mode d'écouter un plaidoyer comme un opéra. Berryer dit à une chambre qui devait être le premier corps de l'État qu'ils ont tout trahi, tout abandonné, tout trompé, et tout cela, comme vous le dites, pour de l'or et des places, et Messieurs les pairs crient *bravo!* comme s'ils entendaient chanter Rubini. — C'est admirable!

Oui, Madame, vous avez bien raison de vous féliciter d'être femme. Je tombe d'accord de tout ce que vous dites là-dessus, et même des *dix années indevinables*. Permettez-moi pourtant une observation : il vous sied de parler ainsi, parce que vous êtes femme réellement femme, que vous avez fait un noble et bon usage de votre vie et de vos facultés; mais accordez-moi aussi qu'il y a peu, bien peu de pareils courages; et certes, parmi les les hommes, ceux qui ont vécu hardiment ont aussi des souvenirs moins doux, c'est vrai, moins calmes, mais tout aussi profonds. En somme, il me semble que la différence du sexe n'est pas l'important, mais plutôt la différence des êtres. La vie vulgaire, petite et étroite que mènent les trois quarts et demi des gens qui croient vivre, détruit le peu que chacun aurait pu valoir. Ceux qui rompent cette glace doivent être mis à part, et en général, les hommes ont le grand avantage de la liberté, qui les dispense de l'hypocrisie. S'il y a peu d'hommes qui sachent être heureux, il y a peu de femmes qui osent être heureuses. A partie égale, entre amants, il y en a toujours un qui est le propriétaire; l'autre n'est que l'usufruitier, et en cela, je vous reconnais la supériorité; nous goûtons le bonheur, mais vous en avez le secret.

Vous me parlez d'un méchant sujet, qui est moi-même. Je crois avoir le droit de dire que je m'ennuie, parce que je sais très bien pourquoi. Vous me dites que ce qui me manque c'est la foi. — Non, Madame : j'ai eu, ou cru avoir cette vilaine maladie du doute, qui n'est, au fond, qu'un enfantillage, quand ce n'est pas un parti pris et une parade ; non seulement aujourd'hui j'ai foi en beaucoup de choses, et d'excellentes choses, mais je ne crois pas même que, si on me trompait, ou si je me trompais, je perdisse cette foi pour cela.

Pour ce qui regarde les choses d'un peu *plus haut* et la foi de la sœur Marceline, je ne peux rien dire là-dessus. La croyance en Dieu est innée en moi ; le dogme et la pratique me sont impossibles, mais je ne veux me défendre de rien ; certainement je ne suis pas *mûr* sous ce rapport. Ce qui me manque maintenant, je vous l'ai dit : c'est une chose beaucoup plus terrestre. Je vous ai raconté comme quoi une passion absurde, fort inutile et peu ridicule m'a fait rompre, depuis à peu près un an, avec toutes mes habitudes. J'ai quitté tout ce qui m'entourait, mes amis, mes amies, le courant d'eau où je vivais, et une des plus jolies femmes de Paris. Je n'ai pas réussi, bien entendu, dans ma sotte vision, et aujourd'hui, je me retrouve guéri, il est vrai, mais à sec, comme un poisson au milieu d'un champ de blé ; or, je n'ai jamais pu, je ne puis ni ne pourrai vivre ainsi seul, ni convenir que c'est vivre. J'aimerais autant être un Anglais. Voilà toute ma peine. Vous voyez que je ne suis ni blasé, ni ennuyé sans motif, mais purement et simplement désœuvré. Je ne me crois pas très difficile à guérir ; cependant je ne serais pas non plus très facile. Je n'ai jamais été *banal*. Ce qu'on appelle les femmes du monde, d'une part, me font l'effet de jouer une comédie dont elles ne savent pas même les rôles. D'un autre côté, mes amours perdues m'ont laissé quelques cicatrices qui ne s'effaceraient pas avec de l'onguent miton mitaine. Ce qu'il me faudrait, c'est une femme qui fût quelque chose, n'importe quoi : ou très belle, ou très bonne, ou très méchante, à la rigueur, ou très spirituelle, ou très bête, mais quelque chose. — En connaissez-vous, Madame ? tirez-moi par la manche, je vous en prie, quand vous en rencontrerez une. Pour moi, je ne vois rien de rien.

Croyez, Madame, à ma bien sincère et respectueuse amitié.

A. DE MUSSET.

Jeudi (septembre ou octobre 1840).

## XVI

A MADAME LA DUCHESSE DE CASTRIES.

Madame,

Je suis désolé d'avoir reçu hier votre petit mot trop tard. J'étais dehors quand il est venu. Pardonnez-moi, je vous en supplie, mes *ingratitudes*. Je travaille dans ce moment-ci, et vous savez que je ne fais rien que d'*arrache-pied*. Soyez bien convaincue, Madame, qu'il n'y a que mes jambes de coupables envers vous.

Mercredi.

## XVII

A MADAME LA DUCHESSE DE CASTRIES.

Je rentre, Madame, et il est deux heures; je rentre, non pas triste, mais un peu las, et avec cette espèce de pressentiment d'ennui que donne la fatigue, m'attendant presque à quelque mauvaise nouvelle, comme Scapin. Au lieu de cela, je trouve votre bonne et charmante lettre qui me remet l'âme à sa place, en me montrant que de si nobles choses si franchement pensées et si aisément dites s'adressent à moi. Merci mille fois de ce rayon de soleil que vous m'envoyez. Il était dans votre cœur et dans vos yeux pendant que vous écriviez. Je ne suis pas trop digne d'en rêver ce soir; mais je ne veux pas dormir sans vous en remercier, quitte à vous demander pardon de le faire si mal.

Compliments respectueux et dévoués.

A. M.

Samedi soir.

## XVIII

### A SA MARRAINE.

Je ne puis aller ce soir chez vous, ma chère marraine, attendu que je suis plongé dans une fin de grippe *qui me fait grand mal au côté*, comme dit le malade imaginaire. J'espère que vous ne prendrez pas cette trop bonne raison pour une excuse, quand vous saurez que cela m'empêchera de monter la garde demain, et peut-être même d'aller en prison jeudi. — Vous comprenez que ce sont là les premiers des devoirs. — Je n'ai pas besoin que vous quittiez Paris pour regretter mon métier d'ours, et je ne veux pas vous dire que je n'ai vu personne de l'hiver, car ce ne serait pas une raison pour ne vous avoir pas vue. Dites-vous que je n'ai pas existé. C'est la vraie vérité, et je ne suis pas encore prêt à sortir de terre.

Compliment sur papier gris.

Alf. M.

13 avril 1841.

## XIX

### A SA MARRAINE, A VERSAILLES.

J'ai grogné tout mon soûl ; mais je ne veux pas écrire à cette personne féroce. Non, je ne le veux pas. Ainsi, puisqu'il y a, à Versailles, un beau grand démon et un joli petit génie encore moins méchant qu'il n'est gros, tant pis pour le petit, car il faut que j'écrive.

Dites-moi, marraine, concevez-vous quelque chose de plus inhumain que cette personne? Elle me dit qu'elle a de l'amitié pour moi. — Moi, imbécile, je le crois bonnement. Je lui répète dans une demi-douzaine de lettres qu'elle est une des personnes du monde que j'aime le plus. — Elle me répond : « Venez. » — J'arrive, par la rive gauche, *au péril de ma vie*, et là-dessus, pour une méchante plaisanterie que je fais à table, — plaisanterie à laquelle vous-même n'avez pas fait la moindre attention, — elle me cherche une querelle d'Allemand, ou plutôt de Patagon, au milieu d'une partie d'échecs, que je perds, bien entendu. Elle voit qu'elle me fait une peine affreuse, et alors la voilà qui se met à me frapper à grands coups de bâton sur la tête, avec son charmant sourire, entre ses deux fossettes, et des regards à me donner la migraine. Non! il n'est pas possible d'être plus sanguinaire. — Et je crois aussi qu'il est bien difficile de s'ennuyer plus cordialement que moi, hier, sur cette infernale avenue de Paris, qui faisait certainement exprès de s'allonger devant moi, comme le nez de Pantalon dans les *Pilules du Diable*. Marraine, je vous en prie, dites un *Pater* pour moi, car j'en vais faire une maladie quelconque. Et concevez-vous cette personne (je ne peux décidément pas la nommer) qui m'empêche de boire du vin pur, sous le prétexte que je tousse, et qui m'applique sur le cœur un cataplasme de cent mille coups d'épingle? Comme c'est rafraîchissant! on n'aurait qu'à l'aimer tout de bon! qui sait? on serait à un joli régime : du sirop de groseille, et la torture!

Marraine, je commence à m'ennuyer, même de grogner. Si je perds cette ressource, il n'y aura plus qu'à jeter des fleurs sur ma tombe. Tâchez d'y jeter un petit *wergiss-mein-nicht*, et soyez sûre qu'il y poussera.

*Yours.*

ALF. M.

Mardi (26 juillet 1842).


## XX

### A SA MARRAINE

Je remercie d'abord la plus petite de toutes de ne pas avoir oublié son ancienne coutume d'écrire à son fieux quand il pond. Rien n'est plus gentil et plus doux pour moi que ce bon petit écho. — Gardez-le-moi toujours, marraine, gardez-le-moi *quand même*. Un sentiment de ce genre-là doit être à l'abri de tout, et console de bien des choses.

Le public a été à peu près de l'avis d'Uranie. Il a préféré, m'a-t-on dit, le côté sérieux de mes vers [1]. Peut-être a-t-il raison ; mais, au fond, quelle

---

1. Les vers à Léopardi intitulés : *Après une lecture.*

drôle de manie de vouloir faire de l'art et de la pédanterie à propos d'une boutade ! Il me semble que si les coudées franches sont permises quelque part, c'est dans les choses de ce genre. Mais, comme disait Liszt, le public est un cuistre.

Il faut que je vous raconte deux carambolages que le hasard vient de s'amuser à faire deux jours de suite aux Italiens (je veux dire au théâtre Italien).

1$^{er}$ carambolage. Figurez-vous, marraine, que je m'en vais voir *Norma* dimanche dernier, chose assez naturelle. Or, j'avais pris la stalle du balcon n° 25. Pourquoi ? Parce que c'est la dernière au coin, et que, dans la loge à côté, je comptais trouver quelqu'un que vous ne connaissez pas. J'arrive à huit heures sonnant, tout *embaufumé*, et je trouve dans la stalle n° 23, c'est-à-dire à côté de moi, une fille entretenue, ancienne maîtresse d'un de mes amis. Elle m'adresse la parole. Impossible de ne pas répondre, en sorte que, pour le public, me voilà installé tranquillement au beau milieu du balcon des Bouffes avec une donzelle. Je me donnais au diable ; on me lançait, ou plutôt on me laissait tomber des regards d'un mépris ! — Je m'en suis allé, et j'ai planté tout là selon ma louable coutume.

2$^e$ carambolage. Hier mardi, je suis allé voir la *Linda di Chamouny*. Il y a de jolies choses. Cela vaut la peine d'être entendu de vous. J'aime la Brambilla, quoiqu'elle ait le plus gros postérieur du monde dans sa culotte de Savoyard. — Je m'adresse, en arrivant, à un marchand de billets qui m'en vend un. La comtesse de\*\*\* avait vendu sa loge. Il se trouve que c'est dans celle-là qu'on me donne une place. J'entre à l'avant-scène donc, et j'aperçois en face de moi Belgiojoso qui me braque d'un air étonné. Ce n'était pas pour me voir qu'il était venu là. (En face de moi, par parenthèse, était aussi l'ingrate Pauline.) Pendant l'entr'acte, Belgiojoso m'aborde dans le corridor. Nous nous promenons, — les meilleurs amis du monde, — et il paraît apprendre avec plaisir que j'ai payé ma place, si bien que nous devons souper ensemble vendredi. Il m'a semblé que quelques personnes nous regardaient avec un peu de surprise.

Voilà mes deux carambolages. Ce n'est pas grand'chose, comme vous voyez ; mais j'ai pensé que cela vous amuserait peut-être.

Vous savez que le *petit* s'en est allé, peut-être pour longtemps. Cela m'a fait beaucoup plus de peine que je n'en ai eu l'air. Non seulement j'aime beaucoup mon frère ; mais c'est mon ami, et il a eu, dans ces derniers jours d'ennui, tant de soins, tant de pitié pour moi, que son absence me laisse terriblement seul. Que de choses se sont éloignées de moi, cette année !

Adieu, marraine, aimez-moi un peu, aimez-moi le plus possible. J'ai froid au cœur, j'ai bien besoin qu'on m'aide un peu à vivre.

23 novembre 1842.

## XXI

### A SON FRÈRE EN ITALIE

(Janvier 1843.)

Je sais, mon cher ami, que tu as fait bon voyage et que tu t'amuses, ce qui ne m'étonne point, bien que Hetzel dise qu'il n'y a que toi au monde capable de trouver du plaisir à voyager seul.

Pour ce qui me regarde, je te dirai que je suis raccommodé avec Rachel, je l'ai rencontrée à souper chez Buloz et nous nous sommes donné une poignée de main. Tu sais qu'elle demeure sur le quai, comme le chevalier de la Marjolaine. C'est un gentil voisinage.

As-tu vu à Gênes ce beau jardin où il y a écrit sur la porte : *Hic mihi jucunda solitudo, amicitia jucundior?* c'est celui que préférait ton serviteur très humble. M$^{me}$ Sand en parle dans les *Lettres d'un voyageur*. Il y a une fontaine en grotte délicieuse.

Je me porte très bien. Fais-en autant, amuse-toi surtout, et envoie-moi des nouvelles de Naples.

ALFRED.

## XXII

### A SON FRÈRE, EN ITALIE

(Février 1843.)

Mon cher ami, j'ajoute ce mot à la lettre de ma mère pour répondre à tes questions.

J'étais donc à souper chez Buloz le jour des Rois. Toute la *Revue* s'y

OEuvres Posthumes.

trouvait, plus Rachel. C'était une peu froid ; on aurait dit un dîner diplomatique. Le hasard facétieux a donné la fève à Henri Heine, qui a fait semblant de ne pas savoir ce qu'on lui voulait, de sorte que le gâteau sur lequel la maîtresse de la maison devait compter pour égayer la soirée, a été pour le roi de Prusse. Heureusement Chaudes-Aigues s'est grisé, ce qui a rompu la glace. Rachel m'a demandé si nous étions fâchés, d'un petit air si coquet et si aimable que je lui ai répondu : « Pourquoi ne m'avez-vous pas regardé ainsi et fait la même question il y a trois ans? Vous sauriez que je ne connais pas la rancune, et notre brouille aurait duré vingt-quatre heures. » — Elle m'a lancé un regard plus coquet que le premier, en disant : « Que de temps perdu ! » — Et nous nous sommes donné la main en répétant que c'était fini. Rachel m'a invité à venir chez elle, et j'y vais tous les jeudis. Voilà toute l'histoire. Chenavard vient me voir et me raconte ses chagrins en jouant aux échecs.

Adieu, mon cher ami ; je suis sage comme une rosière. Amuse-toi et aime-nous.

ALF. M.

## XXIII

### A MADAME MÉNESSIER-NODIER.

Je vous remercie, Madame, de votre remerciement. J'ai peur que vous n'ayez peur encore d'un sonnet; c'est pourquoi je m'empresse de vous rassurer. Vous avez tort de croire que le silence ne dit rien; il en dit quelquefois beaucoup, et même trop, et même pas assez. Je crois qu'Odry en personne, de qui vous me citez une phrase mémorable, serait de mon avis là-dessus. Vous voyez que je connais mes auteurs.

Sérieusement parlant, je vous remercie mille fois de votre bonne et aimable lettre, et je vous prie d'agréer l'assurance de mes sentiments les plus distingués et les plus respectueux.

ALF. DE MUSSET.

Vendredi (mai 1843).

Si vous rencontriez le docteur Neophobus, voudriez-vous être assez bonne pour lui faire de ma part un sincère et très humble compliment sur quelques pages de la *Revue de Paris*, où il a trouvé le moyen d'être à la fois charmant et raisonnable, chose qui devient de plus en plus rare.

## XXIV

### A SON FRÈRE, EN ITALIE.

Lundi (22 mai 1843).

Je te remercie de ta lettre, mon cher ami. Elle m'a fait grand plaisir, à *moi d'abord*, comme disait notre ami de Guer, et ensuite à d'autres. J'ai montré ce soir même à Madame J... ton dessin catanais. — Elle m'a chargé de te dire qu'elle ne t'écrira pas tant que tu seras en Sicile, parce qu'elle a peur d'une éruption et qu'il ne resterait plus, dans un monceau de cendres, que ta poche et sa lettre.

Puisque je te parle de la rue T..., tu sauras que depuis peu, on y est pris d'une rage de magnétisme. C'est la chose du monde la plus curieuse. J'ai assisté à un certain nombre de séances. Ce que j'ai vu d'abord m'avait presque rendu incrédule. Le petit Alexis (c'est le nom d'un somnambule) a été *collé* trois fois de suite par moi, dans une séance à laquelle, par parenthèse, assistait Paulinette, qui nous a chanté un air de Palestrina, une sicilienne, qui est la plus belle chose qu'on puisse entendre.

Trois fois de suite, à peu près, je n'ai donc vu que des niaiseries, ou des tours de cartes, ce qui revient au même. Alexis a joué à l'écarté avec moi, les yeux bandés, mais très mal. Il avait fait pourtant des choses assez singulières : ayant deux cartes de coton sur les yeux et un mouchoir bien serré par-dessus, il venait de jouer avec un des graves collègues du conseiller, et non seulement il jouait très lestement, mais il indiquait le jeu de l'adversaire, — comme de lui dire par exemple : « Pourquoi ne jouez-vous pas la dame de carreau? » et il a touché du doigt la carte. Cela n'était pas tout à fait facile ; mais, pour moi, cela n'était pas suffisant. Mademoiselle Julie (autre somnambule) a commencé de même avec moi par être bête comme une oie; et puis voici le tour qu'elle m'a joué : Achille la magnétisait

Achille en personne, qui n'était pas compère [1]. Je lui ai demandé si elle pourrait lire un mot, non pas écrit, mais dans ma pensée. Elle m'a dit que oui; je lui ai pris la main. J'avais pensé le nom de Rachel. Elle m'a dit qu'elle voyait les lettres, mais qu'elle ne pouvait pas lire le mot (dans mon cerveau, note bien). — Je lui ai demandé si elle pourrait écrire ces lettres. « Oui. » On lui a donné du papier et un crayon. Elle a écrit C-L-E d'abord, ensuite, d'un seul coup, A-H. — Elle a cherché longtemps, et enfin elle a écrit *Charle*. C'est précisément l'anagramme de Rachel. Ce sont les mêmes lettres. N'est-ce pas très baroque?

Il faut dire qu'on l'aide un peu malgré soi. Cependant comment pêcher, endormi ou non, un mot dans la cervelle d'un homme? Du reste, la même demoiselle Julie a lu très vite ton propre nom écrit de ma blanche main sur un morceau de papier que je lui avais délicatement glissé dans le dos, sous sa robe. Ce genre de lecture n'est pas très commode. Elle répétait sans cesse *Po, Po,* d'une voix presque éteinte. — « Eh bien, lui dit Achille, *Po ! Po !* après? » Elle a fait un éclat de rire, elle a prononcé ton nom. Ainsi, mon cher ami, tu es de moitié dans la farce. Qu'est-ce que c'est que tout cela ? je n'en sais rien du tout.

Je ne sais pas si vous savez, vous autres, à Catane, que le *Principe*\*\*\* a enlevé la comtesse de \*\*\*. Il y avait deux ans qu'ils étaient ensemble au su de tout Paris. La comtesse s'est disputée, à ce qu'il paraît, avec son mari ; elle est arrivée chez le prince (qui devait chanter le soir dans un concert ornée de son mouchoir pour tout bagage, et elle lui a dit : « Allons-nous-en. » Ils sont en route. Le vent est aux enlèvements à Paris, dans ce moment-ci, ou pour mieux dire, aux séparations. Je viens de voir de mes yeux la même plaisanterie, qui est beaucoup moins gaie qu'on ne pense. Je t'expliquerai cela un jour; mais si tu m'en crois, n'enlève jamais personne, à moins que ce ne soit la reine d'Espagne.

Que te dirai-je encore de nouveau? Mademoiselle H... (tu t'en souviens) se marie. Mademoiselle de B... se marie. Mademoiselle T... s'est mariée, il y a un mois, et se meurt. A..., la nouvelle marquise, est plongée dans les douceurs de la lune de miel.

La tragédie de *Judith* de Madame de Girardin a été jouée par Rachel. Je vais demain chez la même Madame de G. entendre Mademoiselle Hagn, la

---

[1]. M. Achille Bouchet.

première tragédienne de l'Allemagne, dit-on, déclamer en allemand, devant la même Rachel. Je regretterai de ne pouvoir pas t'en rendre compte. Ce sera curieux, — personne n'y comprendra mot. — M. Ponsard, jeune auteur, arrivé de province, a fait jouer à l'Odéon une tragédie de *Lucrèce*, très belle, malgré les acteurs. — C'est le *lion* du jour; on ne parle que de lui, et c'est justice. — Je me suis réconcilié avec Victor Hugo. Nous nous sommes rencontrés à déjeuner chez Guttinguer. — Madame Hugo m'a envoyé son album; j'y ai écrit un sonnet sur cette rencontre, qui m'avait réellement touché; — il m'a répondu une lettre très bien. J'ai fait aussi plusieurs sonnets pour Madame Ménessier, qui m'en a renvoyé deux très jolis. Hetzel en est pâle. — Chenavard continue à aller au Divan.

Adieu, mon cher ami, je te dis des niaiseries, à quatre ou cinq cents lieues de distance, comme si nous causions à souper. Amuse-toi, porte-toi bien; nous t'aimons tous.

Ton frère et ami,

Alf. M.

## XXV

### A M. ALFRED TATTET.

Mon cher Alfred, parmi les raisons qui m'ont empêché d'aller vous rejoindre se trouve celle-ci que Monsieur Bocage, directeur de l'Odéon, est venu me demander l'autorisation de faire siffler, à son théâtre, un petit proverbe de ma façon intitulé *Un Caprice*, ce à quoi j'ai accédé, après avoir pris l'avis des plus grands connaisseurs en matière de *fiasco*. Je ne l'aurais pas donné aux Français, c'eût été trop grave; mais à l'Odéon cela m'amusera, sans danger pour *ma gloire*, puisque cette petite pièce a été imprimée, il y a six ou sept ans, et non destinée au théâtre. Ainsi je vais être représenté par Bocage en personne, père des Antony et tourier de Nesle, fort aimable et brave homme du reste, qui y met toute l'obligeance possible et qui me fera faire une petite décoration pour rétrécir sa salle. Il faut donc que je sois à Paris, quoique je ne m'en mêle pas du tout. J'espère que vous y viendrez. C'est votre devoir d'y être; vous aurez le droit de partager les pommes cuites jetées à votre ami. Ce sera, je crois, pour le mois de novembre. Les répétitions sont commencées, mais je n'en ai rien vu. Ma jeune première, Mademoiselle Naptal, est venue me faire une visite avec son papa. Elle est jolie ; c'est toujours bon signe.

ALF. M.

Vendredi (17 octobre 1845).

## XXVI

### A SON FRÈRE, A ANGERS.

Mon cher ami,

Je t'envoie, pour ma mère, une espèce de factum auquel je n'ai pas pu comprendre grand'chose. En outre, j'ai une requête à te faire : un bon garçon et fort honnête, nommé Piot, part pour Venise, et il m'a demandé si je ne pourrais pas avoir de toi quelques mots de recommandation. Il voudrait ses entrées aux bibliothèques et même aux archives; mais sans aucun but politique, ni même littéraire. Il s'occupe de dessins, de gravures, et il espère trouver quelque chose là. J'espère que tu peux lui rendre service sans aucun inconvénient. Il part dans huit jours. Je lui ai promis, non que je réussirais, mais que je t'en parlerais. Je viens de passer deux heures à corriger tes épreuves, où il n'y avait que de très légères fautes, qu'il fallait pourtant relever. — Donne pour moi une grande poignée de main à notre nouveau frère; embrasse ma mère; dis à ma sœur combien j'ai senti que je l'aimais en la voyant partir. Je lui écrirai.

Notre oncle m'a quitté pour aller à Melun. Je n'ai plus, en fait d'anges consolateurs, que la vieille Renote et le petit oiseau.

A toi.

ALF. M.

7 juillet 1846.

## XXVII

### A M. ALFRED TATTET.

Je vous remercie de votre lettre, mon cher ami. Il ne nous est rien arrivé, à mon frère ni à moi, que beaucoup de fatigue. A l'instant où je vous écris, je quitte mon uniforme que je n'ai guère ôté depuis l'insurrection. Je ne vous dirai rien des horreurs qui se sont passées ; c'est trop hideux.

Au milieu de ces aimables églogues, vous comprenez que le pauvre oncle Van-Buck est resté dans l'eau[1]. Il avait pourtant réussi, et je puis dire complètement, — sans exagération. C'était justement la veille de l'insurrection ; j'avais encore trouvé une salle toute pleine et bien garnie de jolies femmes, de gens d'esprit ; un parterre excellent pour moi, de très bons acteurs, enfin tout pour le mieux. J'ai eu ma soirée. Je l'ai prise, pour ainsi dire, au vol. Après la pièce, on a redemandé tous les acteurs et même l'auteur, qui, vous le pensez bien, n'a pas paru. — Le lendemain, bonjour ! acteurs, directeur, auteur, souffleur, nous avions le fusil au poing, avec le canon pour orchestre, l'incendie pour éclairage et un parterre de vandales enragés. La garde mobile a été si admirablement intrépide que ce seul spectacle, heureusement, nous a donné encore de bons battements de cœur. C'étaient presque tous des enfants. Je n'ai jamais rien rêvé de pareil. — Mille amitiés respectueuses à Madame Tattet. — Je vous écris à la hâte et vous serre la main de tout cœur.

ALF. M.

1<sup>er</sup> juillet.

## XXVIII

### A SON FRÈRE.

Mon cher ami,

En voilà une tuile désagréable ! J'étais averti que l'Académie me donnait un prix, mais je ne savais pas en quels termes. On vient de me les dire et

---

1. *Il ne faut jurer de rien*, comédie en trois actes représentée au Théâtre-Français le 22 juin 1848.

je les trouve blessants. Il y a vingt ans que j'écris; j'en ai tout à l'heure trente-huit, et on m'apprend que je suis un jeune homme qui mérite d'être encouragé à poursuivre sa carrière. Quand la critique me fait de ces compliments-là, je les méprise; mais de la part de l'Académie, c'est plus grave. Il m'en coûterait de paraître orgueilleux ou susceptible, et cependant puis-je à mon âge me laisser traiter d'écolier? Que faire? j'ai besoin d'avoir ton avis là-dessus. Attends-moi ce soir, avant de te coucher, ou laisse la clef à ta porte. Il faut que nous causions ensemble.

A toi.

ALF. M.

Jeudi soir (17 août 1848).
Dans sa séance du 17 août 1848, l'Académie française décernait à Alfred de Musset le prix fondé par M. de Maillé Latour-Landry. D'après les intentions du fondateur, ce prix annuel doit être donné « à un jeune écrivain ou artiste, dont le talent, déjà remarquable, paraîtra mériter d'être encouragé à poursuivre sa carrière dans les lettres ou les beaux-arts ». Voir à ce sujet dans le volume des *Mélanges*, la lettres qu'Alfred de Musset a écrite au *National* à la date du 21 août 1848.

## XXIX

### A M ALFRED TATTET.

Je voulais aller vous voir, mon cher ami, mais je suis retenu tous les jours par quelque raison nouvelle. Il semblerait que je n'ai plus rien à faire, c'est pourquoi je suis fort occupé. Je vous raconterai tout cela, car je ne puis vous envoyer tout un volume pour vous mettre au fait de trois balivernes. Dès que je le pourrai, je vous le *manderai*, comme on disait.

Je vous écris ce mot à la hâte, parce que je vois que, si j'attends que j'aie le temps, je ne vous répondrai jamais.

ALF. M.

15 mars 1849.

Œuvres Posthumes. Page 202.

## XXX

#### A. M. ALFRED TATTET, A FONTAINEBLEAU.

Je suis bien sûr que vous ne voudrez pas me croire quand je vous dirai, mon cher Alfred, que j'avais résolu de vous aller voir. J'en atteste cependant deux témoins purs, sinon sans tache, ma malle et M$^{lle}$ Colin, l'une faisant l'autre. Demandez-leur s'il n'est pas vrai qu'elles sont depuis huit jours dans l'attente, et que tous les matins on déballe une à une mes chemises. Pour toute réponse à votre lettre de reproches, je voulais me mettre moi-même à la poste; les dieux en ont ordonné autrement. D'abord, comme vous dites, on a joué mon proverbe [1]. En second lieu, on va le jouer encore. Je souhaite seulement que le baptême lui soit aussi léger que sa naissance a été bien venue. J'avais, chez Pleyel, ce qu'on me fait l'immense honneur d'appeler mon public. Vous savez qui je veux dire : tout ce monde charmant, qu'on dit envolé, était là tout comme l'an passé. Les petits becs roses sortaient des chapeaux et les menottes blanches des mitaines. Maintenant je vais avoir affaire, ces jours-ci, à sa majesté le suffrage universel, et ensuite à la clique des feuilletons. A vous dire vrai, je m'en moque un peu à cause de la matinée vraiment charmante pour moi que j'ai eue rue Rochechouart. Les prestolets auront beau faire, leurs plâtras n'écraseront pas une feuille du petit bouquet qui m'a passé sous le nez. — J'espère d'ailleurs quelque adoucissement.

Voilà, mon cher ami, pourquoi je suis resté. Je vais maintenant conduire ma mère à Angers. Si je peux m'échapper, j'irai vous dire bonjour, mais ne soyez pas, et jamais, en colère contre votre meilleur ami.

ALF. M.

Samedi 26 mai (1849).

---

1. *On ne saurait penser à tout*, représenté pour la première fois dans les salons de M. Pleyel, le jeudi 3 mai 1849.

## XXXI

### A M. CHARPENTIER.

Janvier 1850.

Je suis vraiment désolé, mon cher ami, de voir que, pour grossir de quelques pages notre volume, nous imprimions des choses qui ne valent rien, et que je n'ai même pas voulu publier à vingt ans dans mon premier recueil. N'est-ce pas une faute bien réelle que nous faisons? N'est-ce pas nous faire tort bénévolement? n'y a-t-il donc pas moyen de composer un volume plus petit, et convenable? ne le vendrait-on pas, fût-ce un peu moins cher? Quant à moi, j'ai beau faire, je ne peux pas corriger ces *derniers moments de François I*<sup>er</sup>. Il y a dix-neuf ans que c'est au *rancart*. — Faites un effort, au nom du ciel; laissez-moi ne donner au public que ce dont je puis être content. Vous me soulagerez d'un vrai fardeau.

A vous.

ALF. DE MUSSET.

On pourrait penser, d'après cette lettre, que nous avions voulu exercer une sorte de pression sur Alfred de Musset pour réimprimer des vers qu'il avait condamnés; on se tromperait fort. Nous lui en avions seulement fait la proposition par suite des demandes qui nous en avaient été adressées, et, loin d'insister, nous applaudîmes à sa résolution. CH.

## XXXII

### A M. VÉRON.

Mon cher Véron,

Je viens d'être malade, et je le suis encore, ce qui m'a empêché d'aller vous voir. J'ai lu *Carmosine*, et j'ai été parfaitement content de la manière dont la pièce a été coupée et imprimée. Ce soir seulement, j'y trouve une seule faute, et le malheur veut qu'elle soit dans les vers. C'est à cette strophe : « Depuis le jour où, » etc. Il y a :

> Fût-ce un instant, je n'ai pas eu le cœur
> De lui montrer ma craintive pensée,
> Dont je me sens à tel point oppressée,
> Mourant ainsi, que la mort me fait peur.

Il est bien clair que ces deux mots, *mourant ainsi*, sont une parenthèse, et que le sens doit se suivre ainsi : *à tel point oppressée que la mort*, etc.

*Mourant ainsi*, est mis bien évidemment pour *en mourant ainsi*, — chose fort ordinaire et permise en vers. Or, au lieu de cela, je trouve imprimé :

> Dont je me sens à tel point oppressée.

Avec un point; et puis :

> Mourant ainsi que la mort me fait peur !

Avec un point d'exclamation.

Non seulement cela change les deux vers; mais en arrêtant le sens après *à tel point oppressée*, cela fait une faute de français, car on ne dit pas *à tel point*, sans ajouter *que*.

Je ne saurais vous dire combien cela me désespère. Je ne voulais pas vous en parler, attendu que j'aurais l'air bien mal venu d'avoir le courage de me plaindre après le soin que vous avez bien voulu prendre. Si une faute se trouvait partout ailleurs, je ne dirais certes pas un mot; mais que cela tombe précisément sur ces vers, quand tout le reste est à merveille, voilà ce qui me fait une peine affreuse. Y a-t-il un moyen quelconque de revenir sur cette faute, soit par un *erratum*, soit en réimprimant les vers à part ?

Soyez assez bon pour me répondre un mot, je vous en supplie. J'ai dans ce moment la tête d'un malade. J'espère, en tout cas, que vous ne m'en voudrez pas d'un vrai désespoir dont l'expression est involontaire. J'espère surtout que vous ne me croyez pas trop peu reconnaissant de la peine que vous avez prise.

Mille amitiés.

ALF. DE MUSSET.

Lundi 4 novembre (1850).

## XXXIII

A SON FRÈRE.

Mon cher ami,

La comtesse Kalergis m'écrit une lettre de compliments sur *Carmosine*. Elle a bien de la bonté. Il ne tenait qu'à elle de me dire que les vers étaient incompréhensibles. Puisque tu vas dîner chez elle aujourd'hui, fais-moi le plaisir de lui expliquer les deux vers estropiés. Cette faute m'a donné bien du souci. Je n'aurais jamais cru qu'un point à la place d'une virgule pût empêcher un homme raisonnable de dormir pendant trois nuits. Il est bien fâcheux pour moi que nous ne demeurions plus ensemble. Cela ne serait pas arrivé au quai Voltaire, quand je t'avais sous la main. Mon oncle se moque de mon chagrin et prétend que personne ne s'apercevra de la bévue. S'il disait vrai, je conviens que je serais bien bête de me désoler; mais je serais encore plus bête d'écrire.

Tout à toi.

ALF. DE MUSSET.

Vendredi (8 novembre 1850).

## XXXIV

A SON FRÈRE

Veux-tu, mon cher ami, m'envoyer la *Nouvelle Héloïse* de J.-J.? — J'en ai besoin pour mon présent travail.

Mon oncle est à dîner ici. Je suis dans une perplexité atroce, ayant deux sujets tout prêts pour Rachel (tu sais que je lui fais une pièce, — n'en dis rien —), et ne sachant par lequel commencer. Le temps me presse horriblement. Tu me rendrais un grand service si tu pouvais m'en donner ton avis, et tu en serais excellent juge, car ce dont il s'agit n'est pas tant de savoir lequel des deux est le meilleur, mais le plus à propos pour ma GLOIRE et mon escarcelle. Si tu avais un moment, ce soir, pour venir, ce serait charmant; — mais quand tu voudras. — Je serais allé te trouver, mais depuis dix jours je ne bouge.

   A toi.

Alf. M.

Septembre, 1851.

## XXXV

### A SON FRÈRE

Mon cher ami,

Je suis fort perplexe et j'ai absolument besoin d'un conseil. Rose Chéri va jouer ma petite pièce[1], mais le directeur me *déconseille* Geoffroy de toutes les façons. — Il s'obstine à vouloir me donner Dupuis, dont il me dit des merveilles. Il assure que, dans la *Grand'Mère*, Scribe a été ravi du susdit Dupuis, qui est devenu un acteur excellent. — Je l'ai connu tout autre. — On me dit de demander ton avis. J'irai te voir demain matin avant midi. Si tu ne pouvais pas être chez toi, donne-moi une heure.

   Tout à toi.

Alf. M.

Mercredi soir (1er ou 8 octobre 1851).

1. *Bettine*.

FIN DES ŒUVRES POSTHUMES.

# TABLE

|  | Pages. |
|---|---|
| Charles-Quint au monastère de Saint-Just. | 4 |
| Vision. | 5 |
| A la Pologne. | 8 |
| Stances. | 9 |
| A Alfred Tattet. | 12 |
| A madame A. T. | 13 |
| Dans la prison de la Garde nationale. | 14 |
| Sonnet (A madame ***). | 15 |
| Chanson. | 16 |
| Chanson. | 18 |
| Sur l'album de mademoiselle Taglioni. | 19 |
| Aux artistes du Gymnase-Dramatique, le soir de la première représentation de Bettine. | 20 |
| Londeau (A madame H. F.). | 21 |
| Le Songe d'Auguste. | 25 |
| Stances sur le costume pompadour de miss ***. | 42 |
| Jeanne d'Arc. | 44 |
| Imprómptu. | 46 |
| A madame *** (Impromptu). | 47 |
| Au bas d'un portrait de mademoiselle Augustine Brohan. | 48 |
| Rêverie. | 49 |
| Retour. | 50 |
| Promenade. | 52 |
| Derniers vers d'Alfred de Musset. | 53 |
| Un souper chez mademoiselle Rachel. | 57 |
| La Servante du Roi. | 72 |
| A mademoiselle Rachel. | 82 |
| Le Poète et le Prosateur. | 87 |
| Faustine (Fragment). | 95 |
| L'Ane et le Ruisseau. | 98 |
| A M. Paul Foucher, à Paris. | 165 |
| A M. Desherbiers. | 168 |
| A son Frère, à Aix en Savoie. | 170 |
| A M. Émile Deschamps. | 172 |
| A M. Maxime Jaubert. | 172 |

# TABLE DES MATIÈRES

|   | Pages. |
|---|---|
| A sa Marraine. | 174 |
| A sa Marraine | 175 |
| A sa Marraine. | 176 |
| A sa Marraine | 178 |
| A sa Marraine. | 179 |
| A son Frère, au château de Lorey, près Pacy-sur-Eure. | 180 |
| A sa Marraine. | 181 |
| A sa Marraine. | 182 |
| A M. Alfred Tattet. | 184 |
| A madame la duchesse de Castries. | 184 |
| A madame la duchesse de Castries. | 188 |
| A madame la duchesse de Castries. | 188 |
| A sa Marraine. | 189 |
| A sa Marraine, à Versailles. | 189 |
| A sa Marraine. | 190 |
| A son Frère, en Italie. | 192 |
| A son Frère, en Italie. | 192 |
| A madame Menessier-Nodier. | 194 |
| A son Frère, en Italie. | 195 |
| A M. Alfred Tattet. | 197 |
| A son Frère, à Angers | 198 |
| A M. Alfred Tattet. | 199 |
| A son Frère. | 199 |
| A M. Alfred Tattet. | 200 |
| A M. Alfred Tattet, à Fontainebleau | 202 |
| A M. Charpentier. | 203 |
| A M. Véron. | 203 |
| A son Frère. | 205 |
| A son Frère. | 205 |
| A son Frère. | 206 |

Sceaux. — Imprimerie Charaire et fils.

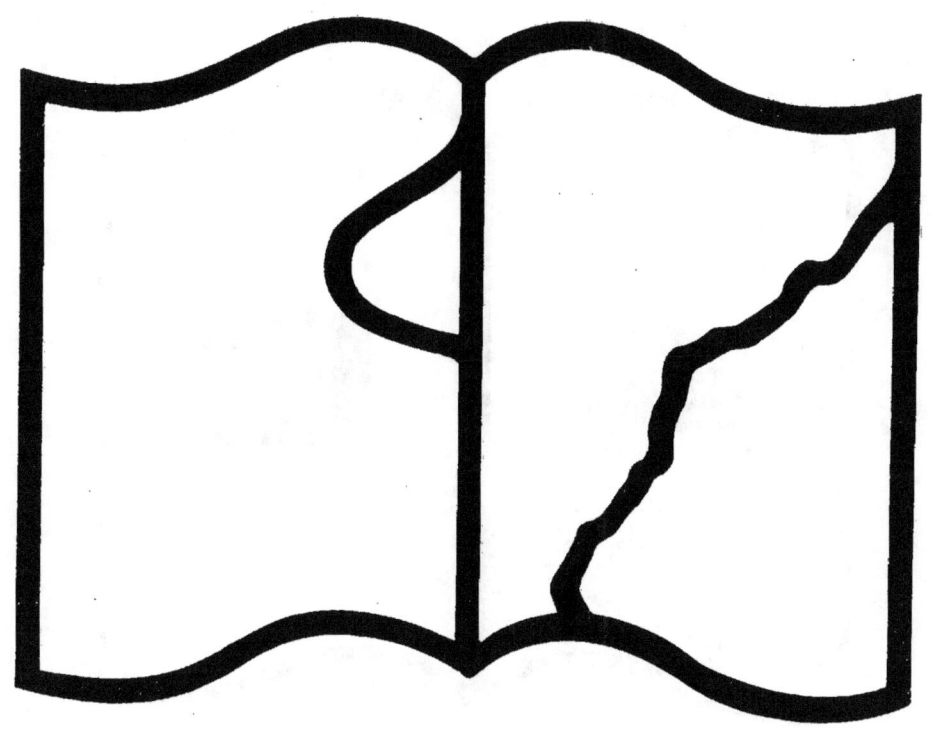

Texte détérioré — reliure défectueuse

**NF Z 43**-120-11

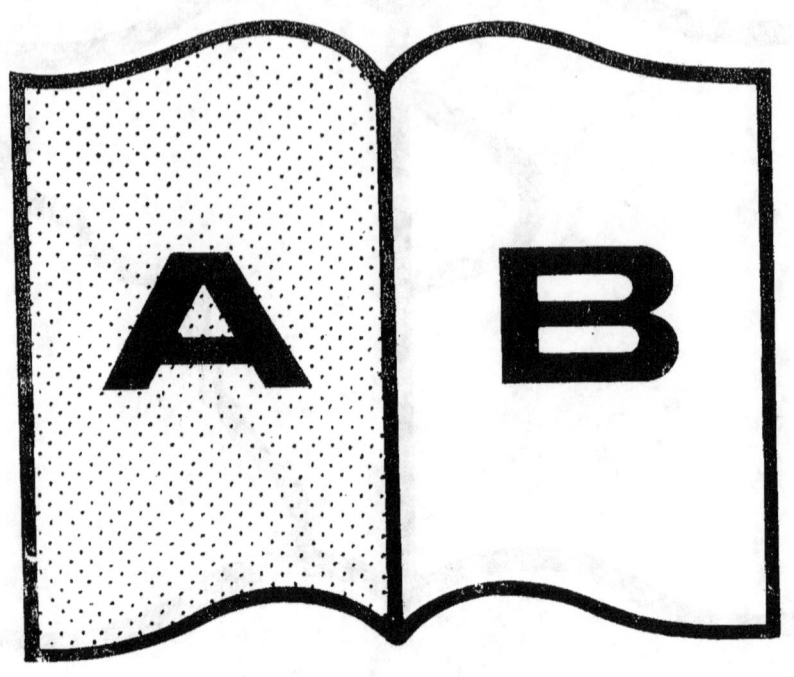

Contraste insuffisant
**NF Z 43**-120-14

www.ingramcontent.com/pod-product-compliance
Lightning Source LLC
Chambersburg PA
CBHW060221230426
43664CB00011B/1509